Hans Friedrichs MODERNE PERSONALFÜHRUNG

Hans Friedrichs

Moderne Personalführung

5. Auflage

verlag moderne industrie

2. Auflage 1974
3. Auflage 1975
4. Auflage 1976
5. Auflage 1978

Schutzumschlag: K.W. Henschel
Satz und Druck: Negele, Augsburg
Bindearbeiten: R. Oldenbourg, München
Printed in Germany 110485/978402
ISBN 3-478-11485-3

Inhalt

I. Grundsätzliche Feststellungen

Die Entwicklung des betrieblichen Personalwesens in den vergangenen 20 Jahren ist durch einen besonders auffallenden Wandel gekennzeichnet. Dieser Prozeß ist noch in vollem Gange, aber die Konturen der Neuorientierung sind bereits in groben Umrissen erkennbar, so daß es möglich ist, Aussagen über die zukünftige Rolle des betrieblichen Personalwesens zu machen. Eine Rolle, die vermutlich von einer größeren Bedeutung im Unternehmen, einer stärkeren leistungsmäßigen und damit einer größeren wirtschaftlichen Ausrichtung, einer intensiveren Einbeziehung individueller Erwartungen und schließlich einer grundsätzlichen Verankerung in der Unternehmensspitze getragen sein wird.

Diese Entwicklung des Personalwesens wird von allgemeinen und von speziellen Einflüssen zugleich bestimmt. Die allgemeinen Einflüsse gehen dabei auf Ursachen zurück, die eng mit wirtschaftlichen und gesellschaftlichen Strömungen verknüpft sind, sowie mit Gegebenheiten aus dem politischen und damit dem gesetzgeberischen Bereich. Die speziellen Einflüsse auf die Entwicklung des Personalwesens haben dagegen in erster Linie mit den Erwartungen zu tun, die eine jeweilige Unternehmensleitung an die betriebliche Personalarbeit stellt. Diese können aber wiederum durchaus mit den allgemeinen Einflüssen konform gehen, oder aber von gänzlich anderen Vorstellungen bestimmt sein. Die speziellen Einflüsse hängen ferner auch mit der Struktur, der Branche und in gewisser Hinsicht auch mit der regionalen Lage des Unternehmens zusammen.

Da diese Einflüsse so vielgestaltig sind und der Entwicklungsprozeß noch nicht abgeschlossen ist, hat das Personalwesen bis heute auch noch kein einheitliches Gesicht in seiner Aufgabenstellung und seiner Organisationsstruktur gefunden. Vielmehr sind lediglich erste Ansätze für eine einheitliche Betrachtungsweise und für eine einheitliche Anwendung der Personalpolitik in den Unternehmen vorhanden.

Die Schwierigkeiten einer einheitlichen Orientierung äußern sich auch bei der begrifflichen Klärung, die noch nicht beendet ist. So kann keineswegs der Oberbegriff »Personalwesen« als gelungen betrachtet werden, weil er den heutigen Vorstellungen der betrieblichen Personalarbeit relativ wenig entspricht und dazu verleitet, diesen Unternehmensbereich analog den Begriffen »Rechnungswesen« und »Materialwesen« als etwas Verwaltungsmäßiges und damit Statisches anzusehen, anstatt das dynamische und gestaltende Element der modernen Personalarbeit zum Ausdruck zu bringen.

Demgegenüber wird die »Personalpolitik« relativ einheitlich als das zielgerichtete Wollen, d.h. als langfristige Orientierung der Personalarbeit verstanden, wobei Einhelligkeit darüber besteht, daß die betriebliche Personalpolitik immer nur Teil der Unternehmenspolitik sein kann; dieser also untergeordnet ist und ihre Zielsetzung von dort erhält. Die betriebliche Personalpolitik ist die Umsetzung der Zielsetzung des Unternehmens auf den personellen Bereich.

Die »Personalführung« ist in diesem Zusammenhang die Art und Weise, wie die Personalpolitik praktisch verwirklicht wird. Somit ist sie eine Funktion, die in der Gestaltung und der Überwachung dem Personalwesen obliegt, die aber auch allen Führungskräften zugleich auferlegt ist. Bei ihr kommt das Wesentliche der Personalarbeit zum Tragen, nämlich der auf den Menschen unmittelbar bezogene Teil der betrieblichen Personalpolitik. Deshalb liegt es auch nahe, das menschlich Gestaltende in der Personalarbeit als das Bedeutsamere zu betrachten und damit in die Nähe des angelsächsischen Begriffes »Personnel Management« zu rücken. »Personalführung« ist aus diesem Grunde mehr als bloße Menschenführung, wie bisher dieser Begriff in sehr enger Auslegung verstanden wurde. Es ist somit an der Zeit, diesen Begriff weiter auszulegen und ihn als das dynamische Element der betrieblichen Personalarbeit genereller als bisher zu verwenden.

Mit der relativ kurzfristigen Entwicklung des betrieblichen Personalwesens hängt sicherlich auch zusammen, daß die Wissenschaft erst langsam anfängt, dieses Gebiet zu entdecken, so daß erst wenige Ergebnisse aus der Forschung aus diesem Bereich vorliegen, die in der Lehre und in der Praxis ihren Niederschlag gefunden haben. Es kann aber angenommen werden, daß sich dies im Laufe der Zeit ändern wird. Entsprechende Ansätze sind an den Fachhochschulen und Universitäten zu beobachten. Es hat aber auch nicht geschadet, daß bisher die Literatur über das Personalwesen überwiegend aus der betrieblichen Praxis entstanden ist.

II. Die Entwicklung des Personalwesens

Zur Skizzierung der Rolle des Personalwesens ist es empfehlenswert, die Stadien der bisherigen Entwicklung zu umreißen, damit die zukünftigen Schwerpunkte herausgearbeitet werden können. Ganz allgemein lassen sich drei entscheidende Phasen für die Entwicklung des Personalwesens feststellen:

- Die Verwaltungsperiode
- Die Anerkennungsperiode
- Die Integrationsperiode.

Diese in sich verschieden orientierten Perioden der betrieblichen Personalarbeit lassen sich zwar in groben Grenzen zeitlich bestimmen, aber eigentlich handelt es sich um Entwicklungsphasen, die heute noch alle gleichzeitig anzutreffen sind – je nach dem Stand des Personalwesens in den einzelnen Unternehmen. Die jeweiligen zeitlichen Markierungspunkte werden somit von denjenigen Unternehmen bestimmt, die zuerst neue Elemente in die betriebliche Personalarbeit eingeführt haben und auf diese Weise den Fortschritt kenntlich machten. Teils, weil sie ein Gespür für die weitere Entwicklung hatten, teils, weil einfach sachliche Notwendigkeiten dahinter stecken.

Hierin liegt auch eine bestimmte Problematik begründet. Dadurch, daß nicht alle Unternehmen die Entwicklungsphasen gleichzeitig durchlaufen haben, sondern gegenwärtig noch die unterschiedlichen Elemente dieser Phasen in der betrieblichen Praxis anzutreffen sind, ist auch ein Vergleich und ein Erfahrungsaustausch der jeweiligen Personalarbeit der Unternehmen erschwert. Das Problematische muß aber vor allem darin gesehen werden, daß eine den verschiedenen Phasen entsprechende Personalarbeit in den Unternehmen zugleich betrieben wird, obwohl sich die äußeren Bedingungen dafür im Zuge der Entwicklung grundlegend geändert haben und deshalb eine für alle Unternehmen geltende Art der Personalarbeit verlangen. Dies wird jedoch von manchen Unternehmen – bewußt oder unbewußt – ignoriert. Es kann aber angenommen werden, daß bei der wachsenden Bedeutung des Personalwesens im Unternehmen der Prozeß der Annäherung beschleunigt wird und die Unternehmen in den kommenden 10 Jahren auch für diesen Unternehmensbereich einen relativ übereinstimmenden Stand erreichen werden, wie er für die anderen Bereiche des Unternehmens schon heute gilt.

Es muß allerdings keineswegs als zwangsläufig unterstellt werden, daß die Entwicklung des Personalwesens eines Unternehmens nach einem bestimmten Schema verlaufen muß. Ein Überspringen der Perioden ist genauso denkbar, wie ein Zurückgehen auf eine frühere Phase. Änderungen in der Unternehmenspolitik oder wirtschaftliche Konjunkturabläufe können dafür ein Anlaß sein. Die Markierungspunkte umreißen somit stets lediglich einen bestimmten Stand in der betrieblichen Personalarbeit, wobei aber mit einem solchen Status auch unterschiedliche Anforderungen und unterschiedliche Möglichkeiten, mit diesen fertig zu werden, vorliegen werden.

Der allgemeine Trend der Entwicklung des betrieblichen Personalwesens läßt sich ungefähr folgendermaßen darstellen:

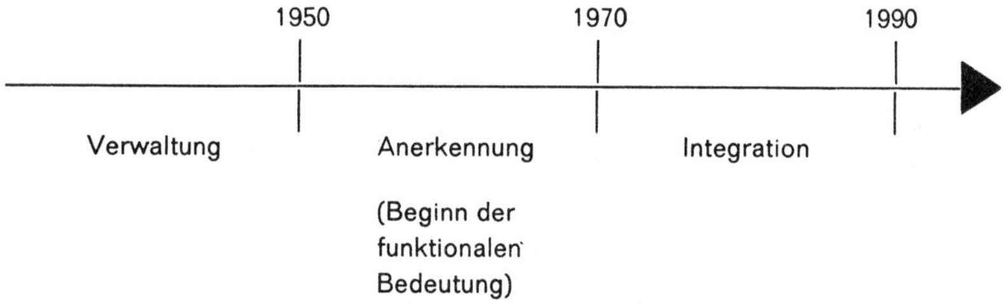

Abb. 1

Die gewählten Jahreszahlen sollen nur einen relativ genauen Zeitraum umreißen. Deshalb können diese Jahreszahlen durchaus um einige Jahre vor- oder zurückverlegt werden. Sie markieren aber auf jeden Fall einen Zeitpunkt, zu dem ein Orientierungswechsel in der betrieblichen Personalarbeit zu beobachten war.

Hierbei ist bewußt auf die Zeitspanne von 1933–1945 nicht eingegangen worden, da im III. Reich auch die betriebliche Personalarbeit unter besonderen politischen Akzenten stand. Trotz des besonderen politischen Aspektes dieser Zeit gelten die generellen Aussagen, die für die erste Phase der betrieblichen Personalarbeit zu machen sind, auch für diese Zeitspanne.

1. Die Verwaltungsperiode

Diese Periode ist vor allem dadurch gekennzeichnet, daß in ihr Personalprobleme im Rahmen des Unternehmensganzen und zur Erreichung des Unternehmenszieles im Vergleich zu anderen Problemen nicht sonderlich hervortreten. Die Grundbedingungen, nach denen sich die betriebliche Personalarbeit vollzieht, sind relativ einfach strukturiert.

Die Konzeption für die Erreichung des Unternehmenszieles und die Verantwortung für die Durchführung der in diesem Rahmen gestellten Aufgaben liegt in der Hand weniger Personen. Die Mehrheit der im Unternehmen vorhandenen Kräfte sind mehr oder weniger in ausführender Tätigkeit anzutreffen. Hinzu kommt, daß die jeweils benötigten Arbeitskräfte, gleichgültig mit welchen fachlichen Anforderungen, relativ leicht zu beschaffen sind. Der Arbeitsmarkt zeigt meist keine nennenswerte, längeranhaltende Verknappung. Darüber hinaus sind die gesetzlichen Bestimmungen in arbeits-, sozial-, tarif- und betriebsverfassungsrechtlicher Hinsicht nicht sehr umfangreich und regeln die Arbeitsbedingungen noch nicht bis ins letzte Detail, so daß auch in rechtlicher Hinsicht ein relativ großer Spielraum für die Unternehmen gegeben ist.

Die gesetzlichen Bestimmungen für die Arbeits- und Berufswelt sind primär von sozialen Überlegungen und vom Schutzgedanken geprägt. Es handelt sich somit meist um Schutzgesetze, aber noch nicht in nennenswertem Umfange um rechtliche Bestimmungen, die von politischen oder sogar gesellschaftspolitischen Vorstellungen ausgehen.

Ferner zeichnet sich diese Phase noch dadurch aus, daß sich die gesellschaftliche Entwicklung relativ langsam vollzieht und Einstellungen und Verhaltensweisen innerhalb und außerhalb des Unternehmens oft noch weitgehend identisch sind, so daß auch von daher keine nennenswerten Konflikte in die betriebliche Sphäre hineingetragen werden.

Selbstverständlich kann diese Situation in einzelnen Ländern durchaus unterschiedlich sein. Beispielsweise sind in einzelnen Ländern gesellschaftliche Konflikte von Klassenkampfvorstellungen geprägt. Wenn diese trotzdem nicht nennenswert während einer solchen Periode ständig in den betrieblichen Alltag hineinwirken, dann meist wegen der Dominanz der übrigen Voraussetzungen, beispielsweise der Situation auf dem Arbeitsmarkt.

Es gibt aber eine Reihe von Ländern in Europa, in denen diese Phase wesentlich dadurch beeinflußt worden ist, daß harte gesellschaftliche Auseinandersetzungen nicht stattfanden. Oft deshalb, weil sich der Industrialisierungsprozeß dort relativ langsam vollzog und keine radikale Veränderung der Gesellschaftsstruktur bewirkte. Die Schweiz und die Niederlande sind hierfür ein Beispiel.

Wichtig ist, daß, aus welchen Gründen auch immer, die betriebliche Personalpolitik in dieser Periode noch keinen Anlaß sieht, gesellschaftspolitische Überlegungen in die betriebliche Personalarbeit deutlich mit einzubeziehen. Gesellschaftspolitik wird in dieser Phase oft noch als bloße, mehr oder weniger karitativ betonte Sozialpolitik verstanden.

Auf der anderen Seite gibt es in dieser Periode bereits durchaus eine relativ ausgeprägte Organisation der Beschäftigten in Gewerkschaften und der Arbeitgeber in den entsprechenden Verbänden, aber sie bestimmen beide noch nicht deutlich das gesamte politische und wirtschaftliche Geschehen einer Gesellschaftsordnung. Vor allem die Gewerkschaften sind in dieser Periode in vielen Ländern Europas noch stark zersplittert und vielfach entweder nach Berufsgruppen oder nach politischer Ausrichtung organisiert. Demgegenüber ist gleichzeitig die Repräsentanz der Arbeitgeber in dieser Phase oft relativ stärker.

Außerdem existieren oft ebenfalls bereits Belegschaftsvertretungen im Unternehmen in der einen oder anderen Form. Sei es als Gewerkschaftsvertreter im Unternehmen oder als Betriebsräte, die von der gesamten Belegschaft gewählt werden oder als Vertreter der Belegschaft in Betriebsausschüssen, die im Unternehmen paritätisch gebildet werden. Die Stärke und Struktur der Gewerkschaften, die historischen Gegebenheiten und die gesetzlichen Voraussetzungen in dem jeweiligen Land bestimmen die Art dieser Mitwirkung der Belegschaft oder deren Vertreter im Unternehmen.

Als herausragendes Indiz für den Einfluß derartiger Instanzen ist jedoch in dieser Periode festzustellen, daß ihr Einfluß auf die tägliche Personalarbeit noch relativ gering ist. Sie haben meist nur Mitwirkungs- oder Informationsrechte, aber noch keine starken Mitbestimmungsrechte. Die betriebliche Personalführung wird noch deutlich von der Unternehmenspolitik allein bestimmt.

Es liegt auf der Hand, daß unter diesen Gegebenheiten die Personalarbeit mehr oder weniger eine rein verwaltungsmäßige ist. Sie erschöpft sich darin, die benötigten Mitarbeiter zu beschaffen, den vorgegebenen

Bedingungen entsprechend auszulesen und sie nach der Einstellung im Unternehmen zu verwalten und zu betreuen.

Die Betreuung hat in diesem Stadium eine nicht geringe Bedeutung, weil sie einerseits die Lücke zur überbetrieblichen sozialen Sicherung schließen muß und andererseits einer patriarchalisch-karitativen Verantwortung des Unternehmens entspricht, die ebenfalls für diese Phase typisch ist. Deshalb ist in dieser Periode der sozialpolitische Anteil an der Personalarbeit recht bedeutsam, was sich oft auch in dem Vorhandensein einer besonderen Sozialabteilung im Rahmen des Personalwesens äußert. Gelegentlich gibt es deshalb sogar ein gleichgewichtiges Nebeneinander von Personalabteilung und Sozialabteilung. Das Symbol in dieser Phase der betrieblichen Personalarbeit ist die Personalakte, die gebräuchlichen Mittel in der Personalführung sind Gespräche und wichtige Personen in der Personalführung sind neben den Führungskräften Personalsachbearbeiter und Werksfürsorgerinnen.

Im übrigen wird die volle Leistungsentfaltung der Mitarbeiter durch eine entsprechende leistungsmäßige Ausrichtung des Lohn- und Gehaltssystems aufgrund der allgemeinen materiellen Situation, die die berufliche Ausübung mit der bloßen Existenzsicherung gleichsetzt, der Arbeitsmarktlage und der als positiv vorausgesetzten inneren Einstellung der Beschäftigten erwartet.

2. Die Anerkennungsphase

Diese Periode fällt dadurch auf, daß sich die Voraussetzungen für die verwaltungsmäßige Phase zu verändern beginnen und damit gegenüber vorher neuartige personelle Probleme entstehen. Vor allem steigen die qualitativen Anforderungen in allen Tätigkeitsbereichen. Diese Situation bedingt mehr fachliches Wissen auf der Seite der Beschäftigten sowie veränderte Organisationsstrukturen für die Zielerreichung der Unternehmen. Gegenüber früher müssen sich obendrein immer mehr Personen mit der Zielsetzung des Unternehmens befassen. Entscheidend ist aber, daß zur Erreichung des Unternehmenszieles gleichzeitig mehr qualitativ hochwertige Kräfte als früher erforderlich sind. In jeder Hinsicht gewinnt somit das qualitative Element im Unternehmen an Bedeutung. Wesentlich ist, daß in dieser Phase ein Trend zur Qualifikation der Mitarbeiter eingeleitet wird.

Andererseits hat sich meist inzwischen eine wirtschaftliche und bevölkerungspolitische Situation entwickelt, in der die Arbeitskräfte knapper als vorher werden. Sowohl die unteren qualifizierten Kräfte als auch diejenigen, die mehr eine ausführende Tätigkeit ausüben, sind nicht mehr ohne weiteres auf dem Arbeitsmarkt zu beschaffen. Der Trend zur Qualifikation ist somit von einem Trend zur Verknappung der Arbeitskräfte begleitet.

Diese Aussage ist von grundsätzlicher Art und geht von einer langfristigen Betrachtung aus. Selbstverständlich treten auch in dieser Periode Schwankungen im wirtschaftlichen Konjunkturverlauf auf, die einen starken Einfluß auf den Arbeitsmarkt haben. So können auch in dieser Periode Zeitspannen vorhanden sein, in denen es ein Überangebot an Arbeitskräften gibt und eine relativ hohe Zahl von Arbeitslosen zu verzeichnen ist. Selbst in einer solchen Situation bleiben aber meist die qualifizierten Kräfte knapp und der Trend zur Qualifikation bei den Beschäftigten setzt sich eher verstärkt fort. Dies hängt auch damit zusammen, daß die Unternehmen durch neue Technologien oder durch Rationalisierungsmaßnahmen versuchen, wieder wirtschaftlich kostengünstiger oder auf dem Markt stärker zu werden. Dazu werden in erster Linie qualitativ hochwertige Arbeitskräfte benötigt. Früher oder später führt das wieder zu einer Verknappung der Arbeitskräfte schlechthin, aber auf jeden Fall bleibt auf diese Weise eine relative Knappheit der qualifizierten Arbeitskräfte bestehen.

Im gleichen Zuge zeichnen sich in der Anerkennungsperiode auch stärkere Veränderungen in der Gesellschaft ab. Bisherige Fixierungen in der Gesellschaftsstruktur beginnen sich aufzulösen und frühere Klassen oder Stände werden nicht nur durchlässiger, sondern es sind Bestrebungen vorhanden, sie grundsätzlich aufzuheben und eine neue Gesellschaftsstruktur mit einer Tendenz zur Gleichheit anzusteuern. Je nach den politischen und gesellschaftlichen Gegebenheiten und dem Tempo der technologischen Veränderungen in der Wirtschaft kann eine solche Veränderung sowohl kontinuierlich als auch verhältnismäßig dramatisch verlaufen. Im letzteren Falle wird vor allem der politische und gesellschaftliche Einfluß auf die betriebliche Personalarbeit sehr schnell spürbar.

Gleichzeitig wandeln sich die überkommenen Auffassungen über die Sicherung des Lebens. Vom Staat und der Gesellschaft werden nunmehr stärkere Hilfen erwartet, obwohl in dieser Periode ein deutlicher Trend zur materiellen Besserstellung aller Arbeitnehmer festzustellen ist. Grundsätzlich wird deshalb die Gesetzgebung in arbeits-, sozial-, tarif- und betriebsverfassungsrechtlicher Hinsicht umfangreicher als bisher. Der Sicherheitsbereich des einzelnen Mitarbeiters wird größer und der Handlungsspielraum der Unternehmen in rechtlicher Hinsicht kleiner, weil ihn die Gesetzgebung in arbeits-, sozial-, tarif- und betriebsverfassungsrechtlicher Hinsicht einengt.

In der Gesetzgebung treten jetzt auch stärker Gesetze hervor, die von politischen oder gesellschaftspolitischen Vorstellungen geprägt sind. Auf der einen Seite hängt das damit zusammen, daß bei den Gewerkschaften ein Konzentrationsprozeß stattfindet, der verschiedene Ursachen hat. Ein Anstoß dafür ist, daß der Trend zur Qualifikation auch die Struktur und die Bedeutung der verschiedenen beruflichen Funktionen verändert, was auch die Struktur der Gewerkschaften beeinflußt und einen Trend zur Einheitsgewerkschaft einleitet. Je nach den Gegebenheiten in den einzelnen Ländern, vollzieht sich dieser Prozeß schnell oder langsam.

Ein weiterer Anstoß für diese Entwicklung liegt einfach darin, daß die Gewerkschaften erkennen, nur über eine Konzentration an Gewicht im politischen und gesellschaftlichen Raum gewinnen zu können. Es zeichnet sich aber auf jeden Fall ab, daß die Gewerkschaften beginnen, auf diese Weise eine gegenüber den Verbänden der Unternehmen gleichgewichtige Position in Staat, Wirtschaft und Gesellschaft zu erlangen.

Auf der anderen Seite bestimmt die Berufs- und Arbeitswelt stärker als bisher die Gesellschaftsordnung und findet deshalb auch eine entsprechende politische Beachtung, die sich schließlich in der Gesetzgebung auswirkt. Dabei geht es nicht mehr nur allein darum, den arbeitsrechtlichen Schutz oder die soziale Sicherung der Arbeitnehmer zu vergrößern, sondern ihm grundsätzlich neue Rechte im Unternehmen selbst einzuräumen. Rechte, die entweder für das Individuum gedacht sind oder für eine Vertretung der Betriebsangehörigen. Typische Beispiele hierfür sind für die Bundesrepublik Deutschland das Betriebsverfassungsgesetz und die Mitbestimmungsgesetze.

Eine solche Entwicklung bringt es deshalb mit sich, daß der Einfluß der Gewerkschaften im politischen und gesellschaftlichen Raum zunimmt. Ihre Rolle in der Tarifpolitik wird unumstrittener und gemeinsam mit den Arbeitgeberverbänden übernehmen sie eine entsprechende Verantwortung für die Gestaltung der Arbeitsbedingungen der Arbeitnehmer. In der Bundesrepublik Deutschland ist der sichtbare Ausdruck dieser Entwicklung das Tarifvertragsgesetz, welches beiden Tarifpartnern – den Gewerkschaften und den Arbeitgeberverbänden – autonome Rechte einräumt.

Das Ergebnis dieser vielfältigen Wandlungsprozesse ist, daß die betriebliche Personalarbeit nicht mehr primär allein vom Unternehmen bestimmt wird. Vielmehr erhalten die Mitarbeiter als Individuum oder die Vertreter der Belegschaft, sei es als Betriebsrat, Gewerkschaftsvertreter oder in Betriebsausschüssen, neue Rechte, die sich auf die Art und Weise sowie die Gestaltungsmöglichkeiten der betrieblichen Personalarbeit auswirken. Diese Rechte zielen dabei nicht mehr allein auf die Information oder Mitwirkung der Arbeitnehmer ab, sondern auf mehr Mitbestimmung in allen personellen und sozialen Angelegenheiten des Unternehmens.

Außerdem verändern sich auch die grundlegenden Erwartungen und Einstellungen der berufstätigen Menschen in diesem Stadium. In erster Linie als Folge der gesellschaftlichen Veränderungen, aber auch als Ergebnis des Trends zur Qualifikation, welcher ein breiteres und höheres Bildungsniveau mit sich bringt. Ebenso wirkt sich die auf lange Sicht vorhandene Verknappung auf dem Arbeitsmarkt aus, die dem einzelnen seine Bedeutung und seinen Wert in der Berufs- und Arbeitswelt bewußter als vorher macht. Aber schließlich ergeben sich diese Veränderungen im Verhalten der Arbeitnehmer auch, weil die materiellen Voraussetzungen immer besser werden und die Arbeit deshalb nicht mehr allein der Befriedigung der dringenden materiellen Bedürfnisse dient.

Die entscheidenden Einflüsse auf das veränderte Verhalten der Arbeitnehmer kommen somit aus dem veränderten gesellschaftspolitisch und individuell bestimmten Bewußtsein der zunehmenden Stärke der Gewerkschaften, der relativen Kontinuität in der Verbesserung der Arbeitsbedingungen und dem allgemeinen Trend zu mehr Wohlstand für alle. Ganz allgemein wird nunmehr der arbeitende Mensch selbstbewußter, in seinen Erwartungen differenzierter, nach ständiger Verbesserung der beruflichen und materiellen Situation strebender als vorher.

Allein schon der Trend zur Qualifikation bringt es mit sich, daß mehr Menschen im Unternehmen unmittelbar für das Unternehmensziel von Bedeutung sind. Da aber gleichzeitig die Arbeitskräfte, vor allem die qualifizierten, relativ knapp sind, ergibt sich aus diesen beiden Feststellungen, daß der Faktor »Mensch« im Unternehmen aus wirtschaftlichen Gründen und zur Erreichung des Unternehmenszieles mehr als bisher in den Vordergrund der Betrachtung rückt. Es wird große Mühe darauf verwandt, die benötigten Arbeitskräfte zu beschaffen, sie auf den erforderlichen qualifizierten Ausbildungsstand und zur Entfaltung ihrer Leistung zu bringen.

Es wird deshalb jetzt primär der Frage nachgegangen, wie die Leistung dieser gegenüber früher qualifizierten Kräfte zur vollen und ständigen Entfaltung gebracht und diese schließlich auch wegen ihrer relativen Knappheit zum Verbleib im Unternehmen angehalten werden können. Die dafür bisher genutzten Mittel oder Voraussetzungen beginnen ihre Wirkung zu verlieren oder sich zu verändern.

Es wächst vor allem die Überzeugung, daß ein bestimmtes Leistungslohnsystem, der Appell an das Pflichtbewußtsein oder allgemeine Führungsmaßnahmen nicht ausreichen, eine stets optimale Leistung der Mitarbeiter zu erzielen. Der auf diesem Hintergrund jetzt in den Unternehmen einsetzende Denkprozeß bewirkt Konsequenzen in zweierlei Hinsicht.

Auf der einen Seite wird stärker als bisher auf die Wissenschaft zurückgegriffen, um mehr Anhaltspunkte darüber zu gewinnen, was die Leistungsfähigkeit und Leistungsbereitschaft eines Menschen beeinflußt. In erster Linie befaßt sich jetzt die Psychologie auch mit der Berufs- und Arbeitswelt des Menschen, weshalb gerade dieser wissenschaftliche Zweig durch das Entstehen der Betriebs- und Industriepsychologie an Bedeutung gewinnt und in die Berufs- und Arbeitswelt Eingang findet. Sei es in der Berufsberatung, in der Eignungsdiagnostik oder bei allgemeinen betriebspsychologischen Fragen.

Ähnliche wissenschaftliche Anstöße kommen auch von Überlegungen und Untersuchungen, die sich mehr mit arbeitsphysiologischen oder arbeitsmedizinischen Problemen beschäftigen. Diese führte zum Entstehen der Arbeitswissenschaft, die ein immer breiteres Feld einnimmt und auch Grundlagen der Lohn- und Gehaltsfindung in ihr Tätigkeitsfeld mit einbezieht. Die Ergonomie wird für die betriebliche Personalarbeit von immer größerer Bedeutung.

Ursprünglich bestand die Personalaufgabe darin, Menschen für vorgegebene Tätigkeiten zu finden oder durch eine entsprechende Schulung oder durch andere Maßnahmen an sie anzupassen. Jetzt geht es immer deutlicher darum, die Technologie, die bisher primär war, an die Menschen anzupassen. Die Wissenschaft, vor allem die Ergonomie, soll diesem Ziel dienen.

Auch die Soziologie wird in dieser Periode für die betriebliche Personalarbeit von größerer Wichtigkeit als bisher. Ursprünglich durch die Anwendung der empirischen Sozialforschung bei der Ermittlung des Meinungs- und Einstellungsbildes des arbeitenden Menschen. Später auch bei der Deutung von Konfliktursachen und der Klärung von Konfliktfragen sowie bei der Erforschung organisationssoziologischer Probleme im Unternehmen.

Auf der anderen Seite erkennen die Unternehmen, daß die bislang mehr sozialkaritativ betonte soziale Betreuung der Betriebsangehörigen durch neue stärkere, überbetriebliche soziale Sicherung überholt und durch den allgemeinen Bewußtseinswandel der Beschäftigten nicht mehr zeitgemäß ist. Auch von daher muß nach neuen Überlegungen und Zielen Ausschau gehalten werden. Auf jeden Fall verliert die überkommene betriebliche Sozialpolitik trotz eines steigenden betrieblichen Sozialaufwandes an Bedeutung. Die sogenannte »human-relations«-Bewegung, die ihre ersten Anfänge bereits in den 20iger Jahren in den USA hatte, entsteht in der Bundesrepublik Deutschland in dieser Periode. Sie wird neben ideellen Vorstellungen auch stark von wissenschaftlichen Erkenntnissen, speziell aus dem psychologischen und soziologischen Bereich, getragen. Sie hat wesentliche Anstöße zur Verwissenschaftlichung der betrieblichen Personalarbeit mitgeleistet.

Es setzt sich auf diese vielfältige Weise die Einsicht durch, daß der arbeitende Mensch als gestaltender Faktor im Unternehmen mehr Anerkennung als bisher finden muß. Daraus resultiert das Bestreben, mehr Mitdenken und Mithandeln des arbeitenden Menschen im Unternehmen anzustreben. Schließlich wird in dieser Phase der Begriff »Mitarbeiter« geprägt, der mehr als ein bloßes Wort ist, sondern programmatische Bedeutung hat. Der Mensch als der wichtigste Faktor in einem wirtschaftlichen oder Verwaltungsunternehmen findet somit Anerkennung.

Das Wort »Mitarbeiter« wird in dieser Situation vielfältig benutzt und stets wird dabei auch die Gemeinsamkeit der Interessen im Unternehmen betont. Es entwickelt sich in manchen Unternehmen sogar eine Art Ideologie, die über die bloße Anerkennung des Menschen im Unternehmen weit hinausgeht. Dies ist die Zeit, in der die partnerschaftlichen Systeme für die Unternehmen propagiert werden.

Bei den partnerschaftlichen Bestrebungen geht es aber nicht nur um ideelle Vorstellungen, sondern auch um nüchterne, betriebswirtschaftliche Ziele. Sie wollen die betrieblichen Leistungen steigern und eine Ergebnisbeteiligung der Arbeitnehmer durchführen. Die Wirkungen derartiger betrieblicher Beispiele nach draußen waren unterschiedlich. Bis heute finden sie jedoch große Beachtung und eine Vielzahl von Unternehmen bekennen sich zu dieser Idee.

Der Ausgangspunkt ist, daß trotz vorhandener unterschiedlicher Interessenlage das Gemeinsame der Produktionsfaktoren Arbeit und Kapital dominierend ist. Einerseits sind diese Vorstellungen von einer starken ideellen Überzeugung getragen und gleichzeitig wollen sie auch bewußt eine Gegenbewegung zum Klassenkampfgedanken sein.

Die Arbeitgeberverbände verhalten sich jedoch diesen Vorstellungen gegenüber relativ abwartend, wenn sie auch den Grundgedanken der partnerschaftlichen Vorstellungen akzeptieren. Die Gewerkschaften verhalten sich allerdings diesen Bestrebungen gegenüber eher ablehnend, weil sie ein Schwinden ihres Einflusses befürchten und betont an der Grundeinstellung des Interessengegensatzes von Kapital und Arbeit festhalten wollen.

Es kann aber gesagt werden, daß die Grundidee der Gemeinsamkeit im Unternehmen, die in dieser Phase stärker in den Vordergrund rückt, bis heute fortwirkt und in der betrieblichen Personalarbeit eine Rolle spielt. Allerdings sachlicher und nüchterner als ursprünglich gedacht und weniger ideologisch betont.

Es wächst jedoch allgemein die Vorstellung, daß tatsächlich sehr viel Gemeinsames in der betrieblichen Zusammenarbeit begründet liegt. Die Existenz eines Unternehmens oder einer dienstleistenden Organisation hängt davon ab, daß die gesteckten Ziele, vor allem in wirtschaftlicher Hinsicht, erreicht werden. Das wiederum ist die Grundlage für die materielle Existenz der Mitarbeiter. Das Ziel des Unternehmens ist aber nur durch Zusammenarbeit aller Beteiligten optimal zu erreichen und das bedingt auch eine weitgehende innere Übereinstimmung bei den an der innerbetrieblichen Zusammenarbeit beteiligten Menschen. Insofern gewinnt der Gedanke zur Kooperation im Unternehmen auf der Basis der Anerkennung des Mitarbeiters zunehmende Bedeutung.

Die Konsequenz dieser vielfältigen Überlegungen und Ansätze ist, daß für die betriebliche Personalarbeit entsprechende Folgerungen erforderlich sind. Als erstes wird begriffen, daß das Beschaffen, Einstellen,

Verwalten und Betreuen des Personals als Aufgabenstellung des Personalwesens nicht mehr genügt. Das Einsetzen, die Einführung, das Entwickeln, das Bilden und das Entfalten im Unternehmen müssen demgegenüber eine größere Bedeutung in der Personalarbeit bekommen. Der Faktor Mensch wird auf diese Weise schließlich gegenüber technisch bedingten Überlegungen oder finanziellen Problemen in gleichem Maße bedeutsam. Personalprobleme werden deshalb immer häufiger in der Unternehmensleitung selbst diskutiert, und sie erhalten bei unternehmenspolitischen Entscheidungen ein entsprechendes Gewicht. Die betriebliche Personalarbeit wird somit konsequenterweise ebenfalls als bedeutsam anerkannt. Das Personalwesen als der für den Menschen im Unternehmen zuständige Bereich erhält somit gleichfalls mehr Anerkennung als bislang.

Für die Personalarbeit ergibt sich in dieser Phase, daß sie mit der rein verwaltungsmäßigen Tätigkeit nicht mehr auskommt, sondern sich neuen Anforderungen stellen muß. Die Entwicklung und Aufrechterhaltung einer ständigen optimalen Leistungsfähigkeit und Leistungsbereitschaft der Mitarbeiter wird zum entscheidenden Ziel der Personalführung. Für das Personalwesen selbst ergibt sich daraus die Konsequenz, seine Funktion neu zu durchdenken und zu bestimmen. Bloße Fähigkeiten in der Verwaltung oder Kenntnisse im Arbeits-, Sozial- und Tarifrecht reichen zur Bewältigung der neuen Aufgaben nicht mehr aus. Vielmehr muß jetzt auch im Personalbereich in betriebswirtschaftlichen, organisatorischen, psychologischen und soziologischen Zusammenhängen gedacht und gehandelt werden.

In dieser Periode kündigt sich auch an, daß das Personalwesen in der Unternehmensorganisation nach oben rückt. Während in der verwaltungsmäßigen Phase oft eine Verankerung des Bereiches »Personal« auf der zweiten, dritten oder vierten Ebene unterhalb der Unternehmensspitze anzutreffen war und dies auch seine Berechtigung hatte, muß sich mit den neuen Anforderungen zwangsläufig auch die organisatorische Eingliederung ändern, um den neuen Erfordernissen entsprechen und um diese Aufgaben mit dem notwendigen Gewicht ausüben zu können. Das Personalwesen ist deshalb in dieser Phase im allgemeinen unterhalb der Unternehmensspitze angesiedelt, um unmittelbar bei unternehmenspolitischen Überlegungen herangezogen werden zu können.

Es wird aber auch schon in dieser Periode ein Trend eingeleitet, das Personalwesen in der Unternehmensspitze selbst zu verankern. Die

Bedeutung der Personalarbeit im Unternehmen wird in diesem Stadium auch auf diese Weise anerkannt. Das gilt selbstverständlich nicht für alle Unternehmen im gleichen Maße, aber die Zahl der Personalabteilungen steigt ganz eindeutig an, die organisatorische Eingliederung verschiebt sich in die Unternehmensspitze und das Denken in fachlicher Qualifikation für die im Personalwesen tätigen Menschen nimmt zu.

Bis zu diesem Zeitpunkt waren im betrieblichen Personalwesen oft nur Fachkräfte anzutreffen, die ihre Tätigkeit in der Personalbeschaffung, in der Lohn- und Gehaltsabrechnung oder in der sozialen Betreuung der Mitarbeiter ausübten. Dort erwarben sie auch überwiegend ihre Erfahrungen und Kenntnisse. Darüber hinausgehende fachliche Anforderungen bestanden oft nicht und wurden deshalb auch nicht verlangt. Dies war lediglich in größeren Unternehmen anders.

Selbst für die qualifizierten Kräfte und auch für den Leiter des Personalwesens wurde unterstellt, daß sich die notwendigen fachlichen Kenntnisse relativ schnell und leicht aneignen lassen und deshalb eine irgendwie geartete Vorbildung nicht erforderlich ist. Für die Besetzung derartiger Positionen waren bis dahin oft Gesichtspunkte maßgebend, die mit bestimmten menschlichen Eigenschaften verknüpft waren oder die Notwendigkeit, Führungskräfte unterbringen zu müssen, die in anderen Unternehmensbereichen aus den unterschiedlichsten Gründen nicht mehr einsetzbar waren.

Es gab bisher somit weder eine berufliche Ausbildung der Führungskräfte im Personalwesen, noch wurde sie für erforderlich gehalten. Aus dem gleichen Grunde war auch der Laufbahngedanke für das Personalwesen nicht sehr verbreitet. Deshalb kamen die qualifizierten Kräfte im Personalwesen – und oft auch der Leiter des Personalwesens selbst – erst im fortgeschrittenen Alter und aus den unterschiedlichsten früheren Tätigkeiten in das Personalwesen.

Dies beginnt sich in dieser Periode zu ändern. Mit dem Wachsen in der Bedeutung des Personalwesens und im Zuge der veränderten Anforderungen wird auch eingesehen, daß die Fachkräfte im Personalwesen über breitere fachliche Kenntnisse und eine entsprechende Erfahrung in der betrieblichen Personalarbeit verfügen müssen. So wächst in dieser Periode die Einsicht, daß eine umfassende Ausbildung der Fachkräfte des Personalwesens notwendig ist und auch der Laufbahngedanke beginnt sich für das Personalwesen langsam durchzusetzen. Sowohl in der beruflichen Ausbildung, als auch an Fach- und Hochschulen werden jetzt Möglichkeiten geschaffen, sich für eine berufliche Tätigkeit im Personalwesen auszubilden. Immer mehr Fachkräfte beginnen nunmehr nach der Ausbildung ihre berufliche Tätigkeit im Personalwesen und haben auch die Absicht, dabei zu bleiben. Es entsteht praktisch ein Berufs- und Funktionsbild für das Personalwesen, obwohl die Konturen erst noch sehr schemenhaft sind.

Der allgemeine Trend zur Qualifikation trifft somit auch für die im Personalwesen tätigen Personen zu. Entscheidend ist aber der Wandel in der Aufgabenstellung des Personalwesens, der in dieser Periode eingeleitet wird.

Die Personalakte ist immer noch ein wichtiges Symbol, das Gespräch als Instrument der Personalführung spielt weiterhin eine große Rolle, aber die Werksfürsorgerin verschwindet langsam und vom Personalsachbearbeiter werden umfassende Kenntnisse und eine höhere Qualifikation verlangt. Demgegenüber bleibt die Bedeutung der Führungskräfte für die betriebliche Personalarbeit erhalten, aber das Personalwesen wird mehr als bisher für die Personalführung ein gleichgewichtiger Partner.

3. Die Integrationsperiode

In der Integrationsperiode schreitet die Entwicklung, die in der Anerkennungsperiode bereits angelegt ist, konsequent fort. Die Grundlagen, die in der Anerkennungsphase die Personalpolitik und die Personalführung beeinflußt haben, bestehen nicht nur weiterhin, sondern haben an Einfluß und Gewicht zugenommen. Selbstverständlich gibt es bei den einzelnen Unternehmen und in den einzelnen Ländern graduelle Unterschiede über das Ausmaß dieser Entwicklung. Der Trend ist jedoch nicht zu verkennen. Auch jetzt sind bei den verschiedenen Unternehmen die Elemente aller Phasen der Entwicklung der betrieblichen Personalarbeit anzutreffen, und die Gegebenheiten in den einzelnen Ländern sind nach wie vor für das Tempo und das Ausmaß der Entwicklung maßgebend.

Nunmehr bestimmen jedoch ohne Rücksicht auf den jeweiligen Entwicklungsstand der Personalarbeit der einzelnen Unternehmen in vollem Ausmaß die nachstehenden Faktoren die betriebliche Personalarbeit. Mit dieser Aufzählung ist aber eine Rangordnung nicht fixiert, denn die Faktoren stehen ohnehin alle miteinander in einem engen Zusammenhang und bedingen sich gegenseitig:

- Die Knappheit auf dem Arbeitsmarkt
- Der schnelle technologische Wandel
- Der gesellschaftliche Änderungsprozeß
- Die steigende Qualifikation der Beschäftigten
- Der Trend zu steigenden Personalkosten
- Der Umfang und die Zielrichtung der arbeits-, sozial-, tarif- und betriebsverfassungsrechtlichen Bestimmungen
- Die Wirtschaftlichkeit der Personalarbeit.

In dieser Periode hat im allgemeinen die Volkswirtschaft einen hohen Industrialisierungsgrad und vielfach sogar einen hohen Dienstleistungsgrad erreicht. Der Übergang der Volkswirtschaft vom primären Sektor zum sekundären Sektor ist weitgehend vollzogen und ein großer Teil der Beschäftigten, nämlich ca. 35–50%, sind bereits im tertiären Sektor, dem Dienstleistungsbereich, tätig. Der Anteil der in der Landwirtschaft tätigen Bevölkerung ist relativ gering geworden (meist unter 10% der Gesamtbeschäftigten).

Das Wachstum der Bevölkerung vollzieht sich nicht mehr in großen Zuwachsraten. Es ist ferner bereits ein relativ großer Teil der Frauen berufstätig. Das Bildungsniveau konnte bisher der Gesamtentwicklung der Volkswirtschaft folgen und hat im allgemeinen einen hohen Stand erreicht. Fast 50% eines Jahrganges erfahren eine mindestens 13–15jährige schulische und berufliche Ausbildung. Es hat bei entsprechenden konjunkturellen Voraussetzungen ein Trend zur Vollbeschäftigung eingesetzt, der praktisch nur durch kurzfristige Rezessionen unterbrochen wird, aber grundsätzlich von Dauer ist.

Das Tempo der industriellen Entwicklung hält weiterhin an. Alle Arbeitsmarktreserven sind weitgehend eingesetzt. Aufgrund der Verknappung auf dem Arbeitsmarkt gerät die technische Entwicklung unter neue Zwänge und durch diese wechselseitige Beziehung zwischen Verknappung auf dem Arbeitsmarkt und Rationalisierung wird die technologische Entwicklung noch weiter beschleunigt. Die ständige Innovation wird zur entscheidenden Grundlage der Wirtschaft, wobei eine immer höherwertige Qualifikationsstufe der Technologie angestrebt wird.

Für die Bundesrepublik Deutschland treffen diese Gegebenheiten seit einiger Zeit im großen und ganzen zu: Es gibt keine großen Reserven in umstrukturierenden Wirtschaftszweigen mehr, es besteht bereits ein relativ hoher Anteil an beschäftigten Frauen und die weitere Entwicklung der Bevölkerung verläuft in normalen Zuwachsraten, teilweise sogar mit rückläufiger Tendenz. Deshalb mußte auf Gastarbeiter ausgewichen werden. Kurzum: wenn nicht das Gleichgewicht zwischen Binnen- und Außenkonjunktur in wirtschaftlicher Hinsicht, aber auch zwischen wirtschaftlicher Entwicklung und Entfaltung des Bildungsniveaus gestört wird, kann trotz vorübergehender Rezessionen für die nächsten 10 bis 15 Jahre mit einem relativ knappen Arbeitsmarkt in der Bundesrepublik Deutschland gerechnet werden.

Auf jeden Fall wird diese Feststellung jedoch für die qualifizierten Kräfte zutreffen, während durchaus für die weniger qualifizierten Kräfte eine vorübergehende strukturell bedingte Arbeitslosigkeit bestehen kann.

Diese verschiedenen Prozesse der Veränderung der Voraussetzungen für die Bedingungen einer Volkswirtschaft, aber vor allem die damit verbundenen Konsequenzen für die Berufs- und Arbeitswelt und damit auch für die Gesellschaft sind von großer Bedeutung für die Grundlagen und für die Zielsetzung der betrieblichen Personalarbeit.

Als erstes zeigt sich, daß technologische Änderungsprozesse in den Unternehmen stets auch personelle Konsequenzen zur Folge haben. Je stärker sich dieser technologische Änderungsprozeß vollzieht, um so schneller wirken sich auch diese Konsequenzen aus. Die Arbeitnehmer in der Wirtschaft werden nicht nur häufiger umgesetzt werden müssen, weil sich die Arbeitsvorgänge und -abläufe in allen Unternehmensbereichen ständig verändern, sondern sie müssen auch öfter mit neuen technischen Verfahren und neuen organisatorischen Methoden vertraut gemacht werden. Das Fachwissen und das Fachkönnen müssen laufend den neuen Erfordernissen angepaßt werden.

Die Dynamik dieses Prozesses wird immer mehr zunehmen und ein Nachlassen dieses Tempos ist vorläufig noch nicht abzusehen. Neue Maschinen und neue technische Verfahren hatten vor dem letzten Kriege oft für die Dauer von 25 bis 30 Jahren ihre Verwendungsmöglichkeit; heute ist dieser Zeitraum in vielen Branchen auf 7 bis 10 Jahre zusammengeschrumpft und es liegt auf der Hand, daß diese Spanne bald bei rund 5 Jahren liegen wird. Darüber hinaus kommen gänzlich neue Technologien zur Anwendung.

Immer noch werden derartige Tatbestände in der allgemeinen Entwicklung auf die Industrie bezogen. Dabei ist von dieser Entwicklung bereits die gesamte Wirtschaft erfaßt. Es wird nicht ausbleiben, daß auch andere Lebensbereiche, insbesondere die öffentliche Verwaltung und die öffentlichen Dienstleistungen, wie z.B. das Bildungswesen und das Gesundheitswesen, unter den Einfluß dieses Trends geraten. Insofern ist die Wirtschaft nur der Vorreiter einer bestimmten Entwicklung, die mit all ihren Konsequenzen bald auch die Berufsbereiche außerhalb der Wirtschaft erfassen wird.

In absehbarer Zeit werden sich auf diese Weise in der Integrationsperiode die Personalprobleme in allen Berufsbereichen annähern. Die bisherigen unterschiedlichen Betrachtungs- und Handlungsweisen in personeller Hinsicht, z.B. zwischen Wirtschaft und öffentlicher Hand, werden sich langfristig nicht aufrechterhalten lassen.

Die dargestellte Entwicklung übt als nächstes einen starken Einfluß auf die Aus- und Fortbildung aller Berufstätigen aus und wird insbesondere insofern tief in das Leben aller Menschen eingreifen, weil jetzt ein hohes Maß an Beweglichkeit und Anpassungsfähigkeit von jedem Menschen verlangt wird; nämlich an physischer Mobilität und geistiger Flexibilität. Eine Tendenz, die die Einstellung und das Verhalten der Menschen grundlegend verändern wird. Was das obendrein für die Gesellschaft bedeutet, ist noch gar nicht voll übersehbar. Auf jeden Fall kann aber vermutet werden, daß dieses hohe Maß an Mobilität und Flexibilität stets eine latente Unruhe hervorbringen wird, die sich auch irgendwie politisch und gesellschaftlich äußert. Mit dieser latenten Unruhe muß in Zukunft innerhalb und außerhalb des Unternehmens gelebt werden.

Gegenwärtig fehlt häufig beim arbeitenden Menschen noch die Einsicht in diese Notwendigkeit. Vor allem die Tatsache, daß in Zukunft eine stärkere Mobilität erforderlich ist, wird von den Arbeitnehmern noch nicht immer gerne eingesehen. Die persönlichen Bedingungen an Eigentum und nahestehenden Menschen und das normale menschliche Beharrungsvermögen sind eher auf Statik als auf Wechsel ausgerichtet. Hinzu kommt, daß in dieser Periode das soziale Sicherheitssystem sehr weit entwickelt ist und somit materielle Zwänge zur Förderung der Mobilität nicht bestehen.

Aber auch die bislang stark auf die Bindung angelegte betriebliche Personalpolitik ist der Mobilität nicht förderlich. Somit muß auch in dieser Hinsicht die betriebliche Personalpolitik neu durchdacht werden.

Allerdings sind es in erster Linie individuelle, verständliche Verhaltensweisen, die einem zunehmenden Zwang von äußeren Umständen entgegenstehen. Das wird in gewisser Hinsicht als Grundtenor auch dann bestehen bleiben, wenn die betriebliche Personalpolitik von ihrem bisherigen Bestreben nach Bindung abgehen würde.

Hier liegen demnach noch einige ungelöste Probleme vor, die sowohl eine Verhaltensänderung des Individuums als auch eine Änderung der bisherigen Bindungspolitik der betrieblichen Personalarbeit verlangen. Dabei ist noch nicht übersehbar, inwieweit überhaupt eine Änderung in der Bindungsgrundlage der betrieblichen Personalpolitik in der primär auf den Menschen bezogenen Personalarbeit in der Integrationsperiode möglich ist.

Anzustreben ist aber auf jeden Fall, daß die Bindung des Mitarbeiters nicht mehr in erster Linie auf das Unternehmen bezogen ist, sondern auf eine bestimmte berufliche Tätigkeit oder nur eine bestimmte Funktion. Dann ist trotzdem eine genügende Identifikation mit der Arbeit möglich, die ein entsprechendes Maß an individueller Befriedigung an der Arbeit erlaubt. Verbunden mit der Vergrößerung des individuellen Wirkungsgrades kann dies obendrein für die Zufriedenheit und für die Leistungsfähigkeit des einzelnen viel bedeutsamer sein als die bislang mehr emotional auf das Unternehmen bezogene Bindung.

Vieles im Verhalten der jüngeren Menschen deutet diesen Trend an: es wird eher eine Bindung an eine bestimmte Tätigkeit und an bestimmte Menschen als an ein Unternehmen als solches gesucht. Dieses Verhalten kann zwar ebenfalls einer notwendigen Bereitschaft zur Mobilität entgegenstehen, aber es ist wahrscheinlich weniger fixierend als eine gefühlsmäßige an das Unternehmen. Es zeichnet sich hier bereits ein Streben nach weniger Bindung ab, aber auf jeden Fall eine Tendenz zur betont sachlichen Orientierung.

Der gesellschaftliche Änderungsprozeß zielt in dieser Periode noch stärker als vorher auf eine Auflösung der bestehenden Gruppierungen und trägt gleichzeitig einen deutlichen Hang zur Nivellierung in sich. Es ist jedoch ein Trend zur Nivellierung, der eine höhere Ebene anpeilt. Denn da die Befriedigung der materiellen Bedürfnisse nicht mehr die alleinige Motivation ausmacht und zudem das Bildungsniveau steigt, nehmen die Erwartungen einerseits an Umfang zu und erhalten andererseits eine andere Richtung. Sie sind nicht nur umfangreicher, sondern somit auch differenzierter geworden.

Für die Personalpolitik und die Personalführung ist aber zunächst entscheidend, daß vor allem die Anforderungen auf seiten des einzelnen gegenüber der Gesellschaft, der Umwelt allgemein, der beruflichen Betätigung und gegenüber sich selbst steigen, wobei es immer weniger nur um materielle Bedürfnisse gehen wird. Nunmehr werden überkommene Differenzierungen, die nach Klasse, Stand oder Status ausgerichtet sind, nicht mehr akzeptiert. Vielmehr wird die Gleichheit der Chance als Lebenserwartung postuliert. Allerdings wird dabei nicht von einer natürlichen Gleichheit aller ausgegangen, denn unterschiedliche Anlagen und Fähigkeiten werden weiterhin unterstellt und akzeptiert. Es sollen aber alle die gleiche Chance der Entwicklung und der Entfaltung haben und aus diesem Grunde wird nur eine Differenzierung auf sachlicher oder funktionaler Grundlage verstanden werden.

Wenn somit in Zukunft die Differenzierung noch eine Bedeutung behalten wird, wofür sehr vieles spricht, so werden die entscheidenden Merkmale dieser Differenzierung nur aus der funktionalen Bedeutung in der Gesellschafts- und Wirtschaftsordnung kommen können und nicht mehr aus der Herkunft, der Aus- und Fortbildung oder dem Einkommen abgeleitet werden, wenn nicht die beiden letzteren Faktoren mit der funktionalen Bedeutung zusammenhängen. Die Notwendigkeit der Differenzierung einer Leistung und der Bewertung der Leistungsergebnisse kann in dieser Phase nur noch funktionell begründet werden.

Die Tendenz zur Nivellierung hat aber nicht nur einen betrieblichen oder individuellen Aspekt, sondern auch einen politischen und gesellschaftlichen. Auch von daher sind Bestrebungen zur Nivellierung vorhanden, wobei die Steuer- und Einkommenspolitik die sichtbarsten Anzeichen dafür sind.

Auf jeden Fall präsentiert sich ein neuer Typus eines Mitarbeiters den Unternehmen oder ganz allgemein der Berufswelt. Ein Typus, der sich auf der einen Seite durch hohes Können und Wissen auszeichnet, aber auf der anderen Seite seine eigenen Ziele und Vorstellungen nüchtern und selbstbewußt zu verwirklichen trachtet. Entscheidend ist für ihn die Möglichkeit zur Selbstverwirklichung und nur, insoweit diese besteht, werden innere und äußere Bindungen akzeptiert. Im übrigen möchte er flexibel und somit möglichst frei und ungebunden bleiben. Seine persönlichen, durch Selbstbewußtsein und Selbstvertrauen getragenen Ziele sind die entscheidenden Antriebselemente. Hier entsteht ursächlich die Forderung nach Mitwirkung und Mitbestimmung und zwar beim Individuum.

Die bisherigen Leistungs-Lohn- und Gehaltssysteme verlieren damit als Anreiz zur Leistungsentfaltung an Wirkung und da auch sonst die Voraussetzungen fehlen, die Leistung des Mitarbeiters ohne weiteres zu erhalten, muß auf andere Weise die Leistungsbereitschaft zur Entfaltung gebracht werden. Es liegt deshalb auf der Hand, daß sowohl dieser neue Typus als auch seine Bedeutung im Unternehmen eine gegenüber früher neue Personalpolitik und Personalführung erforderlich machen.

In dieser Periode schreitet auch der Konzentrationsprozeß bei den Gewerkschaften fort und der Trend geht zu Einheitsgewerkschaften. Dies hat einen großen Zuwachs an Einfluß seitens der Gewerkschaften in Wirtschaft und Staat und Gesellschaft zur Folge, denn sie sehen ihr Betätigungsfeld bei ihrer wachsenden Stärke nicht mehr allein in der Mitgestaltung an den Arbeitsbedingungen. Vielmehr versuchen sie auf alle Gebiete einzuwirken, die nur irgendeine Bedeutung für die Arbeitnehmer haben. Damit ist auch der Versuch verbunden, auf die allgemeine Politik Einfluß zu nehmen.

Gleichzeitig wird auch der Einfluß der Gewerkschaften in den Unternehmen stärker. Bislang hatten sie oft nur indirekt einen Einfluß auf das Geschehen in den Unternehmen und dann auch oft nur für die Personal- und Sozialbelange. Nunmehr erlangen sie oft direkten Einfluß im Unternehmen und dieser geht außerdem meist über die Personal- und Sozialfragen hinaus. Ein typisches Beispiel sind hierfür die Mitbestimmungsgesetze in der Bundesrepublik Deutschland.

Demgegenüber verlieren die Verbände der Unternehmen relativ an Einfluß. Sie befinden sich immer häufiger in der sachlichen Auseinandersetzung mit den Gewerkschaften oder im politischen Raume in der Defensive. Die Unternehmen sehen sich deshalb in dieser Periode immer häufiger als Einzelunternehmen in der inner- oder außerbetrieblichen Diskussion. Die Solidaritätswirkung ihrer Verbände ist schwächer geworden, zumal Solidarität der Unternehmen in einer Marktwirtschaft mit ihrer typischen Konkurrenzgrundlage stets ein Problem ist. Auf jeden Fall zeigt es sich jetzt mehr als bisher, daß die Unternehmen ihre eigene Unternehmenspolitik und insbesondere die Personalpolitik grundlegend durchdenken und umfassend orientiert durchführen müssen.

Da die Unternehmen in dieser Periode obendrein stärker als bisher mit der Gesellschaft verknüpft sind und diese Verbindung in dieser Phase immer offensichtlicher wird, kann auch diese Entwicklung nicht ohne Einfluß auf die betriebliche Personalarbeit bleiben. Dies geschieht auf der einen Seite durch die stärkere Rolle der Gewerkschaften im Vorfeld der Gesetzgebung und unmittelbar in der betrieblichen Sphäre. Je nachdem, wie der Hintergrund der Zielsetzung der Gewerkschaften ist, mehr pragmatisch oder mehr ideologisch, wird sich dieser Einfluß vollziehen. Auf der anderen Seite erfolgt dieser Einfluß von außen auch durch eine Zunahme der Gesetzgebung in der Berufs- und Arbeitswelt. Oder einfach dadurch, daß sich die Gesellschaft mehr als bisher mit der Berufs- und Arbeitswelt befaßt.

Für die Unternehmen zeigt sich nunmehr, daß immer häufiger gesellschaftspolitische Probleme in das Unternehmen hineingetragen werden. Die Gesellschaft ist in Bewegung geraten und eine endgültige Struktur wurde noch nicht erreicht. Deshalb werden die Unternehmen die Verzahnung mit der Umwelt und der Gesellschaft nicht nur stärker als bisher spüren, sondern auch als Aufgabe in buchstäblicher Form begreifen müssen. Damit nehmen auch politische Einflüsse auf das Unternehmen zu und politische Diskussionen werden im Unternehmen um sich greifen. Personal- und Unternehmenspolitik sind auf diese Weise mehr denn je zugleich Gesellschaftspolitik und müssen mit diesem Hintergrund verstanden werden. Das verlangt von den Unternehmensleitungen und dem Personalwesen eine entsprechende Berücksichtigung, aber auch ein entsprechendes Engagement.

Paradoxerweise wird es somit zwar den Trend zur Integration geben, aber auch Tendenzen zur Konfrontation. Die letzteren Tendenzen sind aber nur als Versuche zu verstehen, alte Machtstrukturen durch Konfrontation aufrechtzuerhalten oder als Ergebnisse, die sich aus der Spannung ergeben, die die Entwicklung zur Integration mit sich bringt. Der eigentliche Zeittrend, den es immer wieder zu beachten gilt, ist aber der zur Integration und zwar auf der Grundlage der Kooperation.

Dieser Trend zur Integration wird vor allem von zwei Faktoren gefördert werden. Das eine ist die bloße wachsende Bedeutung des Menschen im Unternehmen und seine zunehmende zentrale Rolle für die Zielsetzung und Zielerreichung des Unternehmens. Gerade in diesem Stadium wird deshalb der Gemeinsamkeitsgedanke neue Nahrung erhalten und zugleich mit eine Grundlage für die Integration des Menschen in seiner Arbeitswelt sein.

Auf der anderen Seite werden die starken Rechte, die der Arbeitnehmer oder seine Vertretung im Unternehmen erhalten haben, zwangsläufig weniger Raum für Konfrontation lassen, sondern zur Kooperation und damit zur Integration zwingen. Mehr Rechte zu haben, bedeutet im allgemeinen auch den Zwang, neue Pflichten auferlegt zu bekommen. Ob man es vorher wollte oder nicht, man gerät in eine größere Verantwortung hinein. Eine solche Situation ist schließlich bewußtseinsverändernd und wirkt auf das Verhalten des einzelnen Arbeitnehmers und seiner Vertretungen ein.

Allerdings ist mit dieser Entwicklung anfänglich trotzdem die Gefahr der Polarisierung im Unternehmen verbunden. Das ist für das Unternehmen in dieser Phase eine bedenkliche Tendenz, denn es ist jetzt mehr denn je auf Integration aller im Unternehmen Tätigen angelegt. Sein Ziel ist nach einem so oder so postulierten Klassenbewußtsein oder einer Klassenkampfideologie mit dem üblichen Hintergrund kaum zu erreichen. Es kommt deshalb darauf an zu erkennen, daß hinter den zu Tage tretenden gesellschaftlichen Auseinandersetzungen ursprünglich die veränderten Erwartungen und Einstellungen von selbstbewußten, auf sich mehr als bisher ausgerichteten Individuen stehen. Diese müssen gesehen und in einer modernen Personalführung zur Geltung gebracht werden. Kollektive Vorstellungen sollten in dieser Phase eigentlich nur Grundbedürfnisse der Sicherheit befriedigen und als Stütze für die neuen individuellen Erwartungen dienen. Wenn sie jedoch praktisch darüber hinausgehen und ausschließlich kollektive Verhaltens- und Bewußtseinskriterien hervorrufen, dann nur, weil das Individuum für sich selbst sonst keine andere Chance sieht, aber automatisch zeitgerecht wäre eine solche Entwicklung nicht. Hier liegen somit zugleich Chance und Aufgabe einer modernen Personalführung.

Grundsätzlich gilt, daß gerade in der Integrationsperiode die Unternehmen mehr denn je auf Kooperation und damit zumindest auf den Frieden im Betrieb angelegt sind. Die Mitarbeiter tendieren in gewisser Hinsicht auch dahin. Der Betriebsrat in bedingter Weise auch, aber schon weniger offensichtlich. Die Gewerkschaften sind dagegen weiterhin eher zur Konfrontation neigend. Diese Problematik wird im Laufe der Integrationsphase immer offensichtlicher werden. Hier liegen die Schwierigkeiten, mit der die betriebliche Personalführung in dieser Periode neben dem grundsätzlichen Konfliktfeld zu tun hat.

In der Integrationsphase ist allerdings auch zwangsläufig eine Tendenz zur Kollektivierung vorhanden, der durch die wachsende Stärke der Gewerkschaften und durch die starken Rechte der Arbeitnehmer oder deren Vertreter hervorgerufen wird. Jede ausgeprägte Institutionalisierung hat meist auch eine Neigung zum kollektiven Denken und Handeln zur Folge. Auf der anderen Seite geht aber die Integration des Menschen in seiner Berufs- und Arbeitswelt von seiner starken persönlichen Funktion aufgrund von Können und Wissen aus. Insofern liegt hier ebenfalls eine Tendenz zur Personalisierung vor. Die wesentliche Aufgabe der betrieblichen Personalpolitik liegt in der Integrationsphase somit darin, Kollektivierung und Individualisierung in einem gewissen Gleichgewicht zu halten. Dies ist gerade in dieser Periode sozusagen lebensnotwendig.

a) Der Trend zur steigenden Qualifikation

Es darf nicht übersehen werden, daß die Erhöhung des Bildungsniveaus als Grundlage des Trends zur steigenden Qualifikation der Mitarbeiter sich von der Industrialisierung ableitet und nicht primär von der Gesellschaftspolitik. Letztere kann nur versuchen, diesen Trend vorauszusehen und dann zu steuern. Ohne eine entsprechende Industrialisierung nutzt eine progressive Bildungspolitik nichts, wie auch eine Förderung der Industrialisierung nicht ohne eine entsprechende Bildungspolitik erfolgreich sein kann. Wichtig ist deshalb eine abgestimmte Entwicklung zwischen Technologie und Bildung innerhalb einer Wirtschafts- und Gesellschaftsordnung.

Wie weit der Trend zur steigenden Qualifikation bereits gegangen ist, mag das Beispiel eines großen Unternehmens der Elektroindustrie verdeutlichen: Von 1960 bis 1975 stieg die Anzahl der Lohnempfänger um ca. 80%, die der Tarifangestellten um ca. 120% und die der außertariflichen Angestellten, als die der besonders qualifizierten Kräfte um ca. 220%.

Eine im Rahmen der »Deutschen Gesellschaft für Personalführung« im Jahre 1976 durchgeführte Untersuchung bei 10 Unternehmen mit mehr als 5 000 Beschäftigten zeigte im Durchschnitt ein ähnliches Bild in der Zunahme einzelner Mitarbeitergruppen auf:

Art	1960	1975
Leitende Angestellte	100	219
Außertarifliche Angestellte	100	227
Tarif-Angestellte	100	152
Lohnempfänger	100	101

Einen ähnlichen Trend innerhalb dieses Zeitraumes konnten fast alle Unternehmen beobachten, sofern sich ihre allgemeine Entwicklung unter für diesen Zeitraum normalen Verhältnissen vollzog. Auch wenn nicht als Merkmal einer Struktur die sozialrechtliche und tarifpolitische Unterscheidung hinzugezogen wird, ist die Zunahme der qualifizierten Kräfte in der Wirtschaft ins Auge fallend. Dieser Trend gilt allerdings auch hier nicht für alle Branchen gleich. Vielmehr ist er bei den sogenannten zukunftsorientierten Wirtschaftszweigen, wie Elektronik, Chemie etc., am ausgeprägtesten.

Die klassischen Industriezweige, wie Eisen- und Stahlerzeugung, Eisen- und Stahlverarbeitung, Textil-, Leder-, Papierindustrie usw. sind von dieser Entwicklung noch nicht so ausgeprägt erfaßt, wenn Einflüsse dieses Trends auch in den Unternehmen dieser Branchen feststellbar sind. Hier ist ansonsten die Mehrzahl der Beschäftigten noch im Lohnbereich anzutreffen und mit mehr oder weniger ausführender, wenn auch oft fachlich-qualifizierter Tätigkeit befaßt. Die Zahl der Tarifangestellten ist gemessen an den Lohnempfängern relativ gering und oft sind hier Relationen von 1:3 bis 4 zwischen Gehalts- und Lohnempfängern nach wie vor vorherrschend. Auch die Zahl der außertariflichen Angestellten ist in diesen Fällen verhältnismäßig klein und übersteigt selten 12 bis 15% der gesamten Zahl der Angestellten.

In der Differenzierung der Belegschaft nach Lohnempfängern, Tarifangestellten und außertariflichen Angestellten drücken sich jedoch nicht nur qualitative Unterschiede, sondern auch gesellschaftlich terminierte, standesmäßige aus. »Arbeiter« und »Angestellte« waren bislang auch oft Zuordnungsbegriffe für die Gesellschaft. Insofern kann diese

Differenzierung nur sehr bedingt Anhaltspunkte für eine Aussage geben. Für eine sehr grobe Betrachtung reichen diese Merkmale jedoch aus und erlauben eine entsprechende Aussage.

Rein optisch läßt sich eine Belegschaftsstruktur mit einem geringen Trend zur Qualifikation in Form einer Pyramide darstellen; wobei auch in diesem Fall der sozial- und tarifliche Status mit der Qualifikation in Verbindung gebracht wird. Aber auch bei einem Zugrundelegen der Einkommen würde sich an der Form der Pyramide nichts ändern.

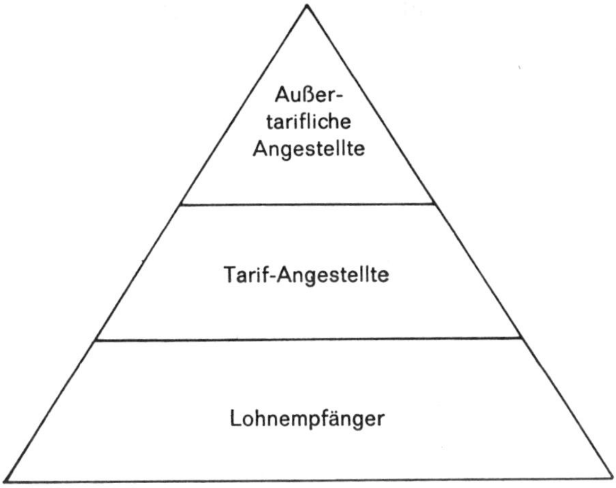

Abb. 2

Bei dieser qualitativen Struktur liegt es auf der Hand, daß nur sehr wenige Personen das Unternehmensgeschehen bestimmen, d. h. die Ziele festlegen, die entsprechenden Entscheidungen fällen und die Ergebnisse kontrollieren. Die große Zahl der Beschäftigten führt hier mehr oder weniger nur aus. Die Führungsform der Hierarchie bietet sich hier fast von selbst an und wird dann obendrein zum normalen Führungssystem, wenn auch in der Gesellschaft autoritär-hierarchische Formen vorherrschen oder als normal empfunden werden. Ein Führungsproblem wird hier deshalb weniger aus Sachzwängen, sondern eher als gesellschaftliches Problem entstehen, wenn sich die Führungsform außerhalb des Betriebes oder auch nur die Anschauungen darüber ändern und eine Diskrepanz sichtbar machen, weil jetzt unterschiedliche Rollen innerhalb und außerhalb des Unternehmens zu spielen sind.

Die Struktur dieser Unternehmen zeigt eigentlich alle Bedingungen auf, wie sie für die Verwaltungsphase typisch waren und die dort ohne relativ große Schwierigkeiten verkraftet wurden. Es leuchtet ein, mit welchen Problemen diese Unternehmen zu tun bekommen, wenn sie zeitlich in der Integrationsphase angesiedelt sind und sich mit den dort typischen äußeren Einflüssen auseinandersetzen müssen. Beispielsweise wird das unterschiedliche Rollenverhalten der Mitarbeiter zu einem Konflikt, weil entgegengesetzte Ordnungsprinzipien zur Anwendung gelangen. Aber auch sonst lassen sich die gesellschaftlichen Probleme und Bedingungen der Ingetrationsphase nur sehr schwer in einer Personalarbeit auf der Grundlage der Verwaltungsperiode berücksichtigen.

Anders bietet sich die Belegschaftsstruktur in einer zukunftsorientierten Branche, wie beispielsweise in der Chemie und der Elektronik, dar. Hier sind die Tarifangestellten zahlenmäßig denen der Lohnempfänger weitgehend angenähert und Zahlenverhältnisse von 1:1 zwischen Lohn- und Gehaltsempfängern sind hier weit verbreitet, vielleicht sogar mit einer Neigung zugunsten der Angestellten. Überhaupt zeigt sich hier am deutlichsten, daß die klassischen, sozialrechtlichen und statusmäßig terminierten Unterscheidungsmerkmale zwischen Lohnempfängern und Gehaltsempfängern überholt sind und der funktionalen Bedeutung der verschiedenen Tätigkeiten nicht mehr gerecht werden. Sie bekommen bloßen Status- und Standescharakter und sind somit in einem leistungsorientierten Unternehmen nicht nur störend, sondern systemfremd. Konsequenterweise sind es deshalb auch Unternehmen dieser Wirtschaftszweige und nicht Bemühungen des Staates, der Gewerkschaften oder der Verbände der Wirtschaft, die als erste die Unterschiede zwischen Arbeitern und Angestellten in der praktischen Personalpolitik zum Verschwinden zu bringen suchen.

Die Grundlagen dieser Periode tendieren ganz einfach von selbst zur allgemeinen Angleichung der Arbeiter an die Angestellten und begünstigen das Schaffen eines einheitlich strukturierten Mitarbeitertypus, der sich nur nach funktionaler Bedeutung und nach persönlicher Leistung differenziert.

Die Belegschaftsstruktur dieser Unternehmen macht außerdem deutlich, daß die Zahl der außertariflichen Angestellten ständig steigt, und diese Mitarbeitergruppe beginnt sich sogar in sich selbst zu differenzieren. So schält sich vor allem die Gruppe der leitenden Angestellten gegenüber dem Personenkreis der übrigen außertariflichen Angestellten heraus. Eine Entwicklung, die zunächst von rechtlichen Bestimmungen herrührt, aber schließlich eine eigene Dynamik bekommt. Diese eigene Dynamik wird durch zweierlei Faktoren bewirkt.

Auf der einen Seite, und das ist typisch für die Bundesrepublik Deutschland, durch eine rechtliche Herausstellung der leitenden Angestellten. Eine Betonung der besonderen Stellung des leitenden Angestellten im Betriebsverfassungsgesetz und im Mitbestimmungsgesetz kann nicht ohne Einfluß auf die Bewußtseinsbildung dieses Personenkreises bleiben. In erster Linie wird dies vermutlich das Bestreben entstehen lassen, sich inner- und außerbetrieblich in irgendeiner Form organisatorisch darzustellen. Im überbetrieblichen Bereich ist deshalb schon seit einiger Zeit das Entstehen besonderer Organisationen für leitende Angestellte festzustellen. Teilweise mit der Tendenz, sich quasi gewerkschaftlich zu verhalten. Eine solche Entwicklung läuft jedoch dem Trend zu Einheitsgewerkschaften für alle Arbeitnehmer entgegen und kann deshalb zu entsprechenden Spannungen in der Gesellschaft und in der Politik führen. Auf jeden Fall entsteht in dieser Situation ein Konflikt zwischen der Organisation einer, nämlich dieser speziellen Gruppe, und den traditionellen Gewerkschaften.

Innerbetrieblich ist hier und da ebenfalls die Tendenz zu beobachten, sich als besondere Gruppe zu organisieren. Es werden zu diesem Zweck sogenannte Sprecherkreise für leitende Angestellte gebildet. Teilweise ist festzustellen, daß solche Sprecherkreise ein betriebsratsähnliches Verhalten zeigen. Eine solche Entwicklung kann deshalb ebenfalls zu neuartigen Spannungen zwischen der Vertretungsinstanz der übrigen Belegschaft und diesen Sprecherkreisen führen. Insofern sind auch hier der Integration entgegenlaufende Bestrebungen denkbar. Es ist somit wichtig, die Rolle der leitenden Angestellten sorgfältig zu durchdenken und eine entsprechende Abgrenzung zu finden. Sie sind ohne Frage auf der einen Seite Arbeitnehmer, aber auf der anderen Seite sind sie von der Rolle her eher arbeitgeber- oder unternehmensbezogen. Deshalb sollte eine funktionale Betrachtung hier ansetzen und statusmäßige Überlegungen sollten demgegenüber zurücktreten.

Auf der anderen Seite ist das bloße zahlenmäßige Anwachsen dieser Gruppe unverkennbar. Das veranlaßt die Unternehmer schließlich, eine zwar funktional begründete, aber trotzdem besondere Personalpolitik für leitende Angestellte zu entwickeln*. Die leitenden Angestellten haben bei dem zukunftsorientierten Unternehmen oft einen Anteil an der Gesamtbelegschaft von 3–5%; in den übrigen Unternehmen dagegen von ca. 0,5–2%. Der leitende Angestellte erhält somit als außertariflicher Mitarbeiter ein besonderes Gewicht.

Die Abgrenzung der leitenden Angestellten ist jedoch in vielen Unternehmen nicht einfach. Überkommene Handlungsweisen, das Verhalten des Betriebsrates und die Bestrebungen der Gewerkschaften spielen hier eine entscheidende Rolle.

In der jünsten Zeit ist jedoch eine Tendenz zur etwas engeren Abgrenzung in den Unternehmen zu beobachten. Hierbei haben die Rechtsprechung des Bundesarbeitsgerichts und das Mitbestimmungsgesetz vom 1. 7. 1976 einen großen Einfluß.

Nur ein Teil der außertariflichen Mitarbeiter sind somit leitende Angestellte im Sinne des Betriebsverfassungsgesetzes. Die Gruppe der außertariflichen Angestellten ist demgegenüber viel größer und umfaßt in manchen Unternehmen 30–45% der Angestellten.

Gleichzeitig ergibt sich, daß das zahlenmäßige Anwachsen der außertariflichen Angestellten nicht von den Führungskräften, deren Zahl im Gegenteil relativ konstant bleibt, sondern von den Nicht-Führungskräften dieser Gruppe herrührt. Das Verhältnis zwischen Führungskräften ist hier in vielen Fällen 1:1, wobei unter Nicht-Führungskräften alle diejenigen Personen zu verstehen sind, die nicht primär Mitarbeiter führen, sondern eine individuelle Fachaufgabe zu bewältigen haben. Wenn die bisherige Entwicklung innerhalb der außertariflichen Angestellten in die Zukunft projiziert wird, so werden vermutlich 1990 auf eine Führungskraft drei Nicht-Führungskräfte kommen. Das bedingt einfach die Nachfrage nach mehr Wissen, der technische Standard und die zunehmende Kompliziertheit der einzelnen Abläufe im Unternehmen, aber auch der Zwang, mehr als bisher Kräfte für die Entwicklung und Forschung, die Planung und den Absatz der Produkte oder für eine bestimmte Dienstleistung einzusetzen.

Rein optisch bietet sich die Belegschaftsstruktur bei diesem ausgeprägten Trend zur Qualifikation in Form einer Zwiebel dar, wobei ebenfalls vom sozial- und tarifrechtlichen Status ausgegangen wird:

---

* Siehe »Personalpoltik für leitende Angestellte«
Schriftenreihe der Deutschen Gesellschaft für Personalführung
Heft Nr. 40
Peter Hanstein Verlag, Köln, 1976

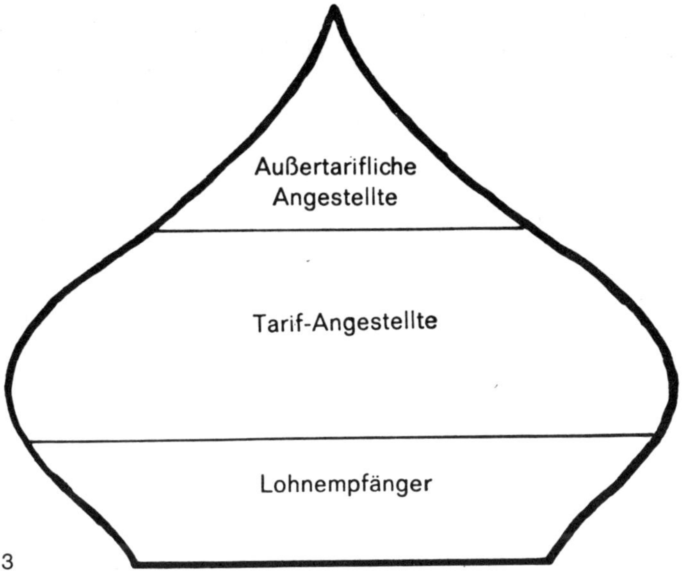

Abb. 3

Allein schon aus der Optik wird evident, daß die klassische Führungsform der Hierarchie schon aus den Sachzwängen heraus hier keine Gültigkeit mehr haben kann. Auch wenn sich in der Gesellschaft kein Demokratisierungsprozeß vollzogen hätte, der die Diskrepanz zwischen inner- und außerbetrieblicher Ordnung bewußt gemacht hat oder nicht vom Bildungsniveau mit den veränderten Erwartungen ein Anstoß gekommen wäre, hätten die Unternehmen dieser Struktur rein sachlich bedingt nach neuen Führungs- und Kooperationsformen suchen müssen. Die Unternehmen, die eine solche Struktur aufweisen, entsprechen auch von innen her am besten den äußeren Bedingungen der Integrationsphase.

Es ist nunmehr nicht mehr eine kleine Personenzahl, die das gesamte Unternehmensgeschehen bestimmt und beeinflußt, sondern eine Vielzahl hochqualifizierter Kräfte sind für jeden Vorgang der Entscheidungsfindung, der Unternehmensplanung und des reibungslosen Ablaufs der Arbeitsvorgänge erforderlich. Die Nicht-Führungskräfte im außertariflichen Bereich sind deshalb weitgehend in der Entwicklung, der Planung, dem Vertrieb und der Kontrolle beschäftigt und somit in den ganzen Prozeß der Entscheidungsfindung und des Entscheidungsablaufes eingespannt. Die Organisationsstruktur folgt eigentlich – ob es der offizielle Organisationsplan aufweist oder nicht – mehr einem integrierten System und ist mit klassischen Vorstellungen, vor allem soweit sie noch an einer Trennung in Stab und Linie festhalten, nicht mehr zu vereinbaren.

Eine hierarchische Führungsform müßte auf lange Sicht hier scheitern, weil es auf der einen Seite nicht mehr um eine bloße Ausführung geht oder auf der anderen Seite nur eine kleine Personenzahl Wissen, Können und Einfluß in alleinige Entscheidungen umsetzt. Die Forderung nach mehr Mitwirkung und mehr Mitbestimmung des einzelnen hat in diesen Fällen einen sachlich fundierten Hintergrund und würde auch ohne politische Artikulation zu Tage getreten sein, wenn auch bei dieser Forderung selbstverständlich die gegenüber früher anders gelagerte Motivation der Mitarbeiter von großem Einfluß ist.

Eigentlich bedingen sich in dieser Frage auf natürliche Weise die sachlichen Erfordernisse im Unternehmen und die individuellen Erwartungen der Mitarbeiter. Unter den genannten Voraussetzungen können kooperative Führungssysteme, die den jeweils Beteiligten einen großen Spielraum an Verantwortung und Entscheidung gewähren, das Unternehmensziel am besten erreichen sowie den gesellschaftlichen Vorstellungen gerecht werden.

Das hierarchische Prinzip mit seiner ursprünglichen Konzentration von Verantwortung und Entscheidungsfreiheit an einer Stelle wird sich in diesen Fällen lediglich ganz oben in der Unternehmensspitze und vielleicht unten bei der letzten Führungsebene aufrechterhalten lassen; das allerdings aus sachlicher Notwendigkeit. Dazwischen muß das Führungssystem offen und beweglich sein, aber darf nicht ein für allemal festgelegt werden. Die organisatorischen Bereiche in diesem Teil eines Unternehmens sind nicht bis ins letzte Detail endgültig fixiert, sondern grob umrissen. Das gilt auch für die Aufgaben und für die Verantwortlichkeiten, die ebenfalls stets nur befristet sein werden.

So geschehen wird es nicht nur sich wechselnd zusammensetzende Bereiche oder Arbeitsgruppen geben, sondern auch wechselnde Verantwortliche. Somit kann auch die Führungskraft in Zukunft nicht mehr eine ein für allemal herausgehobene Besonderheit darstellen. In der Personalpolitik der Unternehmensstruktur dieser Periode muß von der dauer- und beispielhaften Heraushebung des Vorgesetzten Abschied genommen werden. Allein die funktionale Bedeutung in einer vielleicht befristeten Aufgabe weist dem einzelnen Menschen seinen Platz zu. Da die Aufgabenbestimmung im Unternehmen einem hohen Maß an Flexibilität unterliegt, gilt dies auch für die funktionale Zuordnung der Menschen. Ein dauerhafter Anspruch auf eine einmal zugewiesene Funktion, einen bestimmten Status oder einen bestimmten Platz – auch bei gleichbleibender Leistung – kann deshalb nicht mehr gemacht werden. Lediglich das beiderseitige Bemühen um die Aufrechterhaltung eines Wissens- und Könnensstandes und die Dauerhaftigkeit materieller Leistungen im Rahmen eines funktional bestimmten Standortes können und müssen in der Personalpolitik und der Personalführung garantiert sein. Die Vorgesetztenposition verliert dabei aber an Status- und Standesbedeutung.

Diese Feststellungen besagen nicht, daß die betriebliche Hierarchie abgeschafft werden soll oder kann. Dies wird nicht möglich sein, solange ein Unternehmen leistungsorientiert ist. Es geht nur darum, die starre Hierarchie abzubauen und durch neue Führungsformen zu ergänzen. Auf jeden Fall wird durch die veränderte Belegschaftsstruktur auch ein Zwang zur Veränderung des Führungssystems ausgeübt.

Es gibt genügend Anzeichen dafür, daß sich alle Unternehmen, die den hohen Qualifikationsstand der Belegschaft noch nicht erreicht haben, auf dem Wege dahin befinden. Der Trend von der einen Struktur zur anderen ist unverkennbar:

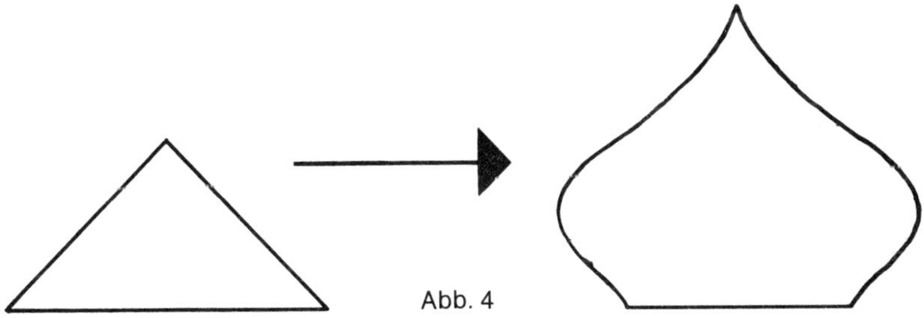

Abb. 4

Die Art der Fertigung oder die Zugehörigkeit zu einem bestimmten Wirtschaftszweig mit den spezifischen Anforderungen in der Tätigkeit bestimmen allein das Tempo dieser Entwicklung. Früher oder später werden jedoch alle Unternehmen die Struktur annehmen, wie sie in der Zwiebelform dargestellt wurde.

Spätestens dann, wahrscheinlich aber durch politische oder gesellschaftliche Strömungen bedingt, erheblich früher, sind alle Unternehmen mit den Problemen konfrontiert, die sich aus dem Strukturbild der Integrationsperiode ergeben. Es ist deshalb höchste Zeit, den neuen Mitarbeitertypus mit seinen Fähigkeiten und seinem Drang nach Selbstverwirklichung und mehr Entfaltungsmöglichkeiten nicht nur zur Kenntnis zu nehmen, sondern ihn in der Personalpolitik des Unternehmens zu berücksichtigen. Das muß das vornehmlichste Ziel der modernen Personalführung sein, womit allerdings eine Fülle von Veränderungen, die vom Führungssystem bis hin zu einzelnen personellen Maßnahmen gehen, verbunden sein werden.

b) Die allgemeinen Bedingungen

Die zuvor geschilderte Situation ist die Grundlage der Personalarbeit in der Integrationsperiode. Dabei zeigt sich jetzt ganz deutlich, daß allein die funktionale Bedeutung im Vordergrund aller Betrachtungen steht und keine anderen Merkmale eine gleichwertige Bedeutung haben können. Es ist auch klar, daß ein relativ großer Teil der Belegschaft Einfluß auf das Unternehmensergebnis hat und deshalb deren Motivation in diesem Zusammenhang ein wesentlicher Faktor für das Unternehmensergebnis ist. Die Mitarbeiter, wenn auch qualitativ abgestuft, sind von eminenter Bedeutung für die Erreichung des Unternehmenszieles. Dies kann in letzter Konsequenz auch nicht ohne Einfluß auf die Lohn- und Gehaltspolitik und die Zumessung des Unternehmensergebnisses bleiben.

Schließlich liegt es auf der Hand, daß immer mehr Mitarbeiter bei den höheren Einkommensgruppen anzutreffen sein werden, denn die Mehrheit der Beschäftigten sind nicht unten, sondern in der Mitte der Zwiebelform angesiedelt. Damit ist auch ein Trend zu steigenden Personalkosten außerhalb der Tarifbewegung unausbleiblich.

Hinzu kommt, daß aus rechtlichen Gründen die Absicherungen für die Beschäftigten so weitgehend ausgebaut sind, daß eine Veränderung der Kopfzahl der Belegschaft durch Entlassung ein komplizierter und langwieriger Vorgang geworden ist. Vor allem die Zahl der praktisch unkündbaren Mitarbeiter wächst und umfaßt in manchen Unternehmen bereits 18–20% der Belegschaft.

Auf diese Weise erhalten die Personalkosten den Charakter von Kosten, die nur relativ schwer nach unten zu verändern sind, sondern vielmehr ständig nach oben tendieren. Das veranlaßt die Unternehmensleitungen, sich immer intensiver mit dieser Kostenfrage zu befassen und in ihre Überlegungen einzubeziehen, obwohl bei der typischen Unternehmensstruktur dieser Periode oft der Anteil der Personalkosten am Umsatz geringer ist als bei den Unternehmen der klassischen Wirtschaftszweige.

Das wiederum wird ein Anstoß sein, in Zukunft dringlicher als früher nach der Wirtschaftlichkeit der Personalseite des Unternehmens zu fragen. Das betrifft die Personalarbeit schlechthin, aber auch einzelne Maßnahmen. Immer häufiger wird bei personellen Überlegungen die Frage der Wirtschaftlichkeitsberechnung eine Rolle spielen, wobei gleichzeitig alternative Zielprojektionen erwartet werden. Somit muß das Personalwesen wirtschaftlich denken und Meßinstrumente für Wirtschaftlichkeitsberechnungen entwickeln können. Aufgrund der wirtschaftlichen Konkurrenzsituation wird entgegen manchen politischen Vorstellungen das Leistungsprinzip eher eine Verschärfung als eine Abschwächung erfahren.

Fast als Gegengewicht dieser Tendenz nach mehr Wirtschaftlichkeit nimmt aber gleichzeitig von der Gesellschaft kommend die Frage nach mehr Menschlichkeit im Arbeitsleben zu. Offensichtlich sind viele Arbeitnehmer nicht mehr bereit, sich mit bisher akzeptierten Arbeitsbedingungen in bestimmten Fällen abzufinden. Hier liegt eine Art Grundströmung vor, die sich zwar bei einer wirtschaftlichen Rezession nicht immer äußern wird, aber als Tendenz stets latent vorhanden ist. Eine Auseinandersetzung in der Öffentlichkeit mit dieser Frage konnte somit nicht ausbleiben. Die ersten Ansätze dafür sind sowohl in der politischen Diskussion als auch bei den Forderungen der Gewerkschaften erkennbar. Diese Ansätze richten sich gegenwärtig auf die Infragestellung des Fließbandes, die kritische Betrachtung der Schichtarbeit und die kritische Beurteilung aller Leistungslohnsysteme. Es kann aber davon ausgegangen werden, daß unter dem Gesichtspunkt der Humanität noch weitere Probleme der Berufs- und Arbeitswelt untersucht und zur breiten Diskussion gebracht werden. Hier sind gegenwärtig nur erste Ansätze vorhanden und der Umfang der kritischen Auseinandersetzung ist noch nicht abschätzbar.

Auf jeden Fall entsteht durch diese Gegenläufigkeit zwischen Wirtschaftlichkeit und Humanität ein neuer Interessenkonflikt, der von den Unternehmen ein ständiges Ausbalancieren verlangt. Diese Aufgabe muß vor allem von der Personalpolitik bewältigt werden.

Dieser Konflikt, der durch den Zwang nach mehr Wirtschaftlichkeit der Personalarbeit auf der einen Seite und durch die Forderung nach mehr Humanität im Berufs- und Arbeitsleben auf der anderen Seite entsteht, wird die grundlegende Konfliktsituation des Personalwesens in den kommenden 20 Jahren sein.

Unternehmen

⇩

Wirtschaftlichkeit (Rationalität)

⇩

Personalwesen

⇧

Humanität (Personalität)

⇧

Gesellschaft – Mitarbeiter

Bei der Zunahme der arbeits-, sozial-, tarif- und betriebsverfassungsrechtlichen Bestimmungen geht es nicht mehr nur um Schutzmaßnahmen für den Arbeitnehmer, sondern gesellschaftliche Überlegungen bestimmen obendrein den Inhalt der Gesetzgebung, um Verfahrensfragen zu regeln und gesellschaftliche Notwendigkeiten zu verwirklichen. Fragen der Mitbestimmung und der Mitwirkung haben auf diese Weise nicht nur einen gesellschaftlichen Aspekt, sondern führen zu rechtlichen Tatbeständen. Das Betriebsverfassungsgesetz ist in diesem Sinne nur eine logische Folge. Für das Unternehmen bedeutet das Betriebsverfassungsgesetz aber, daß man nicht nur einen Spezialisten für arbeits-, sozial- und tarifrechtliche Fragen benötigt oder bei den Verbänden in Anspruch nimmt, sondern vielmehr ein kooperatives Führungselement und gesellschaftliche Forderungen über dieses Gesetz verwirklichen muß. Das ist gegenüber früher eine deutliche Akzentverschiebung und muß als solche verstanden werden.

Das Mitbestimmungsgesetz für die Montanindustrie und das gleichlautende Gesetz für die Kapitalgesellschaften mit mehr als 2 000 Beschäftigten in der Bundesrepublik Deutschland von 1976 bringt den gesellschaftspolitischen oder überhaupt politischen Aspekt noch deutlicher zum Ausdruck. Mit diesen Gesetzen wird nicht nur der Versuch unternommen, die Entscheidungsgewalt im Unternehmen neu zu regeln, sondern auch die Parität zwischen den Produktionsfaktoren Kapital und Arbeit vom Grundsätzlichen her zu postulieren.

Auch die Rolle der Gewerkschaften und der Verbände verändert sich in dieser Periode. Für die Verbände der Wirtschaft war es schon immer ein Problem, innerhalb ihrer Mitglieder eine Solidarisierung bei bestimmten Vorhaben zu erreichen. In einer sehr mobilen Welt mit ihren schnellen Veränderungen wird dieses Problem noch akuter als bisher werden.

Aber auch die Gewerkschaften werden trotz der Zunahme ihres Einflusses in Staat, Gesellschaft und Unternehmen die Veränderungen im Bewußtsein und den Erwartungen der arbeitenden Menschen zu spüren bekommen. So wird die Autorität der Institution, wie jede andere Autorität auch, häufiger als bisher in Frage gestellt und vor allem auf ihren funktional-sachlichen Inhalt hin geprüft werden. Zum anderen wird die Neigung zur Solidarisierung abnehmen, weil das Denken in festen Klassen oder Gruppen zurückgehen wird, obwohl zeitweilig die politische Entwicklung dem entgegenzustehen scheint. Sie wird aber auch deshalb zurückgehen, weil es bei der Vielfalt der zukünftigen individuellen Erwartungen, die dann nicht mehr primär materiell bestimmt sein werden, schwierig sein wird, eine gemeinsame, stets gültige Willensbildung herzustellen. Vielmehr wird es zu wechselnden Interessenbildungen und gelegentlich zu spontanen Auseinandersetzungen kommen.

Der zukünftige arbeitende Mensch wird nämlich auch nicht mehr stets abwarten, bis die zuständigen Institutionen – Unternehmensleitung, Gewerkschaft oder Betriebsrat – reagieren, sondern sehr viel häufiger selbst oder in Gruppen die Initiative ergreifen. Das werden die Unternehmen, aber auch die Gewerkschaften zu spüren bekommen. Ganz allgemein wird sich auch hier zeigen, daß eine Bindung im klassischen, oft gefühlsmäßig herbeigeführten Sinne nicht mehr dauerhaft eingegangen wird. Es wird vielmehr nur zu einer vorübergehenden Zuordnung auf sachlich-nüchterner und funktionaler Grundlage kommen. Das gilt für die Bindung gegenüber dem Unternehmen genauso wie gegenüber einer Gewerkschaft. Dies wird den Machtzuwachs, den vor allem die Gewerkschaften in dieser Periode erfahren haben, wieder etwas in Frage stellen. Zusammen mit der Tatsache, daß der Machtzuwachs der Gewerkschaften wie jede Machtballung von der

Gesellschaft und der Öffentlichkeit zunehmend kritisch beobachtet werden wird.

Deshalb müssen Verbände und Gewerkschaften sich stärker als früher ständig mit den Erwartungen der Mitglieder befassen und Inhalt und Richtung der Ziele laufend variieren. Auch hier wird in Zukunft Flexibilität und Mobilität notwendig sein. Die Auswirkungen der veränderten Einstellungs- und Verhaltensweisen werden sich nämlich nicht nur in einer Richtung äußern, sondern in allen möglichen.

Desgleichen wird das in Zukunft auch der Betriebsrat, dessen Tätigkeit ebenfalls ganz anders betrachtet und beurteilt werden wird, spüren. In mancherlei Hinsicht wird die bloße Leistung dieser Einrichtung kritisch geprüft werden und zum anderen wird die Frage eine Rolle spielen, inwieweit diese Institution die individuellen Erwartungen nach Selbstverwirklichung und Selbstentfaltung fördert oder behindert. Hier kann sich langfristig ein neuartiger Konflikt entwickeln, weil der Mensch in der Integrationsphase nach persönlicher und nicht nach institutionalisierter Integration streben wird. Danach ist aber weder das Betriebsverfassungsgesetz angelegt noch die bisherige Tätigkeit der Gewerkschaften und des Betriebsrates. Sie sind selbstverständlich weiterhin ein notwendiger und wichtiger Faktor der Wirtschafts- und Gesellschaftsordnung, aber sie werden es schwer haben, sich auf die neue Entwicklung einzustellen, schwerer als es den einzelnen Unternehmen fallen wird.

Die Entwicklungen auf diesem Gebiet sind noch keineswegs abgeschlossen, sondern hängen mit den Vorstellungen über die Art und Weise der Mitwirkung und der Mitbestimmung des arbeitenden Menschen zusammen. Sowohl als Forderungskatalog als auch als ideelle Vorstellung wird die Mitbestimmung der Arbeitnehmer auf folgenden Ebenen angestrebt:

- am Arbeitsplatz
- am täglichen Betriebsgeschehen
- an der Unternehmensführung
- in überbetrieblichen Institutionen, wie Kammern und Verbänden.

Die in dieser Hinsicht gegenwärtig zu beobachtenden Tendenzen hängen in den einzelnen Ländern von den herrschenden politischen Vorstellungen, sowie der Struktur und der Tradition der Gewerkschaften ab. Soweit es die Bundesrepublik Deutschland betrifft, haben sich die Forderungen der Gewerkschaften stets primär an der Mitbestimmung am täglichen Betriebsgeschehen und an der Unternehmensführung orientiert. Das Betriebsverfassungsgesetz und die beiden Mitbestimmungsgesetze sind das entsprechende Resultat. Die Mitbestimmung auf überbetrieblicher Ebene wird vermutlich als nächstes Ziel postuliert werden.

Demgegenüber hat die Verbesserung der Mitbestimmung am Arbeitsplatz, vor allem durch den einzelnen Mitarbeiter, eine relativ geringe Rolle gespielt. Gerade sie ist aber ein wichtiger Bestandteil in der Integrationsperiode, weshalb sie mehr Beachtung als bisher finden sollte.

Grundsätzlich wird sich aber in dieser Periode zeigen, daß tatsächlich die personellen Fragen mit allen irgendwie gearteten Problemen des Unternehmens von Anfang an eng verknüpft und somit integriert sind. Es gibt keine Frage im Unternehmen, sei sie technischer oder finanzieller Art, die nicht auch zugleich in personeller Hinsicht geprüft wird. Das gleiche trifft für die Stellung des Menschen im Unternehmen zu, dessen Bedeutung es mit sich bringt, daß der Mensch zum zentralen Faktor aller Überlegungen wird und somit ebenfalls die Integration ausdrückt. Schließlich ist auf diesem Hintergrund die betriebliche Personalarbeit mit dem gesamten betrieblichen Geschehen stets unmittelbar und eng verknüpft, so daß auch die Personalfunktion von der Anerkennung in die Rolle der Integration überwechselt.

c) Die Erweiterung der Aufgaben

Infolge der dargelegten Entwicklung zeigte es sich, daß mit jeder Periode auch die Aufgaben des Personalwesens eine ständige Erweiterung erfuhren. Diese Erweiterung macht vor allem deutlich, wie umfassend und zentral sich die Rolle des Menschen in seiner beruflichen Funktion entwickelt hat, denn die neuen Funktionen gehen eindeutig davon aus, den Menschen in seiner beruflichen Tätigkeit nicht nur mit mehr Sorgfalt als bisher zu behandeln, zu bilden und einzusetzen, sondern auch seine Erwartungen soweit als möglich zu erfüllen. Entsprechend veränderte sich auch das Vokabular in der betrieblichen Personalarbeit in den einzelnen Phasen, wobei das Problem darin besteht, daß schließlich alle Funktionen zugleich zu erfüllen sind:

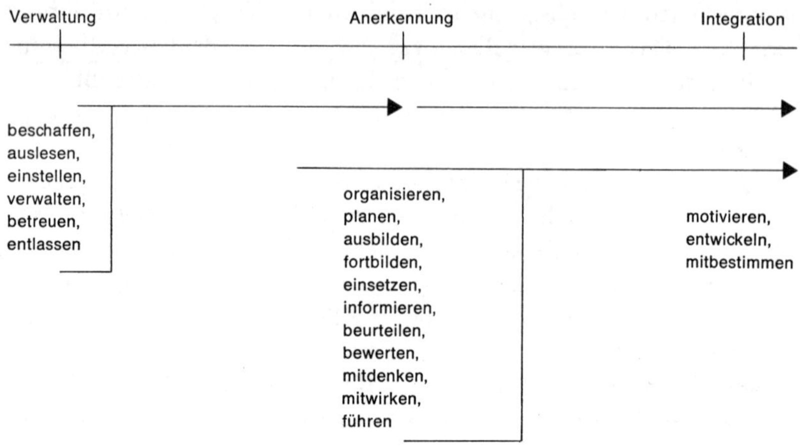

Auf das Personalwesen kommen somit im Laufe der Entwicklung immer mehr und andersartige Aufgaben zu.

Diese Entwicklung hat schließlich auch Konsequenzen für die organisatorische Einordnung des Personalwesens im Unternehmen. Sei es durch die bloße Berücksichtigung seiner gewachsenen Bedeutung oder sei es durch gesetzgeberischen Einfluß, der diesem Tatbestand Rechnung tragen will. Das Personalwesen wird nunmehr eindeutig in der Unternehmensspitze verankert sein. Für die Bundesrepublik Deutschland trifft beides zu, denn sowohl auf eigene Initiative der Unternehmen als auch durch die Mitbestimmungsgesetze ist der Leiter des Personalwesens in mittleren und großen Unternehmen Mitglied der Unternehmensleitung. Auch dies ist ein Ausdruck des Überwechselns des Personalwesens selbst von der Anerkennung zur Integration.

4. Folgerungen

Aus den Darlegungen ergibt sich, daß nicht momentane soziale Regungen oder vorübergehende politische Strömungen dem Personalwesen in den Unternehmen eine neue, größere Bedeutung zugewiesen haben, sondern eine Reihe von sachlich bedingten Faktoren, wobei gesellschaftliche und politische Entwicklungen diesen Trend mit beeinflußt haben.

Es ist ferner deutlich geworden, daß die Einflüsse dieser Faktoren nicht in absehbarer Zeit nachlassen, sondern mutmaßlich in den nächsten 10 bis 20 Jahren eher zu- als abnehmen werden, da keine vorläufige Abschwächung erkennbar ist. Das trifft insbesondere für das Tempo der technischen Entwicklung, den Trend zur Qualifikation und für die gesellschaftlichen Veränderungen zu.

a) Die rationalen und humanen Zwänge

Für die betriebliche Personalarbeit sind dabei eine Vielzahl von Fragen zu beachten. So kann als erstes angenommen werden, daß die wirtschaftlich bedingten Zwänge zunehmen werden. Für die Zunahme der wirtschaftlichen Zwänge sprechen vor allem zwei Faktoren. Das eine ist die zunehmende Verflechtung der einzelnen Volkswirtschaften miteinander in Wirtschaftsgemeinschaften und in der Weltwirtschaft. Dies hat wechselseitigere Einflüsse und eine großräumigere Konkurrenzsituation als bisher zur Folge, was immer wieder die Unternehmen wirtschaftlich herausfordern wird.

Das andere liegt in der Tatsache begründet, daß in Zukunft der technologische Sprung, der nach 1945 weltweit sehr groß war, nicht mehr im gleichen Tempo wie bisher vollzogen werden kann und deshalb die Expansion einzelner Branchen oder Unternehmen langsamer als bisher verlaufen wird. Kostensteigerungen, beispielsweise auch die Steigerung der Personalkosten, können nicht mehr ohne weiteres durch eine laufende Expansion abgefangen werden. Die Unternehmen werden stärker als bisher alle innerbetrieblichen Möglichkeiten zur Innovation und zur Leistungssteigerung nutzen müssen. Hierbei werden Qualifikationen und Einsatzbereitschaft der Mitarbeiter eine entscheidende Rolle spielen. Grundsätzlich führt das schließlich aber auch zu einer strengen wirtschaftlichen Unternehmensführung, wovon die Personalseite eines Unternehmens oder einer dienstleistenden Organisation nicht ausgenommen werden kann.

Diese Entwicklung wird schließlich alle Wirtschafts- und Lebensbereiche umfassen und bei der Bedeutung des Mitarbeiters im Unternehmen und in Anbetracht der wachsenden Personalkosten auch das Personalwesen mit einbeziehen. Dem kann das Personalwesen nicht ausweichen, denn wenn nicht vom Personalwesen, wird der wirtschaftliche Auftrag des Unternehmens in personeller Hinsicht von anderen

Stellen im Unternehmen übernommen werden. Bei dem jetzigen Trend der organisatorischen Zuordnung des Personalwesens im Unternehmen liegt ein solcher Auftrag zunächst bei ihm und sollte auch von den hier Tätigen bewußt wahrgenommen werden.

Zugleich mit der Zunahme dieser wirtschaftlichen Fragestellung wird aber von der Gesellschaft und dem Individuum ernster und häufiger die Frage nach mehr Menschlichkeit in der Arbeit oder bei jeglicher beruflichen Betätigung gestellt werden. Die Berücksichtigung dieser Forderung obliegt ebenfalls in letzter Konsequenz der betrieblichen Personalpolitik und Personalführung. Das ist bislang selbstverständlich auch beachtet worden, bekommt jetzt aber gegenüber der Wirtschaftlichkeit eine ausgeprägtere Gleichwertigkeit.

Hier zeigt sich somit, daß die Aufgabe des Personalwesens im Rahmen seiner unternehmensbezogenen Zielsetzung darin bestehen wird, einen doppelten Interessenausgleich zu erreichen. Auf der einen Seite zwischen

- der Zielsetzung des Unternehmens und den Erwartungen der Mitarbeiter

auf der anderen Seite zwischen

- dem Zwang nach Rationalität im Unternehmen und der Forderung nach mehr Humanität durch die Gesellschaft.

Es darf aber kein Zweifel darüber bestehen, daß der Platz des Personalwesens nach wie vor eindeutig auf der Unternehmensseite ist und nicht aus einer anderen Verantwortlichkeit abgeleitet werden kann. Das Personalwesen kann den neuen Anforderungen nicht dadurch auszuweichen suchen, indem es dahin tendiert, eine Mittlerrolle zwischen Unternehmensleitung und Belegschaft einzunehmen, um den neuartigen Zwängen zu entgehen. Ein solcher Versuch muß scheitern, weil weder die eine noch die andere Seite dann das Personalwesen voll akzeptieren würde. Die Mitbestimmungsgesetze in der Bundesrepublik Deutschland gehen deshalb auch bewußt von der gleichberechtigten Verantwortung der Personalfunktion in der Unternehmensspitze aus.

Die Zuordnung des Personalwesens zur ausschließlichen Zielsetzung des Unternehmens kann allerdings nicht so strikt sein, wie bei den anderen Bereichen des Unternehmens. Eine besondere Verantwortung gegenüber den Menschen im Unternehmen bleibt dem Personalwesen stets auferlegt, und in Zukunft sogar noch ausgeprägter als bisher.

Die Mitarbeiterbezogenheit der Personalarbeit im Unternehmen muß sich jetzt noch deutlicher zeigen als bisher. Insofern liegt hier auch zukünftig ein deutlicher Unterschied gegenüber den anderen Unternehmensbereichen vor. Seine Funktion wird häufig nicht nur darin bestehen, den sachlich notwendigen Beitrag zur Erzielung des Unternehmensergebnisses zu leisten, sondern ständig an der Auflösung von sachlich und grundsätzlich unvermeidlich entstehenden Konflikten in der innerbetrieblichen Zusammenarbeit beizutragen. Hierbei muß es insbesondere mehr als bisher die Erwartungen der Mitarbeiter zu erfüllen suchen.

b) Die Differenzierung der Belegschaft

Diese Entwicklung wird von mehr Sachlichkeit und Funktionalität als bisher begleitet sein. Das wird nicht ohne Einfluß auf die Ziele der Personalpolitik und vor allem auf die Struktur der Belegschaft bleiben. Vor allem wird deutlich werden, daß die Betriebsangehörigen in Zukunft nur noch nach funktionalen Gesichtspunkten differenziert sein sollten. Es sollte keine Unterscheidung zwischen Arbeitern und Angestellten mehr geben. Die Entwicklung wird zu einem einheitlich orientierten und determinierten Mitarbeiter gehen: den mitdenkenden, mitwirkenden, mitleistenden und mitbestimmenden Mitarbeiter. Seine Differenzierung ergibt sich lediglich aus der funktionalen Bedeutung, die aber damit auch eine unterschiedliche Bewertung und Bezahlung nach sich zieht. Vom äußeren Status her, dessen Gewicht aber nicht sehr im Vordergrund stehen wird, wird es langfristig vermutlich nur leitende Mitarbeiter mit Einzelvertrag und Mitarbeiter, die dem Tarifvertrag unterliegen, geben. Das wird voraussichtlich die einzige, von äußeren Tatbeständen abgeleitete Unterscheidung der Mitarbeiter sein.

Ohne Frage wird es aber weiterhin Mitarbeiter geben, die im besonderen Maße für die Bestimmung und Erfüllung der Unternehmensziele verantwortlich sind: die leitenden Angestellten und die mit diesen vergleichbaren Mitarbeiter. Die leitenden Angestellten werden im Laufe der Zeit mit den außertariflichen Angestellten vermutlich völlig identisch sein. Dagegen wird die Gruppe zwischen dem tariflichen und dem leitenden Bereich, wie sie heute noch die Mehrheit der außertariflichen Mitarbeiter ausmacht, mehr und mehr verschwinden. Die Politik der

Gewerkschaften ist auf dieses Ziel hin orientiert und auch die Rechte des Betriebsrates nach dem Betriebsverfassungsgesetz werden dafür Sorge tragen. Gleichzeitig wird aber die Gruppe der leitenden Angestellten vermutlich ein besonderes Gruppengefühl entwickeln. Wenn dieses Selbstverständnis vorhanden und die besondere Identität mit der Unternehmensleitung gegeben ist, wird das nicht ohne Konsequenzen für die betriebliche Personalpolitik bleiben können.

Es wird sich deshalb vermutlich langfristig eine unterschiedliche Personalpolitik für leitende Angestellte und für den Tarif-Mitarbeiter entwickeln. Eine solche Tendenz würde, oberflächlich gesehen, dem Integrationsgedanken im Wege stehen, weshalb es darauf ankommt, die völlige Durchlässigkeit im Unternehmen aufrechtzuerhalten und beide Teilpolitiken organisch aufeinander abzustimmen. Sofern die Bestimmung des leitenden Angestellten obendrein funktionalen und nicht statusmäßigen Überlegungen folgt, ist der Integrationsgedanke nicht beeinträchtigt, vielmehr gewahrt.

Es wird sich ferner bei der notwendigen Beachtung der funktionalen Bedeutung zeigen, daß die Selbständigkeit, die Verantwortung und das fachliche Wissen die ausschlaggebenden Bestimmungsfaktoren für den leitenden Angestellten sein werden. Die bloße Führungsfunktion wird demgegenüber kein allein maßgebendes Heraushebungsmerkmal mehr sein, sondern stellt lediglich einen Ausdruck einer bestimmten Verantwortlichkeit dar. Diese Verantwortlichkeit muß aber keineswegs bedeutsamer sein, als diejenige einer Funktion ohne unmittelbare Führungsaufgabe. Insofern muß der Begriff »leitender Angestellter« einen neuen Inhalt bekommen, denn er muß in Zukunft Führungs- und Nicht-Führungskräfte zugleich erfassen. Auch auf diese Weise folgt eine so vorgenommene Abgrenzung der integrierenden Vorstellung.

c) Die Auswirkungen auf das Führungssystem

Nach wie vor muß aber auch bei einem kooperativen Führungssystem die letzte Entscheidungsbefugnis beim Vorgesetzten bleiben, aber der gesamte Prozeß der Entscheidungsfindung und des Ablaufs der notwendigen sachlichen Operationen muß eine breitere Basis bei allen damit befaßten Mitarbeitern finden. Das liegt einerseits in der Natur des Kooperationssystems und andererseits in dem jetzt einheitlicher anzutreffenden Qualifikationsstand. Deshalb wird der Vorgesetzte auch nicht ein für allemal eine Funktion mit Führungsverantwortung ausüben, sondern in bestimmten Bereichen, wie Entwicklung, Forschung, Planung, Marketing, mutmaßlich befristet. Somit kann die Vorgesetztenrolle keine so deutlich herausgehobene mehr sein, und die Gruppe der leitenden Angestellten differenziert sich nicht mehr nach diesen Kriterien.

Dies wird vorläufig eher noch im Tarifbereich der Fall sein, in dem zwar auch die qualitative Annäherung stattfindet, aber die Rolle des Vorgesetzten noch eher im früheren Sinne ausgeübt wird und die Auswechselbarkeit noch nicht so ausgeprägt sein wird. Schon gar nicht bei der letzten Führungsinstanz. Aber auch hier ist die frühere Machtvollkommenheit des Vorgesetzten nicht mehr anzutreffen und die Rolle als Koordinator und Inspirator bestimmt wie bei den leitenden Angestellten auch hier sein Bild. Nunmehr sind Mitwirkung an der Entscheidungsfindung, Diskussion der variablen Möglichkeiten der zu erreichenden Ziele und enge Kooperation in der Verfolgung der festgelegten Ziele das Kriterium der Zusammenarbeit und nicht mehr die Anweisung und die bloße Ausführung. Das hat selbstverständlich eine Reihe von Konsequenzen für das Führungssystem im Unternehmen, aber ganz entscheidend für die betriebliche Personalpolitik und Personalführung. Sie muß die Integration des Mitarbeiters betreiben und zugleich stets ermöglichen.

d) Die zentrale Rolle des Personalwesens

Ganz allgemein wird somit das Spannungsfeld größer, in das die Personalführung gestellt ist. Eine Fülle von unterschiedlichen Einflüssen liegt vor, so daß die Integrationsphase nicht nur den integrierten Mitarbeiter aufweist, sondern auch vom Personalwesen ein hohes Maß an Integrationsfähigkeit im Rahmen der vielfältigen Einflußmöglichkeiten verlangen wird. Auch daraus werden sich stets neue Probleme und Konflikte ergeben, wie das nachstehende Schaubild zeigt, zumal das Personalwesen in letzter Verpflichtung dem Unternehmen zugeordnet ist.

Es ist nicht möglich, von dem Einfluß oder der Bedeutung her eine Art Rangordnung dieser Bestimmungsfaktoren aufzustellen. Sicherlich wird das Unternehmen seine entscheidende Bedeutung für die betriebliche Personalarbeit behalten, denn logischerweise bestimmen der Unter-

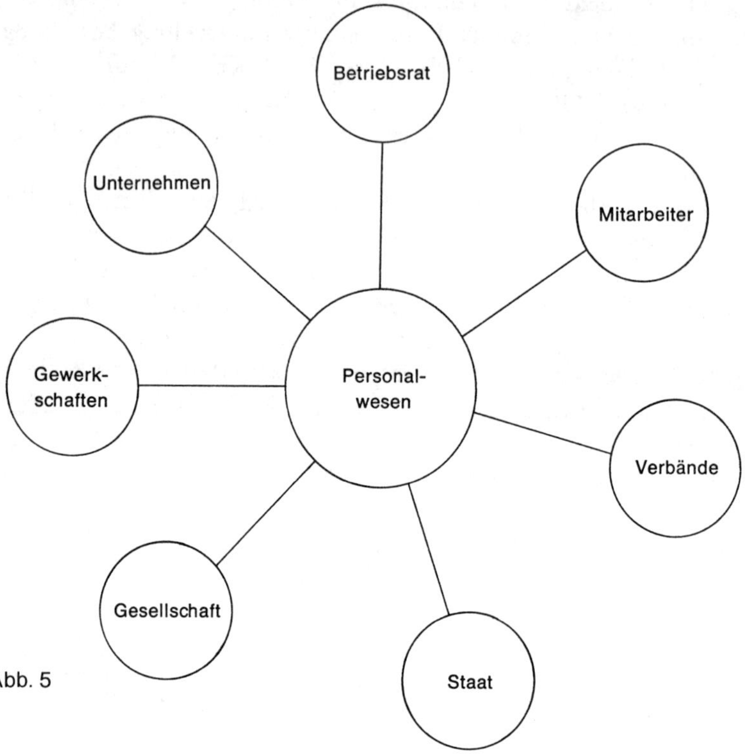

Abb. 5

nehmenszweck und das Unternehmensziel in erster Linie die Personalpolitik und die Personalführung. Dabei ist das Unternehmen daran interessiert, daß die gewünschten Leistungen erbracht werden; es denkt und handelt somit primär rational. Im einzelnen erwartet das Unternehmen vom Mitarbeiter bestimmte Leistungen und stellt diese Erwartung dem Personalwesen als Aufgabe:

- Kenntnisse
- Fähigkeiten
- Erfahrungen
- Anwesenheit
- Einsatzbereitschaft
- Physische und psychische Leistung der Mitarbeiter.

Diese Erwartungen sind die ursprünglichsten und werden vermutlich auch noch lange Zeit die wesentliche Bestimmungsgröße für die betriebliche Personalarbeit sein. Allerdings sind in Zukunft weitere Einflußgrößen zusätzlich zu beachten.

So rückt immer mehr der Mitarbeiter als Subjekt in den Mittelpunkt der betrieblichen Personalarbeit und verliert seine Objektstellung. Er wird in mancherlei Hinsicht gemäß den unternehmensbezogenen Erfordernissen die betriebliche Personalarbeit beeinflussen; vor allem von seiner Einstellung und seinen Verhaltensweisen her gesehen. Daraus ergibt sich logisch die Forderung nach einer gleichwertigen Mitarbeiterbezogenheit der betrieblichen Personalarbeit.

Praktisch bedeutet das, daß die betriebliche Personalarbeit neben der Mitwirkung an der Zielerreichung des Unternehmens auch die Verwirklichung der Erwartungen der Mitarbeiter als Aufgabenstellung haben muß. Die Erwartungen der Mitarbeiter sind stets auf folgende Probleme gerichtet:

- Das Einkommen
- Die sonstigen materiellen und immateriellen Arbeitsbedingungen
- Die Arbeitsabläufe und die Organisation der Arbeit
- Die Arbeitsplatzgestaltung und die Arbeitsumgebung
- Die Arbeitsabläufe und die Organisation der Arbeit
- Die Kooperation, Koordination und Kommunikation im Unternehmen
- Den Führungsstil
- Die Entwicklungs- und Aufstiegsmöglichkeiten
- Die Sicherheit des Arbeitsplatzes.

Bei allen diesen Fragen möchte der Mitarbeiter eine optimale Gestaltung, eine gute materielle Ausstattung und ein Höchstmaß an Mitwirkung und Mitbestimmung als Ausdruck der Selbstverwirklichung realisiert sehen.

Der Betriebsrat hat in der Bundesrepublik Deutschland seit der Existenz des Betriebsverfassungsgesetzes eine maßgebliche Rolle in der betrieblichen Personalarbeit zugewiesen erhalten. Diese Bedeutung des Betriebsrates hat mit dem neuen Betriebsverfassungsgesetz vom 19. 1. 1972 an Gewicht nur zugenommen. Es wurden praktisch alle Rechte des Betriebsrates im Hinblick auf Information, Mitwirkung und Mitbestimmung so erweitert, daß er in vielen Verfahrensfragen der Personalarbeit und bei fast allen personellen und sozialen Maßnahmen im Betrieb ein gleichgewichtiger Partner des Personalwesens ist. Dies muß das Personalwesen nicht nur zur Kenntnis nehmen, sondern auch in der praktischen Zusammenarbeit zum Wohle des Unternehmens und der Mitarbeiter zur Geltung bringen. Das Problem wird dabei manchmal sein, die im Gesetz vorgesehenen Gewaltenteilung zu beachten. Es wäre weder den Unternehmen noch dem Gesetz gedient, wenn hier eine Verschiebung stattfände. Das könnte aber auch nur dann eintreten, wenn das Personalwesen selbst in personeller Hinsicht zahlenmäßig schwach und fachlich schlecht besetzt ist. Im allgemeinen wird sicherlich eine gute Zusammenarbeit auf der Grundlage des Gesetzes die Normalsituation sein.

Es wäre auch weder dem Unternehmen noch dem Mitarbeiter dienlich, wenn durch das neue Betriebsverfassungsgesetz die Tätigkeit des Personalwesens nur noch in der Rolle des Verhandlungs- oder Gesprächspartners gegenüber dem Betriebsrat ausgeübt wird und die gesamte Personalarbeit einen bloßen formalistischen Charakter erhält. Dadurch würden sich die Gewichte im Unternehmen verschieben, weil der Betriebsrat in die Rolle einer zweiten Personalstelle hineinwächst und das Personalwesen und die Führungskräfte die Verbindung zur Basis verlieren würden. Eine gestaltende Personalpolitik wäre dann nicht mehr möglich. Es ist aber gerade die Bedeutung und die Besonderheit des einzelnen Mitarbeiters, die es in Zukunft zu beachten und in der Personalführung zur Geltung zu bringen gilt. Deshalb muß das neue Betriebsverfassungsgesetz zwar optimal angewendet werden, aber die auf den einzelnen abgestellte Personalführung sollte im Mittelpunkt der Personalpolitik stehen. Das ist es auch, was in letzter Konsequenz der Mitarbeiter erwartet. Das ist es aber auch, was erst die Anwendung eines modernen Führungssystems ermöglicht, wo es in erster Linie auf ein vertrauensvolles Verhältnis zwischen den einzelnen Menschen und nicht zwischen Institutionen ankommt.

Allerdings wird es sich nicht vermeiden lassen, daß in diesem Zusammenhang Konflikte entstehen werden. Das Betriebsverfassungsgesetz und die Tätigkeit des Betriebsrates gehen primär von kollektivistischen Vorstellungen aus, während die betriebliche Personalführung zwar ebenfalls die gesamte Belegschaft im Auge hat, aber in letzter Konsequenz am einzelnen Mitarbeiter orientiert sein muß. Das gilt auch dann, wenn selbstverständlich viele Regelungen im Unternehmen an der gesamten Belegschaft oder an einzelnen Gruppen ausgerichtet sind.

Es klingt jedoch fast paradox: Je besser eine am einzelnen orientierte betriebliche Personalführung ist, desto häufiger kann sie mit den Absichten und Rechten des Betriebsrates in Konflikt geraten. Einfach deshalb, weil eine moderne Personalführung manches automatisch regelt, was nur noch einer gesetzlich vorgesehenen Zustimmung bedarf, aber keine komplizierten Verhandlungen erforderlich macht. Der Mitarbeiter sieht seine Erwartungen auf diese Weise optimal erfüllt, aber der Betriebsrat kann den Eindruck gewinnen, daß er seine Rechte nur unvollkommen ausübt. Ihn trotzdem in eine moderne Personalführung einzubeziehen, wird nicht immer leicht, aber von großer Wichtigkeit sein.

Der Einfluß der Gewerkschaften ist unterschiedlich; je nach der Vielfalt und der politischen oder ideologischen Ausrichtung. Er ist in der Bundesrepublik Deutschland in Anbetracht der Tatsache, daß praktisch eine Einheitsgewerkschaft vorhanden ist, von Natur aus groß. Ein noch stärkerer Einfluß der Gewerkschaften für die betriebliche Personalarbeit wird sich aber vor allem durch einen Wandel in der Zielsetzung der Gewerkschaften ergeben. Bislang haben sie sich in erster Linie darauf konzentriert, in Verhandlungen mit den Arbeitgebern und deren Verbänden die materiellen Arbeitsbedingungen der Arbeitnehmer zu verbessern. Hier scheint ein Wandel bevorzustehen.

Die Gewerkschaften haben in der Bundesrepublik Deutschland seit 1945 das herrschende Wirtschafts- und Gesellschaftssystem in seinen Grundzügen akzeptiert. Sie haben deshalb ihre Tätigkeit mit einer entsprechenden Verantwortung ausgeübt und sehr wesentlich zum sozialen Frieden beigetragen. Sie wollten nicht das System durch ein revolutionäres Vorgehen umstürzen, sondern bemühten sich um eine evolutionäre Veränderung. Hierbei spielte der Verteilungskampf eine große Rolle, in dem sie versuchten, die sogenannte »Lohnquote«, d.h. den Anteil der Einkommen der Arbeitnehmer am Bruttosozialprodukt ständig zu erhöhen. Dies ist ihnen im Laufe der Zeit auch gelungen.

Seit einiger Zeit ist jedoch zu beobachten, daß die Gewerkschaften nicht nur eine laufende Verbesserung der materiellen Bedingungen der Arbeitnehmer anstreben, sondern auch Probleme in ihre Aufgabenstellung einbeziehen, die über die bislang von ihnen verfolgten Ziele weit hinausgehen. In diesem Zusammenhang wird die Humanisierung der Arbeitswelt stark in den Vordergrund geschoben, die jedoch leider durch die Intensität und den Umfang der allseitig geführten Diskussion zu einem abgegriffenen Schlagwort zu werden droht. Es ist aber unverkennbar, daß die Gewerkschaften hier eine neue Aufgabe sehen. Sie versuchen dabei, Gesellschaftspolitik und Tarifpolitik zugleich zu betreiben. Dabei bemühen sie sich, von der bloßen ideellen Vorstellung, die mit dem Begriff »Humanisierung« verbunden ist, abzukommen und Schritt für Schritt bestimmte Forderungen auf der Grundlage der Humanisierung der Arbeitswelt zu stellen.

Ganz allgemein geht es hier den Gewerkschaften um folgende Ziele:

1. Längere Erholzeiten bei gleichbleibender Arbeitszeit, insbesondere bei Tätigkeiten mit starker Belastung, wie bei Leistungslohnsystemen;
2. Festlegung neuer Arbeitsinhalte bei der Differenzierung der Einkommen, wie

- geistige Anforderung
- Verantwortung
- sozialer Kontakt
- Zumutbarkeit
- sozialer Aufstieg
- Abwechslung bei der Arbeit
- Mitwirkungsgrad.

3. stärkere Arbeitserweiterung (»job enrichement« und »job enlargement«);
4. Beseitigung inhumaner Arbeitszwänge, wie beispielsweise beim Fließband;
5. Begrenzung der Nacht- und Schichtarbeit;
6. mehr Mitwirkung durch die Arbeitsgruppe;
7. mehr Mitbestimmung für die Betriebsräte bei der Arbeitsorganisation und den Arbeitsabläufen.

Derartige Fragen werden neben ähnlichen Problemen zunehmend die Verhandlungen der Tarifparteien bestimmen oder auf andere Weise als Forderungen der Gewerkschaften vorgetragen werden.

Von daher kommt immer häufiger, wenn auch auf mehr indirekte Weise, ein Einfluß von den Gewerkschaften auf die Grundlagen der betrieblichen Personalarbeit.

Allerdings wird sich gerade bei Fragen der Humanisierung der Arbeitswelt bald eine gewisse Nüchternheit einstellen. Der mehr prinzipielle oder ideologische Ansatz, der sich in der Forderung nach Mitwirkung und Arbeitserweiterung äußert, wird zwar in der Intensität bestehen bleiben, aber seine realistischen Möglichkeiten bald deutlich machen.

Die engen Veränderungsmöglichkeiten in der Arbeitswelt werden sich ebenfalls sehr bald realistisch zeigen und vor allem aus ökonomischen Gründen zutage treten. Hier wird dann nur ein schrittweises Vorgehen möglich sein. Vermutlich werden sich in diesen Prozeß auch mehr und mehr die Unternehmen einschalten.

Aus verständlichen Gründen, denn immerhin ist die Entwicklung der Industrialisierung stets von ständigen Verbesserungen der Arbeitsbedingungen für den Menschen begleitet gewesen. Die Unternehmen werden deshalb versuchen, hier die Initiative zu behalten.

Insofern muß die betriebliche Personalpolitik eine solche Entwicklung in ihre Überlegungen mit einbeziehen und zwar unabhängig davon, wie viele Mitarbeiter im Unternehmen oder Arbeitnehmer in der Wirtschaft bei den zuständigen Gewerkschaften organisiert sind.

Die Rolle der Verbände als Verhandlungspartner der Gewerkschaften wird wie bei den Gewerkschaften eine Ausweitung erfahren. Auch hier wird es immer häufiger nicht nur um bloße Vereinbarungen um Arbeitsbedingungen gehen, sondern auch gesellschaftliche Probleme werden bei den Zielen der Verbände eine zunehmende Rolle spielen. Der Einfluß der Verbände wird aber vermutlich im Gegensatz zu den Gewerkschaften nicht im gleichen Umfange wachsen.

In dem Maße, wie sich Probleme der Berufs- und Arbeitswelt in der politischen und gesellschaftlichen Diskussion befinden, wird der Staat veranlaßt, immer öfter sich um die hier aufgeworfenen Fragen zu kümmern. Schließlich werden die hier angeschnittenen Probleme zu politischen Forderungen und zu entsprechenden Maßnahmen des Staates tendieren.

In gewisser Hinsicht führt eine solche Tendenz zu einer bestimmten – meist gesetzgeberischer Art – Aktivität des Staates. Auch von daher ist somit in Zukunft von größeren Einflüssen auf die betriebliche Personalarbeit auszugehen. Die im letzten Jahrzehnt in der Bundesrepublik Deutschland für die Berufs- und Arbeitswelt geschaffenen Gesetze machen das deutlich, insbesondere

- Das Arbeitsförderungsgesetz
- Das Betriebsverfassungsgesetz vom 19. 1. 1972
- Das Mitbestimmungsgesetz vom 1. 7. 1976
- Das Gesetz über Betriebsärzte, Sicherheitsingenieure und andere Fachkräfte für Arbeitssicherheit
- Die Arbeitsstätten-Verordnung
- Das Datenschutzgesetz.

Aus betrieblicher Sicht verringert sich aber das allgemeine Spannungsfeld auf folgenden Aktionsbereich:

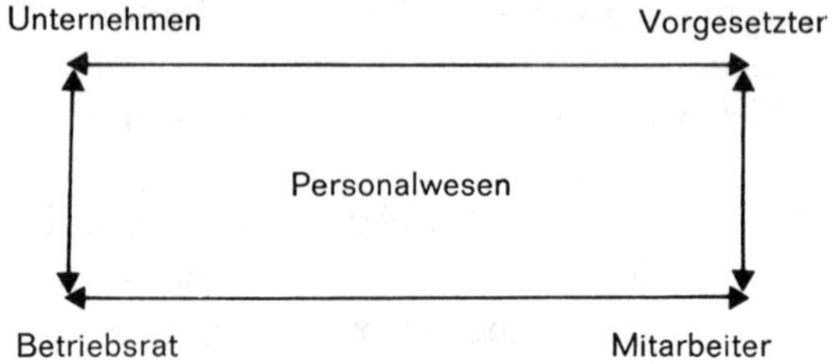

Abb. 6

Dies bedeutet, daß die tägliche betriebliche Personalarbeit unter dem Blickpunkt der Zielumsetzung des Unternehmens, des Erwartungshorizontes des Mitarbeiters, der Zusammenarbeit mit den Führungskräften und in enger Verbindung mit dem Betriebsrat zu leisten ist.

e) Die veränderten Anforderungen

Im Augenblick befindet sich vermutlich das betriebliche Personalwesen in der Bundesrepublik Deutschland ganz allgemein im Übergang von der Anerkennungs- zur Integrationsphase. Das gilt auch für einige andere Länder in der westlichen Welt. Allerdings gilt diese Aussage nur sehr pauschal. Im allgemeinen läßt sich feststellen, daß ein großer Teil der kleineren Unternehmen und ein großer Teil der öffentlichen Verwaltung und Dienstleistungsunternehmen immer noch eine Personalarbeit betreiben, wie sie für die Verwaltungsperiode typisch ist. Ein großer Teil der mittleren Unternehmen haben dagegen eine Personalarbeit, wie sie für die Anerkennungsperiode zutreffend ist. Lediglich ein Teil der größeren Unternehmen schickt sich gegenwärtig an, in der betrieblichen Personalarbeit Tendenzen deutlich zu machen, die für die Integrationsperiode typisch sind. Dies bedeutet ganz allgemein für das betriebliche Personalwesen in der Bundesrepublik Deutschland, daß die verwaltungsmäßig notwendigen Tätigkeiten zwar keineswegs überflüssig geworden sind, aber nicht mehr alleiniger Inhalt der Personalpolitik und der Personalführung sein können. Vielmehr muß diese Verwaltungsarbeit weitgehend rationalisiert werden, damit das Personalwesen sich neuen Anforderungen widmen kann. Hier wird die Anwendung der elektronischen Datenverarbeitung im Personalwesen einen wesentlichen Beitrag leisten. Es ist absehbar, daß das Symbol der verwaltungsmäßigen

Personalarbeit, nämlich die Personalakte, gegen Ende der 80er Jahre nicht mehr existiert, sondern die erforderlichen Personal-Daten auf andere Weise erfaßt, festgehalten und ausgewertet werden. Diese Änderung der äußeren Form hat aber zugleich einen bedeutsamen symbolischen Charakter, weil sie endgültig signalisiert, daß die betriebliche Personalarbeit nicht mehr primär verwaltungsmäßig ausgerichtet ist.

Gleichzeitig muß das Personalwesen erkennen, daß die wissenschaftliche Durchdringung in diesem Bereich weitergehen muß und die Kenntnisse auf allen Wissensgebieten ausgenutzt werden müssen. Auch das wird vom Personalwesen zur Zeit noch verhältnismäßig wenig beachtet. Allerdings ist bis jetzt das wissenschaftliche Angebot auf diesem Gebiet, wenn man von Teilbereichen absieht, relativ gering.

Das Arbeits-, Sozial-, Tarif- und Betriebsverfassungsrecht wird auch nur noch Voraussetzung, aber nicht mehr der maßgebliche Inhalt der betrieblichen Personalarbeit sein können. Derartige Kenntnisse muß jeder im Personalwesen Tätige haben, aber darin darf sich sein fachliches Potential nicht erschöpfen. Vielmehr werden die Betriebswirtschaft, die Lehre von der Unternehmensführung, die Organisationslehre, die Psychologie und die Soziologie, zum Teil in enger Kombination z.B. mit der Organisationssoziologie, mehr das wissenschaftliche Rüstzeug für eine moderne Personalführung und Personalpolitik abgeben müssen.

Für das Personalwesen bedeutet schließlich die Integrationsphase, in diesem Bereich nur noch qualifizierte Kräfte zu beschäftigen, die diesen neuen Erfordernissen gerecht werden können. Der bisherige Typus des Personalsachbearbeiters reicht oft nicht mehr aus, sondern er muß einer höheren Qualifikation entsprechen und darüber hinaus müssen qualifizierte Kräfte mit einem entsprechenden Fachhochschul- und Hochschulabschluß eingesetzt werden.

Die Aufgaben sind jetzt deutlich erweitert und umfassen alle Fragen, die mit dem Menschen im Unternehmen zusammenhängen. Deshalb ist es in dieser Periode sinnvoll, organisatorisch alle den Menschen im Unternehmen betreffenden Fragen in einem Bereich, dem Personalwesen zusammenzufassen. Das Nebeneinander von Personalabteilung und Sozialabteilung ist nicht mehr zu vertreten und auch das Bestreben in einzelnen Fällen, die Bildungsfunktion außerhalb des Personalwesens zu betreiben, kann nicht zweckmäßig sein, so daß ein umfassendes Personalwesen von der Personalorganisation bis zum Bildungswesen selbstverständlich sein muß.

Es zeigt sich ferner, daß die Forderung in der Anerkennungsphase, personelle Überlegungen möglichst frühzeitig bei unternehmenspolitischen Entscheidungen zu berücksichtigen, hier unabdingbar wird. Diese Forderung kann aber nicht nur ideell gestellt werden, sondern sie bedarf auch bestimmter einflußmäßiger Voraussetzungen. Die Mitbestimmungsgesetze in der Bundesrepublik Deutschland geben dafür bereits den entsprechenden Rahmen ab.

Dies bedeutet selbstverständlich, daß die Spitzenkräfte im Personalwesen nicht nur über entsprechende fachliche Kenntnisse verfügen, sondern gleichzeitig auch diejenigen Fähigkeiten und Kenntnisse besitzen müssen, die von einem Angehörigen der Unternehmensleitung erwartet werden. Es wird oft sinnvoll sein, daß Kräfte aus anderen Bereichen im Unternehmen, die über eine spezielle Management-Begabung verfügen, gelegentlich den Personalbereich leitend übernehmen und sich die Fachkenntnisse nachträglich aneignen. Ein Prozeß, der unabhängig von der geschilderten Situation stets möglich sein und deshalb grundsätzlich gefördert werden sollte. Das gilt auch für das Versetzen qualifizierter Personalfachleute in andere Bereiche des Unternehmens.

Überwiegend ist jetzt jedoch der Zugang zur Spitze auch in dieser Unternehmenssparte geschaffen und das wird sicherlich auch dazu führen, daß sich qualifizierte Kräfte mit einer entsprechenden Management-Begabung häufiger als bisher für diese Tätigkeit interessieren werden. Deshalb wird sich auch der Nachwuchs für die Spitze im Personalwesen in Zukunft überwiegend aus diesem Fachbereich rekrutieren. Der Laufbahngedanke, den es bislang hier in größerem Umfange nicht gab, setzt sich somit endgültig für das Personalwesen durch. Bereits heute haben rund 90% der im Personalwesen tätigen Personen, die jünger als 35 Jahre alt sind, ihre berufliche Laufbahn nach Abschluß der Ausbildung unmittelbar im Personalwesen begonnen.

Gelegentlich wird in diesem Zusammenhang die Ausbildung für das Personalwesen diskutiert. Tatsächlich kann hier im Augenblick nur sehr begrenzt eine spezielle Vorbildung durchlaufen werden. Schon während der Ausbildung im Unternehmen kommt beispielsweise der Auszubildende selten in den Personalbereich, so daß er bei einem späteren Einsatz in der Personalarbeit kaum Erfahrungen und Kenntnisse hierfür mitbringt. Dem kann aber durch eine Änderung der Ausbildungspläne abgeholfen werden.

Der Student an einer Fachhochschule oder an einer Wirtschafts- oder Verwaltungsakademie ist schon besser dran. Dort gibt es an manchen Orten bereits sehr gute Studienpläne, die einen Schwerpunkt im Personalwesen haben.

Etwas schlechter sieht es oft bei den Studenten an den Hochschulen und Universitäten aus, wenn sie sich für eine spätere berufliche Tätigkeit im Personalwesen interessieren. Hier gibt es erst wenige Hochschulen oder Universitäten, die auf dem Gebiet des Personalwesens systematisch abgestimmte Lehrpläne anbieten. Man kann sich obendrein nur in einer bestimmten fachlichen Richtung, sei es in rechtlicher, wirtschaftlicher oder sozialwissenschaftlicher Hinsicht, das notwendige Rüstzeug verschaffen und muß dort auch seine Abschlußprüfung ablegen. Das ist ohne Zweifel ein großer Mangel, der behoben werden muß.

Ein besonderes Diplom an einer Fachhoch- oder Hochschule für das Personalwesen ist allerdings nicht so wichtig, wenn die Möglichkeiten zu einer besseren Orientierung während der Ausbildung geschaffen werden. Es gibt ja auch für andere Unternehmensbereiche kaum einen speziellen Studienabschluß. Eher besteht die Gefahr, daß eine übertriebene Spezialisierung betrieben wird, die eine notwendige Flexibilität beeinträchtigen kann. Es gibt nach wie vor keine spezielle Vorbildung, die gegenüber anderen für das Personalwesen besonders geeignet wäre. Das kann sich aber durchaus im Laufe der Zeit ändern. Dies hängt in erster Linie von dem Umfang der Qualifikationsanforderungen seitens des Personalwesens und dem Angebot an den Universitäten und Hochschulen ab. Langfristig ist durchaus ein Dipl.-Personalfachmann denkbar.

Gegenwärtig ist er jedoch noch nicht in Sicht und aus diesem Grunde muß der laufenden Fortbildung im Personalwesen eine erhöhte Beachtung geschenkt werden, wie das heute auch schon geschieht.

III. Die Aufgabenstellung des modernen Personalwesens

Die Aufgabenstellung des modernen Personalwesens muß den dargestellten Hintergrund in sich tragen und in die tägliche Praxis umsetzen. Sie muß von dem modernen Typus des Mitarbeiters ausgehen und seine betriebliche und gesellschaftliche Rolle im Unternehmen zu verwirklichen suchen. Das muß sich in jeder Teilaufgabe der Personalführung widerspiegeln.

Während in den früheren Phasen der Sachzweck im Vordergrund stand und der Mensch, wenn auch unter Wahrung seiner persönlichen Würde, diesem untergeordnet wurde, muß jetzt eine Gleichwertigkeit von Sachzweck und Belangen des Menschen in Erscheinung treten. In dieser Phase kann die Personalführung nicht mehr eine Aufgabe des Vorgesetzten allein sein. Der Vorgesetzte kann als einzige Instanz nicht mehr hinreichend den Erfordernissen einer modernen Personalführung entsprechen. Er ist dabei überfordert und könnte vor allem nicht die institutionalisierten Maßnahmen der Personalführung, wie sie vor allem in der Entwicklungs- und Bildungsaufgabe verankert sind, erbringen. Jetzt befindet sich die Personalführung als Funktion in einem ständigen Wechselspiel zwischen dem Fachbereich Personalwesen, dem Vorgesetzten oder dem allgemeinen Leitungsbereich und dem Mitarbeiter.

Abb. 7

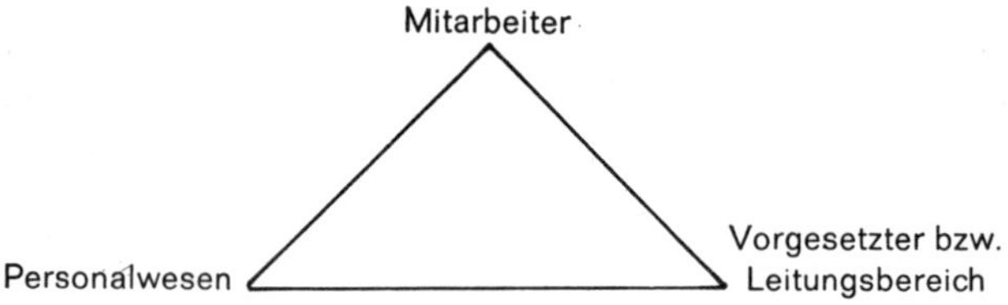

Die jeweiligen Impulse können von diesen drei Komponenten kommen, müssen aber stets wechselseitig wie in einem Regelkreis abgestimmt werden. Auch diese Betrachtung macht deutlich, wie heute der Mitarbeiter gegenüber früher in eine andere Ebene der Bedeutung einrückt. Die Personalführung ist somit eine zentrale und umfassende Funktion zugleich.

Diese veränderte Situation zeigt sich ganz deutlich bei folgenden Aufgaben des Personalwesens:

- Der Personalbeschaffung
- Der Personalplanung
- Dem Personaleinsatz
- Der Personalentwicklung
- Der Personalbildung

Hier dominierte früher, wenn es derartige Funktionen überhaupt gab, allein das sachliche Erfordernis. War beispielsweise ein Arbeitsplatz zu besetzen, so spielten seine Anforderungen die Hauptrolle und der geeignete Mitarbeiter wurde innerhalb oder außerhalb des Betriebes danach ausgesucht. Es muß heute aber auch gefragt werden, welche Fähigkeiten und Anlagen, welches zukünftige Potential, d.h. welche Entwicklungsmöglichkeit ein Bewerber oder ein Mitarbeiter hat und welche Tätigkeiten ihm demnach übertragen werden können. Personelle Überlegungen dürfen nicht mehr nur aus dem Sachzweck allein, sondern müssen zugleich aus der jeweiligen Person kommen. Diese Aussage darf keine bloße Überzeugung mehr sein, sondern muß in der modernen Personalführung ihren Ausdruck finden.

Die Unternehmen müssen ferner erkennen, daß sie letzten Endes mit einer bloßen Verwaltungsarbeit im Personalbereich nicht mehr auskommen. Sie müssen begreifen, daß eine moderne Personalführung nicht nur für das Unternehmensergebnis im unmittelbaren Sinne wichtig ist und einem gesellschaftlichen Erfordernis entspricht, sondern auch dem gesamten Bild des Unternehmens in der Öffentlichkeit seinen Stempel mit aufdrückt. Das gilt aber nicht allein für das sogenannte Personalbild auf dem Arbeitsmarkt.

Erfahrungen zeigen beispielsweise immer wieder, daß personalpolitische Maßnahmen, die in den Augen der Öffentlichkeit mit einer modernen und zeitgemäßen Personalarbeit nicht übereinstimmen, sich eine Zeit lang noch in negativer Hinsicht auf den Arbeitsmarkt auswirken. Die betreffenden Firmen haben es in diesen Fällen schwer, die gesuchten Mitarbeiter für sich zu gewinnen. Andererseits wirkt aber auch ein positives Personalbild noch recht lange nach, auch wenn vielleicht die Voraussetzungen gar nicht mehr so günstig sind, wie zu der Zeit, als sich dieses Personalbild entwickelt hat. Vielmehr gilt diese Aussage auch für das allgemeine Ansehen. Auch darin drückt sich die wachsende, vielfältige Verknüpfung des Unternehmens mit seiner Umwelt aus.

1. Das Grundproblem der modernen Personalführung

Es ist die Erkenntnis notwendig, daß das Personalwesen in Zukunft stärker als bisher eine betriebswirtschaftliche Aufgabe zu erfüllen hat. Es muß daran mitwirken, daß über eine optimale Personalpolitik und Personalführung ein optimales Unternehmensergebnis erzielt wird. Hier hat das Personalwesen eine eindeutige Managementfunktion.

Auf der anderen Seite ist aber auch der auf den Menschen bezogene Auftrag im Unternehmen eher stärker als geringer geworden. Daraus wird ein ständiges Grundproblem für die betriebliche Personalarbeit resultieren.

Ein Grundproblem, das darin liegt, daß in der zukünftigen Personalführung im Unternehmen das Spannungsfeld zwischen den wirtschaftlichen Erfordernissen sowie den gesellschaftspolitischen Notwendigkeiten und den individuellen Erwartungen jede Überlegung oder Maßnahme der Personalführung bewußt oder unbewußt bestimmt.

Der nach dem Betriebsverfassungsgesetz zu bildende Betriebsrat wird zwar seit der Novellierung dieses Gesetzes noch mehr als bisher den humanen Aspekt des Mitarbeiters bei all seinen Rechten vertreten, aber es wäre ein Irrtum zu glauben, daß die Aufgabenstellung des Betriebsrates bereits ausreicht, um einen Konflikt zu bewältigen. Der Betriebsrat hat nach den geltenden rechtlichen Bestimmungen den Charakter einer Vertretungsinstanz. Durch seine Rechte auf Information, Mitwirkung und Mitbestimmung hat er zwar einen deutlichen Einfluß auf die personellen und sozialen Entscheidungen im Unternehmen, aber die primäre Verantwortung für die betriebliche Personalarbeit verbleibt beim Unternehmen und damit beim Personalwesen.

Das gesellschaftliche und persönliche Anliegen des Mitarbeiters wird sich deshalb nicht allein durch die Funktion des Betriebsrates erfüllen lassen, sondern bedarf gleichzeitig bestimmter Maßnahmen seitens des Unternehmens. Außerdem sind mit gutem Grund auch im Betriebsverfassungsgesetz Individualrechte des Mitarbeiters verankert worden, die der ständigen Berücksichtigung in der Personalführung bedürfen. Erst dann wird sich der moderne Typus des Mitarbeiters in der Integrationsphase voll entfalten können.

Gerade in der Integrationsperiode wird sich zeigen, daß dem Unternehmen nicht die Konfrontation, sondern die Kooperation immanent ist. Selbstverständlich gibt es eine Reihe von Interessengegensätzen zwischen dem sachlichen Zweck eines Unternehmens und den individuellen Erwartungen des Mitarbeiters. Derartige Interessengegensätze werden immer wieder zu Konflikten im Unternehmen führen, die es aufzulösen gilt. Das ist eine ständige Aufgabe des Personalwesens und des Betriebsrates in einem Unternehmen. Es darf aber nicht nur eine Aufgabe des Personalwesens sein, das Aufkommen von Konflikten zu vermeiden oder vorhandene Konflikte aufzulösen, sondern auch ständig für die Verwirklichung der Kooperation Sorge zu tragen. Diese Kooperation im Unternehmen steht deutlich unter wirtschaftlichen Gesetzmäßigkeiten. Deshalb wird auch vom Personalwesen erwartet, seinen eigenen Beitrag zur Erreichung des Unternehmenszieles zu leisten. Man wird in Zukunft nicht nur prüfen, ob zur Erreichung eines bestimmten Unternehmenszieles die technischen Voraussetzungen gegeben sind oder die Marktstrategie richtig angelegt wurde. Man wird vielmehr auch in personeller Hinsicht fragen, ob von der Auswahl, vom Einsatz, von der Leistungsfähigkeit und von der Leistungsbereitschaft der Mitarbeiter her die richtigen Maßnahmen getroffen wurden. Insofern muß in der Zukunft jede personelle Überlegung auch von Rationalität und Sachlichkeit getragen sein und jeder Wirtschaftlichkeitsprüfung standhalten können. Das bringt ohne Frage mehr Kühle, Sachlichkeit und Nüchternheit in die Personalarbeit. Von dieser stärkeren Rationalität des Unternehmens, die auf die betriebliche Personalarbeit immer nachdrücklicher ausstrahlen wird, kommt ein gewisser Gegentrend zur wachsenden Integrationsrolle des Menschen im Unternehmen. Die Personalpolitik und die Personalführung müssen deshalb darauf nachdrücklich achten, daß das Gleichgewicht in der wirtschaftlichen und humanen Betrachtungsweise bei der täglichen Personalarbeit erhalten bleibt.

Gleichzeitig bedeutet das für das Personalwesen und die dort tätigen Mitarbeiter häufig ein Umdenken und ein gegenüber früher intensiveres und anderes Engagement. Es lassen sich heute eine Vielzahl von Tätigkeiten in diesem Bereich, soweit sie den wirtschaftlichen Erfolg oder Mißerfolg betreffen, noch nicht quantitativ ausdrücken. Hier muß deshalb noch eine entsprechende Entwicklungsarbeit geleistet werden. Bislang hat man sich damit begnügt, anhand von wenigen Daten über Fluktuation, Fehlzeiten, Belegschaftsstruktur und dergleichen, bestimmte Folgerungen zu ziehen, um daraus Aussagen über eine erfolgreiche oder weniger erfolgreiche Personalarbeit abzuleiten.

Es kann sich für die zukünftigen Anforderungen hier jedoch nur um Ansätze handeln, die in dieser Hinsicht nicht nur verfeinert, sondern auch noch auf andere Fragestellungen hin stark ausgeweitet werden müssen. Denn nur, wenn eine umfassendere Meßbarkeit der Personalarbeit gelingt, kann auch der Forderung nach der Wirtschaftlichkeit der Personalarbeit im echten Sinne entsprochen werden. Nur so kann auch schließlich bewiesen werden, daß die Art und Weise der Personalpolitik und der Personalführung wirtschaftlich relevant ist.

Diese gegenüber früher stärkere wirtschaftliche Betrachtungsweise wird aber trotz allem verstanden werden, wenn sie stets sachlich begründet und mit den davon irgendwie Betroffenen gemeinsam entwickelt und vorgeklärt wird. Obwohl das sogenannte Leistungsprinzip heute vielfach zur Diskussion gestellt wird, geht es dabei wohl weniger um das Prinzip als solches, als vielmehr um die Zweckerfüllung, d.h. um das Ziel dieses Prinzips.

In ähnlicher Weise wird das Personalwesen jetzt auch bei der Beachtung gesellschaftlicher und humaner Aspekte umdenken müssen. Es muß diese Frage zu seinem Anliegen machen. Dabei kann das Personalwesen durchaus häufig in Gegensatz zu unternehmenspolitischen Vorstellungen geraten. Diesen Konflikt muß es austragen und darf ihm nicht ausweichen. Es hat nun einmal gegenüber anderen Unternehmensbereichen eine besondere Verantwortung für die menschliche oder gesellschaftliche Seite des Unternehmenszweckes. Gerade die Personalpolitik und die Personalführung müssen immer wieder versuchen, einen Ausgleich zwischen der wirtschaftlichen Zielsetzung des Unternehmens und den individuellen Erwartungen der Mitarbeiter herbeizuführen, obgleich das häufig nur ein anzustrebendes Ideal sein kann.

2. Die Aufgabenstellung im einzelnen

Die Aufgabenstellung des modernen Personalwesens hat gegenüber früher wesentliche neue Elemente zu berücksichtigen, damit es den neuen und andersartigen Erfordernissen entsprechen kann. Gleichzeitig wird es selbstverständlich auch die klassischen Funktionen beibehalten müssen, denn diese bleiben die Kernaufgabe jeglicher betrieblicher Personalarbeit. Der entscheidende Unterschied zu früher liegt nur darin, daß einerseits die Grundaufgaben nicht mehr ausreichen und zum anderen in der Durchführung komplizierter geworden sind; d.h. in der Problemlösung mehr Vorarbeit und ein stärkeres Eingehen auf Zusammenhänge verlangen.

Ganz allgemein ist ihr Charakter jedoch nicht mehr einfach als betrieblich, sozial, gesellschaftlich oder dergleichen zu analysieren, sondern auch bei den Grundaufgaben wird der Bezugspunkt vielfältiger werden. So werden manche früher, rein karitativ bestimmte Maßnahmen heute einen arbeitsmarktorientierten Hintergrund erhalten. Ein solcher Motivationswandel für bestimmte personelle Maßnahmen wird in Zukunft häufiger vor sich gehen.

a) Die Kernfunktionen der Personalarbeit

Zu den Kernfunktionen der Personalarbeit gehören:

- Personalbeschaffung
- Personalauslese
- Personaleinstellung
- Personaleinsatz
- Personalverwaltung
- Personalbetreuung
- Personalentlassung.

Die Problematik der Personalbeschaffung ist in erster Linie heute und für absehbare Zeit durch die relative Verknappung auf dem Arbeitsmarkt und durch die ständig steigenden qualitativen Anforderungen gekennzeichnet. Wenn die Zuwachsraten des Bruttosozialproduktes in der Bundesrepublik Deutschland den Erwartungen der Wirtschaftspolitik entsprechen, die Realsteigerungen von jährlich im Durchschnitt 3 bis 4% vorsieht, muß bei dem heute überschaubaren Bevölkerungszuwachs trotz gelegentlicher wirtschaftlicher Rezessionen langfristig von einem sehr engen Arbeitsmarkt ausgegangen werden. Arbeitszeitverkürzungen und die öffentliche Bildungspolitik werden diese Situation noch verschärfen. Auch die Verlagerung von Produktionsstätten außerhalb der Landesgrenzen in Länder mit mehr Arbeitskräften wird nur eine sehr geringe Entlastung bringen. Deshalb werden die Bemühungen zunehmen müssen, bisher unerschlossene Arbeitsmarktreserven zu gewinnen. Die Gewinnung bisher nicht berufstätiger Frauen wird dabei eine zunehmende Rolle spielen.

Gerade für die Gewinnung von bisher nicht berufstätigen Frauen bedarf es neuer Anreize, die aber weniger im materiellen Bereich liegen müssen, sondern in der Gestaltung der Arbeitsbedingungen. Die Teilzeitarbeit wird aus diesem Grunde weiterhin eine große Bedeutung behalten. Aber auch die Einrichtung von Kindergartenplätzen wird wieder aktuell werden, und zwar nicht aus Gründen der betrieblichen Sozialpolitik, sondern der Arbeitsmarktpolitik. Entscheidend wird aber sein, ob es gelingt, die Gleichwertigkeit der Frau im Beruf zu verwirklichen. Praktisch läuft das auf das Schaffen von qualifizierten Arbeitsplätzen und die Entwicklung von Aufstiegschancen für Frauen hinaus.

Im gleichen Maße wird die gleitende Arbeitszeit auch unter diesem arbeitsmarktpolitischen Aspekt gesehen werden müssen und nicht nur als Mittel des Abbaues der Verkehrsspitzen und als Instrument der Gewinnung eines neuen individuellen Spielraumes in der Arbeitsgestaltung.

Neben den nicht berufstätigen Frauen, deren Bereitschaft zur beruflichen Tätigkeit nicht aus materiellen Gründen, als vielmehr aus gesellschaftlichen Erwägungen zunehmen wird, werden auch Pensionäre und Rentner angesprochen werden müssen und im Zuge von mehr Arbeitszeitverkürzung wird die Nebenbeschäftigung an einem zweiten Arbeitsplatz, wenn auch nach Stunden begrenzt, üblich werden, so sehr das auch ein Paradoxon der Arbeitszeitverkürzung sein mag.

Für das Personalwesen bringt diese Situation auf dem Arbeitsmarkt aber nicht nur den Zwang mit sich, neue Reserven zu erschließen, sondern macht auch den Verbleib von Mitarbeitern im Unternehmen, d.h. das Eindämmen der Fluktuation, zu einer wichtigen Aufgabe, an der es gemessen werden wird. Es liegt auf der Hand, daß man nicht nur die Ursachen der Fluktuation durch Abgangsinterviews oder ähnliche Maßnahmen ergründen muß, sondern auch die Frage zu klären hat, was ganz allgemein einen Mitarbeiter zum Verbleiben im Unternehmen bewegt. Insoweit bekommt die Motivation nicht nur einen Anstoß von der Leistungsbereitschaft der Mitarbeiter oder der Belegschaft und von gesellschaftlichen Tendenzen, sondern auch von arbeitsmarktpolitischen Überlegungen.

Es wird sich in den nächsten Jahren zeigen, daß sich die relative Verknappung auf dem Arbeitsmarkt nicht wie bisher besonders auf die Kräfte im unteren Bereich auswirkt, sondern sie wird auch den mittleren

Bereich stärker als bisher umfassen. Das ist einfach ein Ergebnis des Trends zur Qualifikation der Mitarbeiter.

Die Knappheit der qualifizierten Kräfte auf dem Arbeitsmarkt und die steigende Qualifikation der Mitarbeiter wird der Personalauslese eine anhaltende Bedeutung zuweisen, vielleicht sogar hier die Entwicklung neuer Methoden begünstigen.

Die Personaleinstellung wird ebenfalls unter dem dargelegten Hintergrund mit mehr Sorgfalt als bislang betrieben werden müssen. Man wird es sich kaum noch leisten können, daß in der Regel von neu eingestellten Mitarbeiter nach 9 bis 12 Monaten 80% wieder das Unternehmen verlassen haben, wie es heute die Fluktuationsstatistiken mancher Unternehmen ausweisen. Insofern sind mit der Einstellung die Auslese, die Einführung und der Einsatz sehr eng verbunden und müssen in einem Zusammenhang gesehen werden.

Die Personalverwaltung spielt in Zukunft nur die Rolle einer sachlich unabdingbaren Notwendigkeit. Es kommt aus diesem Grunde darauf an, hier soviel Zeit und Kräfte wie möglich zu sparen, um sie für andere, wichtigere Zwecke einsetzen zu können.

Die Personalbetreuung hat in der klassischen Personalarbeit eine große Rolle gespielt. Sie war eine wesentliche Ergänzung der Personalverwaltung, der anderen Seite der Personalarbeit, und fand oft ihren Ausdruck in der Bildung einer Sozialabteilung. Es war vielen Firmen eine soziale Aufgabe oder auch gelegentlich eine nüchtern-wirtschaftliche Zielsetzung, den Mitarbeitern bei der Bewältigung ihrer sozialen Probleme zu helfen. Die oft karitativ betonte betriebliche Sozialarbeit bildete den Kern der betrieblichen Personalbetreuung, dessen Anfänge auf den Beginn der Industrialisierung zurückgehen. Im Laufe der Zeit wuchs hier in den Unternehmen ein Bukett von vielfältigen Leistungen heran und die staatliche Sozialpolitik wurde ohne Zweifel von derartigen Maßnahmen bis heute inspiriert.

In dem Maße aber, wie sich die materiellen Bedingungen des Mitarbeiters, sein Selbstverständnis und sein gesellschaftliches Bewußtsein verändern, muß auch die betriebliche Personalführung diese überkommene Form der Personalbetreuung überdenken. Dabei wird man erkennen müssen, daß der Mitarbeiter in der Zukunft in vielen sozialen Grundfragen seines Lebens durch gesetzliche oder tarifliche Regelungen abgesichert ist und er darüber hinaus nicht nur eigenverantwortlich handeln kann, sondern auch will. Insofern muß nicht nur ein großer Teil der zusätzlichen betrieblichen Sozialleistungen auf ihre Ab- oder Umbaufähigkeit hin überprüft, sondern auch der Hintergrund der betrieblichen Sozialpolitik kritisch untersucht werden. Eine karitativ betonte Personalbetreuung würde ein Fremdkörper in der modernen Personalführung sein.

Daran ändert auch nichts die heute noch weit verbreitete Neigung der Mitarbeiter, in den Unternehmen an dem sozialen Besitzstand festzuhalten und auf möglichst keine betriebliche Sozialleistung zu verzichten. Hier äußern sich ein Sicherheitsstreben und das Bewußtsein aus den früheren Phasen. Wird darauf aber weniger mit dem Gedanken des Abbaues, als mit dem Bestreben zur Umwandlung in zeitgemäße Formen der Personalbetreuung geantwortet, wird der Mitarbeiter dem sicherlich folgen. Dabei wird es auf die Aufrechterhaltung bestimmter Grundsicherheiten, wie zusätzliche Altersversorgung, zusätzlicher Krankheitsschutz und vorbeugende Gesundheitspflege und ferner auf gruppenbildende Maßnahmen ankommen. Hier gewinnt der Sport im Betrieb in letzter Zeit wieder an Zulauf. Ferner wird es auf Maßnahmen ankommen, die die Eigeninitiative fördern. Allerdings sollte dabei in Zukunft stärker der Gesichtspunkt Beachtung finden, daß beide Seiten dazu beitragen, die Mitarbeiter also auch ein Opfer an Zeit und Geld bringen.

Der Betriebsrat hat sich gleichfalls in der Vergangenheit nicht sehr aufgeschlossen für den Um- oder Abbau einzelner sozialer Leistungen gezeigt, es sei denn, daß offensichtliche wirtschaftliche Notwendigkeiten dahinter standen. Nun darf man nicht verkennen, daß bislang der Betriebsrat in der Erreichung und Verwaltung bestimmter sozialer Leistungen einen großen Teil seiner Aufgabe und Daseinsberechtigung sah. Diese Dinge hatten insofern auch für seine Wiederwahl eine große Bedeutung. Durch das neue Betriebsverfassungsgesetz hat er aber neue und wesentlich andere Aufgaben hinzu bekommen und das mag seine Ansprechbarkeit in diesen Fragen verbessern. Im Grundsatz wird aber jeder Betriebsrat immer im Namen der Gesamtbelegschaft und damit kollektivistisch denken. Die neuen Tendenzen haben demgegenüber einen individuellen Charakter und das kann für den Betriebsrat schwierige Probleme mit sich bringen.

Grundsätzlich darf aber die betriebliche Sozialpolitik nicht mehr Inhalt der Personalbetreuung sein. Das gilt auch für den Sacharbeiter, der auf den verschiedensten Gebieten diese Funktion ausgeübt hat. Vielmehr werden weiterhin soziale Leistungen im Unternehmen vorhanden sein, die aber einerseits mehr selbstverständlichen Charakter und andererseits eine mehr sachlich-wirtschaftliche Begründung haben werden. Auf keinen Fall werden sie aber, wie es früher erwartet wurde, als Motivation für die Leistungsbereitschaft wesentlich sein. Vielmehr haben sie eigentlich nur noch eine kostenmäßige Bedeutung, und es ist durchaus denkbar, daß die Sozialabteilung im Laufe der Zeit sogar verschwindet und die sozialen Einrichtungen bei der allgemeinen Verwaltung ihren organisatorischen Platz finden. Die zukünftige Form der Personalbetreuung wird dagegen in der umfassenden Personalführung ihren Ausdruck finden und sich insbesondere in der neuen Funktion der Personalentwicklung ausdrücken müssen.

b) Die neuen Funktionen der Personalarbeit

Zu den klassischen Funktionen des Personalwesens kommen insbesondere seit der Anerkennungsphase folgende neue Aufgaben hinzu:

- Personalorganisation
- Personalplanung
- Personalentwicklung
- Personalausbildung
- Personalinformation
- Personalmotivation
- Personalbeurteilung
- Personalbewertung
- Personalfortbildung.

Die Organisation eines Unternehmens hat nicht nur ihre Bedeutung für die Erreichung der Ziele und der dafür festgelegten Aufgaben und Kompetenzen, sondern auch für die Personalführung. Die Aufbauorganisation oder die Personalorganisation machen gleichzeitig deutlich, welchen Platz der einzelne im Unternehmen hat, welche Aufstiegschancen für ihn gegeben sind und wie die sachliche Kooperation verlaufen soll. Darüber hinaus hat die Personalorganisation auch soziologische Aspekte. Über sie lassen sich auch Fragen des Prestiges und der Funktionsordnung klären. Schließlich ist sie in ihrer Verfeinerung im Hinblick auf Stellenbeschreibungen ein unerläßliches Instrument der Personalführung für die Beschaffung, den Einsatz und die Umsetzung. Da sie gleichzeitig eine Voraussetzung jeglicher Personalplanung und der Personalentwicklung ist, wird erklärlich, weshalb sie immer mehr zu einem notwendigen Arbeitsmittel des Personalwesens wurde und aus den genannten Zusammenhängen ihm auch in zunehmendem Maße als Aufgabe übertragen wird.

Mit der modernen Unternehmensführung, die mehr langfristig orientiert sein muß, und sich nach einer klaren Zielvorstellung entwickelt, entstehen Planungsnotwendigkeiten als wichtigstes Mittel der langfristigen Ausrichtung des Unternehmens. Die ersten Ansätze sind die Finanzplanung, die Produktionsplanung, die Absatzplanung und die Investitionsplanung. Häufig fehlt es zwar noch an der Koordination dieser Teilplanungen und noch häufiger ist die damit verknüpfte langfristige Personalplanung noch nicht vorhanden. Es besteht aber kein Zweifel darüber, daß sich diese Instrumente der Unternehmensführung immer mehr verfeinern und entwickeln werden. Eine langfristige Unternehmensplanung ohne Personalplanung wäre nur ein Teilstück.

Es wird sich auch immer offensichtlicher erweisen, daß die wirtschaftlichen Anforderungen gegenüber dem Personalwesen ohne die Voraussetzungen der Personalorganisation und der Personalplanung, insbesondere der Personalkostenplanung, kaum zu verwirklichen sind.

Die Entwicklung der Mitarbeiter ist gleichzeitig die zentrale Aufgabe in der modernen Personalpolitik. Nur darüber lassen sich die Erwartungen der Mitarbeiter wenigstens annähernd realisieren und deren optimaler Einsatz laufend überprüfen. Hier findet demnach der entscheidende Versuch einer Synthese zwischen den Vorstellungen des Mitarbeiters und den Zielen des Unternehmens statt.

Mit dem technischen Wandel und der Entwicklung der Mitarbeiter ist eng der Zwang verbunden, sie laufend für die augenblicklichen und zukünftigen Tätigkeiten entsprechend aus- und fortzubilden. Die Bedeutung dieser Aufgabe wächst und schon jetzt sind in manchen Unternehmen davon im Jahresdurchschnitt 10% der Belegschaft erfaßt, wenn auch zeitlich in unterschiedlicher Beanspruchung. Es besteht aber kein Zweifel darüber, daß sich dieser Aufwand in vielen Unternehmen finanziell und zeitlich bis 1990 vervier- und verfünffachen wird.

In einem modernen Unternehmen spielen die Erwartungen und Vorstellungen der Mitarbeiter eine zunehmende Rolle. Deshalb ist es unerläßlich, sich mit den Hintergründen dieser Erwartungen und Vorstellungen zu befassen, um sie zu ergründen und berücksichtigen zu können.

Das ist auf lange Sicht ohne eine systematische Personalforschung nicht möglich.

Ganz allgemein wird eine zukunftsorientierte Personalarbeit nicht ohne eine regelmäßige Beurteilung aller Mitarbeiter funktionieren können. Diese Feststellung ist in Kreisen der Personalfachleute unbestritten, aber findet doch in der betrieblichen Praxis nicht die Verwirklichung, die wünschenswert wäre. In den Unternehmen der Bundesrepublik Deutschland werden zu ca. 70% alle Nachwuchskräfte, zu 15 bis 20% alle Tarifangestellte, zu 5–10% außertarifliche Angestellte und zu 2 bis 4% alle Lohnempfänger regelmäßig beurteilt. Das ist kein beeindruckendes Ergebnis. Die Gründe hierfür werden vielschichtig sein und sind wohl überwiegend in der mangelnden Bereitschaft der Vorgesetzten, der Scheu vor Verwaltungsarbeit und in Widerständen auf seiten der Mitarbeiter begründet. Vielleicht auch in der Zielsetzung des Beurteilungswesens, das bislang fast ausschließlich die Frage klären sollte, ob jeder am richtigen Platz sitzt und wer förderungswürdig ist. In letzter Zeit wird daher nachdrücklich die Forderung erhoben, die Beurteilung zu einer Leistungsbeurteilung auszubauen. Auch mit dem erklärten Hintergedanken, damit neue Anhaltspunkte für die Einkommensbemessung zu finden. Eine Frage, die an Bedeutung gewinnt, je mehr Lohnempfänger zu Gehaltsempfängern werden. Durch ein auf diese Weise und durch andere Ursachen bedingtes Abgehen von Lohnleistungssystemen werden in Zukunft immer weniger Mitarbeiter einem Leistungsentlohnungssystem unterliegen. Unabhängig davon sollte aber einleuchten, daß ohne eine regelmäßige Beurteilung eine Personalentwicklung nicht möglich ist.

Ein immer wichtigeres Problem wird es in diesem Zusammenhang, den Mitarbeitern deutlich machen zu können, daß die gezahlten Einkommen der Nachprüfung einer relativen Gerechtigkeit standhalten. Hier werden sich immer stärkere Lohn- und Gehaltsbewertungssysteme durchsetzen, um dieser Forderung entsprechen zu können. Es ist aber nicht nur aus der Sicht des Mitarbeiters eine Notwendigkeit, ein relativ gerechtes Einkommen zu zahlen, das der jeweiligen Leistung entspricht. Vielmehr verlangt auch die Rationalität des Unternehmens die stärkere Beachtung der Bewertung der Mitarbeiter.

In einem integrierten Unternehmen, in dem mit einem Höchstmaß an Selbständigkeit gearbeitet wird, die Mitarbeiter ein hohes Qualifikationsniveau besitzen und mit dem Trend zu immer größeren Unternehmungen, bekommt die Information eine neue und oft auch eine andersartige Bedeutung. Sie muß deshalb in das System der Personalführung eingebaut werden, und sie ist auch ohne eine bestimmte Institutionalisierung nicht genügend wirksam.

Selbstverständlich gibt es neben diesen skizzierten noch weitere neue Aufgaben für das Personalwesen. Dazu gehören die Entwicklung moderner Gehaltssysteme, die Anwendung der Arbeitswissenschaften, speziell für die Arbeitsplatzsicherheit, und die Klärung von Grundfragen des Arbeits-, Sozial- und Tarifrechts. Gerade die Grundaufgabe, die mit diesen Problemen zusammenhängt, wird in einem modernen Personalwesen ihre Bedeutung behalten und eher noch eine Betonung erfahren. Es liegt auf der Hand, daß auf diese Weise auch im Personalwesen eine stärkere Trennung von Grundsatzarbeit und Linienaufgabe die Folge sein wird. Allerdings ist hier nicht ein Stab-Liniensystem im klassischen Sinne gemeint, denn wie in den anderen Unternehmensbereichen heute eine derartige Trennung kaum noch möglich sein wird, gilt das im Personalwesen im gleichen Maße.

Demgegenüber werden andere, früher sehr aktuelle Aufgaben an Bedeutung verlieren. Das ist die Werkfürsorge und vielleicht auch das betriebliche Vorschlagswesen, das dem modernen Mitarbeitertyp und dem modernen Führungssystem nicht mehr unbedingt entsprechen muß. Das Vorschlagswesen geht grundsätzlich davon aus, daß im Mitarbeiter Kenntnisse und Ideen schlummern, die unmittelbar mit seiner Tätigkeit verknüpft sind, aber erst durch materielle Anreize geweckt werden müssen. Demgegenüber setzt die moderne Personalführung von Anfang an einen stets und überall mitdenkenden und mitwirkenden Mitarbeiter voraus, der überall dort, wo er mitwirkt, auch mit seinen gesamten Fähigkeiten, Kenntnisse und Ideen zur Lösung der Aufgaben beiträgt. Natürlich muß diese Rolle auch in der Einkommenspolitik zum Ausdruck kommen, aber eben nicht als eine Einzelbeziehung, wie das beim Vorschlagswesen im allgemeinen der Fall ist.

Dagegen zeigt die Gestaltung der Arbeitszeit bei der gleitenden Arbeitszeit bereits, inwieweit verschiedene Überlegungen bei einer Neuorientierung zum Zuge kommen. In diesem Falle war der Gedanke, den Freiheitsraum des Mitarbeiters zu vergrößern, ein sehr wesentlicher Ansatzpunkt für die Einführung einer gleitenden Arbeitszeit.

Grundsätzlich wird die gesamte Personalarbeit nunmehr stärker von der Anwendung wissenschaftlicher Erkenntnisse und von einer intensiveren Systematik geprägt sein. Es werden für viele personalpolitischen Ziele Personalführungssysteme entwickelt werden, die sich nicht nur durch einen systematischen Aufbau, sondern auch durch das Bestreben auszeichnen werden, miteinander in Verbindung zu stehen, um schließlich ein geschlossenes Gesamt-Personalführungssystem darzustellen. Diese Entwicklung ist zu begrüßen, aber es muß auch davor gewarnt werden, zuviel Perfektionismus zu betreiben. Auch die moderne Personalführung bedarf in der Zukunft einer gewissen Flexibilität.

3. Der rechtliche Rahmen

Die gesamte Tätigkeit des Personalwesens ist stets in einen bestimmten Gesetzesrahmen eingespannt, der sich aus der Tradition, den jeweiligen Gegebenheiten und den Auseinandersetzungen zwischen den verschiedenen politischen Gruppen eines Landes ergibt. Das Personalwesen ist dafür verantwortlich, daß diese rechtlichen Bestimmungen, soweit sie mit dem Geschehen im Unternehmen zusammenhängen, genau eingehalten werden. Oft ist hier deshalb ein umfangreiches Fachwissen auf dem Gebiet des Arbeits-, Sozial-, Tarif- und Betriebsverfassungsrechts erforderlich.

Für die Bundesrepublik Deutschland sind beispielsweise eine Fülle derartiger rechtlicher Bestimmungen maßgebend. Dabei ist bedeutsam, daß es in der Bundesrepublik Deutschland auch Gesetze gibt, die tief in den Entscheidungsspielraum im Unternehmen eingreifen, wie das Betriebsverfassungsgesetz und die Mitbestimmungsgesetze.

Die Bundesrepublik Deutschland zeichnet sich außerdem dadurch aus, daß sich hier ein spezielles Arbeitsrecht mit einer eigenen Gerichtshoheit entwickelt hat. Es ist ferner ein Arbeitsgesetzbuch in Vorbereitung, das die Vielfalt der gegenwärtig vorliegenden rechtlichen Bestimmungen für die Arbeits- und Berufswelt in einer geschlossenen gesetzlichen Regelung zusammenfassen will.

Für die Bedeutung der in der Bundesrepublik Deutschland vorliegenden rechtlichen Bestimmungen gilt eine Art Rangskala. Die höchste Wertigkeit hat hierbei das Grundgesetz der Bundesrepublik Deutschland und demgegenüber die geringste der Einzelvertrag. Ferner gilt obendrein im allgemeinen der Grundsatz, daß das Kollektivrecht über dem Individualrecht steht, sofern es nicht ausdrücklich nach dem

Grundgesetz garantiert ist. Auf diese Weise ergibt sich folgende Skala in der Bedeutung der rechtlichen Bestimmungen:

Abb. 8

Das Grundgesetz, das Bürgerliche Gesetzbuch und das Handelsgesetzbuch geben mehr oder weniger den Rahmen der Grundrechte des einzelnen Menschen ab und regeln das Verhältnis zwischen Vertragsparteien. Vor allem das Grundgesetz hat in diesem Zusammenhang eine zentrale Bedeutung, denn es gewährt dem einzelnen Arbeitnehmer:

- Persönliche Freiheitsrechte
- Das Recht auf freie Berufswahl
- Das Recht auf Freizügigkeit
- Das Koalitionsrecht.

a) Das Tarifvertragsgesetz

Das Tarifvertragsgesetz bestimmt die Rechte und Pflichten der Tarifvertragsparteien – den Gewerkschaften auf der einen Seite und den Arbeitgebervereinigungen auf der anderen Seite. Im allgemeinen werden die Tarifvereinbarungen zwischen den Gewerkschaften und den Vereinigungen der Arbeitgeber getroffen. Die Gewerkschaften können aber auch sogenannte Haustarife mit Unternehmen, die aus irgendwelchen Gründen nicht Mitglied einer Arbeitgebervereinigung sind, abschließen. Diese Fälle sind jedoch in der betrieblichen Praxis nicht sehr verbreitet. Von größter Bedeutung ist, daß die Tarifparteien in ihrem Verhandlungsspielraum autonom sind. Dieser Inhalt des Tarifvertragsgesetzes hat sich bis heute außerordentlich bewährt und wurde niemals ernsthaft von den Tarifvertragsparteien oder von einer Regierung in Frage gestellt.

Im einzelnen ist im Tarifvertragsgesetz geregelt, wer Tarifpartei ist und wie die Verhandlungsergebnisse zustande kommen. Praktisch regelt es das Zustandekommen der allgemeinen Arbeitsbedingungen durch die sogenannten Manteltarifverträge und den Abschluß der Vereinbarungen von Löhnen und Gehältern in Lohn- und Gehaltstarifverträgen. Die Manteltarifverträge haben im allgemeinen eine längerfristige Laufzeit, oft 5–10 Jahre. Die Lohn- und Gehaltstarife gelten dagegen oft nur ein Jahr. Innerhalb der Laufzeit der Tarifverträge gilt die sogenannte Friedenspflicht, was für die innerbetriebliche Zusammenarbeit von ausschlaggebender Bedeutung ist.

In den Lohn- und Gehaltstarifabkommen ist nicht nur die zeitliche Dauer der Tarifvereinbarungen festgelegt, sondern auch der Umfang der Tätigkeiten, für den die Abkommen gelten. Dabei hat sich faktisch ergeben, daß das Lohntarifabkommen grundsätzlich für alle Lohnempfänger gilt. Das Gehaltstarifabkommen setzt jedoch von den festgelegten Tätigkeitsmerkmalen her eine Grenze. Dadurch ergibt es sich, daß es in der Bundesrepublik Deutschland Tarifverträge gibt, die nicht für alle Angestellten gelten. Deshalb ist zwischen Tarif-Angestellten und außertariflichen Angestellten zu unterscheiden. Das Verhältnis zwischen den tariflichen und außertariflichen Angestellten hängt von der Branche und damit von der dortigen Belegschaftsstruktur und von dem Geltungsbereich der Tarifabkommen ab. Oft sind 10–30% aller Angestellten in den Unternehmen außertarifliche Angestellte.

Mit den außertariflichen Angestellten, die dem Tarifabkommen nicht unterliegen, müssen die Unternehmen demnach Einzelarbeitsverträge für diejenigen Fragen abschließen, die nicht gesetzlich oder auf andere Weise geregelt sind. Dabei bleibt es den Unternehmen unbenommen, auch Regelungen aus den Tarifabkommen für die außertariflichen Angestellten zur Anwendung zu bringen. Dies ist in der Praxis meist für einen großen Teil der Vereinbarungen des Manteltarifes der Fall.

Es ist ferner im Tarifvertragsgesetz festgelegt, wie derartige Abkommen der Tarifvertragspartner auch für Unternehmen und Arbeitnehmer verbindlich sind, die nicht Mitglied bei den Tarifvertragsparteien sind. Tatsächlich sind die Tarifabschlüsse praktisch für alle innerhalb einer Branche beschäftigten Arbeitnehmer gültig, auch wenn insgesamt in der Bundesrepublik Deutschland nur ca. 30% aller Arbeitnehmer Mitglied einer Gewerkschaft sind.

Gelegentlich wird diese Situation von den Gewerkschaften als unbefriedigend empfunden, weil von den Tarifvereinbarungen auch diejenigen Arbeitnehmer profitieren, die nicht durch einen Mitgliedsbeitrag die Tätigkeit der Gewerkschaften ermöglichen. Deshalb gab es immer wieder Vorstöße seitens der Gewerkschaften, in den Tarifverträgen besondere Konditionen ausschließlich für Gewerkschaftsmitglieder zu vereinbaren. Bisher hatten diese Bemühungen keinen Erfolg. Die Einstellung der Arbeitgeber in dieser Sache und die im Grundgesetz garantierte Koalitionsfreiheit erlauben vermutlich keine Änderung der bisherigen Praxis.

Dieses Tarifvertragsgesetz hat in der Bundesrepublik Deutschland sehr wesentlich dazu beigetragen, daß die Auseinandersetzung der Tarifparteien im allgemeinen die Sphäre des Unternehmens nicht unmittelbar berühren. Das ist meist erst bei einer Zuspitzung der Lage der Fall, wenn beispielsweise die letzten Mittel des Arbeitskampfes, der Streik oder die Aussperrung, eingesetzt werden. Im übrigen ist es die Grundlage des sozialen Friedens im Unternehmen.

Die Tarifhoheit der Tarifparteien und die relative Unternehmensferne, die der Konstruktion des Tarifvertragsgesetzes zugrunde liegt, hat obendrein sehr wesentlich mitbewirkt, daß die sachlich notwendigen Auseinandersetzungen der Tarifparteien nicht gleich unmittelbar in der Gesellschaft emotional durchschlagen. Dieses Gesetz leistet durch diese Konstruktion somit auch einen wesentlichen Beitrag zum sozialen Frieden in der Gesellschaft. Gerade beim Tarifvertragsgesetz zeigt sich aber auch der Vorteil einer starken und einheitlich ausgerichteten Gewerkschaft, denn mit einer Vielfalt von miteinander konkurrierenden oder mit einzelnen schwachen Gewerkschaften könnte das Tarifvertragsgesetz nicht befriedigend funktionieren. Eine starke, einheitlich orientierte Gewerkschaft muß sich weder gegenüber anderen ständig behaupten, noch braucht sie stets Emotionen. Allerdings legt ihr ein solches Gesetz mit der dargestellten Konstruktion auch die Verpflichtung zur Verantwortung auf.

Für die betriebliche Personalarbeit ist jedoch von wesentlicher Bedeutung, daß sie nicht ständig von Forderungen seitens einzelner Gewerkschaften oder von Auseinandersetzungen mit ihnen beeinflußt ist, wie es bei der andersgelagerten Situation in anderen europäischen Ländern der Fall ist. Dadurch kann sie sich voll der auf das Individuum bezogenen Personalführung widmen. Eine Möglichkeit, die gerade dann um so bedeutsamer ist, wenn die Atmosphäre der betrieblichen Zusammenarbeit von Vertrauen und der Idee der Kooperation getragen sein muß, wie es für eine Integrationsphase unerläßlich ist. Die Integrationsphase setzt auch die Integration der Gewerkschaften in die Grundzüge des bestehenden Wirtschafts- und Gesellschaftssystems voraus.

b) Das Betriebsverfassungsgesetz

Das Gegenstück zur Konstruktion des Tarifvertragsgesetzes, nach dem die grundlegenden Arbeitsbedingungen außerhalb des Unternehmens geregelt werden, ist das Betriebsverfassungsgesetz. Dieses Betriebsverfassungsgesetz bestimmt neben der Festlegung der Sitzverteilung im Aufsichtsrat von Kapitalgesellschaften in erster Linie die Modalitäten der Wahl und das Ausmaß der Rechte der Belegschaftsvertretung im Unternehmen. Praktisch kann in Unternehmen mit 5 wahlberechtigten Arbeitnehmern ein Betriebsrat gebildet werden.

Erst beide Gesetze – Tarifvertragsgesetz und Betriebsverfassungsgesetz – machen ein Ganzes aus, weil sie das Außen und das Innen der Arbeitsbedingungen und Arbeitsbeziehungen auf der einen Seite klar trennen und auf der anderen Seite ergänzen. Dadurch bewirken sie ein Höchstmaß an notwendiger Distanz und schaffen trotzdem genügend Verbindung. Beide Gesetze zugleich sind somit eine notwendige Voraussetzung für Art und Weise einer modernen Personalführung im Unternehmen.

Der Betriebsrat hat nach dem Betriebsverfassungsgesetz Rechte auf Information, auf Mitwirkung und auf Mitbestimmung. Vereinfacht kann gesagt werden, daß das schwächere Recht, nämlich dasjenige auf Information, dann Platz greift, wenn es um wirtschaftliche Probleme geht, aber die stärkeren Rechte, nämlich die auf Mitwirkung und Mitbestimmung, stets dann vorliegen, wenn es um personelle und soziale Angelegenheiten geht. Der Gesetzgeber will somit die wirtschaftliche Entscheidungsfähigkeit des Unternehmens aufrechterhalten, aber den

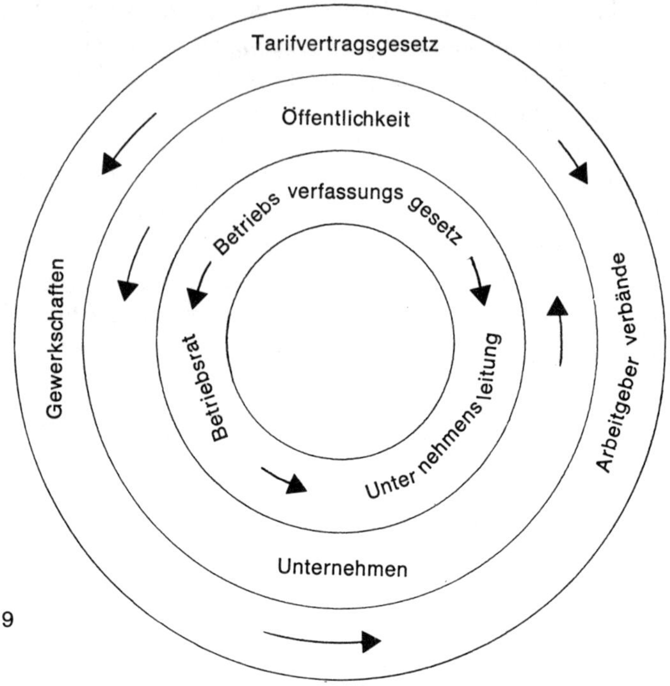

Abb. 9

Arbeitnehmer gegenüber sozialen Auswirkungen von Entscheidungen seitens der Arbeitgeber weitgehend schützen. Praktisch bedeutet das, daß keine wesentliche personelle und soziale Maßnahme im Unternehmen ohne Mitwirkung oder Mitbestimmung des Betriebsrates getroffen werden kann.

Im einzelnen hat der Betriebsrat folgende Rechte:

1. Auf Information
   - bei wirtschaftlichen Angelegenheiten
   - beim Arbeitsschutz
   - bei der Planung von Neu-, Um- und Erweiterungsbauten von Fabrikations-, Verwaltungs- und sonstigen betrieblichen Räumen, von technischen Anlagen, von Arbeitsverfahren und Arbeitsabläufen oder der Arbeitsplätze
   - bei der Personalplanung
   - bei Betriebsveränderungen.

2. Auf Mitwirkung
   - bei der Personalplanung
   - bei der Errichtung und Ausstattung der Berufsbildung.

3. Auf Mitbestimmung
   - bei Fragen der Ordnung des Betriebes und des Verhaltens der Arbeitnehmer im Betrieb
   - bei der Festlegung von Beginn und Ende der täglichen Arbeitszeit einschließlich der Pausen sowie Verteilung der Arbeitszeit auf die einzelnen Wochentage
   - bei vorübergehender Verkürzung oder Verlängerung der betriebsüblichen Arbeitszeit
   - bei der Festlegung von Zeit, Ort und Art der Auszahlung der Arbeitsentgelte
   - bei der Aufstellung allgemeiner Urlaubsgrundsätze und des Urlaubsplanes sowie der Festsetzung der zeitlichen Lage des Urlaubs für einzelne Arbeitnehmer, wenn zwischen dem Arbeitgeber und den beteiligten Arbeitnehmer kein Einverständnis erzielt wird;
   - bei der Einführung und Anwendung von technischen Einrichtungen, die dazu bestimmt sind, das Verhalten oder die Leistung der Arbeitnehmer zu überwachen
   - bei Regelungen über die Verhütung von Arbeitsunfällen und Berufskrankheiten sowie über den Gesundheitsschutz im Rahmen der gesetzlichen Vorschriften oder der Unfallverhütungsvorschriften
   - bei der Regelung von Form, Ausgestaltung und Verwaltung von Sozialeinrichtungen, deren Wirkungsbereich auf den Betrieb, das Unternehmen oder den Konzern beschränkt ist
   - bei Zuweisung und Kündigung von Wohnräumen, die den Arbeitnehmern mit Rücksicht auf das Bestehen eines Arbeitsverhältnisses vermietet werden, sowie bei der allgemeinen Festlegung der Nutzungsbedingungen
   - bei Fragen der betrieblichen Lohngestaltung, insbesondere der Aufstellung von Entlohnungsgrundsätzen und der Einführung und Anwendung von neuen Entlohnungsmethoden sowie deren Änderung
   - bei der Festsetzung der Akkord- und Prämiensätze und vergleichbarer leistungsbezogener Entgelte, einschließlich der Geldfaktoren

- bei der Aufstellung von Grundsätzen über das betriebliche Vorschlagswesen
- bei einer Änderung der Arbeitsplätze, des Arbeitsablaufs oder der Arbeitsumgebung, die den gesicherten arbeitswissenschaftlichen Erkenntnissen über die menschengerechte Gestaltung der Arbeit offensichtlich widersprechen
- bei der innerbetrieblichen Stellenausschreibung als Methode der Personalauslese
- bei der Gestaltung von Personalfragebogen
- bei der Entwicklung von Auswahlrichtlinien für die Auswahl bei Einstellungen, Versetzungen, Umgruppierungen und Kündigungen
- bei der Durchführung der Berufsbildung
- bei personellen Einzelmaßnahmen, wie Einstellung, Eingruppierung und Versetzung sowie Kündigung.

Im übrigen hat der Betriebsrat folgende grundsätzliche Aufgaben:

Er hat

- darüber zu wachen, daß die zugunsten der Arbeitnehmer geltenden Gesetze, Verordnungen, Unfallverhütungsvorschriften, Tarifverträge und Betriebsvereinbarungen durchgeführt werden
- Maßnahmen, die dem Betrieb und der Belegschaft dienen, beim Arbeitgeber zu beantragen
- Anregungen von Arbeitnehmern und der Jugendvertretung entgegenzunehmen und, falls sie berechtigt erscheinen, durch Verhandlungen mit dem Arbeitgeber auf eine Erledigung hinzuwirken; er hat die betreffenden Arbeitnehmer über den Stand und das Ergebnis der Verhandlungen mit dem Arbeitgeber zu unterrichten
- die Eingliederung Schwerbeschädigter und sonstiger besonders schutzbedürftiger Personen zu fördern
- die Wahl einer Jugendvertretung vorzubereiten und durchzuführen und mit dieser zur Förderung der Belange der jugendlichen Arbeitnehmer eng zusammenzuarbeiten; er kann von der Jugendvertretung Vorschläge und Stellungnahmen anfordern
- die Beschäftigung älterer Arbeitnehmer im Betrieb zu fördern
- die Eingliederung ausländischer Arbeitnehmer im Betrieb und das Verständnis zwischen ihnen und den deutschen Arbeitnehmern zu fördern.

Es liegt auf der Hand, daß der Betriebsrat neben den Führungskräften der wichtigste Partner des Personalwesens in der täglichen Personalarbeit ist. Eine Fülle von Ausschüssen, die zudem im Betriebsverfassungsgesetz vorgesehen sind, sorgen für den Ablauf dieser Zusammenarbeit zwischen Personalwesen und Betriebsrat. Es ist unerläßlich, daß ein entsprechendes Vertrauensverhältnis gegeben ist. Dabei ist von besonderer Bedeutung, daß der Gesetzgeber bewußt Unternehmensleitung und Betriebsrat zur vertrauensvollen Zusammenarbeit verpflichtet. Insofern ist das Betriebsverfassungsgesetz keine Ordnung zur Regelung von Konflikten, sondern eine Basis der Zusammenarbeit im Unternehmen. Das kooperative Element dieses Gesetzes ist unübersehbar.

Das Betriebsverfassungsgesetz ist stark von kollektiven Vorstellungen geprägt und insofern dominieren auch die kollektiven Rechte; nämlich die des Betriebsrates. Demgegenüber spielt in diesem Gesetz der einzelne mit seinen Rechten eine untergeordnete Rolle. Immerhin hat jedoch das Betriebsverfassungsgesetz von 1972 auch Individualrechte des Mitarbeiters verankert. Hier geht es jedoch in erster Linie um reine Informationsrechte. Im einzelnen handelt es sich um:

- Informationsrecht über Aufgabe, Verantwortung, Art der Tätigkeit und Einordnung in den Arbeitsablauf des Betriebes
- Anhörungsrecht in Angelegenheiten, die seine Person betreffen
- Vorschlagsrecht zur Gestaltung des Arbeitsplatzes und des Arbeitsablaufes
- Information über Berechnung und Zusammensetzung des Arbeitsentgeltes
- Informationsrecht über die Beurteilung seiner Leistungen und seine Entwicklung im Betrieb
- Einsichtsrecht in die Personalakte
- Beschwerderecht.

Diese Rechte sind gute Ansätze, aber sie füllen eine breitere Mitwirkung oder Mitbestimmung des einzelnen im Unternehmen nicht aus. Insofern läßt das Betriebsverfassungsgesetz weiterhin eine Lücke.

Das Betriebsverfassungsgesetz legt ferner fest, daß in Kapitalgesellschaften das Aufsichtsorgan dieser Unternehmen zu 1/3 aus Arbeitnehmervertretern besteht, soweit nicht die Mitbestimmungsgesetze Platz greifen. Ein Teil davon sind Vertreter der Gewerkschaften.

c) Die Mitbestimmungsgesetze

In dieser Hinsicht geht das Mitbestimmungsgesetz für den Montanbereich und das Mitbestimmungsgesetz für Kapitalgesellschaften mit mehr als 2 000 Beschäftigten vom 1. 7. 1976 weiter. Diese Gesetze bestimmen, daß in den betroffenen Unternehmen 50% der Aufsichtsratsmandate der Arbeitnehmerseite zustehen. Nach dem Mitbestimmungsgesetz für Kapitalgesellschaften mit mehr als 2 000 Beschäftigten ist obendrein ein Platz im Aufsichtsrat auf der Arbeitnehmerseite grundsätzlich für einen Vertreter der leitenden Angestellten vorgesehen. Außerdem wird eine bestimmte Anzahl von Mandaten der Arbeitnehmerseite von Vertretern der Gewerkschaften besetzt.

In dem Mitbestimmungsgesetz für die Montanindustrie vom 21. Mai 1951 ist ferner bestimmt, daß dem Vorstand eines mitbestimmten Unternehmens für den Personal- und Sozialbereich ein sogenannter »Arbeitsdirektor« angehören muß, der jedoch nicht gegen die Stimmen der Arbeitnehmer im Aufsichtsrat berufen werden kann. Nach dem Mitbestimmungsgesetz für Kapitalgesellschaften mit mehr als 2 000 Mitarbeitern vom 1. Juli 1976 ist für den Vorstand eines mitbestimmten Unternehmens für den Personal- und Sozialbereich ebenfalls ein Arbeitsdirektor als gleichberechtigtes Vorstandsmitglied zu bestellen. Er wird jedoch wie alle Vorstandsmitglieder vom Aufsichtsrat berufen. In dieser Hinsicht unterscheidet sich die entsprechende Regelung von derjenigen des Montanbereiches. Es gibt somit vom Bestellungsverfahren her zwei unterschiedliche Kategorien von Personalvorständen, die aber beide im Gesetz die gleiche Bezeichnung »Arbeitsdirektor« tragen.

In diesen Mitbestimmungsgesetzen kommt der Gedanke der Parität zwischen Kapital und Arbeit zur Geltung. Allerdings gehen auch diese beiden Gesetze in der Mitbestimmungsfrage eher von kollektiven und machtpolitischen Vorstellungen aus. Neue Möglichkeiten zur Mitbestimmung des einzelnen schaffen sie nicht.

Um jedoch das Unternehmen bei Pattsituationen in der Entscheidungsfindung im Aufsichtsrat funktionsfähig zu halten, ist für den Aufsichtsrat der Unternehmen in der Montanindustrie ein neutraler Mann und für die anderen mitbestimmten Unternehmen die doppelte Stimme des Aufsichtsratsvorsitzenden, der im allgemeinen von der Kapitalseite kommt, bei Stichentscheid vorgesehen. Hier handelt es sich um wesentliche Regelungen, um die wirtschaftliche Funktionsfähigkeit der Unternehmen zu garantieren.

Gerade beim Betriebsverfassungsgesetz und bei den Mitbestimmungsgesetzen wird der politische und gesellschaftspolitische Einfluß auf die Unternehmen deutlich. Am stärksten spürt dies in den Unternehmen der Personalbereich, weil dieser in der täglichen Arbeit davon unmittelbar betroffen ist. Das macht die Funktion des Personalwesens für die dort tätigen Fachkräfte nicht immer leicht.

Diese Gesetze, das Betriebsverfassungsgesetz und die Mitbestimmungsgesetze, sind jedoch nur auf der Grundlage einer Einheitsgewerkschaft denkbar und wirksam. Bei konkurrierenden Gewerkschaften würde die in den Gesetzen angelegte Mitverantwortung sowohl des Betriebsrates als auch der Gewerkschaften nicht zur Geltung kommen können oder sogar Ansätze zum Mißbrauch der Macht bieten. Dies muß bei der Kritik gegenüber diesen Gesetzen immer wieder gesehen werden.

d) Die Schutzgesetze

Für die tägliche Personalarbeit sind noch diejenigen Gesetze von besonderer Wichtigkeit, die für die Arbeitnehmer irgendeinen Schutz beinhalten und auf deren strikte Einhaltung das Personalwesen achten muß. Hier sind vor allem zu nennen:

- Das Kündigungsschutzgesetz
- Das Mutterschutzgesetz
- Das Jugendarbeitsschutzgesetz
- Das Schwerbehindertengesetz
- Das Gesetz über Betriebsärzte und Fachkräfte für die Arbeitssicherheit
- Das Arbeitsförderungsgesetz
- Das Berufsbildungsgesetz
- Die Gewerbeordnung
- Die Arbeitszeitordnung
- Das Gesetz über die Fortzahlung des Arbeitsentgeltes im Krankheitsfalle
- Die Betriebsstättenverordnung.

e) Zusammenfassung

Dieser vielfältige Gesetzesrahmen zeigt, wie weit die Institutionalisierung der Rechte der Mitarbeiter und der Schutz für die Arbeitnehmer in der Bundesrepublik Deutschland gediehen ist. Er macht aber auch deutlich, wie eng der Spielraum geworden ist, in dem sich die Entscheidungsmöglichkeiten des Unternehmens bewegen. Um so wichtiger ist es, durch eine moderne Personalführung für eine reibungslose und alle Beteiligten umfassende Zusammenarbeit im Unternehmen zu sorgen.

Offensichtlich ist, daß bei den Gesetzen für die Berufs- und Arbeitswelt der jüngeren Zeit nicht mehr primär der Gedanke eine Rolle gespielt hat, den Arbeitnehmer vor irgendwelcher Willkür oder vor Wechselfällen des Lebens zu schützen, sondern der Hintergrund dieser Gesetze ist immer augenscheinlicher von gesellschaftlichen oder allgemein politischen Überlegungen getragen worden. Vor allem Fragen der Humanisierung der Arbeitswelt und das Bestreben, den Arbeitnehmern mehr Möglichkeiten zur Mitbestimmung und Mitwirkung zu verschaffen, nehmen dabei zunehmend einen breiten Raum ein. Typisch hierfür sind:

- Das Betriebsverfassungsgesetz vom 19. 1. 1972
- Das Mitbestimmungsgesetz vom 1. 7. 1976

Es kann angenommen werden, daß sich diese Tendenz fortsetzen wird.

Somit wird auf der einen Seite der Spielraum, personalpolitische Maßnahmen im Unternehmen zu planen und durchzuführen, immer enger und auf der anderen Seite der Einfluß gesellschaftlicher und politischer Faktoren auf die betriebliche Personalarbeit immer größer. Das wird vermutlich nicht ohne Konsequenzen auf die Art und Weise der betrieblichen Personalarbeit und vor allem auf das Rollenverständnis und Rollenverhalten der im Personalwesen tätigen Fachkräfte bleiben.

Da das Konfliktfeld, in das die Fachkräfte des Personalwesens gestellt sind, immer größer wird und dieses Feld obendrein auch immer augenscheinlicher von politischen Einflüssen bestimmt werden wird, muß die Persönlichkeitsstruktur der im Personalwesen tätigen Mitarbeiter entsprechende Anlagen zur Kommunikation und ein Gespür für politische Zusammenhänge aufweisen. Ein bloßes Fachwissen und normale menschliche Werte reichen zur Bewältigung der beruflichen Tätigkeit im Personalwesen in Zukunft nicht mehr aus.

IV. Die Schwerpunkte einer zukunftsorientierten Personalführung

In der Zukunft hat das Personalwesen eine Fülle von Aufgaben zu bewältigen, die nicht nur gegenüber den klassischen Funktionen eine starke Ausweitung erfahren haben, sondern auch in eine ganz bestimmte Richtung weisen: in eine gleichzeitige wirtschaftliche und gesellschaftliche Betonung der Personalführung im Unternehmen. Wenn auch diese Aufgabenstellung in den einzelnen Unternehmen noch nicht einhellig erkannt und aufgegriffen worden ist, so darf kein Zweifel darüber bestehen, daß sie in der Zukunft bewältigt werden muß und somit früher oder später in allen Unternehmen eine Rolle spielen wird. Im Rahmen dieser zukunftsorientierten Aufgabenstellung des Personalwesens wird es aber vermutlich bestimmte Schwerpunkte geben, die einer besonderen Beachtung bedürfen. Diese Schwerpunkte kennzeichnen zugleich den Rahmen der Personalführung in der Integrationsphase. Sie müssen vor allem die gewandelte Rolle des Mitarbeiters im Unternehmen zum Ausdruck bringen.

Folgende Schwerpunkte werden jedoch in der modernen Personalführung vermutlich eine besondere Beachtung finden müssen:

- Die Personalorganisation
- Die Personalplanung
- Die Personalbeschaffung
- Die Personalauslese
- Der Personaleinsatz
- Die Personalentwicklung
- Die Personalbildung
- Die Motivation
- Die Lohn- und Gehaltsfindung
- Die Arbeitswissenschaften.
- Die Information
- Das Führungssystem
- Die soziale Betreuung
- Die Personalforschung.

Mit der Reihenfolge dieser Aufzählung der Schwerpunkte ist keine bestimmte Wertung verbunden. Diese Aufzählung bedeutet auch nicht, daß sie vollzählig ist oder für jedes Unternehmen die gleiche Bedeutung hat. Es ist durchaus denkbar, daß in der betrieblichen Personalpraxis des einzelnen Unternehmens diese Schwerpunkte in einer unterschiedlichen Gewichtung gesehen und behandelt werden.

So wird beispielsweise nicht auf die besonderen Probleme bestimmter Mitarbeitergruppen, wie Frauen, Gastarbeiter usw. eingegangen. Mit den speziellen Mitarbeitergruppen sind zwar besondere Personalprobleme verbunden, die eine besondere Beachtung in der Personalarbeit erforderlich machen, aber die Grundlinie der Personalführung wird davon nicht berührt. Auch werden Fragen der Fluktuation und der Fehlzeiten nicht behandelt. Darüber gibt es eine Fülle von Spezialliteratur, so daß diese Probleme hier bewußt ausgeklammert werden, zumal diese speziellen Fragen ebenfalls die entscheidende Zielrichtung der modernen Personalführung nicht nennenswert beeinflussen.

Es gibt somit sicherlich andere notwendige Tätigkeiten im Personalbereich, die hier nicht besonders herausgestellt worden sind, aber trotzdem bewältigt werden müssen. Die aufgeführten Schwerpunkte sollen lediglich den Kern einer modernen betrieblichen Personalarbeit verdeutlichen und Hinweise für ihre Handhabung vermitteln, um ein Konzept der modernen Personalführung zu umreißen.

1. Die Grundzüge der Personalorganisation

Es ist einleuchtend, daß ein Unternehmen nur dann verhältnismäßig reibungslos und erfolgreich seinen Zweck erfüllen kann, wenn die entsprechenden organisatorischen Voraussetzungen vorliegen. Jeder Mitarbeiter muß wissen, welche Funktion er im Unternehmen zu erfüllen hat, wie sich diese Funktion aus der Zielsetzung ergibt, auf welche Weise sie sich zu den anderen Funktionen ergänzt und abgrenzt, wer wem was in Form von Anweisungen und Informationen oder Daten zu vermitteln hat: kurzum, jeder seine Aufgabe, seine Kompetenzen und die sachlich bedingten Über-, Unter- und Koordinations- sowie Kommunikationsverhältnisse kennt.

Aus personeller Sicht kommen aber – und das in letzter Zeit in zunehmenden Maße – eine Reihe von weiteren Gesichtspunkten hinzu.

Eine Organisation zeigt nämlich nicht nur jedem einzelnen Mitarbeiter, wo sein Platz im Unternehmen ist und welche sachliche sowie funktionale Bedeutung diese Stelle im Unternehmen hat. Vielmehr leitet sich bereits aus dem Ort und der Bedeutung dieser Stelle eine Wertung ab, so daß von daher eine Art Rang- oder Differenzierungsvorstellung zwangsläufig entsteht. Insofern hat jede Organisation stets auch einen sozialen Bezug, wobei sie nicht nur menschliche Beziehungen deutlich macht, sondern außerdem Differenzierungsmerkmale schafft, ob das beabsichtigt ist oder nicht. Je ausgeprägter das Leistungsprinzip Anwendung findet, desto deutlicher wird das, denn dann sind mit jeder Differenzierung in der Funktion auch unterschiedliche materielle Bedingungen verbunden, die ihrerseits die Differenzierungsmerkmale verschärfen.

Darüber hinaus kann durch eine Organisation dem Mitarbeiter verdeutlicht werden, wie die Zielsetzung für seinen Bereich oder für seinen unmittelbaren Arbeitsplatz entsteht, d.h. wie die Willensbildung für seine unmittelbare Tätigkeit vor sich geht und wie seine Mitwirkung daran vorgesehen ist. Nicht zuletzt wird aber auch für den Mitarbeiter durch die Differenzierungsmerkmale einer Organisation aufgezeigt, welche Aufstiegsmöglichkeiten im Unternehmen gegeben sind.

Alles in allem wird somit klar, daß jede organisatorische Lösung oder die Darstellungsform der Organisation eines Unternehmens oder eines Dienstleistungsbetriebes gleichzeitig soziale oder personale Gesichtspunkte zur Geltung bringt. Deshalb ist es selten möglich, ein organisatorisches Problem ausschließlich aus organisatorischer Sicht zu betrachten, sondern es muß der personale Bezug mindestens gleichwertig gesehen werden. Je mehr der Mensch im Unternehmensganzen integriert ist, desto nachdrücklicher muß diese Forderung gestellt werden. Personelle und organisatorische Probleme werden somit in einer engen Beziehung zueinander betrachtet und gelöst werden müssen.

In der Zukunft wird die Organisation des Unternehmens neben der rein organisatorischen Aufgabe obendrein für das Personalwesen vor allem verschiedene Voraussetzungen schaffen müssen. So muß sie als erstes die Grundlagen dafür schaffen, daß schnell und einfach die Anforderungen an die jeweiligen Tätigkeiten feststellbar sind. Sie muß ferner ermöglichen, daß der Einsatz und die Wirkungsmöglichkeiten jedes einzelnen Mitarbeiters jederzeit auch organisatorisch erkennbar und überschaubar sind. Insofern ist sie ein wichtiges Instrument zur

Rationalität der Personalführung im Unternehmen. Sie muß schließlich in der Lage sein, jede Veränderung im Unternehmen, die mit Umsetzungen und Versetzungen verbunden ist, möglichst schnell und reibungslos vollziehen zu können. In diesem Zusammenhang muß sie auch Alternativen sichtbar machen und zulassen. Schließlich werden von ihr auch die Grundlagen für eine langfristig orientierte Personalplanung verlangt.

Aus dem Gesagten wird deutlich, wie wichtig die organisatorischen Grundlagen für die Personalarbeit sind. Es ist deshalb verständlich, weshalb seit einiger Zeit die Organisation nach ihrer Zielsetzung differenziert wird. Soweit es um diese, für die Mitarbeiter im Unternehmen grundlegenden Tatbestände geht, spricht man von der Personalorganisation. Soweit es sich um die Organisationsprobleme handelt, die sich aus der sachlichen Zielerreichung des Unternehmens unmittelbar ergeben und ihren Bezug zu den Arbeitsplätzen und den Arbeitsabläufen haben, wird von der Ablauforganisation gesprochen. Die Personalorganisation ist für die moderne Personalarbeit von besonderer Bedeutung und deshalb wird sie auch immer häufiger dem Personalwesen als Funktion zugeordnet.

Dies wird vollends bei der Feststellung deutlich, daß eine gute Organisation lebendig sein muß und der Dynamik des Unternehmens zu folgen hat. Sie ist kein starres Instrument, das ein für allemal dem Unternehmen vorgegeben ist, sondern sie muß sehr elastisch der Entwicklung des Unternehmens entsprechen. Sie muß aber ferner in enger Verbindung mit der Personalpolitik und Personalführung gesehen werden.

Immer häufiger bekommt die Organisation eines Unternehmens ihre entscheidenden Impulse nicht nur von der sachlichen Seite eines Unternehmens, sondern im gleichen Maße von der personellen Seite. Vor allem bei der geforderten Dynamik der Organisation wird das deutlich und gerade die organisatorische Entwicklung des Unternehmens muß die betreffenden Mitarbeiter bereits bei den grundlegenden Überlegungen unmittelbar mit einbeziehen. Sachliche und personelle Einflüsse bestimmen somit zugleich das Zustandekommen und die weitere Entwicklung der organisatorischen Grundstruktur. Diese gleichzeitige Betrachtung hat zu dem Stichwort »Organizational Development« geführt, denn die mit diesem Begriff verbundene Idee stellt darauf ab, daß die Entwicklung der Organisationsstruktur des Unternehmens nur auf der Basis der personellen Gegebenheiten und Entfaltungsmöglichkeiten geschehen sollte. Die Bedeutung der Personalorganisation für die

Personalarbeit wird deshalb im Laufe der Zeit immer augenscheinlicher werden. Deshalb kann nicht darauf verzichtet werden, diese Grundlagen unmittelbar im Personalwesen zur Hand zu haben.

In letzter Zeit wird außerdem auch häufig gefragt, ob nicht die gesamte Organisationsarbeit im Personalwesen verankert sein sollte. Vor allem dann, wenn das Personalwesen in der Unternehmensspitze verankert ist. Für eine solche Tendenz sind in der betrieblichen Praxis eine Reihe von Ursachen maßgebend. Hierbei spielt eine Rolle, die Personalseite des Unternehmens ganz allgemein unter Kostendruck und damit nach wirtschaftlichen Überlegungen hin zu analysieren und mit entsprechenden Konsequenzen zu sehen. Ferner nehmen mit der Häufigkeit der konjunkturellen Schwankungen auch die personellen Betrachtungen über Auslastung, Leistung und Kosten der Mitarbeiter an Intensität zu. Wenn jedoch ein Unternehmen bei personellen Maßnahmen nicht extremen Entschlüssen folgen will, was nicht ohne Einfluß auf das Betriebsklima und die Leistungsbereitschaft der Mitarbeiter bleiben könnte, muß es vor allem rationellen Überlegungen mehr als bisher langfristig mit großer Sorgfalt nachgehen. Dies ist dann nicht ohne eine entsprechende Mitwirkung der Führungskräfte und der Mitarbeiter und damit des Personalwesens möglich.

Somit wird es zu einer stetigen Aufgabe, Einsatz und Auslastung der Mitarbeiter, sowie Gestaltung der Arbeitsplätze und der Arbeitsabläufe laufend zu überprüfen. Die Zweckmäßigkeit und die Rationalität des personellen Einsatzes im Hinblick auf die Zielsetzung einzelner Tätigkeiten, der Gestaltung der Arbeitsplätze und der Arbeitsabläufe müssen somit ständig in Frage gestellt werden. Hier sind in der Praxis oft verschiedene Unternehmensbereiche beteiligt, aber auf jeden Fall, wegen der damit verbundenen personellen Konsequenzen, stets das Personalwesen.

Deshalb wird in letzter Zeit auch zunehmend gefordert, die gesamte Organisationsfunktion dem Personalwesen zu übertragen. Hierfür gibt es offensichtlich eine Reihe von guten Gründen, aber eine solche Handhabung hat auch ihre Problematik. Es darf nämlich nicht übersehen werden, daß das Personalwesen gegenüber dem Mitarbeiter eine besondere Funktion hat, die neben der Verfolgung des Unternehmenszweckes auch die Wahrung der Interessen des Mitarbeiters beinhaltet. Diese Rolle verlangt das Vertrauen der Mitarbeiter gegenüber den Zielen der Personalpolitik und der Art und Weise der Personalführung. Wird nun der rationelle Gesichtspunkt zu sehr in den Mittelpunkt der betrieblichen Personalarbeit gerückt, kann es hier zu negativen Auswirkungen kommen. Deshalb ist bei dieser Frage ein sorgfältiges Abwägen des Für und Wider entscheidend, und letzten Endes wird wohl das Ausmaß und der Umfang einer solchen organisatorischen Tätigkeit bei der Prüfung den Ausschlag geben.

Es kann aber davon ausgegangen werden, daß die Tendenz bestehen bleibt, organisatorische Tätigkeiten dem Personalwesen zu übertragen. Wie weit das geht, wird von den jeweiligen betrieblichen Gegebenheiten und der Entwicklung abhängen, die Personalarbeit betont unter wirtschaftlichen und rationalen Gesichtspunkten zu sehen. In der Praxis ist allerdings seit einiger Zeit sehr klar ein Trend in diese Richtung zu beobachten.

Neben diesem Trend, immer mehr organisatorische Funktionen dem Personalwesen aus sachlichen Erwägungen heraus zu übertragen, wird jedoch ein weiterer Anstoß diese Tendenz verstärken. Je öfter das Personalwesen durch seinen Leiter in der Unternehmensspitze verankert sein wird, und das gilt für die Bundesrepublik Deutschland zur Zeit für mehrere hundert Unternehmen, desto öfter wird in kleineren und mittleren Firmen gefragt werden, welche Aufgaben in der Unternehmensspitze bei einer solchen Person neben dem Personalwesen noch zusammengefaßt sein können. Dabei werden die allgemeine Verwaltung, die Behandlung der Rechtsfragen und die Organisation in Erwägung gezogen werden. Auch das wird schließlich dazu führen, in Zukunft mehr als bisher die organisatorischen Funktionen des Unternehmens im Personalwesen auszuüben.

Aus dem Gesagten wird deutlich, wie eng die Personalorganisation und die betriebliche Personalarbeit miteinander verknüpft sind. Insbesondere muß aber die Personalorganisation folgende Einzelfragen ständig zu klären suchen:

- Wer hat welche Funktion im Unternehmen inne?
- Wie ist diese Funktion den übrigen Funktionen unter-, über- oder zugeordnet?
- Wie kann die Bedeutung der einzelnen Funktionen im Unternehmen sichtbar gemacht werden?
- Welche Funktionen sind entsprechend ihrer Bedeutung in einer Funktionsebene zusammengefaßt?

- Welche Merkmale dienen der Heraushebung bestimmter Funktionsebenen?
- Welche personalpolitischen Maßnahmen sind auf die einzelnen Funktionsebenen abgestellt?

Nur auf der Grundlage dieser Kenntnis ist eine gezielte Personalführung möglich. So ist ohne Personalorganisation eine Personalplanung, eine Personalbeschaffung, ein Personaleinsatz, eine Personalentwicklung oder eine relativ gerechte Lohn- und Gehaltspolitik im optimalen Sinne nicht zu realisieren.

Soweit die Personalorganisation für die Personalführung eine besondere Bedeutung hat, befaßt sie sich mit folgenden Elementen:

- Die Stellenbeschreibung
- Die Aufbauorganisation
- Die Funktionsordnung bzw. die Differenzierung im Unternehmen.

a) Die Stellenbeschreibung

Die Stellenbeschreibung ist ein unerläßliches Mittel der Personalorganisation. Erst die Stellenbeschreibung liefert die notwendigen Daten und Anhaltspunkte für die wichtigsten personellen Maßnahmen, nämlich für die Personalplanung, für die Personalbeschaffung, für den Personaleinsatz, für die Personalentwicklung und für die Personalbildung. Ohne eine Stellenbeschreibung können diese Maßnahmen nur sehr unvollkommen durchgeführt werden, weil nicht hinreichend bekannt ist, welche fachlichen, physischen, psychischen und sonstigen Anforderungen mit einer bestimmten Tätigkeit verbunden sind.

Trotzdem ist eine Stellenbeschreibung in der Mehrzahl der Unternehmen nicht anzutreffen. Die Gründe dafür werden sehr vielschichtig sein, aber vor allem wird mit eine Rolle spielen, daß die angebotenen Systeme für die Unternehmen zu umständlich, zu kostspielig und zu wenig anpassungsfähig erscheinen. Es wird immer wieder befürchtet, daß mit der Errichtung von Stellenbeschreibungen eine sehr umfangreiche Arbeit verbunden ist. Häufig müssen sogar noch Experten von außerhalb hinzugezogen werden. Bereits nach Erledigung aller Beschreibungsarbeiten sind einzelne Stellenbeschreibungen schon teilweise wieder entwertet, weil inzwischen eine Fülle von Veränderungen eingetreten ist. Diese Überlegungen sind nicht unberechtigt, und wenn man sich die Literatur* auf diesem Gebiet ansieht, muß man zugeben, daß die vorgetragenen Empfehlungen für die Praxis sehr oft nicht leicht anwendbar sind. Meist werden Stellenbeschreibungen vorgeschlagen, die jeweils 5–8 Seiten umfassen.

Im allgemeinen wird gefordert, daß eine Stellenbeschreibung folgende Merkmale enthalten oder auf die nachstehenden Fragen eine Antwort geben sollte:

- Welche Tätigkeiten werden ausgeübt?
- Mit welchem zeitlichen Aufwand werden diese Tätigkeiten erledigt?
- Welche Hilfsmittel in technischer oder organisatorischer Hinsicht sind erforderlich, um diese Tätigkeiten auszuüben?
- Mit welchen Anforderungen sind diese Tätigkeiten verbunden?
- Welche Kompetenzen, Entscheidungen oder Verantwortlichkeiten sind mit dieser Tätigkeit verknüpft?
- Wem ist der Betreffende unterstellt?
- Wer ist der Vertreter des Stelleninhabers?
- Wer kann diese Funktion gegebenenfalls noch ausüben?

Dies sind zweifellos sehr wichtige und interessante Informationswerte. Trotzdem geht die betriebliche Praxis in letzter Zeit immer mehr von den sehr ausführlichen Methoden der Stellenbeschreibung ab. Insbesondere für hochqualifizierte und führende Tätigkeiten begnügt man sich mit knappen, aber treffenden Angaben. Beeinflußt wird diese Entwicklung auch von der »Management-by-Objectives«-Methode, d.h. der Führungsmethode durch Zielvorgabe.

Das Unternehmen wird in der Zukunft in einem besonders ausgeprägten Maße dem Wandel unterliegen und deshalb wird man sich davor hüten müssen, zu viele Dinge zu differenziert und zu perfekt festlegen zu wollen. Das gilt inzwischen für viele Maßnahmen im Unternehmen, aber auch für die Stellenbeschreibung. Andernfalls könnten der notwendige Änderungsdienst oder der Anpassungsprozeß der Wirklichkeit nur sehr schwer folgen und somit das Ziel jeder organisatorischen Maßnahme, nämlich Klarheit zu schaffen, nicht erfüllen.

---

* Höhn, Reinhard und Böhme, Gisela: »Stellenbeschreibung und Führungsanweisung – Die organisatorische Aufgabe moderner Unternehmensführung«, Bad Harzburg, 1966

Schwarz, H.: »Arbeitsplatzbeschreibungen«, Freiburg, 1968

Es ist obendrein für die Masse der kleinen und mittleren Unternehmen kaum möglich, für jede Tätigkeit im Unternehmen eine mehrseitige, gründliche Stellenbeschreibung zu erarbeiten. Es ist andererseits auch nicht ersichtlich, daß eine derartige Stellenbeschreibung überhaupt notwendig ist. Die Stellenbeschreibung soll in erster Linie die entscheidenden Merkmale einer Tätigkeit festhalten. Merkmale, die für die Ermittlung der Kernfunktion einer Tätigkeit, für die funktionale Abgrenzung im Unternehmen, die Personalbeschaffung und den Personaleinsatz wichtig sind. Ferner muß jede Stellenbeschreibung dem Stelleninhaber sagen, welche Funktion mit welchem Inhalt und mit welcher Abgrenzung ausgeübt wird. Dieser Zweck wird aber auch erreicht, wenn nur die wesentlichen Tatbestände einer Stellenbeschreibung festgehalten werden, d.h. der Kern jeder Funktion ermittelt wird. Es muß deshalb möglich sein, eine Stellenbeschreibung auf ein- bis eineinhalb Schreibmaschinenseiten unterzubringen, wobei sich in jüngster Zeit folgendes Schema bewährt hat:*

1. Personalorganisation
   - Name des Stelleninhabers
   - Funktion
   - Bereich
   - Unterstellung
   - Überstellung
   - Vertretung
2. Aufgaben
3. Kompetenzen
4. Anforderungen

Unter dem Stichwort »Personalorganisation« werden die wichtigsten Hinweise für die organisatorische Zuordnung des Stelleninhabers gegeben.

Bei den Aufgaben sollten in 8–10 knappen Formulierungen, die stets nur kurze Sätze umfassen, die entscheidenden Tätigkeiten festgehalten werden.

Bei den Kompetenzen ist in wenigen Sätzen etwas über den Entscheidungsspielraum und den Grad der Verantwortung zu sagen.

* Nach einer Methode, die der Verfasser im Rahmen der Deutschen Gesellschaft für Personalführung bei einigen Mitgliedsfirmen eingeführt hat.

Bei den Anforderungen sind ebenfalls in wenigen Stichworten mit höchstens insgesamt 4–5 Sätzen die entscheidenden Voraussetzungen zur Ausübung dieser Tätigkeit aufzuführen.

Ferner sollten die Stellenbeschreibungen nach Möglichkeit auch Kriterien für die Abgrenzung der leitenden Angestellten enthalten. Zumindest sollte versucht werden, aus der Stellenbeschreibung für die funktionale Bedeutung und die organisatorische Zuordnung entsprechende Anhaltspunkte zu gewinnen. Diese Forderung ermöglicht es, relativ einfach diesen Personenkreis auf sachlicher Grundlage abzugrenzen.

Beispiel:

STELLENBESCHREIBUNG

I. Organisation

Funktion:	Leiter der Hauptabteilung »Bildungswesen«
Geschäftsbereich:	Personalwesen
unterstellt:	Geschäftsleitung
Führungsbereich:	Abteilung »Ausbildung – gewerblich«
	Abteilung »Ausbildung – kaufmännisch«
	Abteilung »Fortbildung«
	Abteilung »Management – Development«
Vollmachten:	Prokura
Stellvertreter:	

II. Aufgaben

1. Koordinierung und Steuerung aller Aus- und Fortbildungsmaßnahmen im Unternehmen. Dies schließt insbesondere ein:
   1.1 Systematische Bedarfsanalyse und Validierung nach Zeit- und Kostenaufwand in Verbindung mit
   1.2 Ständige Beobachtung und Auswertung bewährter und neuzeitlicher Ausbildungsmethoden
   1.3 Bestimmung des angemessenen Trainingsverfahrens in Abhängigkeit von Adressatenkreis und Informationsgehalt
   1.4 Erfolgskontrolle
2. Koordinierung und Steuerung des Management-Trainings
   2.1 Entwicklung eines betriebsinternen Management-Training-Systems, das die entwickelten Führungsgrundsätze berücksichtigt
   2.2 Durchführung von Management-Seminaren und dadurch Mitwirkung bei Verbreitung eines einheitlichen Führungsstils
   2.3 Erfolgskontrolle

2.4 Systematische Steuerung der Ausbildung des Führungsnachwuchses in Verbindung mit der Personalentwicklung
3. Koordinierung und Steuerung aller Weiterbildungsveranstaltungen für die Mitarbeiter
4. Kontakt zu externen Ausbildungsinstitutionen sowie zu Hoch- und Fachschulen, Verbänden und Organisationen in Bildungsfragen

III. Kompetenzen

1. Entscheidet über den Ablauf der Bildungsprogramme
2. Verhandelt selbständig mit außer- und innerbetrieblichen Referenten und überbetrieblichen Institutionen
3. Trägt die Verantwortung für den Bildungsetat in Höhe von 3 Mill. DM
4. Vertritt das Unternehmen in den diesbezüglichen Gremien der Industrie- und Handelskammer sowie den Verbänden

IV. Anforderungen

1. Abgeschlossenes Universitäts- oder Hochschulstudium mit guter technischer und betriebswirtschaftlicher Allgemeinbildung
2. Mehrjährige Berufserfahrung, zuletzt in einer leitenden Tätigkeit – vorzugsweise im Personalwesen
3. Grundkenntnisse in: Pädagogik und Didaktik sowie der Beherrschung und Anwendung neuzeitlicher Lehrmittel und -methoden
4. Ausgeprägte Kontaktfähigkeit und pädagogische Überzeugungsfähigkeit

Es mag auch sinnvoll sein, bereits bei der jährlich stattfindenden Überprüfung der Stellenbeschreibung und nicht erst als Grundlage für die Beurteilung Ziele für das kommende Jahr vorzugeben. Sie können aber auch innerhalb eines besonderen Systems festgelegt und mit dem Beurteilungswesen unmittelbar gekoppelt werden. Das ist lediglich eine Frage der Praktikabilität. In dem Fall der dargestellten Stellenbeschreibung war eine Kombination vorgesehen und diese sah folgendermaßen aus:

IV. Ziele für das Jahr . . .

1. Systematisierung der Aus- und Fortbildungsaktivitäten im Unternehmen durch
   - eine »Bestandsaufnahme« der in den einzelnen Geschäftsbereichen durchgeführten und geplanten Aus- und Fortbildungsmaßnahmen,
   - Registrierung aller individuellen Aus- und Fortbildungsdaten in einer Bildungskartei,
   - Schaffung eines unter Punkt 2 näher bezeichneten betriebsinternen Fortbildungsangebotes,
   - gezielte Entsendung von Mitarbeitern zu externen Lehrgängen unter Beachtung von individuellen Fortbildungsbedürfnissen, Erfordernissen des Arbeitsplatzes, Kostengesichtspunkten und Beurteilungskriterien, die Auskunft über den Veranstalter geben.

2. Durchführung von nachstehenden innerbetrieblichen Seminaren:
   - Meisterseminare – erster Seminarzyklus und Beginn des zweiten Seminarzyklus
   - Ausbildungsseminar
   - Konferenzleitungsseminare
   - Rhetorikseminare für Führungskräfte
   - Mitarbeiter-Einführungsseminare (Angestellte – ein Seminar je Quartal, beginnend ab April ...)
   - Verkäufer-Seminar
   - Einführungsseminare für neue Auszubildende
   - Einzelhandelsseminar (in Zusammenarbeit mit ...)
3. Entwicklung eines betriebsinternen Management-Training-Systems (Grundkonzeption)
4. Entwicklung eines Programms für Weiterbildungsveranstaltungen (Werkabendschule)
5. Schaffung von Seminarräumen als Vorstufe für ein künftiges Firmen-»Bildungszentrum«.

Die Erreichung der Ziele wird im Rahmen einer regelmäßig stattfindenden Beurteilung geprüft.

Eine Stellenbeschreibung kann auch bereits das quantitative Gewicht der einzelnen Tätigkeiten festhalten. Das kann auf analytischem Wege sehr differenziert geschehen, aber auch auf relativ einfache Weise. Hierzu die nachstehenden Beispiele: (Seiten 101–104)

Natürlich kann eine knappe Stellenbeschreibung nicht allen Anforderungen gerecht werden. Sie vermittelt eine Anschauung über die zu leistenden Aufgaben und die zu erwartenden Anforderungen. Desgleichen genügen die Angaben vermutlich für die Beschaffung, den Einsatz oder die Versetzung des Mitarbeiters. Wahrscheinlich gewinnt man aus ihr auch Hinweise über das Ausmaß der Bildungsvoraussetzungen, um die betreffende Funktion ausüben zu können. Aber die ermittelten Tatbestände reichen auf keinen Fall für eine differenzierte Arbeitsplatzanalyse aus und können somit nicht die Grundlage einer Arbeitsbewertung und damit der Lohn- und Gehaltsfindung sein. In diesen Fällen bietet sich allein eines der bekannten Verfahren der Arbeitsplatzanalyse als Vorstufe der Arbeitsbewertung an.*

---

* Siehe Ernst Zander, »Arbeits- und Leistungsbewertung«, J.H. Sauer Verlag, Heidelberg, 1970

Tätigkeitsbeschreibung für **Angestellte**

I	**Betriebliche Organisationsdaten**

1. Tätigkeitsbezeichnung: Sekretärin (Abteilungsleiter)

2. Sachgebiet: Hauptabteilung

3. Aufgabenstellung (Ziel und Aufgabe der Tätigkeit in Kurzform)

Sekretariatsarbeiten für einen Abteilungsleiter

II	**Arbeitsbedingungen**

1. Arbeitsplatz/Arbeitsbereich

Einzelarbeitsplatz – Schreibtisch/Schreibmaschinentisch in einem Büroraum mit einem weiteren gleichartigen Arbeitsplatz

2. Arbeitsmittel, Arbeitsunterlagen, Vorschriften

Elektrische Schreib- und Rechenmaschine, Ablage, Plattenabhörgerät

Besprochene Tonträger, Manuskripte, englische Wörterbücher, Wiedervorlage, Terminkalender

Betriebliche Organisations- und Verfahrensrichtlinien

III	**Tätigkeiten** (Beschreibung der auszuführenden Tätigkeiten)	
Arbeitsaufgaben	Detaillierte Beschreibung	Quantität*
(Arbeitsvorbereitung, Arbeitsablauf, Arbeitsergebnis)		
Maschinenschreiben nach Tonträger oder Stenodiktat bzw. selbständiges Erledigen einfacher Korrespondenz	– Schreiben deutscher und gelegentlich englischer Diktatkorrespondenz überwiegend technischen Inhalts – Entwerfen und Schreiben einfacher Korrespondenz nach Stichworten, Richtlinien und aufgrund verfügbarer Unterlagen – Schreiben von Berichten, Aufstellungen und anderen Texten	40 %
Besucherbetreuung Auskunftserteilung und Telefondienst	– Empfangen und Betreuen von Besuchern – Erteilen von Auskünften – Entgegennehmen von Mitteilungen in Abwesenheit des Vorgesetzten – Annehmen von Telefongesprächen und Herstellen von Verbindungen und Weitergeben von Auskünften bzw. Mitteilungen	15 %
Postvorlage, Terminverfolgung, Vorbereitung von Unterlagen	– Sichten, Sortieren, Verteilen und Vorlegen der Eingangspost, ggf. mit dazugehörigen Unterlagen – Vereinbaren und Verfolgen von Terminen für den Vorgesetzten – Vorbereiten von Unterlagen, die der Vorgesetzte für Besprechungen, Dienstreisen usw. benötigt – Termingerechte Wiedervorlage	15 %
Übersetzung englischer/deutscher Texte	– Übersetzen von Kundendienstinformationen (Werkstattmitteilungen, Verkaufsargumente und andere technische Texte) vom Englischen ins Deutsche – Übersetzen von Korrespondenz und anderer Vorgänge von Deutsch in Englisch	15 %
Erledigung der Abteilungsablage	– Ordnungsgemäßes Ablegen der Korrespondenz, von Veröffentlichungen und anderen Ablagegutes – Kennzeichnen, Beschriften und Ergänzen der Ablage – Auf dem laufenden halten von Nachschlagewerken (Organisationshandbuch, Verfahrenshandbuch, Normen und dgl.)	10 %

*) Nur ausfüllen, wenn Angabe möglich ist

III	**Tätigkeiten** (Beschreibung der auszuführenden Tätigkeiten)	
Arbeitsaufgaben	Detaillierte Beschreibung	Quan-* tität
(Arbeitsvorbereitung, Arbeitsablauf, Arbeitsergebnis)		
Vorbereiten und Erledigen von Reisekostenabrechnungen	– Sachliches Prüfen der vorgelegten Unterlagen auf Richtigkeit und Vollständigkeit – Zusammenstellen der Reisekostenabrechnungen für den Vorgesetzten aufgrund der vorliegenden Belege bzw. Unterlagen	5 %
Gelegentliche Arbeitsaufgaben	– Zusammenstellen von Unterlagen für die jährliche Budgetplanung – Vertretung der Sekretärin des Hauptabteilungsleiters	

*) Nur ausfüllen, wenn Angabe möglich ist

IV	**Aufgabenstellung** (Bezieht sich nur auf Vorgesetzte)

1. Wer ist fachlich unterstellt?
(Anzahl der Beaufsichtigten)

keine

2. Wie werden diesen die Aufgaben gestellt?

entfällt

V	**Beaufsichtigung**

1. Von wem werden die Aufgaben gestellt und wer beaufsichtigt?

Leiter

2. Wie wird die Aufgabe gestellt und wie erfolgt die Beaufsichtigung?

Die Aufgabenstellung geschieht hinsichtlich der Durchführung überwiegend nach allgemeinen Richtlinien, im Einzelfall können präzise Anweisungen gegeben werden.

Die Beaufsichtigung erstreckt sich auf eine stichprobenartige Beurteilung des Arbeitsfortschrittes und auf eine Kontrolle des Arbeitsergebnisses.

3. Was geschieht mit dem Arbeitsergebnis?

Das fertiggestellte Schriftgut wird dem Abteilungsleiter zur Unterschrift vorgelegt.

Desgleichen reichen die Angaben einer solchen Stellenbeschreibung nicht für weitergehende Untersuchungen auf dem Gebiet des Arbeitsablaufs und der Rationalisierung aus. Auch in diesen Fällen müßten gesonderte Studien durchgeführt werden.

Selbstverständlich ist es wichtig, diese Stellenbeschreibungen regelmäßig zu überprüfen, und zwar hat sich hier, abgesehen im Fall der Schaffung einer neuen Funktion, einer neuen Besetzung oder von augenscheinlichen Veränderungen, der Jahresrhythmus bewährt. Im Herbst eines Jahres sollten die Beschreibungen aller Stellen überprüft werden, um sie per 1. Januar eines Jahres wieder in Kraft zu setzen. Die Erfahrungen zeigen, daß bei dieser Überprüfung nur in 7 bis 8% der Fälle eine Veränderung der Beschreibungen notwendig wird. Bei der vorgeschlagenen Methode bedeutet das keinen großen Arbeitsaufwand, so daß auch kleine und mittlere Unternehmen diese Art einer Stellenbeschreibung personell und kostenmäßig verkraften können.

b) Die Aufbauorganisation

Die Darstellung der Aufbauorganisation hängt davon ab, was mit ihr erreicht werden soll. Will man lediglich das Unter- bzw. Überstellungsverhältnis klären oder die Kompetenzabgrenzung deutlich machen, so ist eine hierarchische Darstellung in der bekannten Kästchenform sinnvoll. In letzter Zeit wird aber diese Darstellungsform kritisiert, weil sie zu sehr dem autoritär-hierarchischen Prinzip der Vergangenheit verwandt ist und somit moderne Formen eines Führungssystems oder der Kooperation im Unternehmen nicht genügend sichtbar macht. Diese Überlegungen sind ohne Zweifel richtig, und man muß sich fragen, ob nicht in einem integrierten Unternehmen in der Tat eine hierarchische Darstellungsform nur einen Teilaspekt der Unternehmerorganisation hervorhebt, während andere wesentliche Elemente nicht genügend zur Geltung kommen. Sicherlich kommt die nachstehende Darstellungsform dem kooperativen Führungssystem im Unternehmen näher, wobei es eine Fülle dieser oder ähnlicher Schemata gibt:

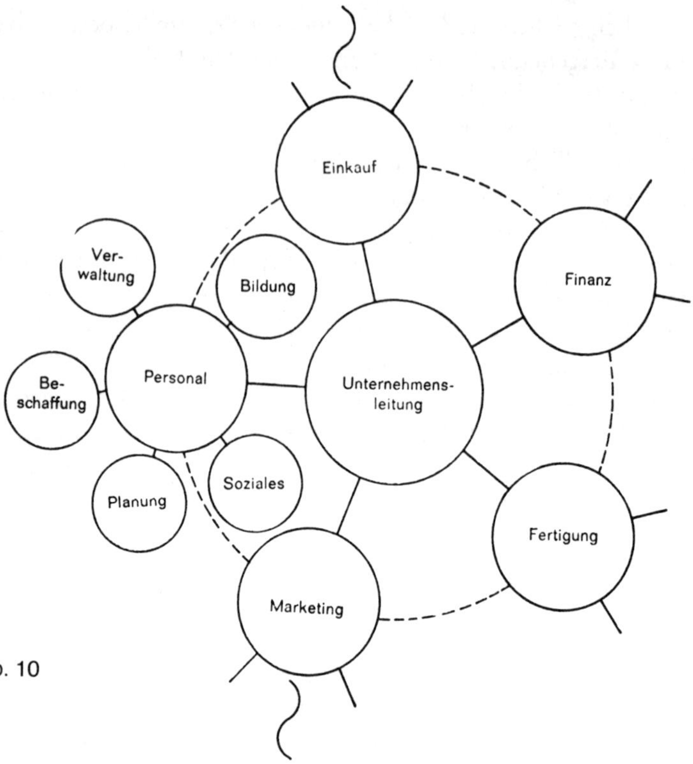

Abb. 10

Bei einem derartigen Schaubild kommt der moderne Aspekt der betrieblichen Kooperation, die funktionale Gleichwertigkeit, die Struktur des ständigen Zusammenwirkens in Form eines Regelkreises und vor allem der Gedanke der Integration am besten zum Ausdruck.

Trotzdem darf nicht übersehen werden, daß es sich bei dieser Darstellungsform mehr oder weniger um eine bloße Optik handelt. Die faktischen Tatbestände, die sich aus der vorhandenen Organisationsstruktur eines Unternehmens ergeben, verändern sich dadurch nicht. Der einzige Vorteil liegt darin, daß nicht unmittelbar von einem Über-Unterordnungsverhältnis ausgegangen wird, sondern von der bloßen Kommunikation.

Es gibt bislang keine Darstellungsform, die allen Anforderungen gerecht wird, die auf der einen Seite von der Kooperation ausgeht, aber gleichzeitig das Sichtbarmachen der unterschiedlichen Funktionen in ihrer unterschiedlichen Zuordnung herausstellt. Deshalb führen manche

Unternehmen lediglich alle Führungsfunktionen auf einer Ebene auf, um jegliche Differenzierung zu vermeiden und vor allem das hierarchische Element der Organisationsstruktur nicht zu betonen. Aber auch hier ist der Ansatzpunkt eher optischer Art und eine befriedigende Lösung ist ein solches Vorgehen auch nicht, weil es keine Klarheit und Übersichtlichkeit schafft. Vor allem die Personalführung erhält auf diese Weise nicht die organisatorische Grundlage, die für bestimmte personelle Überlegungen und Maßnahmen unerläßlich ist. Aus personeller Sicht muß ein organisatorisches Schema stets erkennen lassen, wer für was zuständig ist, wer wem unterstellt ist, welche verschiedenen Funktionsebenen und welche Aufstiegsmöglichkeiten vorhanden sind. Insofern werden wesentliche Tatbestände, die für den Überblick über die Unternehmensorganisation, aber auch für die Personalführung wichtig sind, nicht herausgehoben. Deshalb muß nicht nur gefragt werden, was ein Organigramm darstellen soll, sondern auch geprüft werden, was durch ein damit meist verbundenes Weglassen als Folge entsteht.

Ein nicht hierarchisch aufgebautes Schaubild weist aber noch einen weiteren grundlegenden Mangel auf. Es entsteht hier oft ein Zwang, zusätzlich ein besonderes Schema für ein Rangsystem zu schaffen, um die Differenzierungen in materieller Hinsicht und die Aufstiegsmöglichkeiten kenntlich zu machen. Dieses System steht dann für sich und stimmt nicht mit dem Bild des offiziellen Organigramms überein. Der Mitarbeiter unterliegt in diesen Fällen dem Zwang, sich anhand von zwei verschiedenen Darstellungsformen oder Schemata Anhaltspunkte über seinen Stellenwert zu verschaffen.

Daraus können sich einerseits Mißverständnisse entwickeln und andererseits falsche Vorstellungen und Erwartungen für den individuellen Standort im Unternehmen sowie für die weitere persönliche Entwicklung ergeben. Außerdem könnte sich durch eine isolierte, personalpolitisch terminierte Rangordnung im Unternehmen eine einseitige Betrachtungsweise aus der Sicht der Personalpolitik und der Personalführung entwickeln, mit der Gefahr, daß dieser Blickpunkt sich rein verwaltungsmäßig orientiert und sich von dem Gesamtzusammenhang im Unternehmen löst.

Deshalb scheint es wichtig zu sein, eine Darstellungsform der Unternehmensorganisation zu haben, die auch diesen Aspekt hervorhebt. Das bedeutet nicht, daß eine solche, zwangsläufig eine Differenzierung zum Ausdruck bringende Darstellungsform die ausschließliche im

Unternehmen sein muß, die bekannt ist oder veröffentlicht wird, sondern vielleicht kann es sich einbürgern, verschiedene organisatorische Darstellungsformen zugleich zu haben.

Auf jeden Fall ist aber für die Personalführung unerläßlich, ein Bild über die Organisationsstruktur des Unternehmens zu haben, aus dem die Unterstellungsverhältnisse, die Kompetenzabgrenzungen, der individuelle Platz im Unternehmen und die Aufstiegsmöglichkeiten ablesbar sind; kurzum, aus dem sich die sachlich und funktional begründete Differenzierung ergibt.

Dieses organisatorische Bild kann auf verschiedene Art und Weise gewonnen werden. Das ideale Vorgehen ist, wenn Stellenbeschreibungen durchgeführt und diese dann gewichtet werden. Diese Gewichtung kann sich bereits dadurch ergeben, daß einfach vorgegeben wird, wer wem unterstellt ist und durch einfaches Aufzeigen dieses Tatbestandes im Vergleich der Funktionen untereinander ergibt sich automatisch ein hierarchisch aufgebautes Organigramm. Eine solche Methode unterliegt natürlich leicht subjektiven Einflüssen und tendiert zu Ungenauigkeit.

Eine Gewichtung kann sich aber auch ergeben, indem mit der Stellenbeschreibung eine Art Bewertungssystem verbunden ist, in dem bestimmte Merkmale besonders erfaßt und gegeneinander abgewogen werden, z.B. in Form von Punktwerten. Die Stellenbeschreibung ist somit in diesem Fall mit einer Stellenbewertung gekoppelt. Hier können folgende wesentliche Merkmale in Frage kommen:

- Die fachlichen Kenntnisse oder die fachliche Vorbildung
- Der Umfang der Verantwortung
- Die Art der Selbständigkeit
- Die Notwendigkeit beruflicher Erfahrungen.

Gelegentlich wird auch der Grad der Führungsverantwortung hierbei herausgestellt, aber das wird vermutlich in Zukunft weniger deutlich im Vordergrund stehen, weil das bloße Abstellen auf eine Führungsaufgabe nicht mehr ein entscheidendes Kriterium für eine funktionelle Gewichtung sein kann, sondern vielmehr die Funktion als solche und insbesondere die Bedeutung dieser Funktion den entscheidenden Maßstab für eine Bewertung im Unternehmen abgeben wird*.

---

* Siehe hierzu Friedrichs, Hans, in Buchholz-Maier: »Handbuch der Führungskräfte«, Verlag Moderne Industrie, München, 1970, Seite 19.

Vielfach wird geglaubt, daß diese Art quantitativer Gewichtung der einzelnen Stellen die ideale Möglichkeit ist, um im Unternehmen die Bedeutung der einzelnen Funktionen zu ermitteln. Deshalb wird oft erwartet, daß sozusagen rastermäßig eine Stellenbeschreibung dieses Ergebnis hervorbringen soll. Davor muß aber nachdrücklich gewarnt werden. Die Bedeutung jeder Funktion im Unternehmen unterliegt einem gewissen Wandel. Ein Wandel, der sich einerseits aus dem Gesamtzusammenhang des Unternehmens ableitet und andererseits von der weiteren Entwicklung des Unternehmens abhängt, aber auch davon, wie eine bestimmte Person diese Funktion ausfüllt. Gerade im Führungsbereich trifft dies zu, weshalb dort sehr detaillierte Stellenbewertungen ihre Problematik haben. Grundsätzlich können die jeweiligen Funktionen nur temporär ihre Gewichtung untereinander erhalten, und obendrein wird sich ein gewisses subjektives Element in der Gewichtung nie ganz vermeiden lassen. Ein subjektiver Einfluß, der vor allem von der Unternehmensspitze und nicht von den mit der Personalorganisation betrauten Personen kommen wird, aber auch von den Inhabern einer Funktion. Insofern muß eine gewisse fehlende Objektivität in der Zuordnung der Funktionen im Unternehmen in Kauf genommen werden. Allerdings sollte trotzdem stets ein Höchstmaß an Objektivität angestrebt werden. Es gibt jedoch dafür keinen allgemeingültigen Maßstab.

Es ergibt sich aber ferner aus dieser Feststellung, daß es nicht möglich ist, Funktionen, die einen gleichen Hintergrund haben, für alle Unternehmen einheitlich mit dem gleichen Gewicht zu versehen und zu betrachten. Aus diesem Tatbestand leitet sich bekanntlich auch die unterschiedliche Bezahlung von zunächst gleichwertig erscheinenden Posten ab und nicht von der Willkür einer bestimmten Gehaltspolitik. Es wird ferner deutlich, wie gefährlich es für die Leistungsbereitschaft wäre, wenn versucht würde, Funktionen über alle Unternehmen hinweg vereinheitlichen zu wollen.

Wenn eine Stellenbeschreibung aus irgendwelchen Gründen in dem Unternehmen nicht durchführbar ist oder nicht gewollt wird, so kann man auch auf anderem, einfacherem Wege die verschiedenen Funktionsebenen einer Organisation ermitteln. In diesem Fall genügt es, einen Arbeitskreis zu bilden, dem außer einem Fachmann des Personalwesens je ein Vertreter der Hauptbereiche des Unternehmens angehört, und der von oben beginnend jedem Vorgesetzten die Frage vorlegt, ob die ihm unterstellten Tätigkeiten aus seiner persönlichen Sicht gleichwertig sind. Dies ergibt zwar ein sehr subjektives Bild, und deshalb ist diese Methode stets mit einer gewissen Vorsicht zu handhaben, aber sie ist immer noch besser als gar keine. Denn es wird sich für einen Unternehmensbereich ein von oben bis unten durchgehendes, überschaubares Bild herauskristallisieren.

Erst bei dem Vergleich der einzelnen Unternehmensbereiche untereinander ergeben sich meist Schwierigkeiten. Dann wird sich bemerkbar machen, daß doch die Betrachtungsweise oft sehr subjektiv war, und es muß nun versucht werden, diese subjektiven Einflüsse wieder zurückzudrängen und eine einheitliche Betrachtungsweise zu erreichen. Die Erfahrung zeigt aber, daß im allgemeinen nur bei 5 bis 10% der Stellen eine unterschiedliche Auffassung vorhanden ist. Wenn aber in dem Arbeitskreis die verschiedenen Unternehmensbereiche von Anfang an vertreten sind, wird die Diskussion über die strittigen Stellen sehr bald zu einem einheitlichen Ergebnis führen können. Im nachhinein ist das Einkommen oder der Marktwert oft mit ein Anhaltspunkt bei der Lösung dieser Aufgabe. Allerdings muß davor gewarnt weren, diesen Anhaltspunkt von Anfang an bei der Gewichtung mit ins Spiel zu bringen. Vielmehr sollte ausschließlich von der funktionalen Bedeutung jeder Stelle ausgegangen werden. Diese Forderung kann auch aus einem anderen Grund nicht nachdrücklich genug unterstrichen werden, denn in vielen Unternehmen gibt bei Fragen der Rangordnung allzu oft die persönliche Qualifikation und nicht die funktionale Bedeutung der Stelle den Ausschlag. Hier wird somit nicht nur die Stelle in ihrer Bedeutung, sondern bereits die Qualifikation des Stelleninhabers direkt oder indirekt bei der Bewertung hinzugezogen. Insofern besteht die Gefahr der Potenzierung der subjektiven Einflüsse. Ein subjektiver Einfluß sollte lediglich aus der Sicht der zu bewertenden Stelle, aber nicht im Hinblick auf den Stelleninhaber möglich und statthaft sein. Ein solcher subjektiver Einfluß ist nicht grundsätzlich falsch, denn die funktionale Bedeutung kann nicht nur ein objektiver Tatbestand sein, sondern unterliegt einem Wandel und einer temporären Betrachtungsweise.

Auf diesem Wege erhält man schließlich eine stufenmäßig aufgebaute Organisationsform, die automatisch zu verschiedenen Funktionsebenen führt:

Abb. 11

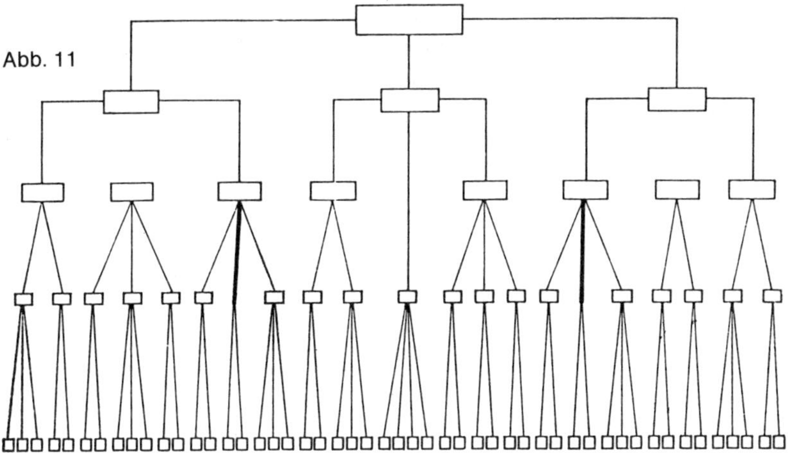

Es wird im allgemeinen nicht als Problem empfunden, daß manchmal Unterstellungsverhältnisse nicht auf der nächsttieferen Ebene, sondern erst auf einer danach kommenden anzutreffen sind. Allerdings sollte vermieden werden, daß Unterstellungsverhältnisse möglich sind, die über mehrere Funktionsebenen zugleich hinweggehen. Wenn dies bisher der Fall ist, sollte entweder eine andere Unterstellung vorgesehen oder diese Funktion unter Umständen als reine Stabstätigkeit definiert und dementsprechend verankert werden. Selbstverständlich können alle bisher rein linienmäßig gebundene Funktionen auf den jeweiligen Ebenen auch noch Stabsfunktionen zugeordnet erhalten. Das ist zwar nicht immer praxisnah, wird aber gelegentlich in der Literatur und von Beratern empfohlen. An sich sind Stabstätigkeiten nur auf der obersten oder nächsttieferen Funktionsebene sinnvoll, sofern überhaupt in einem Unternehmen eine wirkliche Trennung in Stabs- und Linienfunktion noch möglich ist.

Im allgemeinen hat sich in der Praxis in dieser Hinsicht eine gewisse Verwischung ergeben. Vor allem dadurch, daß die sogenannten Stabsabteilungen sich nicht mehr allein auf analytische oder klärende Tätigkeiten beschränken, sondern durchaus durch Rat, Empfehlung oder andere Verhaltensweisen ständig Einfluß auf die Linie nehmen. Aber auch deshalb, weil oft Linienbereiche analytische oder klärende Tätigkeiten neben der eigentlichen Linienfunktion wahrnehmen.

Das rein stufenmäßig entwickelte Organigramm ist in der Praxis weniger häufig anzutreffen, als man zu glauben geneigt ist. Häufig wird das hierarchisch offensichtliche Unterstellungsverhältnis nur für die ersten zwei oberen Funktionsebenen angegeben. Danach ergibt sich meist folgendes Schema:

Abb. 12

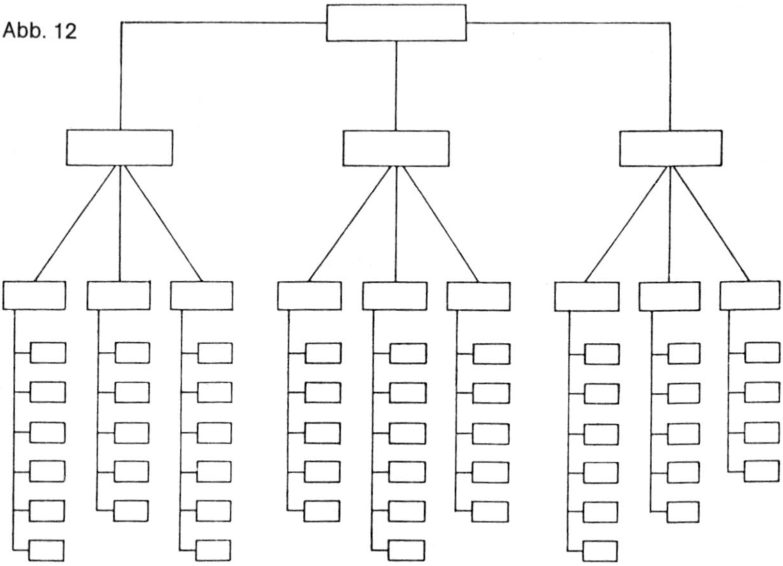

In vielen Unternehmen wird nämlich bewußt bevorzugt, im Organigramm nicht bis zur letzten Instanz kenntlich zu machen, wer wem unterstellt ist. Das ist zwar in der praktischen Zusammenarbeit bekannt, soll aber nicht schwarz auf weiß festgehalten sein. Man möchte die Vorstellung einzelner Personen in dieser Sache, auch wenn sie augenscheinlich falsch ist, nicht beeinträchtigen und somit Prestigegefühle verletzen. Man möchte sich auch oft nicht festlegen und ein sogenanntes freies Spiel belassen. Allerdings ist diese Methode weder organisatorisch noch personalführungsmäßig zu empfehlen, denn die entscheidenden Grundfragen des Mitarbeiters nach Abgrenzung, Klarheit, Überschaubarkeit, Standort, Stellenwert und Aufstieg können hiermit nicht beantwortet werden.

c) Grundfragen einer Funktionsordnung

Die Personalorganisation soll dem Mitarbeiter zeigen, wer wem unterstellt ist, soll ihm den Wert und die Bedeutung seines Platzes vor

Augen führen und seine Aufstiegsmöglichkeiten aufzeigen. In einem stufenmäßig aufgebauten Schema werden, wenn für jede Stelle im Organigramm ein Kästchen aufgeführt ist, in erster Linie die Führungskräfte erfaßt, aber nicht diejenigen Kräfte, die nicht mit einer Führungsaufgabe betraut sind. Das mag bei vielen primär ausführenden Tätigkeiten nicht als Problem empfunden werden. Es wird jedoch sicherlich in dem Maße zu einem Problem, wie die Qualifikation im Nicht-Führungsbereich zunimmt und schließlich ein Ausmaß annimmt, das demjenigen der Führungskräfte im Zahlenverhältnis gleichkommt oder sogar übersteigt. Diese Situation ist für die Nicht-Führungskräfte im außertariflichen Bereich bereits in manchen Unternehmen gegeben.

Deshalb wird diese Darstellungsform allein auf die Dauer nicht ausreichen, um den Vorstellungen aller Mitarbeiter über Überschaubarkeit und Klarheit entsprechen zu können. Insofern müssen zusätzliche Überlegungen angestellt werden. Hier zeigt sich ganz deutlich, wie die Personalorganisation in bestimmte Formen und Grundlagen der Personalführung übergreift. Es sind nicht mehr rein organisatorische Überlegungen, die schließlich eine Aufbau- oder Personalorganisation bestimmt, sondern ebenso personalführungsmäßige.

So muß beispielsweise als erstes überlegt werden, ob die auf diese verschiedenen Weisen gewonnenen Funktionsebenen dem gegenwärtigen Wollen und der zukünftigen Zielsetzung des Unternehmens entsprechen. Vielfach ist bereits diese Frage zu verneinen. Es wird sich nämlich zeigen, daß in vielen Unternehmen das auf die erwähnte Art und Weise gewonnene Organigramm sogar noch eine überbetonte Pyramide zum Ausdruck bringt, die eigentlich der Ausdruck der Verwaltungs- und der Integrationsphase ist:

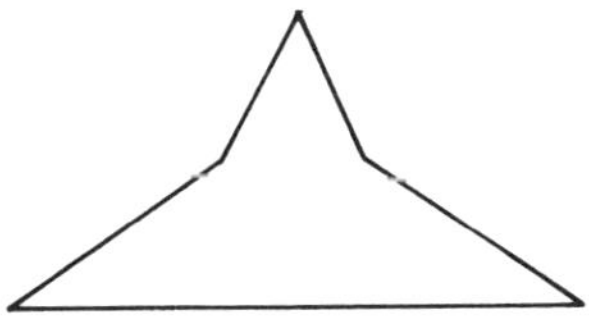

Abb. 13

Eine Form, die eine kurze, aber schmale Spitze und zugleich einen sehr breiten Unterbau zum Ausdruck bringt.

Gerade dann, wenn ein Unternehmen im Wandel zur Integrationsphase begriffen ist, macht ein solches Organigramm den Mangel in dem Führungssystem deutlich. Nach wie vor sind in der Spitze eine Fülle von Entscheidungs- und Verantwortungsbefugnissen konzentriert, die oft mit sehr zahlreichen Unterstellungsverhältnissen verbunden sind. Gleichzeitig sind jedoch eine große Zahl qualifizierter Kräfte im Unternehmen vorhanden, die nicht entsprechend ihrer Qualifikation das Unternehmen als solches mittragen, sondern höchstens in fachlicher Hinsicht. Mit dem Ergebnis, daß oft die Spitze überlastet ist und deshalb wichtige Entscheidungen verzögert werden, sowie die qualifizierten Kräfte zur Frustration neigen, weil sie sich nicht an der Entscheidungsfindung beteiligt empfinden und mehr Verantwortung haben möchten. Andererseits sind auf den unteren Ebenen oft Unterstellungsverhältnisse anzutreffen, die eine individuelle Personalführung erschweren. Allzu häufig gibt es Abteilungen in der Fertigung, in denen die unteren Führungskräfte 30 bis 60 Mitarbeiter führen. Nun wird es hier keine allgemeingültigen Richtlinien geben können, sondern die Art der Fertigung wird entscheidend sein, aber die heute im Durchschnitt noch anzutreffenden Mitarbeiterzahlen in den einzelnen unteren Abteilungen der Fertigung sind vermutlich zu hoch.

Insgesamt gesehen sind für den Mitarbeiter zu wenig Entfaltungs- und Aufstiegsmöglichkeiten ersichtlich. In einem Unternehmen der Integrationsphase muß der Spielraum für die einzelnen Abteilungen vergrößert und der Wirkungsbereich des einzelnen Mitarbeiters erweitert werden. Das ist ohne eine Erweiterung der Zahl der Funktionsebenen nicht möglich. Gleichzeitig sollten derartige Funktionsebenen bis zur letzten ausführenden Tätigkeit herausgestellt werden, auch wenn es sich dann weniger um organisatorisch herbeigeführte Abstufungen, sondern um personalführungsmäßig bedingte handelt. Ebenso müssen die Mitarbeiter im Tarifbereich in dieser Hinsicht wissen, woran sie sind.

Es kann davon ausgegangen werden, daß im Tarifbereich, soweit es sich um ausführende Mitarbeiter handelt, im allgemeinen 6 bis 8 Abstufungen sinnvoll sind. Häufig entspricht diese Unterteilung den Lohn- und Gehaltsgruppen der Tarifabkommen oder den Arbeitswertgruppen einer Arbeitsbewertung. Ob diese Merkmale aus den Tarifbereichen für eine sinnvolle Differenzierung genügen, muß geprüft werden, und vielfach wird man zu der Auffassung gelangen, daß eigene Zuordnungen und eigene Begriffe zur Differenzierung in diesem Bereich gefunden werden müssen.

Wenn darüber hinausgehend der qualitative oder der außertarifliche

Bereich durch Funktionsebenen abgegrenzt wird, zeigt die heutige Erfahrung bei den Unternehmen bis 1000 Beschäftigten, daß in diesen Fällen 3 bis 5 Funktionsebenen, bei den Unternehmen mit 1000 bis 3000 Beschäftigten 4 bis 6 Funktionsebenen, bei den Unternehmen von 3000 bis 8000 Beschäftigten 5 bis 8 Funktionsebenen, bei den Unternehmen von 8000 bis 20000 Beschäftigten 7 bis 11 Funktionsebenen zweckmäßig sind. Zweckmäßig sind diese Funktionsebenen, weil nunmehr das Unternehmen elastischer ist und deshalb sein Ziel besser als bisher erreichen kann, aber auch, weil jetzt diese Form den Erwartungen der Mitarbeiter besser gerecht wird und beim Vorhandensein einer entsprechenden Belegschaftsstruktur fast automatisch in einer organisatorischen Darstellung die Zwiebelform zum Ausdruck bringt. Vielfach wird befürchtet, daß bei einer Vergrößerung der Zahl der Funktionsebenen der Fluß der Anweisungen und der Information verlangsamt wird oder sogar Züge einer Verfälschung annehmen kann. Diese Gefahr ist ohne Zweifel vorhanden, aber die Vorteile, die in der höheren Flexibilität, der besseren Überschaubarkeit, der klareren Abgrenzung und in der Steigerung der Leistungsbereitschaft der Mitarbeiter liegen, sollten diese möglichen Nachteile mehr als ausgleichen.

Mit der Entwicklung der Funktionsebenen für Führungskräfte ist aber nur ein Teil der Personalorganisation geschaffen worden. So können nach wie vor die Nicht-Führungskräfte im außertariflichen Bereich ihren Platz im Unternehmen nicht erkennen. Deshalb ist es wichtig, nicht nur die Personalorganisation auch nach diesem Gesichtspunkt zu überprüfen, sondern auch den gesamten Problemkreis der Statussymbole und der sonst vorhandenen Merkmale einer Differenzierung. Es läßt sich meist feststellen, daß diese Fragen im Unternehmen selten systematisch durchdacht und nach sachlichen Gesichtspunkten geordnet sind. Vielfach existieren in dieser Hinsicht eine Fülle von traditionellen Vorstellungen und Handhabungen, die sich irgendwie ergeben haben. Das beginnt bereits damit, daß häufig ein Nebeneinander von Funktionsbezeichnungen und Titeln besteht. In manchen Unternehmen herrscht die Vorstellung vor, daß hier Prinzipien aus dem militärischen Bereich übertragbar sind. Im militärischen Bereich und auch in der öffentlichen Verwaltung ist es üblich, zwischen Dienststellung und Dienstrang zu unterscheiden. Allerdings wird dabei von den Unternehmen, die diesem Beispiel folgen, übersehen, daß es sich hier um relativ statische Organisationsstrukturen handelt. Das Unternehmen unterliegt demgegenüber einer ständigen und in Zukunft noch mehr anwachsenden Dynamik. Titel oder Dienstränge tragen aber den Charakter der Unverlierbarkeit in sich, und wo sie eine starke Betonung erfahren, bringen sie von selbst einen statischen Charakter in eine Organisation hinein. Es liegt auf der Hand, daß sich das ein Unternehmen in Zukunft immer weniger leisten kann. Vermutlich gilt das auch in absehbarer Zeit für die öffentliche Verwaltung.

Ein weiteres Problem ist in vielen Unternehmen, daß die gebräuchlichen Titel einem unterschiedlichen Hintergrund entlehnt sind. Teilweise leiten sie sich von der Unterschriftsberechtigung ab; dann handelt es sich hier um eine Vollmachtenhierarchie. Dann wiederum sind es Titel, die mit einem bestimmten fachlichen Hintergrund zu tun haben, wie der frühere Titel »Oberingenieur«. Daneben spielt außerdem der Titel des Direktors eine große Rolle.

Alle diese Titel werden außerdem in den Unternehmen oft unterschiedlich und nicht mit den gleichen Maßstäben angewandt. Insofern zeigt sich auf diese Weise ein Nachteil gegenüber dem öffentlichen Dienst, aber andererseits ist eine gleichwertige Handhabung dieser Titel in der Wirtschaft vermutlich gar nicht möglich. Dann aber ist der Wert der Titel als Statussymbol zumindestens außerhalb des Unternehmens eingeschränkt.

Schließlich zeigt die Praxis, daß selten eine Funktionsbezeichnung und ein Titel zugleich mit denselben Wertvorstellungen in den Augen der Mitarbeiter verbunden sind. Insofern ist ein Nebeneinander dieser beiden Handhabungen zusätzlich problematisch. Je nachdem, welches Gewicht die Unternehmensleitung der einen oder der anderen Handhabung zumißt, wächst die Erwartung und damit die Begehrlichkeit und verschiebt die gewollte Wertigkeit.

Insofern spricht auch diese Erfahrung gegen eine gleichzeitige Anwendung von Funktionsbezeichnungen und Titeln im Unternehmen. In einem sachlich orientierten Unternehmen wird aber ohnehin nur eine Funktionsbezeichnung denkbar sein. Eine Funktionsbezeichnung obendrein, die nicht unmittelbar eine Titelvorstellung ermöglicht. Diese Argumentation wird in der betrieblichen Praxis nicht gern gehört, weil dort meist die Auffassung vorherrscht, daß die Menschen prestigesüchtig sind und derartige Statussymbole unbedingt haben wollen. Vor allem diejenigen Personen, die bei Verbänden oder mit Kunden in einem Kontakt stehen, werden als Beispiel dafür genannt, daß ohne wirkungsvolle Titel ein entsprechendes Auftreten nicht möglich ist. Abgesehen davon, daß eine Reihe von Firmen auch ohne derartige Titel außerhalb zurechtkommen, ist demgegenüber zu sagen, daß die heranwachsenden Nachwuchskräfte in dieser Frage sehr viel nüchterner und weniger gefühlsbeladen urteilen. Gleichzeitig darf man nicht übersehen, daß diese Prestigesucht ja von den Unternehmensleitungen selbst hervorgerufen worden ist, weil sie bestimmten Titeln oder Statussymbolen ein bestimmtes Gewicht und sogar bestimmte materielle Vorteile eingeräumt haben. Statussymbole und materielle Vorteile, die aber in der Personalpolitik immer mehr zu einer Belastung werden, wenn sie nicht sachlich und funktional begründet werden können.

Selbstverständlich ist weiterhin ein Empfinden für Differenzierung vorhanden, aber in der betrieblichen Praxis äußern sich allzu häufig bei den Statussymbolen und materiellen Sondervorteilen überholte Status- und Standesvorstellungen. Gerade dafür schwindet jedoch das Verständnis, denn man erwartet eine sachlich, d.h. funktional abgeleitete Differenzierung, die obendrein keine starren Schranken setzen darf, also Ewigkeitscharakter hat, sondern vielmehr offen und beweglich ist. Den Unternehmen ist bekannt, wie schwierig es ist, die vielfältig vorhandenen Statussymbole und materiellen Vorteile heute noch gerecht anzuwenden. Die Unternehmen sollten sich aber nicht nur von den Statussymbolen soweit wie möglich trennen, sondern auch von den materiellen Sondervorteilen nur das übrig lassen, was letzten Endes sachlich und funktional unerläßlich ist. Für die Erwartungen und das Wohlbefinden der zukünftigen Mitarbeiter werden immer mehr nur zwei Tatbestände entscheidend sein: nämlich das Einkommen und die jeweilige Funktion mit ihren Entfaltungsmöglichkeiten.

Gelegentlich wird in diesem Zusammenhang auch die Frage erörtert, ob man nicht auch auf die Funktionsbezeichnung verzichten könne. Diese Frage ist keineswegs unberechtigt und findet in vielen Erscheinungen unseres modernen Lebens, das nüchterner als früher ist, seine Begründung. Aber, überall dort, wo eine individuelle Leistung erwartet und unterschiedlich bezahlt wird, wird sich auch eine Art Differenzierung ergeben. Wenn man diese nicht sachlich nach objektiven Kriterien setzt, bildet sie sich von selbst. Unternehmen, die beispielsweise auf Funktionsbezeichnungen und Titel verzichten, haben die Erfahrung machen müssen, daß die Mitarbeiter eigene Abgrenzungsmerkmale suchen, oft nach dem Gehaltssystem. Deshalb ist es vermutlich sinnvoll, an den Funktionsbezeichnungen festzuhalten, sie aber im täglichen Umgang nur mit Zurückhaltung, d.h. bei offiziellen Anlässen anzuwenden. Ohne Frage ist eine betonte Anwendung derartiger Bezeichnungen nicht wesensnotwendig mit einer modernen Personalführung verknüpft.

Es empfiehlt sich aber, die jeweiligen Funktionsebenen, die auf die verschiedenste Weise gefunden worden sind, mit einer entsprechenden Funktionsbezeichnung zu versehen, die jedoch durch die Art der Bezeichnung einen Titel nicht unmittelbar zuläßt. Hier bietet sich folgendes Grundschema an:

- Unternehmensleitung
- Unternehmensbereich
- Hauptbereich
- Bereich
- Hauptabteilung
- Abteilung
- Hauptgruppe
- Gruppe
- Hauptsachgebiet
- Sachgebiet.

Es wird bewußt auf ganz bestimmte Grundelemente abgestellt, nämlich auf das Sachgebiet, die Gruppe, die Abteilung und den Bereich. Je nach der Größe des Unternehmens kann man diese Elemente entsprechend ausweiten oder einschränken. Wenn die Unternehmen in großem Maße ein solches Grundschema übernehmen, wird sich auch im Laufe der Zeit eine weitgehende Annäherung in der Anwendung der Funktionsbezeichnungen ergeben, was auch für den außerbetrieblichen Stellenwert dieser Bezeichnung nicht uninteressant ist.

Schließlich sollte das Wort »Leiter« nicht am Ende der Bezeichnung stehen, sondern vorangestellt werden. Wichtig ist ferner, daß gleichzeitig diese Funktionsbezeichnungen für das ganze Unternehmen gelten. Es wird nicht als sinnvoll erachtet, daß in einzelnen Unternehmensbereichen unterschiedliche Bezeichnungen angewandt werden, wie es heute noch oft der Fall ist. Vielmehr sollte der Zusatz zu der Funktionsbezeichnung deutlich machen, wo der Betreffende sich im Unternehmen befindet. Das kann z.B. folgendermaßen geschehen:

- Leiter des Hauptbereiches »Fertigung«
- Leiter des Bereiches »Forschung«
- Leiter der Hauptabteilung »Personal«
- Leiter der Abteilung »Verkauf Inland«
- Leiter der Hauptgruppe »Kostenrechnung«
- Leiter der Gruppe »Labor«
- Leiter des Hauptsachgebietes »Buchhaltung«
- Leiter des Sachgebietes »Schreibzentrale«.

Mit diesen Funktionsbezeichnungen ist aber wiederum nur den Führungskräften im Unternehmen gedient, denn diese brauchen nicht nur die Funktionsebene zu prüfen, sie erkennen vielmehr bereits aus der Bezeichnung die Differenzierung der Funktionsebenen. Die Gruppe der Nicht-Führungskräfte kann das jedoch im allgemeinen nicht. Sie wird aber im Laufe der Zeit im außertariflichen Bereich eine wachsende Bedeutung erlangen und immer umfangreicher werden.

Selbst wenn das zahlenmäßige Gewicht dieser Gruppe nicht überzeugt, so ist aber grundsätzlich unerläßlich, daß auch diese Mitarbeiter wissen, wo ihr Platz im Unternehmen ist, welche Bedeutung dieser hat und welche Aufstiegsmöglichkeiten sie haben. Sie müssen ebenfalls erkennen können, welche funktionale Bedeutung mit ihrer Tätigkeit verbunden ist. Insofern ist auch hier eine Funktionsbezeichnung notwendig, und sie sollte unter den gleichen Gesichtspunkten wie bei den Führungskräften entwickelt werden. In der betrieblichen Praxis wird damit im Augenblick sehr stark experimentiert, aber bestimmte Begriffe haben sich noch nicht durchgesetzt. Es herrscht zwar die Überzeugung vor, daß auch hier eine Abstufung wichtig ist, aber bisher bieten sich hier nur folgende Bezeichnungen an:

- Hauptberater
- Berater
- Hauptreferent
- Referent
- Hauptsachbearbeiter
- Sachbearbeiter.

Die bisher diskutierten Bezeichnungen sind ohne Frage noch nicht befriedigend. Hier muß noch intensiver als bisher nachgedacht werden. Sie werden jedoch nicht so zahlreich wie im Führungsbereich sein müssen, weil diese Funktionen der Nicht-Führungskräfte im allgemeinen nicht bis in die Unternehmensleitung hinein reichen. Aber auch diese Bezeichnungen sollten für alle Unternehmensbereiche einheitlich gelten und dazu beitragen, von dem jetzigen Wirrwarr und der Vielfalt der Tätigkeits- und Berufsbezeichnungen im Unternehmen abzukommen. Gleichzeitig sollten auch diese Bezeichnungen auf den Tarifbereich aufbauen bzw. dort den Anschluß finden.

Wichtig ist nun ferner, daß diese Abstufung in den Funktionsbezeichnungen der Nicht-Führungskräfte in ein gleichwertiges Verhältnis zu der Abstufung der Führungskräfte gebracht wird. Nur dadurch kann auch diese Gruppe erkennen, daß sie gegenüber den Führungskräften als gleichwertig angesehen ist oder nicht und wie sich indirekt aus dieser funktionalen Bezeichnung ihr Platz im Organisationsschema ableitet. Grundsätzlich ist jetzt die Grundlage dafür geschaffen worden, daß nicht mehr allein die Position als Führungskraft als die allein anzustrebende angesehen wird. Bislang war ein Drang in die Führungslinie vorherrschend, wenn jemand Karriere machen wollte. Das ist nunmehr nicht zwangsläufig angelegt; vielmehr ist die Gleichwertigkeit zwischen Führungsfunktion und Nicht-Führungsfunktion offensichtlich, was naturgemäß noch auf vielfältige Weise praktisch demonstriert werden muß. Beispielsweise ist das durch einen ständigen Austausch zwischen Stab und Linie im Zuge der Personalentwicklung möglich.

Dann gehört selbstverständlich noch dazu, daß auch die materiellen Bedingungen der Nicht-Führungskräfte und der Führungskräfte je nach der funktionalen Bedeutung völlig gleich sind. Man muß also in der Personalpolitik ganz deutlich zum Ausdruck bringen, daß eine unterschiedliche Behandlung aus dem Tatbestand der Führunskraft oder Nicht-Führungskraft heraus nicht mehr stattfindet, sondern je nach der funktionalen Bedeutung eine gleiche Behandlung ein Selbstverständnis geworden ist.

Das gilt in erster Linie für einen Gehaltsrahmen, der entsprechend den Funktionsebenen entwickelt werden muß. Bei diesem Gehaltsrahmen ist darauf zu achten, daß sich die verschiedenen Bandbreiten für die jeweiligen Funktionsebenen überlappen. Ferner müssen die Gehaltsbandbreiten in sich eine bestimmte Spannbreite für die leistungsmäßige Zuordnung ermöglichen.

Nicht zuletzt sollten schließlich die materiellen Zusatzleistungen überprüft und teilweise abgebaut werden, wenn sie überholt sind. Das wird für manche Extraleistungen zutreffen. Die wenigen, dann verbleibenden Zusatzleistungen sollten mit einem solchen System in Übereinstimmung gebracht werden, jedoch nur auf sachlicher und funktionaler Basis.

Allerdings sollte nicht übersehen werden, daß hier eine Differenzierung in der Zukunft immer weniger sinnvoll oder möglich ist. Die Nivellierung wird sich sicherlich gerade in diesem Bereich immer weiter fortsetzen. Trotzdem sollte selbstverständlich versucht werden, gerade für den leitenden Bereich nach wie vor eine eigene Personalpolitik zu betreiben und durch entsprechende Leistungen auch gegenüber dem Tarifbereich abzuheben. Aber eine Differenzierung in sich, d.h. innerhalb des Tarifbereiches oder des leitenden Bereiches ist in Zukunft nicht mehr zweckmäßig. Das würde einerseits der Zeittendenz und andererseits auch dem Gruppenzugehörigkeitsgefühl, welches in Zukunft nicht mehr so differenziert sein wird wie bislang, widersprechen. Die entscheidenden Differenzierungsmerkmale für den Mitarbeiter sind somit die Funktion und das damit verbundene Einkommen (Abb. 13).

Alles in allem ist deutlich geworden, wie sehr eine Personalorganisation nicht mehr isoliert gesehen werden kann, sondern zugleich ein wesentliches Element der Personalführung ist. Sie ist eben nicht mehr nur ein Instrument für den reibungslosen Ablauf im Unternehmen, sondern sie ist gleichzeitig ein lebendiges Mittel für eine moderne Personalführung und muß die damit verbundenen Erwartungen der Mitarbeiter erfüllen.

Darüber hinaus ist sie die Grundlage für viele Einzelmaßnahmen der täglichen Personalarbeit. Es wird nicht immer leicht sein, all diese Elemente mit dem notwendigen Gewicht und der wünschenswerten Überschaubarkeit zu versehen; angestrebt sollte dies jedoch immer wieder werden.

Beispiel einer Funktionsordnung

Geltungsbereich		Funktionsebene	Funktionsbezeichnung		Gehaltsrahmen	Spezielle Rechte oder Leistungen
			Führung	Nicht-Führung		
Außertariflicher Bereich	leitend	1	Unternehmens-Leitung	–		z. B. Urlaubsordnung, Reisekostenordnung etc.)
		2	Hauptbereich	–		
		3	Bereich	–		
		4	Hauptabteilung	Hauptberater		
		5	Abteilung	Berater		
	allgemein	6	Hauptgruppe	Hauptreferent		
		7	Gruppe	Referent		
		8	Hauptsachgebiet	Hauptsachbearb.		
		9	Sachgebiet	Sachbearbeiter		
Tarifbereich (Tarifgruppen oder Arbeitsuntergruppen)		10	Spezialist		Tarifgruppe	
		11	Qualifizierte Fachkraft		Tarifgruppe	
		12	Einfache Fachkraft		Tarifgruppe	
		13	Qualifizierte angelernte Kraft		Tarifgruppe	
		14	Einfache angelernte Kraft		Tarifgruppe	
		15	Qualifizierte Hilfskraft		Tarifgruppe	
		16	Einfache Hilfskraft		Tarifgruppe	

Abb. 14

2. Die Personalplanung

Neben der Personalorganisation ist die Personalplanung eines der wichtigsten Instrumente, um die wirtschaftlichen und modernen personalen Anforderungen in der Personalführung zu erfüllen. Hier zeigt sich besonders deutlich, wie sehr die Personalfunktion mit dem gesamten Unternehmenszweck nicht nur eng verknüpft ist, sondern unmittelbar einen entsprechenden Beitrag mit zu leisten hat. Um diesen Beitrag aber leisten zu können, muß einerseits nicht nur klar sein, welche Aufgaben die Personalführung im Rahmen des Unternehmensganzen zu erfüllen hat, sondern diese Aufgaben müssen mit den anderen Bereichen des Unternehmens geplant, abgestimmt und laufend auf den Erfolg hin kontrolliert werden.

Über die Bedeutung der Personalplanung sind sich nicht nur die Personalfachleute, sondern alle übrigen Praktiker im Unternehmen und die Wissenschaft einig. Trotzdem ist eine voll integrierte Personalplanung im Unternehmen sehr selten in der Praxis anzutreffen. Eine im Rahmen eines Forschungsauftrages des Bundesministeriums für Arbeit und Sozialordnung in den Jahren 1971 bis 1972 von der »Deutschen Gesellschaft für Personalführung« durchgeführte Fallstudie bei rund 20 Unternehmen, die für die Personalplanung als besonders fortschrittlich angesehen wurden, zeigte das ganz deutlich. Es gab damals auch bei diesen Unternehmen zum großen Teil nur Ansätze für eine umfassende und integrierte Personalplanung. Daran scheint sich bis heute nicht viel geändert zu haben.

Es kann aber davon ausgegangen werden, daß der Druck zur wirtschaftlichen Betrachtung der Personalarbeit sich auch auf die Entwicklung einer Personalplanung in Zukunft stärker auswirken wird. Abgesehen von grundsätzlichen Überlegungen, die aus der Notwendigkeit einer Unternehmensplanung resultieren und ebenfalls letzten Endes eine Personalplanung nach sich ziehen werden. Gerade in der Integrationsperiode mit ihrem schnellen Wandel wird sich ein starker Trend zu mehr Planung ergeben, weil sonst die Möglichkeit, Ziele für das Unternehmen festzulegen und trotz ständiger Veränderungen konsequent zu verfolgen, nicht mehr in hinreichendem Maße gegeben ist.

Darüber hinaus werden mutmaßlich in Zukunft häufiger wirtschaftliche Schwankungen auftreten. Das bedingt auch eine schnellere und tiefgreifendere Anpassung des Personals an die neuen Gegebenheiten.

Demgegenüber tendieren die rechtlichen Tatbestände eher zur Fixierung der Personalsituation. Aus diesem Grunde wird eine gewisse Tendenz zur Kernbelegschaft gehen, die durch eine mobile Gruppe jeweils ergänzt wird. Ein Ausweg aus diesem Dilemma ist aber auf jeden Fall die Personalplanung.

Wenn jedoch in vielen Unternehmen heute eine Personalplanung gar nicht oder nur mangelhaft vorhanden ist, so hat das oft mehrere Gründe. Die für eine Personalplanung zuständigen Fachkräfte beherrschen das Instrumentarium für eine solche Aufgabe noch nicht oder wissen nicht, welche Methoden oder Verfahren anwendbar sind. Meist deshalb, weil es kaum Erfahrungen gibt und obendrein die Literatur noch überwiegend theoretischer Natur ist und für den Praktiker kaum verwertbare Anhaltspunkte bietet*. Zum anderen fürchten die Personalfachleute auch den hohen Arbeitsaufwand, der mit der Personalplanung verbunden sein könnte und der oft mit der gegenwärtigen Besetzung des Personalwesens in vielen Unternehmen nicht zu bewältigen ist. Schließlich hängt diese Situation auch damit zusammen, daß die allgemeinen Voraussetzungen für eine Personalplanung in den Unternehmen meist nicht gegeben sind.

Es liegt nämlich in der Natur der Sache, daß eine Personalplanung zunächst eine Art Folgeplanung ist, die sich an anderen, vorangegangenen Daten orientiert. Das wird sich erst dann deutlich ändern, wenn die elektronische Datenverarbeitung bei der Planung eingesetzt werden kann. Dadurch wird eine integrierte Unternehmensplanung von Anfang an ermöglicht und läßt als wesentlichen Vorteil auch Alternativpläne zu.

Alternativmöglichkeiten, die bei der Planung in der Zukunft eine immer größere Rolle spielen werden, aber dann von allen Daten zugleich ausgehen und nicht von einer Rangfolge der Daten. Vorläufig ist die Unternehmensplanung eher eine Folgeplanung, weil zunächst eine Absatzplanung, eine Investitionsplanung und eine Fertigungsplanung vorhanden sein müssen, ehe eine Personalplanung möglich ist und alle diese Teilpläne schließlich in eine gesamte Unternehmensplanung einmünden können. Somit dominiert gegenwärtig noch die Sukzessivplanung, während ohne Frage die Simultanplanung das anzustrebende Ideal ist.

*) Analyse des Forschungsstandes auf dem Sektor »Betriebliche Personalplanung«. Literatur-Expertise von Prof. Dr. Eduard Gaugler und Dipl.-Kfm. Karl-Heinz Huber, Regensburg, 1971.

Die Mehrheit der Unternehmen in der Bundesrepublik Deutschland kennt jedoch überhaupt noch keine langfristige Unternehmensplanung. Sie orientiert ihre unternehmerischen Entscheidungen ausschließlich an der überschaubaren wirtschaftlichen Lage, und das bedeutet vielfach ausschließlich nach dem Auftragsbestand. Je nach dem, nach welchen Fristen die Aufträge geordert werden, ist auch die Zielsetzung des Unternehmens entsprechend zeitlich ausgerichtet. Es ist somit offensichtlich, daß eine Unternehmensplanung unter diesen Umständen in erster Linie davon beeinflußt wird, für welche Zeiträume der Auftragsbestand überschaubar ist.

Es spielt ferner offensichtlich eine Rolle, ob das Unternehmen seinem Markt passiv oder aktiv gegenübersteht, d. h., glaubt, ihn selbst unmittelbar beeinflussen und gestalten zu können. Unter diesen Umständen ist nicht nur das Zutrauen vorhanden, den Markt zu beeinflussen, sondern es werden auch meist Methoden entwickelt, ihn langfristig zu analysieren und zu planen. Diese Situation ist heute in erster Linie bei konsumnahen Unternehmen gegeben, weshalb es auch nicht überrascht, daß Ansätze für die verschiedenen Teilplanungen des Unternehmens und damit für die Personalplanung gerade in solchen marktmäßig orientierten Unternehmen am häufigsten anzutreffen sind.

Bislang sind aber die meisten Unternehmen davon gekennzeichnet, daß sie höchstens Detailpläne besitzen, aber eine koordinierte Unternehmensplanung nicht vorhanden ist. Eine koordinierte Unternehmensplanung müßte insbesondere folgende Teilpläne umfassen:

- Marketingplanung
- Produktionsplanung
- Investitionsplanung
- Finanzplanung
- Forschungsplanung
- Personalplanung.

Einzelne Teilpläne dieser Art, wenn auch weniger für die Personalplanung, liegen bereits hier und da vor. Es liegt jedoch auf der Hand, daß ohne eine Koordinierung diese Detailpläne jeweils für sich wirken und keineswegs einer gemeinsamen Zielsetzung entsprechen müssen. Es wächst aber die Einsicht, daß gerade die Erstellung und die Kontrolle der langfristigen Unternehmensplanung eine der wichtigsten Aufgaben der Unternehmensspitze ist. Insofern wird sich das geschilderte Bild mutmaßlich innerhalb der nächsten Jahre ändern. In manchen Unternehmen werden bereits unterhalb der Unternehmensleitung oder zugeordnet zur Unternehmensleitung spezielle Bereiche für die langfristige Unternehmensplanung geschaffen. Diese Abteilungen haben durchweg Stabscharakter, die mit Hilfe der Fachbereiche langfristige Planungsdaten zusammenstellen und ihre Realisierung verfolgen. Häufig bedienen sich diese Unternehmen auch eines Planungsausschusses, dem Vertreter der verschiedensten Detailplanungsbereiche angehören, um auf diese Weise die Planungsdaten zusammenzutragen und von Anfang an eine Koordination aller Pläne zu erreichen.

In dem Grade, wie eine koordinierte Unternehmensplanung nicht besteht, ist die Personalplanung gegenüber den anderen Teilplanungen in besonderem Maße benachteiligt, weil sie von anderen Daten abhängig ist. Eine langfristig orientierte Personalplanung ist nicht möglich, wenn keine Anhaltspunkte darüber vorliegen, wie sich das Unternehmen zukünftig entwickeln soll. Nur wenn Daten darüber vorliegen, welche Produkte in welchen Mengen in der Zukunft mit welchen qualitativen und quantitativen Arbeitskräften produziert und abgesetzt oder welche Dienstleistungen mit welchem Aufwand geleistet werden sollen, kann eine entsprechende Personalplanung entwickelt werden.

Andererseits sollte man sich aber von dieser Lage nicht allein bestimmen lassen und auch bei Fehlen einer koordinierten Unternehmensplanung versuchen, eine – wenn auch nicht so vollkommenene – Personalplanung zu erarbeiten. Vielleicht kann sogar auf diesem Wege ein Anstoß zur Schaffung einer koordinierten und später einer integrierten Unternehmensplanung gegeben werden. Eine Personalplanung ist zwangsläufig mit allen anderen Teilplanungen unmittelbar verbunden und somit können auf diese Weise die anderen Unternehmensbereiche veranlaßt werden, über ihre zukünftige Entwicklung nachzudenken und mehr als bisher ein langfristig orientiertes Ziel anzusteuern.

a) Die Aufgaben der Personalplanung

Eine Personalplanung hat die Aufgabe festzustellen, welches Personal der erforderlichen Qualität und Quantität nach zu welchem Zeitpunkt zur Verfügung stehen muß. Da die Zeitpunkte naturgemäß unterschiedlich sind, müssen Planungsfristen festgelegt werden, die analog den sonst gebräuchlichen Fristen eine kurzfristige (bis 1 Jahr), eine mittelfristige

(3–5 Jahre) und eine langfristige (5–10 Jahre) Personalplanung unterscheiden. Diese nach Fristen orientierte Planung spielt vor allem bei der Qualifikation einzelner Mitarbeiter oder Gruppen im Unternehmen eine Rolle. Je qualifizierter eine Gruppe ist, desto langfristiger wird der Planungszeitraum bemessen.

Aus der fristenmäßigen Differenzierung der Personalplanung leiten sich außerdem Anhaltspunkte über die Verdichtung der Personalplanung ab. Mit der zeitlichen Nähe der Personalplanung muß auch der Datenkranz entsprechend vollständig vorliegen, um eine effektive Planung betreiben zu können. Die langfristige Planung ist somit oft nur eine Grobplanung und obendrein primär quantitativ bestimmt, während die kurzfristige Personalplanung zugleich detailliert und verdichtet ist und auch den qualitativen Teil der Personalplanung berücksichtigt.

Es ergibt sich weiter aus dieser Aufgabenstellung, daß die Personalplanung nicht allein an dem quantitativen oder qualitativen Bedarf orientiert ist, sondern auch noch andere Planungselemente in sich trägt, wie beispielsweise im Hinblick auf die Beschaffung, den Einsatz, die Bildung und die Entwicklung des Personals. Hinzu kommt die immer wichtiger werdende kostenmäßige Seite, die mit dem Einsatz des Personals verbunden ist und somit auch bei der Planung Berücksichtigung finden muß. Insofern ist die Personalplanung in folgende Teilplanungen zu unterteilen:

- Die quantitative und qualitative Planung des Bedarfs an Personal
- Die quantitative und qualitative Planung der Beschaffung des Personals
- Die quantitative und qualitative Planung des Einsatzes des Personals
- Die Planung der Entwicklung der Personals
- Die Planung der Bildung des Personals
- Die Planung der Personalkosten
- Die Kontrolle der geplanten Personalkosten.

In letzter Zeit wird verstärkt auch die Notwendigkeit der Strukturplanung betont. Hier soll die Personalplanung in erster Linie analysieren, wie in Zukunft die Struktur des Personals im Hinblick auf veränderte Anforderungen und gegebene Daten aussehen soll. Dabei ist die Personalstrukturplanung zwar kein eigenständiges Element der Personalplanung, denn sie gibt für die angeführten Planungselemente der Personalplanung eine wesentliche Grundlage ab, muß aber trotzdem gesondert analysiert und festgelegt werden.

Bei den einzelnen Elementen der Personalplanung sollten die quantitativen und qualitativen Überlegungen stets gleichzeitig zur Geltung kommen. Die Realisierung dieser Forderung hängt aber von dem Umfang der zur Verfügung stehenden Daten ab. Im Anfangsstadium überwiegt deshalb meist die quantitative Betrachtungsweise. Das erscheint auch keineswegs bedenklich, solange das Bewußtsein vorherrscht, daß dies nur ein Anfang ist und nach und nach das qualitative Element miteingebracht wird. Gemeint ist ein qualitatives Element, welches nicht nur die auf die vorgesehene Tätigkeit bezogene berufliche Qualifikation berücksichtigt, denn das wird sich auch bei der primär quantitativen Betrachtungsweise automatisch ergeben, sondern auch die individuell-qualitative Seite einbezieht. Es kommt also darauf an, innerhalb der qualitativen Personalplanung auch die individuellen Erwartungen der Mitarbeiter zu berücksichtigen, sowie ihr mutmaßliches persönliches Potential. Dies kann in erster Linie durch die Entwicklungs- und Bildungsplanung geschehen. In dem Maße, wie diese Überlegungen in die einzelnen Planungsziele einbezogen werden, muß somit fast automatisch die qualitative Seite bei der Personalplanung voll zum Zuge kommen.

Es wird in letzter Zeit auch als immer wichtiger angesehen, sich nicht nur darüber Gedanken zu machen, ob und wie die benötigten Mitarbeiter der Zahl und der Qualität nach zum gewünschten Zeitpunkt zur Verfügung stehen, sondern auch zu prüfen, welche Kosten das eingesetzte und das geplante Personal verursachen wird. Dabei geht es sowohl darum, diese Kosten zu ermitteln, als auch um die Frage, ob diese Kosten notwendig sind, wie sie vielleicht gesenkt werden können und welche Maßnahmen das bewirken würden. Schließlich gehört hierzu auch die ständige Kontrolle der geplanten Personalkosten. Diese Seite der Personalplanung wird in Zukunft an Bedeutung gewinnen und in vielen Fällen sogar der Anstoß zur Einführung einer Personalplanung sein. Hier wird dann die wirtschaftliche Seite der Personalplanung vollends deutlich und damit auch die wirtschaftliche Funktion des Personalwesens, denn diese Planung und Kontrolle der Personalkosten wird ihm als Aufgabe übertragen werden.

Jede Personalplanung hat aber, nach ihrem Hintergrund bemessen, eine unterschiedliche Zielrichtung. Vor allem die Personalbedarfsplanung ist unterschiedlich zu bewältigen, je nachdem, ob es sich um

– Ersatzbedarf

– Neubedarf oder
– Personaleinschränkung

handelt. Diese Hintergründe der Personalbedarfsplanung treten oft im Ablauf der langfristigen Betrachtung nacheinander oder zugleich auf, was selbstverständlich jede langfristige Personalplanung erschwert, weil damit Änderungen in der Zielsetzung und letztlich ein steter Zwang zur Anpassung verbunden sind. Bei der kurzfristigen Betrachtung ist dagegen im allgemeinen nur eine wesentliche Grundlage, z.B. der Ersatzbedarf oder die Einschränkung des Personals maßgebend, so daß kurzfristig meist eine relativ klare Zielsetzung für die Personalplanung vorhanden ist.

Im allgemeinen wird ferner davon ausgegangen werden können, daß unter normalen Voraussetzungen der Schwerpunkt in der Personalbedarfsplanung in der Planung des Ersatzbedarfs und in der Planung des Neubedarfes liegt. Dabei ist die Planung des Ersatzbedarfes in der betrieblichen Praxis der eigentliche Schwerpunkt der Personalplanung, weil sich die Expansion der Unternehmen seit einiger Zeit im allgemeinen in überschaubaren und kontinuierlichen Bahnen vollzieht.

Die Planung des Neubedarfs ist zudem in der betrieblichen Praxis kein besonders gravierendes Problem, weil es dafür relativ rechtzeitig Anhaltspunkte durch die Teilplanungen gibt. Oft liegt hier lediglich ein Problem des Verfahrens vor, denn es muß klar sein, wer über den Neubedarf befindet und ob sich dieser aus objektiven Tatbeständen und bestimmten Kennziffern ergibt. Im allgemeinen wird die Planung eines Neubedarfs von bestimmten Voraussetzungen abhängig gemacht: von Kennzahlen oder Arbeitsstudien. Darüber hinaus gibt in der Regel die Zustimmung bestimmter Organe den Ausschlag für diesen Teil einer Bedarfsplanung. Entweder handelt es sich hier um die Zustimmung der Organisationsabteilung, bestimmter Planungsgremien oder der Unternehmensleitung. In dem Augenblick, wo diese Planung des Neubedarfs geregelt ist und Eingang in die Personalorganisation gefunden hat, geht sie unmittelbar in die weitere Personalbedarfsplanung ein.

Die Planung der Personaleinschränkung ist im allgemeinen im Zusammenhang mit konjunkturellen Schwankungen zu sehen. Zur Anpassung in dieser Hinsicht gibt es ebenfalls in der Praxis oft grobe oder feine Anhaltspunkte. Das eine sind lediglich Erkenntnisse aus der Umsatzentwicklung oder dem Auftragsbestand, und das andere sind oft betriebswirtschaftliche Kennzahlen. Da aber jede ruckartige Veränderung der Belegschaft das Betriebsklima beeinflußt und die Leistungsbereitschaft der Mitarbeiter unmittelbar tangiert, ist es besonders wichtig, von einer entsprechenden Planung auszugehen und nicht nur dann zu reagieren, wenn das Handeln bereits unter starken wirtschaftlichen Zwängen steht. Aus diesem Grunde hat es sich in den Unternehmen immer wieder gezeigt, daß diejenigen Firmen, die über eine langfristige Personalplanung verfügen, die gleichzeitig mit der Unternehmensplanung verknüpft ist, am besten rechtzeitig auf konjunkturelle Schwankungen reagieren konnten. Durch das rechtzeitige Reagieren sind auch die notwendigen Maßnahmen selten als individuelle Härtefälle sichtbar geworden, weil oft nicht nur beizeiten, sondern dann auch noch relativ reibungslos gehandelt werden konnte. Wenn erst die Fluktuation und die Fehlzeiten allgemein rückläufig sind und die Sorge um den Arbeitsplatz vorherrscht, sind derartige Anpassungsprozesse erschwert.

Um hier einen gewissen Mechanismus in der Anpassung zu besitzen, haben deshalb einzelne Unternehmen für die weitere Entwicklung des Personals oder sogar der Personalstruktur bestimmte Relationen festgelegt. So gibt es ein Unternehmen, in dem eine sogenannte 35%-Klausel besteht. Diese Klausel besagt, daß die Steigerungsrate des quantitativen Personals maximal 35% der Umsatzsteigerung betragen soll, d.h. daß bei einer geplanten Umsatzsteigerung von 30% gegenüber dem Vorjahr das Personal maximal um 10% gegenüber dem Vorjahr ansteigen darf. Derartige Relationen gelten selbstverständlich auch bei einer rückläufigen Entwicklung des Umsatzes. Analog hierzu gibt es in manchen Unternehmen Relationen über das Verhältnis von Rationalisierungsmaßnahmen und quantitativer Steigerung des Personals. Ferner gibt es Kennziffern für das Verhältnis von Fertigung und Personaleinsatz, oft in Form von Soll-Arbeitsstunden pro Fertigungsvorgang. Durch derartige Kennziffern wird rechtzeitig dafür Sorge getragen, daß stets ein wünschenswertes Verhältnis von Unternehmensentwicklung und Personaleinsatz gegeben ist.

b) Die allgemeinen Voraussetzungen der Personalplanung

Die Voraussetzungen der Personalplanung können sehr verschieden sein. Dabei kommt es vor allem auf die Ausgangslage an, die sowohl vom Produkt oder von der Organisation her oder von beiden zugleich bestimmt sein kann.

Bei der Produktorientierung spielen folgende Faktoren eine Rolle:

1. Festlegen des Leistungsstandards.
2. Berechnen der Soll-Arbeitszeit.
3. Umrechnen in Personalbedarf.
4. Korrektur des Personalbedarfs:
   - durch Fluktuation
   - durch Fehlzeiten
   - durch Arbeitszeitänderung.

Bei der Organisationsorientierung sind folgende Faktoren von Wichtigkeit:

1. Festlegen der Arbeitsbereiche.
2. Festlegen der Tätigkeiten.
3. Ermitteln der Planstellen mit Aufgaben und Anforderungen.

Mangels Daten oder Integration setzt die betriebliche Praxis oft bei der organisationsorientierten Personalplanung an, was einen Zwang zu quantitativen Überlegungen mit sich bringt und somit kaum von Anfang an qualitative Vorstellungen zuläßt. Dieser Ansatz ist aber nicht verkehrt, so lange das Bewußtsein vorherrscht, daß eine Einbeziehung der produktorientierten Personalplanung auf lange Sicht nicht nur unerläßlich ist, weil sie schließlich die Personalplanung noch besser macht, sondern auch, weil nur so letzten Endes die wirtschaftliche Seite der Personalplanung am wirkungsvollsten zur Geltung kommen kann. Überraschend ist allerdings oft, daß die produktorientierten Grundlagen der Wirtschaftlichkeit- oder Planungssicherung in den Unternehmen schon heute vielfach vorhanden sind, sie aber weder für die Unternehmensplanung noch für die Personalplanung genutzt werden.

Grundsätzlich benötigt aber jede Personalplanung bestimmte Voraussetzungen, die unabdingbar sind. Nur wenn diese Voraussetzungen gegeben sind, kann eine sorgfältige, zukunftsorientierte Personalplanung durchgeführt werden. Insbesondere müssen folgende Grundlagen vorhanden sein:

1. Die Stellenbeschreibung oder eine darüber hinausgehende Arbeitsplatzanalyse.
2. Eine Aufbauorganisation.
3. Personalstatistiken für

– die Fluktuation
– die Belegschaftsstruktur
– die Fehlzeiten
– die Invalidisierung und Pensionierung.

Es ist offensichtlich, daß eine quantitative und qualitative Personalplanung langfristiger Art nur dann möglich ist, wenn das Unternehmen organisatorisch durchleuchtet wurde und entsprechende Unterlagen vorliegen. Ohne das Vorhandensein einer Stellenbeschreibung oder einer Arbeitsplatzanalyse und daraus folgend einer Aufbauorganisation ist eine Personalplanung kaum möglich, weil in diesem Fall nur von Vorstellungen oder groben Anhaltspunkten ausgegangen werden kann, aber nicht von konkreten, klar definierten Tatbeständen.

Bestimmte Personalstatistiken sind erforderlich, damit die Bewegungen innerhalb des Personalbestandes beobachtet werden können, die wiederum entsprechende Schlüsse für die zukünftige Planung erlauben. Hier kommt es insbesondere auf die Erfassung der Fluktuation und der Fehlzeiten an. Allerdings darf man dabei nicht übersehen, daß gerade bei diesen Daten eine langfristige Planung nur in Grenzen möglich ist, weil die Fluktuation und die Fehlzeiten bestimmten Schwankungen unterliegen, die, abgesehen von betrieblichen Ursachen, primär gesamtwirtschaftlichen Tendenzen folgen. Bei einer kurz- und mittelfristigen Betrachtung können jedoch diese Statistiken wesentliche Anhaltspunkte für eine Aussage liefern.

Die Statistik über die Belegschaftsstruktur sagt aus, wie sich die Belegschaft altersmäßig oder qualitativ gruppenmäßig zusammensetzt, was grundsätzlich für die Personalplanung wichtige Anhaltspunkte liefert, aber auch von Bedeutung ist, wenn über eine langfristige Personalplanung Veränderungen angestrebt werden. Hier erhält man beispielsweise Hinweise darüber, ob die Belegschaftsstruktur rein altersmäßig dem Unternehmenszweck entspricht oder über die Beschaffungsplanung sonstige Veränderungen in der Struktur der Belegschaft angestrebt werden müssen. Das ist beispielsweise für Unternehmen, die eine deutliche Überalterung aufweisen oder die in bestimmten Bereichen, wie Fließbandfertigung, Außendienst oder Werbung bewußt eine bestimmte, niedrige Altersstruktur anstreben, wichtig. Von grundsätzlicher Bedeutung ist diese Überlegung jedoch in den Fällen, in denen innerhalb einer Branche oder eines Unternehmens grundlegende Umstrukturierungen erforderlich sind.

Diese Statistik sagt nämlich insbesondere aus, ob das Verhältnis der Qualifikation der einzelnen Mitarbeitergruppen untereinander bereits den gegenwärtigen und zukünftigen Erfordernissen des Unternehmenszieles entspricht.

Es muß Klarheit darüber bestehen, wie beispielsweise das Verhältnis von diplomierten Ingenieuren zu graduierten Ingenieuren oder das Verhältnis vergleichbarer anderer Berufsgruppen zueinander sein soll. Das gilt auch für die Anzahl der Auszubildenden und ganz allgemein für das Verhältnis der einzelnen Mitarbeitergruppen, sei es nun Lohnempfänger gegenüber Gehaltsempfängern oder Tarif-Mitarbeiter gegenüber außertariflichen Mitarbeitern. Diese Frage ist nicht nur aus strukturellen Gründen wichtig, sondern hat auch eine Beziehung zur Zufriedenheit einzelner Mitarbeitergruppen und vor allem zur Kostensituation des Personals.

Schließlich bekommt man auch von der Belegschaftsstruktur neben den organisatorischen und technisch fundierten Daten über die zukünftige Entwicklung des Unternehmens und den damit verbundenen qualitativen Anforderungen Anhaltspunkte über die Planung der allgemeinen Qualifikationsentwicklung. In dieser Hinsicht muß in Zukunft eine klare Vorstellung vorhanden sein, weil das nicht nur für die bloße Planung bedeutsam ist, sondern auch für die Entwicklung der Personalkosten.

Da es bei diesen Überlegungen deutlich auf die Qualifikation ankommt, sollte die Strukturierung der Belegschaft nach Qualifikationsgruppen erfolgen, z.B.:

- Gewerbliche Mitarbeiter für Hilfs- und Anlerntätigkeiten
- Gewerbliche Fachkräfte
- Kfm. oder technische Angestellte ohne Führungsfunktion
- Meister
- Außertarifliche Angestellte mit Führungsfunktion
- Außertarifliche Angestellte ohne Führungsfunktion
- Leitende Angestellte.

Daneben müssen laufen Daten aus dem externen Bereich verfolgt werden. Hier sind in erster Linie folgende Daten von Bedeutung:

- Die Entwicklung der Tarifpolitik
- Die Entwicklung der Arbeitszeit

- Die Entwicklung der Sozialgesetzgebung
- Die Entwicklung des Arbeitsmarktes
- Die Entwicklung der Volkswirtschaft
- Die Entwicklung des betreffenden Wirtschaftszweiges.

Auch hieraus werden wichtige Hinweise für die Personalplanung gewonnen. Die Tarifentwicklung und die Arbeitsmarktentwicklung sind dabei von besonderer Bedeutung, weil sie auf der einen Seite den Trend für die Personalkosten und auf der anderen Seite das mutmaßliche Angebot von Arbeitskräften, sei es generell oder für bestimmte Berufsgruppen, aufzeigen.

c) Praktische Ansätze einer einfachen Personalplanung

Der Kern jeglicher Personalplanung ist die Personalbedarfsplanung. Dabei geht es im einzelnen um folgende Bestimmungsgrößen:

- Ermittlung des Brutto-Personalbedarfs in quantitativer und qualitativer Hinsicht (geplanter Personalbedarf zum Zeitpunkt X)
- Analyse des gegenwärtigen Personalbestandes
- Analyse der zu erwartenden quantitativen und qualitativen Veränderung des gegenwärtigen Personalbestandes bis zum Zeitpunkt X.

Die wesentlichste Voraussetzung einer Personalbedarfsplanung ist die Stellenbeschreibung. Mit ihr lassen sich am besten Stellenbesetzungspläne entwickeln, die die erste Grundlage der eigentlichen Personalbedarfsplanung darstellen. Natürlich können auch Stellenbesetzungspläne ohne Stellenbeschreibungen aufgestellt werden, aber dann sind sie nicht immer sehr genau, erlauben eine gewisse Willkür und erschweren auch die wirtschaftliche Betrachtung im Rahmen der Personalplanung. Die Stellenbesetzungspläne sind vor allem die erste Grundlage der Bedarfsplanung und der Beschaffungsplanung.

Wenn eine differenzierte Personalbedarfsplanung noch nicht vorhanden ist und vorläufig auch noch nicht eingeführt werden kann, weil die Voraussetzungen der Unternehmensplanung nicht gegeben sind, so kann trotzdem mit einer etwas primitiven Methode eine Personalbedarfsplanung entwickelt werden. In diesem Falle wird als erstes für jeden Bereich, jede Abteilung oder jede Gruppe vor Beginn eines Jahres eine einfache quantitative Übersicht nach Mitarbeitergruppen im Hinblick auf die Soll-Besetzung des kommenden Jahres erstellt. Anschliessend wird der Soll-Stellenbesetzungsplan mit dem Ist-Zustand verglichen. Daraus ergibt sich der erste Anhaltspunkt für den Bedarf und somit kann auch der Schritt zur Beschaffungsplanung getan werden.

Diese Unterlage kann schließlich durch die Einbeziehung des Neubedarfs ausgebaut werden. Darüber hinausgehend kann die Beschaffungsplanung dadurch erweitert werden, daß speziell die Zeiträume der Personalbeschaffung berücksichtigt werden, wobei der Zeitraum der Beschaffungsplanung unabhängig ist von den Kündigungsfristen, den Fluktuationsziffern und der Knappheit einzelner Gruppen.

Schließlich kann diese Unterlage auch noch bis zur Einsatzplanung ausgedehnt werden, indem ebenfalls in Abhängigkeit von der Planung der Beschaffung die Zeiträume für den Personaleinsatz bestimmter Einzelpersonen oder Gruppen festgelegt werden. Dasselbe gilt auch für den Anschluß an die Entwicklungs- und Bildungsplanung. Dann wird allerdings die Personalplanung außerordentlich kompliziert, weil hier auch die Interessen des Mitarbeiters Berücksichtigung finden müssen und nicht nur die Interessen des Unternehmens. Natürlich dominiert bei diesem Vorgehen immer noch die quantitative Betrachtungsweise. Das ist bei einem solchen Anfang nicht zu umgehen.

Auf diese Weise ergibt sich das nachstehende Schema für jeweils eine Abteilung oder einen Unternehmensbereich, wobei die Summe aller Detail-Bedarfspläne die gesamte Unternehmens-Personalbedarfsplanung ergibt:

Personalbedarfsplanung 1978

Kategorie	Soll 1. 1. 1978	Ist 1. 1. 1978	Geschätzte Fluktuation	Pensionierung	Beförd. oder Versetzung in andere Bereiche	Geplante Versetzung in den Bereich	Abgänge durch Wehrdienst	Rückkehr vom Wehrdienst	Fehlbedarf 1. 1. bis 31. 12. 1978
Betriebsleiter	1	1	–	1	–	1	–	–	–
Betriebsassistenten	3	3	–	–	1	–	–	–	1
Meister	6	5	–	1	1	2	–	–	1
Vorarbeiter	20	18	1	2	2	3	–	–	4
Facharbeiter	100	90	10	3	5	6	2	7	17
Hilfsarbeiter	80	80	12	4	2	2	3	8	11
Techn. Angest.	10	10	1	1	2	2	1	2	1

Vielfach wird jedoch auch eine sehr einfache und grobe quantitative Personalplanung anhand von Mitarbeiterkategorien vorgenommen: Hierfür ein Beispiel:

	Mitarbeiter	Unteres Management	Mittleres Management	Oberstes Management
	Tarifangestellte in oberen Tarifgruppen Tarifangestellte in mittleren Tarifgr. Tarifangestellte in unteren Tarifgruppen Gewerbl. Mitarbeiter in oberen Tarifgruppen Gewerbl. Mitarbeiter in mittleren Tarifgr. Gewerbliche Mitarb. in unteren Tarifgr. Auszubildende - techn. Auszubildende - kfm. Teilzeitbeschäftigte	Meister Leiter von Gruppen	Leiter von Haupt-gruppen Sonstige AT-Mitarbeiter	Unternehmensleitung Leiter v. Bereichen Leiter v. Hauptabtlgn. Leiter von Abteilungen Sonstige leitende Angest.
Soll 1978				
Ist 1. 1. 1978				
Plan 1979				
Plan 1980				
Plan 1981				

Wenn das Personalwesen aus sich selbst heraus zunächst versucht, den Planungsgedanken mit dieser sehr einfachen Methode zu verwirklichen, und die einzelnen Planungsvorgänge nach und nach vollzieht, genügt es vermutlich, zunächst mit einer solchen Planung für die Mitarbeiter im Tarifbereich für die Dauer eines Jahres zu beginnen. An diesem Planungszeitraum wird man so lange festhalten müssen, bis eine integrierte, gut entwickelte langfristige Unternehmensplanung vorhanden ist.

Aber auch im Anfangsstadium einer einfachen Personalplanung sollte man sich um eine Planung der qualifizierten Kräfte, d.h. der Führungskräfte, der Spezialisten und der Nachwuchskräfte dieser beiden Kategorien bemühen, die über einen Zeitraum von fünf oder sogar zehn Jahren reicht. Da die qualifizierten Positionen leichter überschaubar sind und auch in ihren Bewegungen nicht sehr großen Schwankungen unterliegen, ist hier eine mittel- und langfristige Planung auch ohne Integration in einer Unternehmensplanung verhältnismäßig gut möglich.

In dieser Hinsicht haben sich in der Praxis eine Reihe von sehr einfachen Methoden bewährt, die ohne großen Personalaufwand den Beginn einer Personalbedarfsplanung für die qualifizierten Kräfte ermöglichen. Dabei kann man von organisatorischen Grundlagen, d.h. von den Stellenbesetzungsplänen ausgehen, oder aber, was hier sinnvoller ist, weil sich die Bedarfsplanung auch für die qualifizierten Kräfte bereits ebenfalls aus dem dargelegten Schema ergibt, grundsätzlich ausschließlich nach Qualifikationsgruppen vorgehen. Das letztere ist vor allem dann wichtig, wenn eine bestimmte Nachwuchsplanung oder eine bestimmte Planungspolitik für die qualitative Struktur der Belegschaft vorliegt. Diese betonte Planung für qualitative Gruppen wird aus der Sicht der Nachwuchsplanung zunehmend an Bedeutung gewinnen. Hier wirken dann Personalbedarfsplanung und Personalentwicklung sehr eng zusammen.

Auch in diesen Fällen der Planung kann mit Kennziffern gearbeitet werden, indem beispielsweise festgelegt wird, wieviel Prozent einer Ebene die Qualifikation für die nächsthöhere Ebene besitzen sollen. Eine Hilfsgröße ist hier oft der Grundsatz, daß für eine bestimmte Funktion stets mindestens zwei, namentlich in der Planung festgehaltene präsumtive Nachfolger vorhanden sein müssen.

Dies sind naturgemäß Überlegungen, die eher für ein größeres Unternehmen zutreffen. Ein kleineres oder mittleres Unternehmen wird eine derart sorgfältige Planung nicht betreiben können, vor allem, soweit es um die Planung aus den eigenen Reihen geht. Was aber auch hier notwendig ist, ist die grundsätzliche Bedarfsentwicklung in diesem Bereich wie auch im Tarifbereich. Die Beschaffungsplanung ist aber in diesen Fällen mehr als bei einem größeren Unternehmen nach außerhalb gerichtet.

Ein entsprechendes Schema läßt sich im voraus für mindestens fünf Jahre, nach Möglichkeit aber für zehn Jahre erstellen, wobei der Ersatzbedarf von den vorgesehenen Pensionierungen, den individuellen Entwicklungen und der durchschnittlichen Fluktuationsrate ausgeht, die jedoch gerade in den oberen Ebenen erfahrungsgemäß gering ist. Dasselbe Bild kann jedoch auch nach Qualifikationsgruppen erstellt werden, wobei entweder grobe Zusammenfassungen, wie

- untere außertarifliche Angestellte
- mittlere außertarifliche Angestellte
- obere außertarifliche Angestellte

oder

- Nachwuchs für Führungskräfte
- Nachwuchs für Spezialisten

eine Rolle spielen, oder berufliche Anhaltspunkte, wie

- diplomierte Wirtschaftswissenschaftler
- graduierte Betriebswirte
- diplomierte Ingenieure
- graduierte Ingenieure
- Diplom-Chemiker
- Diplom-Physiker

und dergleichen. Daneben wird auch hier immer nach Ersatzbedarf, Neubedarf, Beschaffung (extern oder intern) und nach dem Einsatz differenziert.

In manchen Unternehmen, oft sind es die kleinen oder mittleren, wird einfach zu Beginn eines Jahres eine Liste erstellt, die alle qualifizierten Positionen enthält und das Datum des voraussichtlichen Ausscheidens sowie die Frage der Vertretung und der Nachfrage zu klären sucht.

Andere Unternehmen haben nur bestimmte Merkmale in einem Organisationsplan, um von daher Anhaltspunkte oder Anstöße für eine langfristige Planung der qualifizierten Kräfte zu gewinnen. Diese Merkmale umfassen dann meist die Dauer der Betriebszugehörigkeit, das Lebensalter und die Zeitdauer der innegehabten Position.

Einige Unternehmen haben für die Ermittlung des Personalbedarfs eine Checkliste erstellte. Das nachstehende Beispiel stellt sogar eine Checkliste dar, die nicht nur die Bedarfsplanung berücksichtigt, sondern auch die Beschaffungsplanung mit einbezieht.

Checkliste für den Personalbedarf

1. Liegt ein Personalbedarf (Mehr-/Ersatzbedarf) vor?

2. Ist der Bedarf hinreichend beschrieben?
   - quantitativ
   - eine Person
   - mehrere Personen
   - verschiedene Mitarbeitergruppen
   - qualitativ
   - Nationalität
   - Geschlecht, Alter
   - Arbeitnehmergruppe (Gewerbliche/Angestellte)
   - Ausbildung, Vorbildung, Berufserfahrung
   - Anforderungsprofil vorhanden?
   - zeitlich
   - einmalig/mehrmalig
   - permanent
   - zu welchem Zeitpunkt, in welchem Zeitraum?
   - betrieblich (Arbeitsplatz/Abteilung)

3. Sind alle Möglichkeiten der internen Betreuung ausgeschöpft?
   - ist Mehrarbeit möglich?
   - ist Übernahme zusätzlicher Aufgaben möglich?
   - Versetzung
   - horizontal (Parallelversetzung)
   - vertikal (Beförderung, Herabstufung)

4. Kann der Bedarf gezielt von außen gedeckt werden?
   - Kontakte zu anderen Firmen
   - Personalberater
   - Arbeitsverwaltung

- Abschluß von Arbeitnehmerüberlassungsverträgen/Fremdfirmen?
- durch befristete AN-Überlassungsverträge
- durch Auftragsvergabe an Dritte
- durch Heimarbeit

5. Sind alle denkbaren Restriktionen beachtet?
   - Mitbestimmungsrechte des Betriebsrates
   - bei Einstellungen
   - bei Umgruppierungen
   - bei Versetzungen
   - bei innerbetrieblichen Stellenausschreibungen
   - bei Auswahlrichtlinien
   - bei sonstigen personellen Maßnahmen
   - sind die erforderlichen Fristen eingehalten?

6. Ist die Beschaffung wirtschaftlich vertretbar?
   - Verträgt sich die Beschaffung mit dem Personalbudget?
   - Sind die Beschaffungskosten vertretbar?

7. Sind alle rechtlichen Gesichtspunkte beachtet?
   - Arbeitnehmerschutzgesetz (Schwerbehindertengesetz, AZO)
   - Gesundheitsvorschriften (Sondergesetze, arbeitsmedizinische Untersuchungen)

8. Sind soziale und moralische Gesichtspunkte berücksichtigt?
   - Liegen »Beschäftigungszwänge« (Arbeitslose, Ausländer) vor?
   - Anbieten von Ausbildungs-/Praktikantenstellen (Jugendarbeitslosigkeit)?
   - Einstellung von Schwerbehinderten?

9. Liegen alternative Beschaffungspläne vor?

10. Ist eine Abstimmung mit den anderen Unternehmens- bzw. Personalplanungsbereichen notwendig und erfolgt?

Aus der Ermittlung des Bedarfs der einzelnen Mitarbeitergruppen ergibt sich schließlich die Planung der Beschaffung.

Die Anhaltspunkte für die Planung der Personalbeschaffung ergeben sich aus der Personalbedarfsplanung. Dort wurde ermittelt und festgelegt, wann, wo, welcher quantitative und qualitative Personalbedarf entsteht.

Die Planung der Personalbeschaffung hat dafür Sorge zu tragen, daß der Personalbedarf zum vorgesehenen Zeitpunkt in der geplanten Qualität und Quantität gedeckt werden kann. Für die Personalbeschaffung bieten sich dabei folgende Märkte an:

- Beschaffung von innen
- Beschaffung von außen durch neue Mitarbeiter
- Beschaffung von außen im Leasing-Verfahren.

Die Beschaffung von innen sollte bei der Beschaffungsplanung aus grundsätzlichen personalpolitischen Überlegungen eine große Bedeutung haben. Daneben legt hier auch das Betriebsverfassungsgesetz durch die vorgeschriebene innerbetriebliche Stellenausschreibung einen gewissen Zwang auf.

Trotzdem werden oft die innerbetrieblichen Möglichkeiten begrenzt sein, weshalb die Beschaffungsplanung sich deutlich nach außen orientieren muß. Die Beschaffungsplanung muß sowohl mediativ als auch zeitlich folgende Möglichkeiten berücksichtigen:

- Die Arbeitsverwaltung
- Schulen, Fachschulen, Fachhochschulen, Hochschulen und Universitäten
- Zeitungsanzeige
- Plakatanschlag
- Aushang
- Kinoreklame
- Hauswurfsendung.

Für den innerbetrieblichen Beschaffungsmarkt ist es wichtig, stets eine Strukturanalyse der Belegschaft anstellen zu können, somit das vorhandene Potential zu kennen und schließlich, und dies wird die größte Schwierigkeit bereiten, die Veränderung des gegenwärtigen Potentials der Belegschaft im voraus zu berechnen.

Wenn gleichzeitig durch die Bedarfsplanung feststeht, welche Veränderungen sich im gegenwärtigen Einsatz der Belegschaft ergeben, liegen auch Anhaltspunkte dafür vor, wie sich der innerbetriebliche Markt entwickeln wird. So ergeben sich folgende Planungsfaktoren für die innerbetriebliche Personalbeschaffungsplanung:

- Zeitlicher Ablauf der Veränderung der gegenwärtigen Stellen

- Zeitlicher Plan der Stellenbesetzung
- Stand der gegenwärtigen Potentials der Belegschaft
- Veränderung des Potentials der Belegschaft in der Zukunft (Personalentwicklung)
- Quantitative und qualitative Erfordernisse.

Da die Beschaffung auf unterschiedliche Märkte ausgerichtet ist, muß auch die Planung der Beschaffung entsprechend orientiert sein. Grundsätzlich sind bei der Beschaffung folgende Faktoren von Wichtigkeit:

- Die Kündigungsfristen der einzelnen Mitarbeitergruppen (lt. Gesetz und in der Praxis)
- Die Entwicklung der Bevölkerungsstruktur
- Die Entwicklung der Arbeitszeit
- Änderungen in den Arbeitsbedingungen
- Die Entwicklung der Sozialgesetzgebung (z.B. im Hinblick auf das Pensionierungsalter)
- Die Entwicklung in der Bildungspolitik
- Die Branche, die Größe und der Standort des Unternehmens
- Das Personalbild des Unternehmens auf dem Markt
- Das Verhalten der anderen Unternehmen
- Die Mobilität einzelner Mitarbeitergruppen.

Damit die Beschaffung ihr Planziel erreichen kann, muß unter Berücksichtigung der genannten Faktoren eine zeitliche Beschaffungsplanung für bestimmte Mitarbeitergruppen oder einzelne Personen im Detail aufgestellt werden. Hier spielt vor allem eine Rolle, wann die zu besetzende Stelle besetzt sein muß, wie die Kündigungsfristen für den betreffenden Fall üblicherweise sind und mit welcher Beschaffungszeit erfahrungsgemäß zu rechnen ist.

Hier kann folgendes Schema Hilfe leisten:

1. - 2. Woche	Festlegung bzw. Abstimmung des Anforderungsprofils
3. Woche	Festlegung des Werbemittels und Gestaltung im einzelnen
4. Woche	Tätigkeit des Werbemittels
5. - 7. Woche	Bewerbergespräche
8. Woche	Absprache im Unternehmen über die Auswahl
9. - 10. Woche	Vertragliche Fixierung und Vertragsvereinbarung
11. - 20. Woche	Antritt

Um die Personalbedarfsplanung realisieren zu können, kommt es nicht nur auf eine erfolgreiche Planung der Personalbeschaffung an, sondern im gleichen Maße auf eine sorgfältige Planung des Personaleinsatzes weshalb folgende Faktoren eine Rolle spielen:
- Analyse des Arbeitsplatzes
- Stellenbeschreibung
- Stellenplan
- Ergebnisse der Personalauslese
- Ergebnisse der Personalbeurteilung
- Ergebnisse des Mitarbeitergesprächs
- Ziele der Personalentwicklung
- Gestaltung der Personalentwicklung
- Gestaltung des Arbeitsablaufes.

Bei der Planung des Personaleinsatzes sollen nicht nur die Erfordernisse der unternehmensbezogenen Personalbedarfsplanung zur Geltung kommen, sondern im gleichen Maße auch Anhaltspunkte, die auf den Mitarbeiter bezogen sind. Diese Anhaltspunkte wurden zwar auch bislang oft nur aus der Sicht des Unternehmens gewonnen, aber in Zukunft müssen immer ausgeprägter auch die speziellen Erwartungen der Mitarbeiter eine Rolle spielen. Hier wird die große Schwierigkeit der zukünftigen Personalplanung liegen. Denn mit diesen Überlegungen kommt nicht nur von den Arbeitsplätzen oder den gegenwärtigen Fähigkeiten und Anlagen der Mitarbeiter ein qualitatives Element in die Personalplanung hinein, sondern es bestimmen auch die Erwartungen der Mitarbeiter die Personalentwicklung. Der Interessenausgleich zwischen Unternehmen und Mitarbeiter wird auf diese Weise in der Personalplanung sichtbar und wird gleichzeitig zu einer Aufgabe der Personalführung. Eine Aufgabe, die jedoch nicht immer zur vollen Befriedigung aller Beteiligten gelöst werden kann.

Es wird ferner anhand der Grundlagen der Planung des Personaleinsatzes deutlich, wie sehr organisatorische und arbeitswissenschaftliche Daten von Bedeutung sind. Insofern müssen nicht nur stets die gegenwärtigen organisations- oder ablauforientierten Daten für den Personaleinsatz vorliegen, sondern auch ständig der Personalbedarfsplanung angepaßt werden. Insofern verändert nicht nur die Technologie die Arbeitsplätze und die Arbeitsabläufe, sondern auch die Personaleinsatzplanung muß dafür Anstöße geben.

Die Planung der Personalentwicklung ist die auf den Mitarbeiter bezogene Seite der Personalplanung. Sie geht in erster Linie von dem Potential und den Erwartungen der Mitarbeiter aus und versucht, sie mit der Planung des Personalbedarfs, welche im allgemeinen primär unternehmensbezogen ist, in Einklang zu bringen. Es kommt somit darauf an, die Anlage und Fähigkeiten der Mitarbeiter weiter zu entwickeln und sie mit der Entwicklung der Arbeitsplätze und Funktionen im Unternehmen in Übereinstimmung zu bringen. Die Entwicklung der Organisation im Unternehmen und die Entwicklung der Mitarbeiter sollen sich somit möglichst synchron vollziehen.

Entscheidende Anhaltspunkte für eine Planung der Personalentwicklung sind die Beurteilung der Mitarbeiter und die Erwartungen der Mitarbeiter. Das Mittel, um Unterlagen für eine Planung der Personalentwicklung zu bekommen, ist das regelmäßige Gespräch mit dem Mitarbeiter, welches im allgemeinen Entwicklungs-, Förderungs- oder Beratungsgespräch genannt wird.

Die Planung der Personalbildung soll schließlich dafür sorgen, daß die erforderlichen Mitarbeiter für die geplanten Tätigkeiten auch über die notwendige fachliche und sonstige Qualifikation verfügen. Ihre Ziele erhält die Planung der Personalbildung von der Personalbedarfsplanung und der Entwicklungsplanung der Mitarbeiter. Ganz allgemein sind die Basisinformationen der Bildungsplanung:

- Der zukünftige Bildungsbedarf aufgrund veränderter Technologien oder Organisationsstrukturen
- Die durch den Personalbedarf ermittelten Bildungsbedürfnisse
- Die durch die Planung des Personaleinsatzes ermittelten Bildungsbedürfnisse im Falle von Um- oder Versetzungen
- Die im Rahmen der Personalentwicklung festgestellten individuellen Bildungsbedürfnisse.

Das entscheidende Problem der betrieblichen Bildungsplanung ist somit die Ermittlung des Bildungsbedarfs. In der Praxis wird versucht, dies durch Befragungen der Vorgesetzten und der Mitarbeiter festzustellen. Das kann aber nur eine sehr unvollkommene Methode sein. Hier liegt noch eine größere Lücke vor.

Anhand der Bildungsbedarfsanalyse ergibt sich schließlich die Entwicklung allgemeiner, spezieller und individueller Bildungsprogramme.

Eine Personalplanung ist unvollständig, wenn nicht auch die damit verbundenen Kosten geplant und kontrolliert werden. Es wird dabei relativ leicht sein, die sich aus der Personalbedarfsplanung ergebenden Soll-Personalkosten zu ermitteln. Eine Ist-Analyse zeigt die gegenwärtigen Kosten auf und von daher lassen sich die zukünftigen Personalkosten ermitteln. Trotzdem ist die betriebliche Praxis in diesem Bereich am wenigsten fortgeschritten. Nicht zuletzt deshalb, weil vor allem die Schätzung der Entwicklung der Personalkosten schwierig ist.

Hinzu kommt, daß stets das variable Element der individuell bezogenen Personalplanung ein Problem ist.

Grundsätzlich handelt es sich hier um folgende Kosten:

- Brutto-Löhne und -Gehälter
- Übertarifliche Lohn- und Gehaltsbestandteile
- Variable, zusätzliche Einkommensbestandteile
- Sozialleistungen nach Gesetz, nach Tarif, freiwillig
- Arbeitswissenschaftlicher Aufwand
- Bildungsaufwand
- Sonstige Personalnebenkosten.

Ferner spielen hier folgende Daten eine Rolle:

- Die Entwicklung des Lebenshaltungskostenindex
- Die Entwicklung der Produktivität

- Die Entwicklung der Tarifpolitik
- Die Entwicklung der Arbeitszeit.

In manchen Unternehmen gehen derartige Personalkosten in die Budgetplanung ein. Andere wiederum besitzen detaillierte Personalkostenpläne, die an eine Fertigung oder an den Umsatz gebunden sind. Das letztere setzt aber eine sehr verfeinerte Kostenrechnung voraus und bedingt auch meist das Vorhandensein einer umfassenden Unternehmensplanung.

Diese ersten Ansätze dürfen nicht darüber hinwegtäuschen, daß sie nur den Beginn einer Personalplanung darstellen können und im Laufe der Zeit immer mehr eine Verfeinerung benötigen. Sie gehen am Anfang allein von einer quantitativen Betrachtungsweise aus und berücksichtinur sehr begrenzt eine qualitative Sicht, aber oft nicht die Veränderungen in der Qualifikation und in der Entwicklung des einzelnen Mitarbeiters.

Es ist aber wenigstens auf diese Weise möglich, auch ohne eine Koordination der Detailpläne im Unternehmen mit einer Personalplanung zu beginnen. Die Praxis zeigt auch immer wieder, daß, wenn man diese Daten mit den Führungskräften der jeweiligen Bereiche durchspricht, sie sich nach und nach für eine derartige Planung interessieren und anfangen, langfristiger zu denken und zu planen. Zu Beginn wird allerdings von den betreffenden Fachvorgesetzten häufig die Antwort gegeben, daß nicht so genau gesagt werden könne, wie die zukünftige Entwicklung vor sich gehen wird. Das gilt insbesondere für die Führungskräfte im Fertigungsbereich, weniger für die Führungskräfte im Marketing oder im Finanzbereich. Deshalb ist es vermutlich sinnvoll, zunächst lediglich die Planung des kommenden Jahres zu diskutieren und erst nach und nach längerfristige Zeiträume anzustreben.

Hierin sollte man auch keinen Nachteil sehen, denn je langfristiger eine Planung ist, desto unsicherer ist auch, ob die Zielvorstellungen sich realisieren lassen. Je langfristiger eine Planung ist, desto deutlicher wird demnach, daß eine Planung nicht ein starres Schema zum Ablauf bestimmter Maßnahmen abgeben kann, sondern lediglich eine Hilfe zur Erreichung eines bestimmten Zieles darstellt. Aber diese Erkenntnis setzt oft bereits einen gewissen Erfahrungsschatz an Planung voraus und kann am Anfang des Planungsstadiums nicht erwartet werden.

d) Die Entwicklung einer integrierten Personalplanung

Es liegt aber im Interesse des einzelnen Mitarbeiters und des Unternehmens, daß eine derartige Planung möglichst optimal versucht wird, um für beide Seiten, wenn auch im Rahmen des wirtschaftlichen Risikos, möglichst die Gewähr dafür zu erzielen, daß sich die Erwartungen erfüllen. Je mehr Unsicherheit für das Unternehmen und damit für den einzelnen Mitarbeiter besteht, desto offensichtlicher werden dessen Leistungsbereitschaft und Einstellung gegenüber dem Unternehmen beeinflußt. Insofern hat jede Personalplanung nicht nur einen wirtschaftlichen Inhalt, sondern ebenso eine Bedeutung für die Leistungsbereitschaft der Mitarbeiter im Unternehmen.

Darüber hinaus ist es in der Integrationsperiode unerläßlich, daß der Mitarbeiter seine individuellen Erwartungen zur Geltung bringen kann. Diese können aber nur bei einer langfristigen Personalplanung befriedigende Berücksichtigung finden. Hier kommt demnach ein wesentlicher Teil der qualitativen Personalplanung zur Geltung.

Es ist unerläßlich, konsequent eine umfassende, detaillierte und langfristige Personalplanung zu entwickeln, die obendrein in die Unternehmensplanung integriert ist. Dabei sollte auch schließlich die Entwicklung von der Sukzessivplanung zur Simultanplanung gehen. Die Anwendung der elektronischen Datenverarbeitung wird hierfür die entsprechende Hilfe leisten können. Sie wird es darüber hinaus grundsätzlich ermöglichen, von den einfachen Ansätzen einer Personalplanung zu einer wirklich funktionierenden Personalplanung fortzuschreiten, die gemäß dem nachstehenden Schema abläuft.

Das Schaubild zeigt skizzenhaft den Ablauf einer integrierten Personalplanung und die wesentlichsten Seiten der Teilplanungsarten. Selbstverständlich können diese einzelnen Elemente der Personalplanung nur begrenzt für sich betrachtet und zur Anwendung gebracht werden. Auch im zeitlichen Ablauf ist eine unterschiedliche Betrachtungsweise nur teilweise möglich. Im Grundsatz sollten diese einzelnen Elemente stets zugleich analysiert, koordiniert und entsprechend zur Anwendung gebracht werden. Insofern sollte eine Arbeitsgruppe, die sich aus den für die Personalplanung in Betracht kommenden funktionalen Bereichen des Personalwesens zusammensetzt, die Garantie dafür abgeben, daß eine solche Personalplanung als geschlossenes System zur Anwendung gelangt. Die Leitung des Arbeitskreises sollte in den Händen eines Personalplanungs-Fachmannes liegen.

Es ist aber nunmehr möglich, die nachstehenden Ziele einer Personalplanung zu erreichen:

Abb. 15

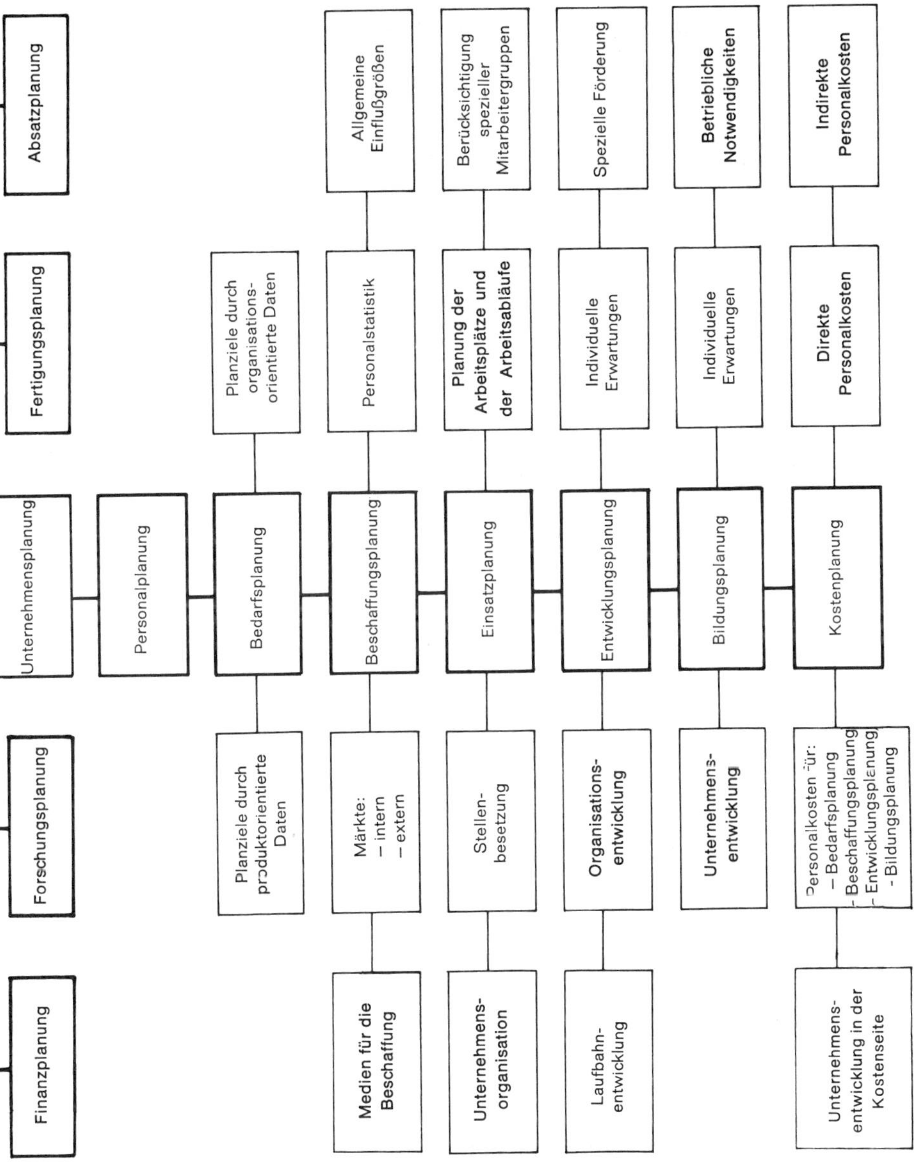

- Das benötigte Personal dem Bedarf nach differenziert zu ermitteln
- Die rechtzeitige Beschaffung des erforderlichen Personals vorzusehen
- Den optimalen Einsatz des Personals zu garantieren
- Die rechtzeitige Bildung der Mitarbeiter zu betreiben
- Die individuelle Entwicklung des Personals zu steigern
- Die Planung und Kontrolle der Personalkosten zu ermöglichen.

Der Betriebsrat oder Vertreter des Betriebsrates sollten Mitglieder eines solchen Arbeitskreises sein, ohne dabei von einer Parität auszugehen; denn es geht hier nicht um die Klärung grundsätzlicher Fragen, sondern um einen Integrationsprozeß der Zusammenarbeit. Dabei sollte auch in Kauf genommen werden, daß in diesem Falle die Rolle des Betriebsrates stärker berücksichtigt wird als im Betriebsverfassungsgesetz vorgesehen ist und er auch über Planungsvorgänge informiert wird, die unmittelbar mit der Personalplanung zusammenhängen und nicht eine Unternehmensplanung beinhalten. Würde der Betriebsrat aber nicht in den Ablauf der Planung eingeschaltet sein, sondern erst bei den jeweiligen Teilplanungsaspekten mit den Daten konfrontiert werden, so besteht die Gefahr, daß der Ablauf der Planung nicht nur durch Formalismen gestört, sondern generell behindert wird. Damit gäbe es zwar eine langfristige Personalplanung, aber keine reibungslose Realisierung derselben. Es darf auch nicht verkannt werden, daß der Ablauf der Planung im einzelnen auf vielfältige Weise die Rechte des Betriebsrates berührt, sei es über den Wirtschaftsausschuß, in der Beschaffung, beim Einsatz und in der Bildungsarbeit. Somit sind vielfältige Möglichkeiten des Eingreifens seitens des Betriebsrates gegeben.

Gerade die integrierte Personalplanung im Rahmen einer modernen Personalführung zeigt auf, wie leicht die Automatik des Vorgehens mit den gesetzlich vorgesehenen Institutionen in Konflikt geraten kann. Die Integration scheint die beste Möglichkeit zu sein, mit dieser Problematik fertig zu werden. Sie setzt jedoch auf beiden Seiten den guten Willen voraus und den Verzicht, auf die bloßen Rechte zu pochen.

Gerade in der Personalplanung ist die Mitwirkung des Betriebsrates von großer Bedeutung, weil von dort praktisch alle Personalvorgänge – wie Einstellung, Versetzung, Umsetzung oder Entlassung –, berührt werden und deren reibungsloser Ablauf durch das rechtzeitige Einschalten des Betriebsrates gewährleistet werden. Je qualitativer eine Personalplanung orientiert ist, desto häufiger wird sie mit kollektivistischen Vorstellungen zusammenstoßen, so daß die langfristige Personalplanung auch hier einen frühzeitigen Ausgleich ermöglicht.

3. Die Personalbeschaffung und -auslese

Die Personalbeschaffung ist eine der wesentlichsten und ureigensten Aufgabe der betrieblichen Personalarbeit. Sie soll das erforderliche Personal der Zahl und der Qualität nach zum geplanten Zeitpunkt leistungsfähig und leistungsbereit zur Verfügung stellen. Deshalb gehört sie zu den klassischen Funktionen der betrieblichen Personalarbeit, gleichgültig, wie die wirtschaftlichen Gegebenheiten sind und ohne Rücksicht darauf, in welcher Phase der Personalarbeit man sich befindet. Von daher werden lediglich Einflüsse auf die Art der Personalbeschaffung ausgehen, aber sie stellen die Bedeutung dieser Maßnahme nicht in Frage.

Daneben ist eine ganz bestimmte Einstellung spürbar, die bei der täglichen Handhabung der Personalbeschaffung in den Unternehmen immer wieder auffällt und zum Ausdruck bringt, wie sehr von überkommenen Vorstellungen ausgegangen wird, deren Grundlage im Kern nicht mehr gegeben ist. Viele Unternehmen gehen meist unbewußt immer noch davon aus, daß genügend Arbeitskräfte auf dem Markt vorhanden sind und es nur darauf ankommt, diese für das Unternehmen zu gewinnen. Der Ausgangspunkt für die Personalbeschaffung ist deshalb hier nach wie vor primär der Arbeitsplatz oder eine bestimmte Tätigkeit, aber nicht der Mensch, der gesucht wird. Soweit es ihn betrifft, werden lediglich bestimmte Kriterien der Qualifikation festgelegt, die ihrerseits ausschließlich von dem Arbeitsplatz abgeleitet werden. Der Mensch als solcher hat zunächst noch keinen Platz in der Vorstellungswelt der Beschaffung. Es wird je nach der Qualifikation eine bestimmte Beschaffungskampagne gestartet, die entweder inner- oder außerbetrieblich abläuft in der Hoffnung, auf diese Weise die geeignete Arbeitskraft zu finden. Je nach Bedarf wird eine bestimmte Aktion gestartet, und es ist meist üblich, daß für ähnliche oder gleichwertige Tätigkeiten in bestimmten Abständen der Beschaffungsaufwand wiederholt wird, weil zwar vielleicht die vorangegangene Aktion erfolgreich war, aber inzwischen eine neue notwendig geworden ist.

Es wird gleichzeitig darüber geklagt, daß die Anwerbungskosten laufend steigen und sich in vielen Fällen innerhalb einiger Jahre vervielfacht haben. Die reinen Anwerbungs- und Beschaffungskosten, ohne die Prozedur des Anlernens oder sonstiger, weniger klar erfaßbarer Kosten, betragen heute bei einem Unternehmen mit 1000 Beschäftigten, wenn es in einem wirtschaftlichen Ballungszentrum liegt, nicht selten jährlich 150000,-- bis 200000,-- DM. Häufig sind heute für die Einstellung eines neuen Mitarbeiters im Durchschnitt allein 500,-- bis 1000,-- DM an Inseratkosten aufzuwenden. Das ist im Personaletat ein recht ansehnlicher Posten, der entsprechende Beachtung verdient. Es macht aber auch deutlich, mit welchen Kosten eine Fluktuation der Mitarbeiter verbunden ist. Aber nicht zuletzt sollte diese Tatsache auch ein Anlaß dazu sein, die wirtschaftliche Seite der Personalbeschaffung zu sehen und die Methoden unter diesem Gesichtspunkt und im Hinblick auf ihre Effektivität zu überprüfen.

Selten machen sich die Unternehmen Gedanken, ob bei den in der Auswahl stehenden Personen nicht vielleicht besonders qualifizierte Kräfte vorhanden sind, für die es sich lohnen würde, eine bestimmte Tätigkeit im Unternehmen zu suchen. Dann würde der Ansatz beim Menschen liegen. Dies geschieht jedoch praktisch kaum. Dabei liegt dieser Handlungsweise oft nur der Gedanke der Wirtschaftlichkeit zugrunde, denn ein Unternehmen wird verständlicherweise erst dann in der Beschaffung aktiv, wenn ein Arbeitsplatz zu besetzen ist. Es sollen somit Leerläufe im Personaleinsatz oder ein Horten von Arbeitskräften vermieden werden. Trotzdem sollte öfter als bisher die Frage gestellt werden, ob nicht auch eine Beschaffungspolitik mit gelegentlichen Leerläufen und überschaubarem Horten wirtschaftliche Vorteile haben kann, wenn alle mit einer Beschaffung zusammenhängenden Kosten in Betracht gezogen werden. Hier und da wird bei einer wirtschaftlichen Hochkonjunktur bereits danach gehandelt, beispielsweise, wenn es um besonders knappe Kräfte geht, wie es bei Schreibkräften oft der Fall ist. In solchen Fällen scheuen sich aus guten Gründen manche Unternehmen nicht, auch auf Verdacht einzustellen. Dies bedeutet aber auch, daß, je besser die Planungsunterlagen sind, desto eher ein solches Vorgehen gewagt werden kann.

Unabhängig von der wirtschaftlichen Seite der Personalbeschaffung scheint es aber wichtig zu sein, neben den Kriterien, die sich aus dem Arbeitsplatz ergeben, auch die Anhaltspunkte, die sich aus den Menschen ableiten lassen, zur Geltung zu bringen. Das ist nicht nur ein Erfordernis der primär menschlich orientierten Integrationsphase, sondern auch ein Akt des rechnerischen Kalküls. Hier schlummern nämlich die wesentlichen Reserven für die zukünftige Personalbeschaffung, und zwar nicht nur bei den sonstigen Bewerbern, die nicht unmittelbar benötigt werden, weil vielleicht nur einer eingestellt werden kann, sondern auch bei den vorhandenen Mitarbeitern. Daran wird deutlich, daß die Personalbeschaffung keine bloße Routineaufgabe mehr sein kann, sondern eine entsprechende Planung und Umsicht verlangt, sowie eine ständige Zusammenarbeit mit der Personalorganisation, der Personalplanung und der Personalentwicklung bedingt.

a) Die Grundlagen der Personalbeschaffung

Jede Personalbeschaffung bekommt verständlicherweise ihre Anhaltspunkte von dort, wo eine bestimmte Postion zu besetzen ist. Dieser Bedarf kann dadurch entstanden sein, daß eine neue Tätigkeit vorgesehen ist, oder eine vorhandene Stelle neu besetzt werden muß, weil eine bisher dort tätige Kraft aus irgendwelchen Gründen ausgeschieden ist oder nicht mehr zur Verfügung steht. Insofern kommt stets der Anstoß für die Personalbeschaffung von der Personalorganisation oder von der Personalplanung, oder was die Regel sein wird: von beiden Funktionen zugleich. Es ist deshalb für eine gute Personalbeschaffung unerläßlich, daß entsprechende organisatorische und planerische Grundlagen vorhanden sind. Andernfalls fehlen oft wichtige Voraussetzungen für die Notwendigkeit oder zumindest für die Anforderungsmerkmale einer entsprechenden Position. Auf keinen Fall besteht unter diesen Umständen die Möglichkeit einer wirtschaftlichen Prüfung oder einer Kontrolle der Personalbeschaffung.

Es ist somit unerläßlich, daß für die Beschaffung die entsprechenden Grundmerkmale aller Tätigkeiten im Unternehmen vorliegen, d.h. es müssen auch wegen der Beschaffungsfunktion für alle Tätigkeiten Stellenbeschreibungen vorhanden sein, die nicht nur die wesentlichen Aufgaben enthalten, sondern auch die grundlegenden Anforderungen. Sofern Stellenbeschreibungen nicht vorhanden sind oder auch sonstige Anforderungsprofile fehlen, sollte die anfordernde Stelle, im allgemeinen der Vorgesetzte, die entsprechenden Hinweise für die Anforderungsmerkmale liefern. Das kann praktisch anhand eines einfachen Abfrage-Schemas geschehen oder eines dafür entwickelten Personalanforderungsbogens. Gegebenenfalls muß ein Gespräch mit der anfordernden Stelle geführt werden, was vor allem vor dem Abfassen einer Zeitungsanzeige unerläßlich ist.

Die entscheidende Quelle der Personalbeschaffung ist für die meisten Unternehmen immer noch der Arbeitsmarkt, in Bezug auf die Gastarbeiter der Markt des Heimatlandes. Inwieweit der Arbeitsmarkt die benötigten Kräfte hergibt, hängt jedoch von der allgemeinen wirtschaftlichen Lage, dem Knappheitsgrad der einzelnen Gruppen, der Attraktivität eines Unternehmens, dem Geschick der mit der Beschaffung befaßten Personen und der Qualität der eingesetzten Werbemittel ab.

Im allgemeinen geht es darum, Arbeitskräfte von anderen Unternehmen abzuwerben oder gänzlich neue Märkte für Arbeitskräfte zu erschließen. Die Bundesrepublik Deutschland bleibt dabei vermutlich auf Gastarbeiter angewiesen, während gleichzeitig die Integrationsfrage für diese Arbeitskräfte eine wachsende Bedeutung erhält. Staat, Gesellschaft und die Unternehmen stehen in dieser Frage vor neuen Überlegungen und Maßnahmen. Der Charakter der Unverbindlichkeit und des Überganges in der Beschäftigung von Gastarbeitern wird bald vorbei sein. Darauf müssen sich auch die betriebliche Personalpolitik und Personalführung einstellen.

Gleichzeitig werden die Unternehmen sich bei einem relativ knappen Arbeitsmarkt bemühen, noch mehr als bisher Frauen in den Arbeitsprozeß einzubeziehen. Wenn die Bereitschaft dafür wachsen soll, müssen entsprechende Anreize geschaffen werden, wie beispielsweise durch Teilzeitbeschäftigung, aber auch in anderer Hinsicht, z.B. durch qualifizierte Tätigkeiten und durch ungehinderten beruflichen Aufstieg. Allerdings müssen auch der Staat und die Gesellschaft daran mitwirken, entsprechende Gegebenheiten für die stärkere berufliche Tätigkeit der Frau zu schaffen. Neben der Einrichtung von Kindergärten wird es vor allem notwendig sein, eine Fortbildungsmöglichkeit für diejenigen Frauen zu schaffen, die für einige Jahre aus familiären Gründen aus dem Berufsleben ausgeschieden sind und Gefahr laufen, den Anschluß an das einmal erworbene Fachwissen zu verlieren. Vor allem für die qualifiziert ausgebildeten Frauen wird sich dieses Problem ergeben. Nur bei Lösung dieser Frage werden sich die Interessen des Unternehmens mit denen der Frauen in Zukunft decken. Diese Probleme müssen von der Personalbeschaffung erkannt und beachtet werden.

Desgleichen wird es in Zukunft eine Aufgabe sein, diejenigen Arbeitskräfte im Arbeitsprozeß zu behalten, die entweder bereits vor Erreichung der Altersgrenze ausgeschieden sind oder dies beabsichtigen. Dieser Personenkreis, der aus dem Arbeitsprozeß ausscheiden will, ist durch die vorgezogene Altersgrenze in der Sozialversicherung relativ groß geworden. Es ist aber fraglich, ob ein großer Teil dieser Gruppe nicht wenigstens eine Teilzeitarbeit weiterhin ausüben möchte. Solange das Selbstwertgefühl auch aus der beruflichen Tätigkeit kommt oder weiterhin ein gewisser Beschäftigungsdrang vorhanden ist, wird mit einer solchen Erwartung gerechnet werden können. Wer physisch oder psychisch einen vollen Arbeitstag nicht mehr durchstehen kann, ist vielleicht in einer Teilzeitarbeit noch gut leistungsfähig.

Der materielle Anreiz für eine solche Weiterbeschäftigung durch eine Teilzeitarbeit ist jedoch gering, weil der Gesetzgeber hier gewisse Grenzen in steuerlicher Hinsicht gezogen hat. Um so mehr kommt es auf die Gestaltung anderer Voraussetzungen an. So sollte möglichst eine Weiterbeschäftigung in der gewohnten Umgebung versucht werden – am gleichen Arbeitsplatz oder wenigstens in der alten Firma. Auf keinen Fall darf das Empfinden einer Degradierung entstehen. Außerdem müssen sonstige Erleichterungen am Arbeitsplatz geprüft werden.

In der betrieblichen Praxis gibt es bisher erst wenige Arbeitsplätze für Teilzeitkräfte, vor allem für männliche Arbeitnehmer. Das hat verschiedene Gründe, wobei wirtschaftliche Überlegungen auch oft eine große Rolle spielen. Die Investition eines Arbeitsplatzes muß wirtschaftlich vertretbar sein, und das ist bei einer Teilzeitbeschäftigung vielfach nicht der Fall. Deshalb wird in solchen Fällen eine zweifache Besetzung versucht werden müssen. Ganz allgemein wird sich hier aber ein neuer Markt auftun.

Eine wesentliche Quelle der Personalbeschaffung, die in der Zukunft maßgebend bei der Personalbeschaffung zu werden scheint, liegt in dem Potential der im Unternehmen vorhandenen Menschen. In Zukunft wird es sehr viel stärker als in der Vergangenheit darauf ankommen, sich stets über das im einzelnen Mitarbeiter vorhandene Potential ein Bild zu machen. Jedes Unternehmen muß nicht nur wissen, welche Kenntnisse, Fähigkeiten und Anlagen die vorhandenen Mitarbeiter besitzen, sondern darüber hinaus, wie sich die Kenntnisse, Fähigkeiten und Anlagen weiter entwickeln lassen. Dieses Potential muß stets der Personalbeschaffung bekannt sein, damit sie ihr Augenmerk bei der Beschaffung nicht nur auf die außerbetriebliche Seite richtet, sondern in gleich starkem Maße, wenn nicht sogar noch stärker, die innerbetriebliche Seite berücksichtigt. Dies ist nicht nur deshalb notwendig, weil in einem modernen Unternehmen nur auf diese Weise auch die Erwartungen der Mitarbeiter erfüllt werden können und eine bestimmte Leistungsbereitschaft wach gehalten werden kann, sondern auch deshalb, weil vielfach bei einem anhaltend knappen Arbeitsmarkt nur hier entsprechende Reserven vorliegen werden.

Es liegt auf der Hand, daß unter diesen Aspekten eine Personalbeschaffung sehr viel umfassender und anders gesehen werden muß, als es in dem bloßen Begriff »Beschaffung« angelegt ist. Nicht von ungefähr wird deshalb in letzter Zeit das Wort »Personal-Marketing« angewendet, um dieses erweiterte Blickfeld anzudeuten. Insofern hat dieser neue Begriff seine Berechtigung. Gleichzeitig wird aber von den Befürwortern dieses Begriffes »Personal-Marketing« ein so starkes Gewicht auf diesen Ausdruck gelegt, daß praktisch die gesamte Personalarbeit damit erfaßt wird; denn das »Marketing« des Personals wird nicht nur als Anwerbung mit allen modernen Mitteln verstanden, sondern auch als Einbeziehung der Personalforschung, der Personalentwicklung und der Personalbildung. In einem solchen Fall liegt sicherlich eine Verschiebung vor, die weder der betrieblichen Praxis gerecht wird, noch dieser so wichtigen Funktion der Personalbeschaffung entsprechen kann. Grundsätzlich ist es aber richtig herauszustellen, daß Personalbeschaffung eine sehr gründlich planende, vorbereitende und durchführende Tätigkeit ist, die in Zukunft mit den herkömmlichen Mitteln nicht immer zu bewältigen sein wird.

Es kommt sehr wesentlich darauf an, nicht nur die organisatorischen planungsmäßigen und entwicklungsmäßigen Grundlagen des Personals im Unternehmen stets zur Hand zu haben, sondern gleichzeitig muß der gesamte Arbeitsmarkt mit seinen vielfältigen Trends bekannt sein. Es müssen Anhaltspunkte darüber zur Verfügung stehen, wie sich der Arbeitsmarkt generell innerhalb der nächsten 10 bis 15 Jahre entwickeln wird, und man muß ferner detailliert wissen, wie diese Entwicklungsphasen für bestimmte Mitarbeiterkategorien verlaufen werden. Stets wird es vermutlich auf dem Arbeitsmarkt bestimmte Mitarbeitergruppen geben, und das hat keinesfalls immer etwas mit einer bestimmten Einkommenshöhe zu tun, die gegenüber anderen Gruppen besonders knapp sind. Deshalb wird es wichtig sein, daß die Beschaffungsfunktion im Unternehmen für die einzelnen Aktionen eine Differenzierung vornimmt, wobei diese Differenzierung keineswegs mit dem vorhandenen Strukturbild der Belegschaft im Unternehmen übereinstimmen wird und muß. Vielmehr wird es hier ganz andere Differenzierungen geben, weil allein die Knappheit auf dem Arbeitsmarkt den Ausschlag gibt, und diese Differenzierungen werden sich vermutlich auch ständig in sich selbst verändern. Deshalb wird es darauf ankommen, sich regelmäßig diese Schwerpunkte auf der Beschaffungsseite neu vor Augen zu führen und sie nach der Dringlichkeitsstufe zu ordnen.

Unter dieser Betrachtungsweise hat die Personalbeschaffung stets folgende Grundlagen und folgende Verbindungen zu beachten:

- Grundlagen der Personalorganisation
- Daten der Personalplanung
- Vorhandensein von Anforderungsprofilen
- Kenntnis des Mitarbeiterpotentials
- Vorausschätzung des Arbeitsmarktes
- Kenntnis der Differenzierung auf dem Arbeitsmarkt
- Methoden der Werbung.

Es ist ferner außerordentlich wichtig, bei der Personalbeschaffung
- den Innenmarkt

und
- den Außenmarkt

zu unterscheiden. Dabei wird es nicht um eine Verlagerung gehen, sondern um einen Ausbau in beide Richtungen. Bislang war die Personalbeschaffung häufig nur als eine Beschaffung von außen gesehen worden. Dies muß sich ändern, denn die Beschaffung aus den Reihen der eigenen Mitarbeiter wird eine immer größere Bedeutung erlangen. Dafür müssen auf der einen Seite die erforderlichen Daten stets griffbereit und eine langfristige Personalentwicklung datenmäßig erfaßbar sein. Auf der anderen Seite muß die Bereitschaft der Vorgesetzten vorliegen, eine solche Personalpolitik, die mit häufigen Versetzungen und Umsetzungen verbunden sein wird, auch mitzumachen. Schließlich müssen auch die Mitarbeiter eine entsprechende Bereitschaft zur Mobilität haben.

Bei dem innerbetrieblichen Markt sind vor allem bestimmte Teilfunktionen des Personalwesens und die Vorgesetzten von großer Bedeutung. Um hier deshalb erfolgreich tätig zu sein, müssen bestimmte Vollmachten für die Personalbeschaffung vorliegen, um eine aktive Rolle spielen zu können. Sowohl personalpolitische Grundsätze und

Richtlinien als auch der Führungsstil sind hierbei von Bedeutung. In einem großen Unternehmen der Automobilindustrie können beispielsweise die Vorgesetzten einer Versetzung eines Mitarbeiters nur für die Dauer einer bestimmten Frist (3 bis 6 Monate) widersprechen und gleichzeitig wird ihre Bereitschaft, die eigenen Mitarbeiter zu fördern bei ihrer Gehaltsüberprüfung als wesentlicher Faktor herangezogen. Auf diese Weise wirken verschiedene Mittel, um die innerbetriebliche Personalbeschaffung und die Personalentwicklung zu handhaben, zusammen.

Auf der anderen Seite ist der Markt außerhalb des Unternehmens nicht leicht zu bearbeiten. Daher sollten auch in dieser Hinsicht neue Überlegungen und Maßnahmen Platz greifen, die differenzierter und fachlich versierter als bisher sind. Insofern müssen hier allgemeine Erkenntnisse aus der Werbung Anwendung finden.

b) Die Methoden der Personalbeschaffung

Je nach der Differenziertheit der einzelnen Mitarbeitergruppen wird sich die Beschaffung unterschiedlich vollziehen. So werden es oft verschiedene Methoden sein, die zur Beschaffung der Mitarbeiter anzuwenden sind. Das Personalwesen muß vor allem stets wissen, wo und wie die verschiedenen Mitarbeitergruppen am ehesten zu beschaffen sind. Danach richtet sich in erster Linie der Einsatz der nachstehenden Quellen und Mittel:

- Kontakt zum örtlichen Arbeitsamt
- Kontakt zur Zentralstelle der Arbeitsverwaltung
- Kontakt zu Schulen, Fachschulen, Fachhochschulen und Universitäten
- Innerbetriebliche Stellenausschreibung
- Einsatz von Massenmedien, wie Zeitung, Kinoreklame und dergleichen
- Wahl des jeweiligen Massenmediums, wie z.B. regionale Zeitungen
- Einsatz von Personalberatern
- Einsatz von Plakatwerbung
- Einsatz von Postwurfsendungen und Handzetteln.

Das gebräuchlichste Mittel der Personalbeschaffung ist die Stellenausschreibung in Zeitungen oder sonstigen Massenmedien. Gelegentlich werden allerdings auch Stellenanzeigen ohne ernstliche Absicht aufgegeben. Man will sich in diesen Fällen oft anhand des Ergebnisses einer Ausschreibung lediglich über die Verhältnisse auf dem Arbeitsmarkt orientieren. In anderen Fällen kann es sich auch um sogenannte »Scheinanzeigen« handeln, weil man einer Formalität Genüge leisten will oder muß, aber den gewünschten Kandidaten schon hat. Solche Ausschreibungen haben Zeitverlust und Kosten für den Bewerber zur Folge. Außerdem muß die Frage erwogen werden, ob nicht noch andere negative Folgen mit diesen Anzeigen ohne ernsthafte Absicht verbunden sind. So kann beispielsweise bei einer häufigen Anwendung eines solchen Mittels der Ruf eines Unternehmens leiden. Auch bei einer chiffrierten »Scheinanzeige« kann sich diese nicht ernsthafte Absicht herumsprechen. An einen breiten Kreis von Bewerbern sollte man sich daher nur dann wenden, wenn die Einstellung eines neuen Mitarbeiters ernsthaft erwogen wird.

Der Erfolg einer Stellenausschreibung hängt von verschiedenen Faktoren ab. Im allgemeinen spielen dabei folgende Einflüsse eine Rolle:

- Die allgemeine oder spezielle Arbeitsmarktlage
- Der Zeitpunkt der Ausschreibung
- Die Art der Ausschreibung.

Die allgemeine und spezielle Arbeitsmarktlage schaffen Voraussetzungen, die je nach den Gegebenheiten den Erfolg einer Stellenausschreibung begünstigen oder erschweren. Da dies dann aber für alle Unternehmen gilt, die als Nachfrager auf einem solchen Arbeitsmarkt auftreten, sind somit die Chancen relativ gleich. Diese lassen sich sogar verbessern, wenn es gelingt, durch die Art und den Ort der Stellenausschreibung attraktiv zu wirken und auf diese Weise trotzdem eine gewisse Anzahl von Bewerbern zu erhalten. Hier spielen vor allem eine Rolle:

- Die Größe der Ausschreibung
- Der Text der Ausschreibung
- Die Originalität der Gestaltung.

Der Einfluß des Zeitpunktes auf den Erfolg der Stellenausschreibung läßt sich demgegenüber weniger unterlaufen. Hier muß man einfach wissen, welche Faktoren zu beachten sind und diese je nach der Zielgruppe beim Einsatz der Stellenausschreibung berücksichtigen. Es kommt vor allem auf folgende Überlegungen an:

- Kündigungsfristen
- Jahreszeit

- Feiertage
- Urlaubszeit
- Schulabschluß
- Examenstermine.

Vor allem aber ist die Art der Stellenausschreibung von großer Bedeutung, ob ein möglichst großer Bewerberkreis angesprochen wird. Aus diesem Grunde muß diese Art der Ausschreibung sehr sorgfältig geplant und durchgeführt werden.

Es gibt verschiedene Mittel, die für eine Ausschreibung genutzt werden können. Folgende Mittel sind hier zu nennen:

- Tagespresse
- Fachpresse
- Partei- und Verbandsorgane
- Anschlag an der Litfaßsäule
- Werbung in der Kinoreklame
- Hauswurfsendungen
- Werbung über Rundfunk und Fernsehen.

Diese verschiedene Mittel werden alle von der betrieblichen Praxis genutzt. Die Anwendung der Mittel hängt häufig von dem Kreis der anzusprechenden Personen ab. So benutzen beispielsweise Unternehmen, die Saisonkräfte benötigen, gerne Hauswurfsendungen oder Kinoreklame. Die Kinoreklame findet auch Anwendung, wenn in Zeiten der Hochkonjunktur die Arbeitskräfte knapp sind. In normalen Zeiten und für normale Mitarbeiter sind diese beiden Methoden aber relativ selten.

Die Tagespresse wird beispielsweise immer dann eingeschaltet, wenn ein normaler Arbeitsmarkt vorliegt. Dieses Mittel ist im allgemeinen sehr erfolgreich, sofern es sich um Mitarbeiter aus dem Tarifkreis oder um bestimmte Qualifikationen auf der unteren Ebene handelt. Wenn man jedoch einen Bewerber für die mittlere und obere Führungsebene sucht, ist die regionale Tagespresse und auch die Fachpresse nicht mehr sehr ergiebig. In diesen Fällen wird die überregionale Tagespresse erfolgreich sein.

Die Tagespresse bietet den Vorteil, daß die Anzeige innerhalb einer kurzen Frist erscheinen kann und eine größere Streuung aufgrund höherer Auflageziffern gewährleistet ist. Dem steht gegenüber, daß durch die Veröffentlichung sehr vieler Inserate die Werbewirkung der einzelnen Anzeigen abgeschwächt werden kann.

Der Vorteil der Fachpresse besteht in dem qualifizierten Leserkreis und der im allgemeinen nicht so hohen Zahl von Anzeigen, so daß auch kleinere und damit billigere Anzeigen zum Erfolg führen können. Wird hier die richtige Zielgruppe angesprochen, ist der Erfolg im allgemeinen sehr groß.

Zu berücksichtigen ist aber, daß Fachzeitschriften meist nur einmal im Monat erscheinen und die Auflagenzahl im Verhältnis zur Tagespresse gering ist. In besonderen Fällen ist die Ausschöpfung sämtlicher Möglichkeiten (innerbetriebliche Ausschreibung, Tages- und Fachpresse) zu erwägen.

Für die Auswahl der Zeitungen bzw. Zeitschriften, in denen die Veröffentlichung erfolgen soll, sind die Auflageziffer, das Verbreitungsgebiet sowie der vermutliche Leserkreis von Bedeutung. Je mehr Wert auf die Meldung möglichst vieler qualifizierter Bewerber gelegt wird, desto wichtiger ist die Kenntnis dieser Tatsache.

Die Kenntnis des Anzeigenschlusses kann vor allem dann von Bedeutung werden, wenn es sich um Monats- oder Vierteljahreszeitschriften handelt, weil zuviel Zeit verlorengeht. Da die Wochenendausgaben der großen Tageszeitungen für Stellenausschreibungen sehr begehrt sind (über das Wochenende werden erfahrungsgemäß die meisten Bewerbungen geschrieben), sind die Anzeigenschlußzeiten hier ebenfalls zu beachten.

Um klare Aufträge erteilen zu können, ist schließlich noch die Kenntnis der wichtigsten redaktionstechnischen Ausdrücke (z.B. bezüglich Schriftwahl, Textverteilung, Größe, Placierung und Kosten) erforderlich. Nur so werden zeitraubende Rückfragen und etwaige Enttäuschungen nach Erscheinen der Anzeige vermieden.

Zu den wesentlichen Merkmalen zur Gestaltung einer Stellenausschreibung gehören:

- Eine kurze Charakteristik des Unternehmens unter Angabe der Branche und der Unternehmensgröße.
- Das Unternehmen sollte nach Möglichkeit offen inserieren. Es hat sich herausgestellt, daß eine unter Firmennamen aufgegebene Anzeige stets quantitativ und qualitativ erfolgreicher ist als eine anonyme Anzeige. Allerdings muß von Fall zu Fall geprüft werden, ob aus

bestimmten Gründen eine offene Ausschreibung möglich ist. Es kann gute Gründe geben, eine Ausschreibung unter Chiffre oder unter Vorschaltung einer Personalberatung aufzugeben. Fest steht aber, daß bei einer offenen Ausschreibung die Angesprochenen besonderes Vertrauen zu dem Inserenten gewinnen.

- Das zukünftige Aufgabengebiet sollte kurz umrissen werden. Der Bewerber muß erkennen, welches Aufgabengebiet ihn erwartet. Deshalb sind vage Begriffe, wie »Persönlichkeit«, zu vermeiden, und stattdessen klare Funktionsbezeichnungen zu verwenden, wie z.B. »Leiter der Betriebsbuchhaltung«. Aus der Formulierung des Ausschreibungstextes sollte sich ferner auch ergeben, auf welcher Funktionsebene der Bewerber seinen Platz finden wird und welcher Entscheidungsspielraum ihm zur Verfügung steht.
- Es sollten Angaben über die Bezahlung, die regionale Lage, die Wohnungsmöglichkeit usw. aus der Ausschreibung hervorgehen. Das ist nicht nur zur Klarheit erforderlich, sondern kann auch bestimmte Anreize verschaffen.
- Eine Stellenausschreibung muß schließlich die Bedingungen und Wünsche des Unternehmens enthalten. Dazu gehören in erster Linie:
  - Hinweise auf die Vorbildung
  - die Altersgrenze
  - Erwartungen im Hinblick auf Erfahrungen
  - Wünsche hinsichtlich der bisherigen Tätigkeit des Bewerbers.
- Angaben über das Eintrittsdatum und über einzusendende Bewerbungsunterlagen (Lichtbild, Lebenslauf, Zeugnisabschrift, Referenzen und Gehaltsansprüche) bilden meist den Abschluß der Ausschreibung.

Zusammengefaßt ergibt sich somit, daß eine Stellenausschreibung im allgemeinen nach folgenden Grundsätzen gestaltet werden sollte:

- Darstellung der zu besetzenden Position in den fachlichen und sonstigen Anforderungen sowie nach den weiteren Entwicklungsmöglichkeiten und dem Stellenwert im Unternehmen.
- Darstellung der Vorteile des Unternehmens in aufgabenmäßiger und entwicklungsmäßiger Hinsicht, der regionalen Lage und den sonstigen Gegebenheiten
- Anforderungen an den Bewerber
- Vorteile für den Bewerber.

– Formalien, wie gewünschte Unterlagen, Zeitpunkt der Einsendung, Adresse für die Bewerbung.

Neben der außerbetrieblichen Stellenausschreibung in einer Zeitungsannonce sind die übrigen Mittel der Werbung relativ weniger bedeutsam. Lediglich der Personalberater kann in bestimmten Fällen eine wichtige Rolle spielen, wie die Praxis immer wieder zeigt. Zwar betrachtet die Praxis den Personalberater oft mit ambivalenten Gefühlen, aber seine Bedeutung für die Beschaffung bestimmter Einzelpersonen oder bestimmter Gruppen ist unbestritten.

Welcher Weg zur Personalbeschaffung gewählt wird, hängt jedoch von der Knappheit, der Qualifikation und der Differenziertheit der zu besetzenden Stelle ab. Fest steht jedoch, daß bei einer relativen Knappheit auf dem Arbeitsmarkt, bei der wachsenden Differenziertheit der Arbeitnehmer und bei den Bestrebungen der Unternehmen, die Mitarbeiter intensiver als bisher im Unternehmen zu integrieren, die Gestaltung der jeweiligen Werbemittel ein größeres Gewicht erhalten wird. Auf keinen Fall werden auf lange Sicht die relativ einfachen Methoden, wie sie bislang häufig noch gebräuchlich sind, ausreichen. Immer mehr kommt es darauf an, subtil die einzelnen Märkte zu analysieren, die Ansprechbarkeit der jeweiligen Gruppen zu prüfen und danach die entsprechenden Werbemittel einzusetzen. Nicht von ungefähr ist diese letztere Aufgabe immer häufiger in die Hände von spezialisierten Fachkräften geraten, die das dafür notwendige Repertoir beherrschen. Der eigentliche Personalfachmann ist davon oft ausgeschaltet, vor allem dann, wenn überbetriebliche Berater eingesetzt werden.

Sicherlich wird es weiterhin notwendig sein, derartige Fachkräfte bei der Personalbeschaffung einzusetzen. Es muß allerdings gleichzeitig darauf geachtet werden, daß die Kenntnisse der betrieblichen Personalfachleute auf diesem Gebiet erweitert werden. Denn die Personalbeschaffung darf nicht aus dem Gesamtzusammenhang der betrieblichen Personalpolitik gleiten, in die sie gestellt ist und den im allgemeinen die betrieblichen Personalfachleute ständig herstellen. Gerade diese umfassendere Betrachtung der Personalbeschaffung ist es ja, welche die besondere Bedeutung dieser Funktion ausmacht.

Die innerbetriebliche Stellenausschreibung hat in diesem Zusammenhang seit einiger Zeit an Bedeutung gewonnen, denn sie wird nicht nur als Mittel zur Ausschöpfung des innerbetrieblichen Potentials eingesetzt, sondern auch als Methode der modernen Personalführung. Lange

Zeit war sie umstritten, weil man zwar den Vorteil sah, einen geeigneten Bewerber zu finden, aber auch das Problem erkannte, bei der Neubeschaffung dieser freigewordenen Stelle – und das war das Hauptargument – einigen anderen Bewerbern einen abschlägigen Bescheid geben zu müssen. In letzter Zeit werden eher die Vorteile, nämlich im Unternehmen Chancen eröffnen zu können und die eigenen Mitarbeiter zur Entfaltung zu bringen, gesehen.

Durch das neue Betriebsverfassungsgesetz hat außerdem die innerbetriebliche Stellenausschreibung an Bedeutung gewonnen, weil der Betriebsrat sie unter bestimmten Voraussetzungen vor jeder Neubesetzung einer Position verlangen kann. Das wird den Trend zum innerbetrieblichen Markt verstärken, was aber grundsätzlich kein Nachteil sein wird, denn an sich sollte der eigene Mitarbeiter immer zuerst die Chance bekommen, sich im Unternehmen zu verändern. Aufstieg sollte also vor Einstieg gehen. Man schafft auf diese Weise Aufstiegsmöglichkeiten, motiviert allgemein, verwertet Erfahrungen im eigenen Unternehmen und kann oft von einem leichteren und schnelleren Einarbeiten ausgehen.

Damit die innerbetriebliche Stellenausschreibung nur dann angewandt wird, wenn sie wirklich sinnvoll ist und damit sie ohne Schwierigkeiten ablaufen kann, haben eine Reihe von Unternehmen mit dem Betriebsrat im Sinne des Betriebsverfassungsgesetzes eine Vereinbarung über die innerbetriebliche Stellenausschreibung abgeschlossen. Dabei sollte folgendes beachtet werden:

- Es sollte grundsätzlich festgelegt werden, daß für die Beurteilung des internen Bewerbers die gleichen Maßstäbe gelten wie für den externen. Entscheidend sollte somit allein die fachliche Qualifikation des Bewerbers sein. Allerdings sollte vereinbart werden, daß bei gleicher Eignung des internen und des externen Bewerbers der eigene Mitarbeiter stets den Vorzug erhält. Allerdings wird es nicht immer leicht sein, sich über den Begriff »gleichwertig« zu einigen.
- Es sollte festgelegt werden, daß sich nur diejenigen Mitarbeiter aus dem eigenen Unternehmen bewerben dürfen, die über eine bestimmte Mindest-Betriebszugehörigkeit verfügen. Welche Zeitspanne zu vereinbaren ist, wird unterschiedlich sein und vermutlich auch von den Anforderungen, der Qualifikation und der Bedeutung der betreffenden Position abhängen. Hierfür sollte auch eine Rolle spielen, wie

lange der interessierte Mitarbeiter in seiner augenblicklichen Position tätig ist. In der betrieblichen Praxis wird häufig von einer Mindestbetriebszugehörigkeit von 12 Monaten und von einer 12monatigen Tätigkeit in der gegenwärtigen Position ausgegangen.

- Es sollte ferner verlangt werden, daß die interessierten Mitarbeiter bestimmte qualitative Anforderungen für die freiwerdende Position mitbringen müssen. Deshalb sollte die Ausschreibung nicht nur die Aufgabe im einzelnen skizzieren, sondern auch die jeweiligen fachlichen und sonstigen Anforderungen detailliert schildern. Vor allem die berufliche Vorbildung und die fachlichen Erfahrungen spielen dabei eine große Rolle.
- Schließlich ist zu regeln, wie die Versetzung im einzelnen erfolgt. Hier kommt es vor allem auf den Zeitpunkt an, weil in dieser Frage meist divergierende Auffassungen zwischen der aufnehmenden und der abgebenden Stelle sowie dem Mitarbeiter bestehen.
  Aus diesem Grunde hat es sich in der Praxis bewährt, eine minimale und eine maximale Zeitspanne für die Versetzung festzulegen. Eine Zeitspanne, die zwischen der endgültigen Entscheidung gegenüber dem Mitarbeiter und seiner endgültigen Versetzung liegt. Selbstverständlich sollte eine Betriebsvereinbarung über die innerbetriebliche Stellenausschreibung auch die Möglichkeit vorsehen, daß in Einzelfällen von dieser Vorschrift abgegangen werden darf. Sonst wäre der Handlungspielraum für die betriebliche Personalarbeit zu sehr eingeengt.

Hierfür ein Beispiel aus der Praxis:

Betriebsvereinbarung über innerbetriebliche Stellenausschreibung

1. Allgemeines

Die Firma wird vor der Besetzung von freien Stellen, mit Ausnahme der Stellen von leitenden Angestellten (§ 5 Betriebsverfassungsgesetz), mit dem Betriebsrat vereinbaren, ob und wie diese Stellen innerbetrieblich ausgeschrieben werden sollen. Das gilt sowohl für die Besetzung neu geschaffener als auch für die Wiederbesetzung frei werdender Stellen.

2. Zweck der innerbetrieblichen Stellenausschreibung

Die innerbetriebliche Stellenausschreibung soll dazu beitragen, jede Mitarbeiterin/jeden Mitarbeiter ihren/seinen Fähigkeiten und Neigungen entsprechend einzusetzen und ihr/ihm Entwicklungs- und Aufstiegsmöglichkeiten im Unternehmen zu bieten. Sie soll außerdem mehr als bisher einen fruchtbaren Personalaustausch im Unternehmen ermöglichen und helfen, den Nachwuchs für freie Stellen möglichst aus den eigenen Reihen zu gewinnen.

3. Außerbetriebliche Ausschreibung

Eine Stelle im Unternehmen, die innerbetrieblich ausgeschrieben ist, kann gleichzeitig auch außerbetrieblich ausgeschrieben werden.

4. Inhalt der Ausschreibung

Die Ausschreibung muß insbesondere die Stellenbeschreibung und die fachlichen und persönlichen Voraussetzungen, vor allem die erforderlichen Kenntnisse und Fähigkeiten, enthalten.

5. Form der Ausschreibung

Die innerbetriebliche Stellenausschreibung wird durch Aushang am Schwarzen Brett und kann durch Anzeigen in der Werkzeitschrift, der Kurzinformation, als Beilage zur Werkszeitschrift, durch Rundschreiben, als Handzettel in der Lohn- bzw. Gehaltsabrechnung u.a.m. erfolgen.

6. Dauer der Ausschreibung

Die Ausschreibung endet zwei Wochen nach ihrer Bekanntgabe. In Ausnahmefällen ist eine spätere Bewerbung möglich.

7. Bewerbung

Voraussetzungen für eine Bewerbung auf eine innerbetriebliche Stellenausschreibung sind normalerweise:

a) eine Betriebszugehörigkeit von mindestens 12 Monaten,
b) eine Tätigkeit in der Abteilung, in der der Bewerber zum Zeitpunkt der Bewerbung beschäftigt ist, von mindestens 12 Monaten.

Diese Sperrfristen können in begründeten Ausnahmefällen verkürzt werden. Die Bewerbung hat innerhalb der Ausschreibungsfrist schriftlich zu erfolgen. Sie wird vertraulich behandelt, auch gegenüber dem jeweiligen Vorgesetzten des Bewerbers, es sei denn, der Bewerber entbindet von dieser Pflicht zur vertraulichen Behandlung der Bewerbung. Dies gilt auch für nicht erfolgreiche Bewerbungen.

8. Auswahl

Die Auswahl des Bewerbers richtet sich nach seiner fachlichen und persönlichen Eignung. Jedem abgelehnten Bewerber sind die Gründe der Ablehnung mitzuteilen.

Melden sich sowohl aus dem Unternehmen als auch von außerhalb gleich qualifizierte Bewerber, so ist dem internen Bewerber der Vorzug zu geben, um den eigenen Mitarbeitern eine Verbesserung ihrer beruflichen Position zu ermöglichen. Dem Bewerber von außerhalb kann der Vorzug gegeben werden, wenn dringende betriebliche Gründe es erfordern.

9. Innerbetrieblicher Stellenwechsel

a) Die abgebende Abteilung ist verpflichtet, den ausgewählten Bewerber spätestens nach drei Monaten an die aufnehmende Abteilung abzugeben, gerechnet vom letzten Tag des Monats der Bekanntmachung der Versetzung.

b) Die Personalabteilung für Arbeiter bzw. für Angestellte und die Abteilung Personalentwicklung sind bestrebt, der jeweils abgebenden Abteilung geeignete Nachfolgekandidaten – entweder aus den Reihen der Mitarbeiter oder von außerhalb – zu benennen.

c) Von der abgebenden Abteilung wird für die Personalakte des Bewerbers ein Zwischenzeugnis erstellt.

10. Neue Arbeitsbedingungen

Die durch die neue Tätigkeit sich ändernden Arbeitsbedingungen werden durch einen Zusatz zum Arbeitsvertrag geregelt.

11. Inkrafttreten und Kündigung

Diese Vereinbarung tritt am .... in Kraft. Sie kann gemäß § 77 Absatz 5 Betriebsverfassungsgesetz gekündigt werden.

Gesamtbetriebsrat | Unternehmensleitung

Bei der Frage des innerbetrieblichen Aufstiegs darf aber in Zukunft nicht nur in erster Linie an den hierarchischen Aufstieg gedacht werden, sondern auch an den qualitativen und finanziellen, wobei beides oft, aber nicht immer, miteinander verknüpft sein wird. Diese neue Orientierung gewinnt zunehmend an Bedeutung und sollte in der Personalpolitik deutlich herausgestellt und als Anreiz sichtbar gemacht werden.

Für interessante, qualifizierte oder führungsmäßige Positionen sollte man ein Verhältnis von innerbetrieblicher und außerbetrieblicher Besetzung von 80 : 20 anstreben. Dieses Verhältnis ist vor allem für alle unteren und mittleren Führungs- und Qualifikationsstellen wichtig. Vermutlich wird diese Relation auf der unteren Ebene mehr außerbetrieblich orientiert sein und sich mit der Qualifikation zugunsten des innerbetrieblichen Verhältnisses verschieben. Natürlich kann diese Relation nur eine grobe Richtgröße sein, und sie kann durchaus nach der Größe und Struktur des Unternehmens anders verlaufen. Es ist nur wichtig, daß die Aufstiegsmöglichkeit als Motivation lebendig bleibt, gleichzeitig aber genügend Anregungen von draußen hinzukommen. Insofern ist ein reines Besetzen der interessanten Positionen im mittleren und oberen Bereich von innen, wie es manche Unternehmen pflegen, auch etwas problematisch, aber sicherlich der reinen Außenorientierung vorzuziehen.

Ein wesentliches Element bei der Personalbeschaffung ist die Beschaffungsplanung. Je größer ein Unternehmen ist, desto gründlicher muß die Planungsmethode angesetzt werden. Es ist nämlich von großer Bedeutung, ob man den Zeitpunkt des Beginns der Anwerbung, den Zeitpunkt der Auslese und den Zeitpunkt der Einstellung richtig koordiniert hat. Jede falsche Planung ist mit sehr hohen Kosten verbunden, denn es liegt auf der Hand, daß Probleme auftreten, wenn die vorgesehene Einstellung mangels einer umfassenden Planung nicht rechtzeitig vollzogen werden kann. Es wird dann eine bestimmte Tätigkeit gar nicht oder nur unvollkommen ausgeübt und es entstehen neue Beschaffungskosten. Man muß ferner einfach wissen, daß bestimmte Kräfte oft eine sechs- bis neunmonatige Kündigungsfrist haben, und daß gleichzeitig von der Vorbereitung der Beschaffungsmaßnahme bis zur Einigung mit diesen Kräften weitere zwei bis drei Monate hinzugerechnet werden müssen. Dann entstehen aber sehr lange Zeitspannen, bis der Bewerber zur Verfügung stehen kann.

Deshalb wird sich auf diesem Gebiet bei größeren Unternehmen vermutlich immer mehr eine Art Netzplantechnik in der Beschaffung durchsetzen. Denn nur eine solche Methode erlaubt es, die verschiedenen Phasen der Beschaffung von der Planung bis zum Einsatz entsprechend abzustimmen und die Maßnahmen in der Personalbeschaffung zu koordinieren. Außerdem können dadurch vielleicht verschiedene Beschaffungsziele gleichzeitig angestrebt und auf diese Weise auch Kosten eingespart werden.

Um einen Mitarbeiter von einer anderen Firma abwerben zu können, muß entweder dieser dafür bereit sein, d.h. mit seiner jetzigen Tätigkeit und mit seinen jetzigen Bedingungen unzufrieden sein, oder aber man muß diesen Mitarbeiter dafür bereit machen. In jedem Falle muß das eigene Unternehmen entsprechend attraktiv dargestellt sein, eine entsprechend interessante Tätigkeit angeboten oder aber entsprechende materielle Bedingungen aufgewiesen werden. Sowohl vom Aufwand der Werbung bis hin zum Aufwand des Anbietens wird es sich stets um beträchtliche Kosten handeln. Wenn obendrein durch ein Anlocken mit falschen Versprechungen neue Kündigungen die Folge sind, führt auch das zu steigenden Kosten bei der Personalbeschaffung. Deshalb müssen die Personalkostenplanung und die Personalkostenüberwachung eine entsprechende Kontrollfunktion ausüben.

Ein anderes Problem ist, daß die neu einzustellenden Mitarbeiter häufig nur unter materiellen Bedingungen gewonnen werden können, die über den ursprünglich gedachten oder über den Entgelten vergleichbarer Funktionen liegen. Hier entsteht dann zusätzlich nicht nur ein kostenmäßiges, sondern auch ein personalführungsmäßiges Problem. Es ist für ein modernes Unternehmen unabdingbar, daß die verschiedenen materiellen Bedingungen und funktionalen Möglichkeiten für vergleichbare Mitarbeiter auch gleich sind, sofern die jeweilige Leistung ebenfalls vergleichbar ist. Ist dies nicht der Fall, wird man zu irgendwelchen Tricks in der Lohn- und Gehaltspolitik gezwungen, die aber in der Regel langfristig nicht verborgen bleiben und darüber hinaus sowohl bei den neuen Mitarbeitern als auch bei vorhandenen Mitarbeitern Verärgerung erzeugen. Eine solche Verärgerung ist in der Regel mit einer zurückgehenden Leistungsbereitschaft oder sogar mit einer steigenden Fluktuationsneigung verbunden.

Diese Auffassung wird theoretisch von allen Personalfachleuten in der Regel geteilt, aber in der Praxis doch meist nicht eingehalten. Es muß jedoch deutlich gesagt werden, daß sich an dieser Frage immer häufiger

Auseinandersetzungen und Frustrationen entzünden. Deshalb muß bei der Personalbeschaffung stets die Lohn- und Gehaltspolitik des Unternehmens zugleich gesehen werden. Gegebenenfalls muß die betriebliche Lohn- und Gehaltspolitik von der Beschaffungsfunktion einen Hinweis zur Korrektur erfahren.

c) Methoden und Probleme der Personalauslese

Die Personalauslese ist eine Funktion, die zwischen der Personalbeschaffung und dem Personaleinsatz angesiedelt ist. Die bloße Beschaffung nützt nichts, wenn es sich nicht um geeignete Bewerber handelt. Eine diesbezügliche Beurteilung wird durch die Auslese gewonnen. Gleichzeitig ist der Personaleinsatz nur unvollkommen zu vollziehen, wenn nicht bekannt ist, welche Anlagen und Fähigkeiten einzusetzende Mitarbeiter besitzen.

Die Zahl und die Qualität der Bewerber für die Personalauslese hängen nicht nur davon ab, ob es gelungen ist, in der Personalanwerbung mit besonders guten Mitteln zu arbeiten. Die Kontakte zur Arbeitsverwaltung oder eine entsprechend gute Gestaltung der Anzeige garantieren noch nicht, daß der Kreis der Bewerber bereits den gewünschten Vorstellungen entspricht. Bei jeder Personalwerbung kommen gleichzeitig Einflüsse zum Tragen, die oft unabhängig von den eingesetzten Mitteln sind und sowohl negativer als auch positiver Natur sein können. Hierher gehören folgende Faktoren:

- Die Lage auf dem Arbeitsmarkt
- Die regionale Lage des Unternehmens
- Die wirtschaftliche Situation des Unternehmens
- Das Lohn- und Gehaltsniveau
- Das Personalbild des Unternehmens.

Es liegt auf der Hand, daß gerade die Lage auf dem Arbeitsmarkt eine wesentliche Rolle für den Kreis der möglichen Bewerber spielt. Diese Feststellung hat stets eine allgemeine Gültigkeit, aber gleichzeitig kann sie für ein Einzelunternehmen eine unterschiedliche Bedeutung haben. Es ist denkbar, daß ein Unternehmen davon besonders betroffen ist, während ein anderer Betrieb weniger diesem Einfluß unterliegt. Das ist vor allem dann denkbar, wenn andere Faktoren ein Gegengewicht zur Arbeitsmarktlage darstellen. In diesem Falle ist es zum Beispiel möglich, daß ein Unternehmen in einer bestimmten Richtung einen besonderen Anreiz auf Bewerber ausübt und deshalb trotz schlechter Arbeitsmarktlage der Kreis der Bewerber quantitativ und qualitativ groß ist. Umgekehrt kann es geschehen, daß ein Unternehmen trotz guter Arbeitsmarktlage nicht die gewünschten Bewerber erhält. Es genügt deshalb nicht, nur die allgemeine Lage auf dem Arbeitsmarkt in Rechnung zu stellen; man muß zudem seine besondere Situation auf dem Arbeitsmarkt kennen.

Die regionale Lage eines Unternehmens wird immer einen bestimmten Einfluß auf den Kreis der Bewerber haben. Diese Feststellung gilt für die gesamte Belegschaft, denn es ist meist für alle Betriebsangehörigen wichtig, ob ein Unternehmen sich in einem wirtschaftlichen Ballungszentrum befindet, in einer größeren Stadt gelegen ist oder seinen Standort in einer ländlichen Gegend ohne stärkere Konkurrenzverhältnisse auf dem Arbeitsmarkt hat. Von dieser Seite her wird demnach für alle Belegschaftsebenen die Zahl und die Qualifikation der Bewerber beeinflußt.

Selbstverständlich spielt auch die wirtschaftliche Situation des Unternehmens für den Bewerberkreis eine ausschlaggebende Rolle. Allerdings ist dieser Einfluß nur dann entsprechend denkbar, wenn die wirtschaftliche Situation dem Bewerberkreis bekannt ist. Gerade Bewerber für qualifizierte Positionen werden beim Ausleseprozeß oder bereits vorher über bestimmte Quellen versuchen, sich Informationen über die wirtschaftliche Lage eines Unternehmens zu verschaffen. Damit muß jedes Unternehmen rechnen.

Ähnlich ist es bei dem Lohn- und Gehaltsniveau. Über diese Seite eines Unternehmens bestehen immer außerhalb des Unternehmens gewisse Vorstellungen. Das trifft im allgemeinen für alle Belegschaftsgruppen zu. Trotzdem wird auch in dieser Hinsicht ein qualifizierter Kreis von Bewerbern versuchen, sich konkrete Anhaltspunkte über das Lohn- und Gehaltsniveau des einstellenden Unternehmens zu verschaffen.

Die zuletzt genannten Punkte bestimmen im wesentlichen neben anderen Faktoren das sogenannte Personalbild des Unternehmens. Im allgemeinen hat jedes Unternehmen auf dem Arbeitsmarkt, oder ganz allgemein im Urteil der Öffentlichkeit, sei es nun örtlich oder überregional, ein bestimmtes Personalbild. Dieses Personalbild eines Unternehmens resultiert aus der Öffentlichkeitsarbeit des Unternehmens, aus persönlichen Eindrücken und Erfahrungen, aus Vorkommnissen bestimmter Art, wie z.B. die Tatsache eines wilden Streikes, einer Massenentlassung oder in positiver Hinsicht aus der allgemeinen Kenntnis guter Sozialleistungen oder eines guten Betriebsklimas.

Während diese verschiedenen Einflüsse den Kreis der Bewerber verhältnismäßig automatisch einengen, so prüft darüber hinaus jeder Bewerber, insbesondere der qualifizierte Personenkreis, noch weitere Daten. Auch diese Daten können dazu führen, daß ein Bewerber zwischen den ihn interessierenden Firmen eine Art Auslese trifft, was zusätzlich zu dem Ergebnis führen kann, den Kreis der möglichen Bewerber einzuengen. Im allgemeinen prüft jeder Bewerber, insbesondere dann, wenn er zu einem qualifizierten Kreis gehört, folgende Fakten:

- Die Gesellschaftsform des Unternehmens
- Die Größe und Branche des Unternehmens
- Die materiellen Möglichkeiten
- Die Sozialleistungen, insbesondere die Altersversorgung des Unternehmens
- Den Führungsstil des Unternehmens
- Den allgemeinen Ruf des Unternehmens.

Gerade für qualifizierte Bewerber ist heute die Gesellschaftsform des Unternehmens von einer gewissen Bedeutung. Es ist bekannt, daß qualifizierte Bewerber Unternehmen mit anonymen Gesellschaftsformen den Vorzug geben. Es herrscht oft die Ansicht vor, daß in diesen Unternehmen eher allgemeine Richtlinien für die Arbeitsweise und auch für die Arbeitsbedingungen vorhanden sind. Vor allem wird hier eher – ob begründet oder nicht – neben der Klarheit und Überschaubarkeit des Arbeitsstiles und der Arbeitsbedingungen erwartet, daß ausschließlich sachliche und objektiv begründete Tatbestände die Entscheidungen der Unternehmensleitung beeinflussen.

Dagegen werden die Größe und die Branche des Unternehmens aus der Sicht der Bewerber nicht eindeutig negativ oder positiv beurteilt, denn hier kommt es allein auf die Interessen und die bisherige berufliche Tätigkeit des Bewerbers an. Wichtiger sind dagegen die materiellen Möglichkeiten, die ein Bewerber in einem Unternehmen vermutet.

Die aufgeführten Einflüsse auf den Kreis der möglichen Bewerber zeigen demnach, daß es nicht allein darauf ankommt, die besten oder aufwendigsten Werbemittel zur Gewinnung neuer Mitarbeiter einzusetzen, sondern daß es von ebenso großer Bedeutung ist, die Einflußfaktoren auf den Kreis der Bewerber zu kennen, um von daher die zweckmäßigste Wahl der Werbemittel und deren günstige Gestaltung zu bestimmen. Vor allem sollen diese Tatbestände deutlich machen, daß auch ein potentieller Bewerber Überlegungen anstellt und er somit als gleichgewichtig beim Beschaffungsvorgang zu betrachten ist.

Der erste Ansatz für die Personalauslese muß bei dem Anforderungsprofil liegen. Es ist unerläßlich, relativ exakt zu wissen, welche Anforderungen die Bewerber besitzen müssen, um für die vorgesehene Tätigkeit geeignet zu sein. Die besten Anhaltspunkte auch hier wieder kann eine Stellenbeschreibung liefern, wenn sie neben der Beschreibung der vorgesehenen Tätigkeiten auch die erforderlichen Anforderungen festhält. Sofern eine Stellenbeschreibung nicht vorliegt, muß in Verbindung mit dem Fachvorgesetzten ein grobes Anforderungsprofil ermittelt werden. Das vorliegende Anforderungsprofil ist nicht nur für die Wahl und Gestaltung der Werbemittel wichtig, sondern auch für den nach der Werbung stattfindenden Ausleseprozeß. Hier muß ein Soll/Ist-Vergleich zwischen dem Anforderungsprofil und den bei den Bewerbern ermittelten Fähigkeiten, Erfahrungen und Kenntnissen angestellt werden. Es sind folgende Anforderungskriterien denkbar:

- Kenntnisse durch Aus- und Fortbildung
- Berufliche Erfahrungen
- Alter
- Geschlecht
- Grad der Intelligenz
- Lern- und Fortbildungsfähigkeit
- Kontaktfähigkeit
- Belastbarkeit
- Durchsetzungsvermögen
- Kommunikationsfähigkeit
- Kooperationsfähigkeit.

Anforderungsprofil und Qualifikationsprofil des Bewerbers müssen somit zur Deckung gebracht werden. Das ist die entscheidende Funktion der Personalauslese. Dabei kann es aber nicht nur auf sogenannte objektive Kriterien ankommen, sondern auch emotionale Elemente, wie das »Miteinanderkönnen« müssen eine Rolle spielen. Ein größeres Unternehmen benutzt für die Personalauslese das nachstehende Stellenanforderungsprofil, um durch die Gegenüberstellung von Anforderungsprofil und Bewerberpotential den geeigneten Mitarbeiter zu finden:

	Stellenanforderungsprofil		
Stellen-Nummer	Stellenbezeichnung		
Bisheriger Stelleninhaber	Stellenanforderung	Bewerbereignung	
	Mindestausprägung	Schlüssel	Ausprägung
	– für den Erfolg der Stelle unwesentlich	1	– gering
	– könnte von Bedeutung sein	2,3	– mittel
	– sollte ausgeprägt sein	4	– voll
	– unerläßlich	5	– besonders stark

	Stellenanford.	Bewerbereignung			
1. Allgemeine Anforderungen:	Mindestausprägung	Name	Name	Name	Name
1. 1. Alter: Jahre:					
1. 2. Geschlecht: männlich	☐	☐	☐	☐	☐
weiblich	☐	☐	☐	☐	☐
1. 3. Physische Belastbarkeit					
1. 4. Fremdsprachen/Grad der Beherrschung	englisch/ französisch/ spanisch/				
Schlüssel: 6 = Dolmetscherprüfung 5 = Verhandlungsreife 4 = Perfektion in Wort und Schrift 3 = Konversationsreife 2 = Schulkenntnisse mit Übung 1 = Schulkenntnisse					
2. Berufsprofil (gem. Arbeitsbewertungssystem)					
2. 1. **Fachkönnen**					
2. 1. 1. Ausbildungsabschlüsse					
– praktische Berufsausbildung (Lehre) in diesem/verwandtem Gebiet	☐	☐	☐	☐	☐
– Hauptschulabschluß	☐	☐	☐	☐	☐
– Mittlere Reife/vergleichbarer Abschluß	☐	☐	☐	☐	☐
– Abitur/Fachschulabschluß	☐	☐	☐	☐	☐
– Fachhochschulabschluß	☐	☐	☐	☐	☐
– wissenschaftliches Diplom	☐	☐	☐	☐	☐

	Stellenanford.	Bewerbereignung			
	Mindestausprägung	Name	Name	Name	Name
2. 1. 2. Berufserfahrung					
– Praktische Erfahrung innerhalb des Fachgebietes ist vorhanden	☐	☐	☐	☐	☐
– 1-2 Jahre in diesem/verwandtem Fachgebiet	☐	☐	☐	☐	☐
– 2-3 Jahre – „ –	☐	☐	☐	☐	☐
– 3-5 Jahre – „ –	☐	☐	☐	☐	☐
– 5 und mehr Jahre – „ –	☐	☐	☐	☐	☐
2. 1. 3. Besondere Fachkenntnisse, die für die Stelle wichtig sind:					
– ______________________ ______________________					
– ______________________ ______________________					
– ______________________ ______________________					
– ______________________ ______________________					
2. 2. Methodik bei Problem - Lösungen					
2. 2. 1. Typische Problemfälle, die den Stelleninhaber erwarten/die der Bewerber mit Erfolg gelöst hat.					
– ______________________ ______________________					
– ______________________ ______________________					
– ______________________ ______________________					
2. 2. 2. Zukünftiger/bisheriger Rahmen und Schwierigkeitsgrad der Aufgaben:					
– Routine-Aufgaben	☐	☐	☐	☐	☐
– standardisierte Aufgaben	☐	☐	☐	☐	☐
– grob vorgegebener Denkrahmen	☐	☐	☐	☐	☐
– breit abgesteckter Denkrahmen	☐	☐	☐	☐	☐
– abstrakte Denkebene	☐	☐	☐	☐	☐
2. 2. 3. Denk- und Arbeitsrisiko					
– gering, weil voll kontrollierbare Routine	☐	☐	☐	☐	☐
– mittel, weil noch kontrollierbar	☐	☐	☐	☐	☐
– selbständiges Denken, weil Alternativ-Lösungen erforderlich	☐	☐	☐	☐	☐

	Stellenanford.	Bewerbereignung			
	Mindestausprägung	Name	Name	Name	Name
– Eigeninitiative mit noch kontrollierbarem Entscheidungsrisiko, Kreativität erforderlich	☐	☐	☐	☐	☐
– Eigeninitiative mit vollem Entscheidungsrisiko, Kreativität und Verantwortungsbewußtsein erforderlich	☐	☐	☐	☐	☐
2. 3. Führungskönnen (Motivation)					
mehrjährige Führungserfahrung und psychologisches Führungstraining auf folgender Ebene					
– Führungserfahrung nicht erforderlich/ nicht vorhanden	☐	☐	☐	☐	☐
– GL Mittel-/Großbetrieb	☐	☐	☐	☐	☐
– AL Mittel-/Großbetrieb	☐	☐	☐	☐	☐
– HAL/Geschäftsführer Mittelbetrieb	☐	☐	☐	☐	☐
– HAL Großbetrieb	☐	☐	☐	☐	☐
2. 4. Ergebnisverantwortung					
– Auswirkungen der Stellentätigkeit jederzeit korrigierbar/kein unmittelbares Risiko für Abteilungsergebnisse, jedoch für das Stellenziel	☐	☐	☐	☐	☐
– Auswirkungen wegen eher beratend wirkender Stellentätigkeit eingeschränkt und jederzeit kontrollierbar/Risiko geht jedoch über eigene Stelle hinaus	☐	☐	☐	☐	☐
– Auswirkungen gehen über Abteilungsbereich hinaus / Risiko durch Mitwirkung an komplexen Entscheidungen gegeben	☐	☐	☐	☐	☐
– Auswirkungen berühren mehrere Abteilungen und sind nicht ohne weiteres korrigierbar / Risiko für Unternehmensziele gegeben	☐	☐	☐	☐	☐
– Unmittelbare Auswirkungen auf Unternehmensergebnis / Risiko für Endergebnisse in vollem Umfang gegeben	☐	☐	☐	☐	☐

	Stellenanford.	Bewerbereignung			
	Mindestausprägung	Name	Name	Name	Name
3. Verhaltensprofil					
3. 1. **Intelligenz**					
3. 1. 1. Niveau (I Q): von ________ bis ________					
3. 1. 2. Theoretisch orientiert					
3. 1. 3. Praktisch orientiert					
3. 1. 4. Sprachliche Begabung					
3. 1. 5. Technische Begabung					
3. 1. 6. Kaufmännische Begabung					
3. 1. 7. Urteilsfähigkeit					
3. 1. 8. Kreatives Denken					
3. 2. **Arbeitsverhalten**					
3. 2. 1. Arbeitstempo					
3. 2. 2. Arbeitsqualität					
3. 2. 3. Sinn für Details					
3. 2. 4. Ergebnisbewußtsein (MBO)					
3. 2. 5. Organisationstalent / Systematiker					
3. 2. 6. Flexibilität					
3. 3. **Sozialverhalten**					
3. 3. 1. Vitalität / Aktivität					
3. 3. 2. Durchsetzungsfähigkeit bei Zielvorgaben					
3. 3. 3. Selbstvertrauen / Kritikfähigkeit					
3. 3. 4. Anpassung in Teams / Einfühlungsvermögen					
3. 3. 5. Kontaktbegabung					
3. 3. 6. Verhandlungs- und Überzeugungsgeschick					
3. 3. 7. Repräsentationsgeschick / Statusbewußtsein					

Es ist der Zweck der Personalauslese, den jeweils geeignetsten – nicht den relativ besten – Bewerber aus einer möglichen Bewerbergruppe für einen bestimmten Arbeitsplatz auszulesen. Die Methoden variieren in diesem Zusammenhang je nachdem, ob der Bewerber von innen oder von außen kommt. Einerseits ist über einen Bewerber aus den eigenen Reihen schon vieles bekannt, was man für die Auslese wissen möchte, und zum anderen kann man ihn aus psychologischen Gründen nicht der vollen Prozedur unterwerfen, wie das für den Bewerber von außen geschieht.

Grundsätzlich bestimmt aber der Erfolg oder Mißerfolg einer Personalauslese über die Qualifikation der Mitarbeiter die Zukunft des Unternehmens. Für die Personalauslese sind eine Vielzahl von Methoden denkbar. Folgende Möglichkeiten bieten sich an:

- Einsatz von psychologischen Tests
- Analyse des Unbewußten
- Analyse von Leistungen
- Auswertung von Mitteilungen Dritter
- Analyse des Verhaltens in einem Gespräch
- Auswertung von Mitteilungen in einem persönlichen Gespräch
- Analyse der Schrift
- Deutung äußerer Merkmale, wie Gang, Sprache, Mimik etc.
- Prüfung von Bewerbungsunterlagen.

Theoretisch sind diese Maßnahmen einzeln und zugleich einsetzbar. Tatsächlich werden in der Praxis alle irgendwie angewandt, allerdings je nach dem Einzelfall verschieden und in den jeweiligen Unternehmen zudem unterschiedlich. Von einer systematischen, wissenschaftlichen Personalauslese kann jedoch vielfach nicht gesprochen werden.

Die Methoden der Personalauslese sind in der Bundesrepublik Deutschland seit langer Zeit relativ unverändert geblieben. Bei der Auslese der Auszubildenden werden in der Regel psychologische Tests, zum Beispiel psychotechnische Eignungstests angewandt. Darüber hinaus werden psychologische Tests nur von wenigen Unternehmen bei der Auslese von Führungsnachwuchskräften und Führungskräften benutzt. Im allgemeinen besteht die Methode der Personalauslese bei den meisten Betrieben in der Sichtung der Bewerbungsunterlagen und in dem Führen eines Bewerbergesprächs. Diese Handhabung wird gelegentlich ergänzt durch die Hinzuziehung eines Graphologen. Es fällt in der Praxis auf, daß insbesondere kleine und mittlere Firmen einen derartigen Graphologen einsetzen, aber seltener größere Unternehmen.

In letzter Zeit wird die Graphologie kritischer betrachtet. Es wird gelegentlich auch ihre Wissenschaftlichkeit angezweifelt. Trotzdem wird wohl in vielen Fällen die Graphologie ihren Platz behalten, aber vermutlich auch keine größere Verbreitung erfahren. Ihre Grenzen werden in letzter Zeit deutlicher gesehen. Aber ein guter Graphologe wird weiterhin ein Betätigungsfeld finden, besonders dann, wenn er das Unternehmen, die Arbeitsplätze und die dort tätigen Personen kennt.

Langfristig wird aber sicherlich die Anwendung der einfachen Auslesemethoden nicht befriedigend sein. Es wird darauf ankommen, auch in der Auslese stärker als bisher wissenschaftliche Methoden anzuwenden. Dies bedeutet für die betriebliche Praxis, psychologische Tests zu entwickeln, die auch Laien schnell und leicht handhaben können. Viele Unternehmen sind nicht in der Lage, für diesen Zweck auf die Dauer ausgebildete Fachkräfte, wie z.B. Diplom-Psychologen, einzustellen und zu unterhalten. Ebenfalls sind viele Unternehmen nicht in der Lage, diese Auslese außerbetrieblichen Kräften zu übertragen, weil damit in der Regel ein relativ hoher Aufwand verbunden ist. Deshalb wird es eine wichtige Aufgabe für das Personalwesen sein, psychologische Tests für die Personalauslese zu entwickeln, die nach einer entsprechenden Schulung auch von den mit der Beschaffung und dem Einsatz betrauten Mitarbeitern im Personalwesen angewendet werden können. Diese Forderung wird nicht leicht zu verwirklichen sein, weil sich vermutlich der dafür in Betracht kommende Wissenschaftszweig, die Psychologie, dagegen aussprechen wird. Aber die Praxis ist einfach auf diese Grundlage angewiesen und wird deshalb entsprechende Schritte einleiten müssen.

Bevor aber dieser ideale Zustand erreicht ist, muß sich das Unternehmen auf die gebräuchlichen Mittel konzentrieren, d.h. die Sichtung der Bewerbungsunterlagen und die entsprechende Durchführung eines Bewerbergespräches. Allerdings gilt dabei der Grundsatz – und das ist immer bei der Personalauslese der Fall –, daß ideale Mittel nur insofern ideal angewendet werden können, als der Markt ideal, d.h. entsprechend groß ist. Nur wenn genügend Bewerber zur Verfügung stehen, kann man auch entsprechend sorgfältig die verschiedenen Methoden anwenden.

Grundsätzlich sollte aber bei jeder Sichtung der Unterlagen auf folgende Tatbestände geachtet werden:

- Zustand der Bewerbungsunterlagen
- Inhalt und Schreibweise des Begleitbriefes
- Inhalt und Darstellungsweise des eventuellen Lebenslaufes
- Art des Lichtbildes
- Aussage und Qualität der beigefügten Zeugnisse
- Qualität der eventuellen Referenzen.

Die Bewerbungsunterlagen spielen stets eine große Rolle bei der Personalauslese. Jedes Unternehmen wird, wenn die Auslese in ein ernsthaftes Stadium gelangt ist, Wert darauf legen, daß möglichst umfassende Bewerbungsunterlagen vorliegen. Diese Bewerbungsunterlagen sollen lückenlos Auskunft darüber geben, wie der berufliche Werdegang des Bewerbers verlaufen ist. Man möchte Aufschluß darüber erhalten, ob ein geradliniger Berufsweg vorgelegen hat und ob sich bei qualifizierten Bewerbern aus diesem beruflichen Werdegang eine gerade Entwicklungslinie ablesen läßt. Insbesondere müssen aus den Bewerbungsunterlagen Hinweise über Schulbildung, Abschlußprüfungen, praktische Ausbildung, praktische Erfahrungen und sonstige Kenntnisse und Fähigkeiten gewonnen werden.

Bei den Bewerbungsunterlagen hat praktisch alles eine gewisse Bedeutung: das Papier, der Stil des Anschreibens, Größe und Art des Lichtbildes, Sauberkeit der Anlagen etc..

Somit ist nicht nur der Inhalt der Bewerbungsunterlagen von einer gewissen Bedeutung, sondern auch das äußere Bild. Es ist auch nicht unwesentlich, wie der Lebenslauf abgefaßt ist.

Eventuelle Lücken in den Bewerbungsunterlagen oder unglückliche Darstellungen des Lebenslaufes sind aber nicht von vornherein negativ zu bewerten, obwohl in krassen Fällen auch das der Fall sein wird, sondern sie sollen eher als Anhaltspunkte für das zu führende Bewerbungsgespräch dienen.

Die Bewerbungsunterlagen müssen naturgemäß Zeugnisse enthalten, damit das interessierte Unternehmen sich ein Bild über die berufliche Qualifikation machen kann. Andererseits muß vor einer Überbewertung von Zeugnissen gewarnt werden, denn die Zeugnisse geben nicht immer ein objektives Bild über die Qualifikation ab. Zeugnisse hängen manchmal von Zufälligkeiten ab und gelegentlich werden auch Zeugnisse bewußt positiv abgefaßt; die Praxis spricht in diesen Fällen von einem »Fortloben«. Andererseits gibt es bestimmte arbeitsrechtliche Hinweise für die Abfassung von Zeugnissen, die dazu geführt haben, daß eine gewisse Unsicherheit über die Abfassung von Zeugnissen festzustellen ist.

Allerdings gilt letzteres nur für die Zeugnisse über eine berufliche Tätigkeit. Davon zu unterscheiden sind die Schulzeugnisse, die meist ein treffendes Bild über die schulischen Leistungen abgeben, aber nichts aussagen über die praktische Bewährung, denn die willentlichen und seelischen Antriebe in der Schule sind von denen im Beruf grundverschieden. Insofern müssen auch Schul- und Universitätszeugnisse mit einer gewissen Vorsicht gelesen werden.

Ähnliches gilt für die Referenzen. Sie werden oft gefordert, aber jeder weiß, daß aus verständlichen Gründen Bewerber nur Referenzen angeben, von denen sie eine positive Aussage erwarten. Trotzdem geschieht es immer wieder, daß bei der Einholung von Referenzen nicht nur einseitig positive, sondern oft auch sehr ausgewogene Urteile abgegeben werden. Die Referenzgeber sind sich durchaus in vielen Fällen ihrer Verantwortung bewußt.

Schließlich müssen aus den Bewerbungsunterlagen Anhaltspunkte für das geplante Bewerbergespräch gewonnen werden. Hier geht es in erster Linie um folgende Fragen:

- Analyse des zeitlichen und systematischen Ablaufs der bisher ausgeübten Tätigkeiten
- Prüfung, ob eine bestimmte Karriereplanung oder eine gezielte berufliche Motivation erkennbar ist
- Feststellung bestimmter Interessenschwerpunkte
- Prüfung der Eignungsschwerpunkte
- Feststellung offen gebliebener Fragen.

Von besonderer Bedeutung ist bei der Personalauslese, wenn das Gespräch die entscheidende Auslesemethode ist, die Art und Weise der Gesprächsführung. Zunächst sollte stets geklärt sein, wer an diesem Gespräch mitwirkt. Hier sollte auf keinen Fall vom Personalwesen eine führende Rolle angestrebt werden. Gerade bei der Personalauslese zeigt sich besonders deutlich ein dienstleistender Charakter des Personalwesens. Wichtig ist langfristig gesehen, daß ein neuer Mitarbeiter mit seinen neuen Kollegen und vor allem mit seinem Vorgesetzten gut zusammenarbeiten kann. Deshalb liegt es auf der Hand, daß gerade der Vorgesetzte bei der Personalauslese das entscheidende Wort haben sollte. Das Personalwesen hat seinen Einfluß bereits bei der Vor-Auswahl geltend machen können und in der Art und Weise, wie es die Personalbeschaffung eingeleitet hat. Es sollte selbstverständlich seinen Einfluß auch bei dem Ablauf der Personalauslese behalten, d.h. die Systematisierung der Personalauslese handhaben und darüber hinaus auch dafür Sorge tragen, daß bestimmte Voraussetzungen bei der Gesprächsführung beachtet werden.

Deshalb ist es wichtig, daß die Vorgesetzten, wenn sie bei dem Ausleseprozeß eine so entscheidende Rolle spielen, auch auf eine entsprechende Gesprächsführung vorbereitet sind. In vielen Fällen wird es sich deshalb als notwendig erweisen, die Vorgesetzten in der Technik der Gesprächsführung bei der Personalauslese entsprechend zu schulen.

Naturgemäß sollte auch der Bewerber einen Eindruck von dem Unternehmen haben. Das ist nicht nur aus taktischen Erwägungen heraus sinnvoll, sondern entspricht der gleichgewichtigen Betrachtung von einstellendem Unternehmen und interessiertem Bewerber. Die Bedeutung dieser Forderung steigt mit der Qualifikation des Bewerbers an. Deshalb sollte dieser Gesichtspunkt auch bei der Gesprächsführung eine entsprechende Beachtung finden. Auch das Informationsbedürfnis der Bewerber sollte hierbei berücksichtigt werden. Außerdem empfiehlt es sich, für qualifizierte Kräfte einen Betriebsrundgang und einen Kontakt mit den vorgesehenen Kollegen und Vorgesetzten einzuplanen. Es hat sich ferner bewährt, vorher eine Art Einführungsschrift oder dergleichen an den Bewerber zu versenden. Dafür interessieren sich auch oft die Ehefrauen, die bekanntlich einen großen Einfluß auf die Wahl eines neuen Arbeitsplatzes haben.

Wichtig ist die sorgfältige Vorbereitung des Bewerber-Gespräches nach Stil und Ziel der Gesprächsführung. Deshalb muß sich derjenige, der das Gespräch führt, stets vorher über folgendes im klaren sein:

- Welche Informationen werden benötigt?
- In welcher Reihenfolge sollen die Themen angesprochen werden?
- Welche äußeren Umstände sollen geschaffen werden?
- Wie verhalte ich mich selbst?

Im allgemeinen kommt es darauf an, bei dem Bewerbergespräch ein vollständiges Bild über die Person des Bewerbers zu erhalten. Man möchte also ein möglichst umfassendes Bild über die Persönlichkeit haben, um einschätzen zu können, ob dieser Bewerber der geeignete Mitarbeiter für die vorhandene Position ist, oder aber um zu erkennen, für welche sonstige Tätigkeit er vielleicht im Unternehmen eingesetzt werden kann. Abgesehen von dem äußeren Rahmen der Gesprächsführung, der sehr wesentlich für das Gespräch ist, weil er entscheidend dafür ist, ob möglichst bald eine aufgelockerte und offene Atmosphäre erreicht wird, kommt es auf das Vorgehen der Gesprächsführung an. Hier sollten insbesondere folgende Schritte beachtet werden, damit systematisch vorgegangen werden kann:

- Darstellung der Tätigkeit (nach Möglichkeit anhand einer Stellenbeschreibung)
- Ergänzende Fragen zu den bereits bekannten Bewerbungsunterlagen
- Fragen nach der Motivation des Betriebswechsels
- Fragen nach den Erwartungen im neuen Unternehmen
- Fragen nach persönlichen Daten, wie Familie, Hobby usw.
- Klärung der materiellen Bedingungen.

Wenn nach diesem Schema vorgegangen wird, so ist zunächst die Möglichkeit gegeben, die vorhandenen Daten entsprechend zu ergänzen und darüber hinaus sich ein Bild darüber zu verschaffen, weshalb der Bewerber wechseln will und welche Vorstellungen er über das neue Unternehmen hat. Diese mehr sachbezogenen Fragen werden ergänzt durch die Behandlung persönlicher Dinge. Wichtig ist dabei, daß die meiste Zeit der Bewerber spricht und nicht der Gesprächspartner seitens des Unternehmens. Außerdem muß dem Bewerber auch die Möglichkeit gegeben sein, seinerseits genügend Fragen stellen zu können.

Grundsätzlich muß ein Gespräch aber auf folgende Fragen eine abschließende Antwort geben:

- Welche Fähigkeiten und Kenntnisse hat der Bewerber?
- Wie ist die persönliche Zielsetzung und Motivation des Bewerbers?
- Wofür interessiert sich der Bewerber speziell?
- In welche Umgebung von Menschen oder Arbeitsmitteln paßt der Bewerber?
- In welche Richtung ist der Bewerber entwicklungsfähig und wo liegt sein Potential?

Je nach der Häufigkeit derartiger Gespräche kann es sinnvoll sein, auch das Gesprächsergebnis und den dabei gewonnenen Eindruck anhand einer Zusammenfassung oder eines speziellen Beurteilungsbogens festzuhalten. Einige Unternehmen händigen die Zusammenfassung des Gesprächs, insbesondere die materiellen Absprachen, den Bewerbern aus oder lassen sie gegenzeichnen, damit später beim Zusenden eines Vertragsentwurfes keine neuen Differenzen entstehen. Das gilt selbstverständlich nicht für den speziellen Beurteilungsbogen über den Ersteindruck, der nur intern zur Abstimmung über die Endauslese verwandt wird.

Hierfür werden in der betrieblichen Praxis die unterschiedlichsten Formulare angewandt. Nachstehend folgen davon zwei Beispiele, wovon das eine bereits Anhaltspunkte für die Personalentwicklung liefert und somit einen modernen Aspekt aufweist:

Firma	**Vorstellungsvermerk**	Datum/Zeichen

Herr/Frau/Frl. ______________________ (______) stellte sich am ________ vor.
Alter

1. Gesprächsführer:
2. Angaben zur Tätigkeit:

11	Als Arbeitsgebiet ist vorgesehen Stelle:	______________ Bezeichnung
12	Die letzte Tätigkeit wurde ausgeführt als: bei:	______________ ______________
13	Die Bewerbung erfolgte aufgrund	______________
14	Der Arbeitgeber wurde in den letzten 5 Jahren gewechselt	________(mal)________
15	Der Veränderungswunsch wurde wie folgt begründet	______________ ______________ ______________

3. Qualifikation des Bewerbers

Bewerber erscheint für das vorgesehene Arbeitsgebiet insgesamt geeignet ungeeignet

Nr.	Qualifizierung Bereich	stark unter Ø	unter Ø	Ø	über Ø	stark über Ø	Bemerkungen
21	fachlich						
22	persönlich						
221	nach Auftreten						
222	nach Vitalität						
223	nach Intelligenz						
224	nach Vertrauenswürdigkeit						

4. Arbeitsplatz/Arbeitsaufgabe

31	Der Arbeitsplatz wurde gezeigt	Ja ☐	Nein ☐
32	Die Arbeitsaufgabe wurde beschrieben	Ja ☐	Nein ☐

5. Nebenabreden wurden getroffen betr.

41	Trennungsentschädigung	ja	☐	bis DM ______
		nein	☐	DM ______ je Monat DM ______ je Tag
42	Familienheimfahrten	ja	☐	Bahn ______ Klasse Flug ______ Klasse
		nein	☐	Pkw ______ Pf. je km ______ mal im Monat
43	Umzugskosten	ja	☐	bis DM ______
		nein	☐	
44	Hilfe bei der Wohnungsbeschaffung	ja	☐	______ Zimmer ______ qm DM ______ Höchstmiete warm/kalt
		nein	☐	Darlehen bis DM ______

6. Weiterentwicklung bei Bewährung

	Zeitplan	Arbeitsgebiet Bezeichnung	Gehalt/Lohn Tarifgruppe/Bandbreite	m. Bewerber besprochen	Bemerkungen
51	1) Termin etwa ______			ja ☐ nein ☐	
52	2) Termin etwa ______			ja ☐ nein ☐	
53	3) Termin etwa ______			ja ☐ nein ☐	

7. Vertragsabschluß

61	ist erfolgt am ______ zum ______
62	soll erfolgen (Bedenkzeit) bis zum ______
63	Bedenkzeit auf Wunsch des Arbeitgebers ☐
64	Bedenkzeit auf Wunsch des Bewerbers ☐

8. Einstellung erfolgt zu folgenden Bedingungen

für Abt.	Probe-zeit	Kündigungs-frist	Urlaub	Tarifgruppe Bandbreite	Gehalt	Sonstige Abreden
Betr.-Abt.-Leiter				Personalleiter		

A. Eindrucksbeschreibung nach der Vorstellung

– für Angestellte –

Name/Vorname: ______________ Alter: ________ Vorgesehen als: ______________

Familienstand: ______________________________ in Abteilung: ______________

Bewertung *)

über Durchschn.	Durchschnittsbereich	unter Durchschn.

I Ausbildung

Entspricht die Ausbildung der zu besetzenden Stelle?
(ggf. trennen zwischen schulisch-theoretischer und praktischer Ausbildung)

1 2 3 4 5 6 7

Anmerkung:

____

____

II Berufserfahrung

Beurteilen Sie die Berufserfahrung bitte ausschließlich hinsichtlich ihres Wertes für die zu besetzende Stelle.

1 2 3 4 5 6 7

Anmerkung:

____

____

Eindrucksbeschreibung nach der Vorstellung = blaue Markierung;
Beurteilung zum Ablauf der Probezeit = rote Markierung

III Auftreten und Umgangsformen

arrogant – aufdringlich – befangen – bescheiden – distanziert – ernst – forsch – gehemmt – gewandt – gewinnend – heiter – herausfordernd – höflich – korrekt – kühl – lässig – liebenswürdig – offenherzig – schwerfällig – sicher – ungewandt – unsicher – vorlaut – zurückhaltend

1 2 3 4 5 6 7

Ergänzungen:

IV Aktivität, Zielstrebigkeit, Wille zum Weiterkommen

aktiv – ehrgeizig – eifrig – hat bisher wenig für sein berufliches Fortkommen getan – hat sich selbständig weitergebildet – hat wenig eigenen Antrieb – impulsiv – matt – sehr/wenig begeisterungsfähig – sehr zielstrebig – träge – übertrieben hohe Ziele – vermutlich etwas bequem – weiß genau, was er will

1 2 3 4 5 6 7

Ergänzungen:

V Einordnung, Anpassung, Zusammenarbeit

(spezielle Berücksichtigung der vorhandenen Arbeitsgruppe)
eigenwillig – fügt sich vermutlich nur schwer in die Gemeinschaft ein – gute/geringe Kontaktfähigkeit – kameradschaftlich – kritisch – neigt zur Opposition – tolerant – verschlossen – verständnisvoll – wird sich einfügen und anpassen – zu selbstbezogen

1 2 3 4 5 6 7

Ergänzungen:

VI Durchsetzung

autoritativ – Durchsetzung zweifelhaft – energisch – erscheint zu nachgiebig – gesundes Selbstvertrauen – hält nicht genug Abstand – kann überzeugen – recht unsicher – vertrauensselig – wird sich mehr durch fachliches Können/kraft seiner Persönlichkeit durchsetzen/ Anerkennung verschaffen

1 2 3 **4** 5 6 **7**

Ergänzungen:

VII Intellektuelle Leistungsfähigkeit, Auffassung, Lernfähigkeit

aufgeweckt – denkfaul – denkt mit – durchschnittlich in der Auffassung – etwas schwerfällig in der Auffassung – gesunder Menschenverstand – hört genau zu – kann sich schnell umstellen – konzentriert – sprunghaft – stellt präzise Fragen – umständlich – unkonzentriert

1 2 3 **4** 5 6 **7**

Ergänzungen:

VIII Sprachlicher Ausdruck

elegant – fehlerlos – flüssig – klar – knapp – leicht mißverständlich – macht viele Worte – redegewandt – schlagfertig – schwerfällig in der Formulierung – treffend – umständlich – unklar – verliert den Faden

1 2 3 **4** 5 6 **7**

Ergänzungen:

---

*) 1 = weit überdurchschnittlich; 2 = überdurchschnittlich; 3 = obere Grenze des Durchschnitts; 4 = Mitte des Durchschnitts; 5 = untere Grenze des Durchschnitts; 6 = unterdurchschnittlich; 7 = weit unterdurchschnittlich

Es wurde abgesprochen

1. Bedenkzeit
   vom Bewerber bis ______________________________
   von der Abteilung bis ______________________________

2. keine Einstellung gewünscht
   vom Bewerber ☐
   von der Abteilung ☐

3. Einstellung als ______________________________ Probezeit ________ Monate

Einstellungsdatum __________ (vorbehaltlich des positiven Ergebnisses einer ärztlichen Untersuchung)

Gehalt Gruppe ________ DM ____________

Gehaltserhöhung nach der Probezeit zugesagt? Gruppe ________ DM ____________

Weihnachtsgeld und Besondere Zuwendung nach unseren Richtlinien

Bei verheirateten Bewerbern von auswärts:
Trennungsgeld nach unseren Richtlinien für die Zeit bis zum Tage, an dem ______________________

eine Wohnung zur Verfügung steht, längstens jedoch für die Dauer der Probezeit? ja ☐ nein ☐

Der Arbeitsplatz wurde von Herrn ______________________________ gezeigt.

Es wurden folgende wesentliche Arbeitsaufgaben mitgeteilt:

DATUM UNTERSCHRIFT DES ABTEILUNGSLEITERS UND DES BEURTEILERS

Durch die Personalabteilung auszufüllen

Ärztliche Untersuchung durch Betriebsarzt/Amtsarzt am Wohnort am ______________________ vereinbart.

Ergebnis:

Diese wenigen Skizzierungen machen es deutlich, wie wichtig die Personalauslese ist und wie wenig sie heute oft schon modernen Anforderungen genügt. Hier ist einerseits vom Methodischen her ein Nachholbedarf zu bewältigen und auf der anderen Seite die gleichwertige Rolle des Bewerbers zu sehen. Grundsätzlich wird aber diese Funktion in der Personalpolitik und der Personalführung ihre Bedeutung behalten und vermutlich sogar, wie die anderen klassischen Funktionen des Personalwesens, eine Zunahme verzeichnen können.

Gerade in der Personalbeschaffung und in der Personalauslese werden wesentliche Rechte des Betriebsrates nach dem Betriebsverfassungsgesetz berührt. Jede Einstellung, Versetzung oder Entlassung bedarf der Zustimmung des Betriebsrates, wobei dieser den jeweiligen Vorgang nach im Gesetz festgelegten Kriterien prüft. Ferner hat der Betriebsrat das Recht, die Einsicht in die Bewerbungsunterlagen aller Bewerber zu verlangen. Es kommt deshalb auf eine entsprechende Zusammenarbeit mit dem Betriebsrat an, wenn diese Grundfunktionen des Personalwesens im Interesse des Unternehmens und der Mitarbeiter reibungslos verlaufen sollen.

Um einen solchen reibungslosen Ablauf zu gewährleisten, sind in manchen Unternehmen Auswahlrichtlinien in einer Betriebsvereinbarung festgelegt worden.

Hierfür ein Beispiel:

Zwischen der

G e s c h ä f t s l e i t u n g

und dem

G e s a m t b e t r i e b s r a t

wird folgende

B E T R I E B S V E R E I N B A R U N G

abgeschlossen:

Betr.: Auswahlrichtlinien

---

1. ALLGEMEINES

1.1. Die Personalabteilung unterrichtet den Betriebsrat vor jeder Einstellung, Eingruppierung, Umgruppierung, Versetzung (§ 99 BetrVG) und Kündigung (§ 102 BetrVG) durch entsprechendes Formular.

1.2. Maßnahmen nach 1.1. orientieren sich primär an der Personalplanung, über die der Betriebsrat gem. § 92 BetrVG rechtzeitig und umfassend unterrichtet wird.

1.3. Hilfsmittel für Beratungen über personelle Maßnahmen sind Arbeitsplatzbeschreibungen und Leistungsbeurteilung.

2. EINSTELLUNGEN

2.1. Der Einstellungsbedarf orientiert sich primär an der Personalplanung. Einstellungen, die über diese Personalplanung hinaus vorgenommen werden, bedürfen der besonderen Begründung gegenüber dem Betriebsrat.

2.2. Die Auswahl eines einzustellenden Bewerbers richtet sich nach dessen fachlicher und persönlicher Eignung. Die Eignung wird an den Anforderungen des zu besetzenden Arbeitsplatzes gemessen.

Die fachliche Eignung richtet sich insbesondere nach geforderten Fach- und Spezialkenntnissen.

Bei der Prüfung der persönlichen Eignung werden insbesondere Beweglichkeit, körperliche und gesundheitliche Verfassung, Belastbarkeit, Gehaltswunsch, Eintrittstermin berücksichtigt.

Für bestimmte Tätigkeiten, wie Telefonisten, Werksboten und dergleichen, sollen soziale Gesichtspunkte, wie z.B. eine Schwerbeschädigteneigenschaft, vorrangig bewertet werden. Darüber hinaus kann eine Besetzung vorzugsweise mit älteren oder behinderten Mitarbeitern aus dem eigenen Haus vereinbart werden. Hierbei hat der Betriebsrat ein Vorschlagsrecht nach § 80 BetrVG.

2.3. Über eine Einstellung entscheidet nach Maßgabe der Ziffer 2.2. die Personalabteilung nach Abstimmung mit dem Fachvorgesetzten.

Der Betriebsrat kann seine Zustimmung nach Maßgabe des § 99 Abs. 2 Ziff. 1 - 6 BetrVG verweigern.

2.4. Betriebsrat und Personalabteilung sind sich darüber einig, daß die Notwendigkeit einer raschen Entscheidung, um einen neuen Mitarbeiter zu gewinnen, in Ausnahmefällen einen sachlichen Grund zu einer vorläufigen Einstellung im Sinne des § 100 BetrVG darstellen soll, falls der Betriebsrat kurzfristig nicht verfügbar ist.

2.5. Es besteht Einigkeit darüber, daß Anwerbungen im Ausland - nach vorheriger Absprache mit dem Betriebsrat über diese Absicht - verbindlich erfolgen können. Die Einstellung gilt als endgültig, sofern diese Vorabsprache erfolgt ist.

2.6. Der Betriebsrat erhält mit dem vereinbarten Formblatt den ausgefüllten Personalbogen, der neben den persönlichen Daten (Name, Alter, Familienstand, Ausbildungsabschluß) den beruflichen Werdegang enthält. Die Bewerbungsunterlagen sind auf Verlangen zur Einsichtnahme vorzulegen.

2.7. Die Richtlinie über interne Stellenausschreibung ist Gegenstand dieser Auswahlrichtlinien.

2.8. Ist eine interne Stellenausschreibung gem. § 93 BetrVG erfolgt, so ist, ausreichende Eignung nach Ziff. 2.2. vorausgesetzt, bei zumindest gleicher Qualifikation und Verfügbarkeit der durch diese Ausschreibung gefundene Mitarbeiter gegenüber dem externen Bewerber zu bevorzugen.

3. VERSETZUNGEN

3.1. Versetzungen im Sinne des § 95 Abs. 3 BetrVG werden mit den Betroffenen und dem Betriebsrat vorher besprochen.

3.2. Für die Auswahl bei Versetzungen gelten die Ziffern 2.2. und 2.3. entsprechend. Ergänzend sind die Ergebnisse der Leistungsbeurteilung zu berücksichtigen. In Zweifelsfällen soll die Versetzung aus betrieblichen Notwendigkeiten (z.B. Vermeidung von Kündigungen) Vorrang vor individuellen Versetzungswünschen haben.

3.3. Bei einer Versetzung auf einen höherwertigen Arbeitsplatz erfolgt die Auswahl zunächst nach der fachlichen Eignung und ergänzend hierzu nach der persönlichen Eignung.

3.4. Bei einer Versetzung auf einen gleichwertigen Arbeitsplatz werden bei der Auswahl neben fachlicher und persönlicher Eignung soziale Gesichtspunkte berücksichtigt.

3.5. Sind mit einer Versetzung erhebliche Nachteile für den Mitarbeiter verbunden, so soll die Auswahl bei gleichen fachlichen und persönlichen Voraussetzungen nach sozialen Gesichtspunkten erfolgen. Insbesondere sind hier Betriebszugehörigkeit, Familienstand und Lebensalter zu berücksichtigen.

3.6. Mit Versetzungen verbundene Umstufungen oder Umgruppierungen erfolgen nach den tariflichen und gesetzlichen Bestimmungen.

4. KÜNDIGUNGEN

4.1. Vor jeder Kündigung wird der Betriebsrat durch Formblatt mit möglichst ausführlicher Begründung unterrichtet.

4.2. Bei Kündigungen aus Arbeitsmangel berät die Personalabteilung mit dem Betriebsrat gem. § 102 BetrVG, ob ein anderer zumutbarer Einsatz am Ort oder an anderer Stelle des Unternehmens, die im täglichen Pendelverkehr vom Wohnort zur Arbeitsstelle zu erreichen ist, möglich ist.

4.3. Besteht die Auswahlmöglichkeit, wird analog 3.5. verfahren. Die sozialen Erwägungen orientieren sich an der Dauer der Betriebszugehörigkeit, am Lebensalter und am Familienstand. Diese Merkmale gelten auch bei der Aufstellung eines Sozialplanes nach § 112 BetrVG.

4.4. Die Ziffer 4.3. findet keine Anwendung bei Kündigungen aus Gründen, die in der Person oder im Verhalten des Arbeitnehmers liegen.

4.5. Um bei einer notwendig werdenden außerordentlichen Kündigung eine schnelle Entscheidung zu ermöglichen, sollen ein höchstens zwei Mitglieder des Betriebsrates bzw. des Personalausschusses bei einem evtl. stattfindenden abschließenden Gespräch mit dem Betroffenen zugegen sein. In diesem Fall berichten sie ihrem Gremium, das unverzüglich entscheidet.

4.6. Im übrigen wird auf die §§ 102, 103, 104 BetrVG verwiesen.

5. LEITENDE ANGESTELLTE

5.1. Diese Auswahlrichtlinien finden auf leitende Angestellte (§ 5 Abs. 3 BetrVG) keine Anwendung.

5.2. Zu den personellen Veränderungen des unter § 105 BetrVG genannten Personenkreises zählen auch die Ernennungen zum leitenden Angestellten.

Diese Betriebsvereinbarung ist mit einer Frist von 3 Monaten zum Jahresende, frühestens zum 31. 12. des jeweiligen Jahres kündbar. Im Falle einer Kündigung wirkt diese Betriebsvereinbarung bis zum Abschluß einer neuen fort.

Geschäftsleitung: Gesamtbetriebsrat:

Dieser Hinweis macht deutlich, wie wichtig es ist, den Vorgang der Personalbeschaffung und der Personalauslese in Zusammenarbeit mit dem Betriebsrat so sachlich wie möglich zu gestalten.

4. Der Personaleinsatz

Unter Personaleinsatz sind bei der vorliegenden Gesamtbetrachtung alle Maßnahmen und Vorhaben zu verstehen, die mit der Einstellung, der Einführung, dem Einsatz, der Versetzung und der Umsetzung von Mitarbeitern verbunden sind. Es handelt sich hierbei auch um Fragen, die in starkem Maße die Verwaltung des Personals berühren. In dieser Funktion sind demnach diejenigen Aufgaben konzentriert, die im weiteren Sinne bislang die Personalverwaltung umfaßten und in vielen Unternehmen auch heute noch die eigentliche Personalarbeit ausmachen, aber sie wird hier jedoch gleichzeitig mit neuen und umfassenderen Aufgaben als bisher versehen.

In zunehmendem Maße kommt es aber nicht nur auf einen bloß reibungslosen Ablauf der Verfahren des Personaleinsatzes an, sondern das Personalwesen hat in dieser Funktion eine deutlich wirtschaftliche Funktion zu erfüllen. Es muß über den Personaleinsatz eine ständige Optimierung der eingesetzten Mitarbeiter erreichen. Das geht von der Ausschöpfung aller Anlagen und Fähigkeiten der Mitarbeiter, über die Strukturverbesserung der Belegschaft, bis hin zur optimalen Gestaltung der Arbeitsabläufe und der Arbeitsplätze. Hier muß das Personalwesen stets einen wirtschaftlichen Auftrag erkennen und sowohl im Interesse des Unternehmens als auch im Interesse der Mitarbeiter alle Maßnahmen des Personaleinsatzes entsprechend ausrichten.

Im einzelnen sind somit beim Personaleinsatz folgende Elemente der Personalarbeit zusammengefaßt:

- Einstellen
- Anlernen
- Einführung
- Versetzen
- Umsetzen
- Gestaltung der Arbeitsplätze
- Gestaltung der Arbeitsabläufe.

Hinzu kommt die mit der Beschäftigung der Mitarbeiter verbundene Verwaltungsarbeit.

a) Die Grundzüge der Personaleinstellung

Die Einstellung von Mitarbeitern ist eine Aufgabe, die sozusagen zur Routinearbeit des Personalwesens gehört, und die unter Beachtung bestimmter rechtlicher Vorschriften und nach bewährten Verfahren abläuft. Es liegt dabei auf der Hand, daß die mit dieser Aufgabe befaßten Personen über eine bestimmte Grundkenntnis in arbeits-, sozial- und tarifrechtlicher sowie in steuerrechtlicher Hinsicht verfügen müssen. Außerdem müssen die Tarifvereinbarungen und das im Unternehmen angewandte Lohn- und Gehaltssystem im Detail bekannt sein.

Nachdem die Auswahl für einen einzustellenden Mitarbeiter getroffen worden ist und der Betriebsrat keinen Einspruch erhoben hat, ist der nächste und wichtigste Schritt, die mit den Bewerbern abgesprochenen Löhne und Gehälter und die sonstigen Arbeitsbedingungen vertraglich festzulegen. Es findet entweder die Einstufung in die einzelnen Lohn- und Gehaltstarife statt, wobei gleichzeitig die Richtlinien über Zulagen irgendwelcher Art Verwendung finden, sei es wie im Tarifabkommen festgelegt oder vom Markt her bedingt oder als besondere Leistungszulagen ausgewiesen. Oder aber es werden für die außertariflichen Mitarbeiter die Absprachen in einem Einzel-Arbeitsvertrag fixiert, wobei auch dafür bestimmte generelle Tatbestände bekannt sein müssen.

Es sollte selbstverständlich sein, daß jeder Mitarbeiter alle Bedingungen seiner Einstellung kennt und diese möglichst schriftlich fixiert sind. Aus diesem Grunde ist es unerläßlich, daß alle Mitarbeiter entweder ein generelles Anstellungsschreiben oder im einzelnen ausgehandelte Einzelarbeitsverträge in Händen haben. Diese Feststellung gilt für den Lohn- und Gehaltsbereich im gleichen Maße. Sie klingt selbstverständlich, aber sie hat noch keineswegs in allen Unternehmen Anwendung gefunden.

Es ist nicht notwendig, daß diese Anstellungsschreiben oder Einzelarbeitsverträge sehr umfassend abgefaßt werden und vielleicht sogar kaum verständlichen juristischen Formulierungen folgen. Es ist zunächst allein maßgebend, daß sie alle wesentlichen Arbeitsbedingungen und Vereinbarungen enthalten und diese Vereinbarungen selbstverständlich auch einer rechtlichen Nachprüfung standhalten. Der Mitarbeiter muß sie außerdem verstehen, und er muß der späteren Entwicklung der Arbeitsbedingungen verständnismäßig folgen können.

Im einzelnen interessieren den Mitarbeiter folgende Grundtatbestände der Einstellung:

- Der Vertragsbeginn
- Die Tätigkeit oder die Funktion
- Das Einkommen
- Die Kündigungsfrist
- Die Dauer der Probezeit
- Die materiellen Zusatzleistungen
- Die Arbeitszeit
- Die sozialen Leistungen
- Der Hinweis auf geltende Tarifbestimmungen und/oder die Arbeitsordnung
- Die Beendigung des Arbeitsverhältnisses bei Erreichung der Altersgrenze.

Eine Reihe von Fragen, die für das Arbeitsverhältnis bedeutsam sind, sind in den Tarifvereinbarungen, den gesetzlichen Bestimmungen oder in einer Arbeitsordnung, die als Betriebsvereinbarung mit dem Betriebsrat abgeschlossen worden ist, geregelt. Hier genügt deshalb im allgemeinen ein Hinweis auf derartige Regelungen im Anstellungsschreiben oder im Einzelarbeitsvertrag.

In der Gestaltung der Arbeitsverträge wird in der betrieblichen Praxis häufig differenziert. Die Lohnempfänger und diejenigen Angestellten, die den Tarifvereinbarungen unterliegen, erhalten häufig vereinfachte und schematisierte Anstellungsschreiben. Differenzierter ausgearbeitete Einzelarbeitsverträge erhalten dagegen im allgemeinen die außertariflichen Angestellten. Dies hängt damit zusammen, daß für diese Mitarbeiterkategorie eine Reihe von Fragen nicht generell geklärt sind und deshalb der vertraglichen Absprache bedürfen. Aber auch dadurch, daß sich einige Probleme bei den Arbeitsbedingungen für die außertariflichen Angestellten anders darstellen als bei den Tarifangestellten, weshalb eine spezielle Klärung dieser Fragen notwendig ist. Hierher gehören in der betrieblichen Praxis oft:

- Die Genehmigungspflicht erwerbsmäßiger Nebentätigkeit
- Die Diensterfindung
- Die Wettbewerbsabsprache

- Die Vertraulichkeit über Informationen und Arbeitsunterlagen bzw. die allgemeine Geheimhaltungspflicht
- Die zusätzliche betriebliche Altersversorgung
- Die Urlaubsdauer
- Die zusätzlichen Leistungen (wie im Krankheitsfalle) oder die zusätzlichen Versicherungen
- Der Versetzungsvorbehalt
- Das Beurlaubungsrecht der Firma.

Im übrigen sollte beachtet werden, daß nur die wesentlichen Tatbestände in einem Anstellungsschreiben oder in einem Einzelarbeitsvertrag festzuhalten sind. Darüber hinaus sollten entweder die Arbeitsordnung, die sonstigen Regelungen des Arbeitsverhältnisses oder besondere Richtlinien die übrigen Leistungen aufführen. Das gilt vor allem für die Arbeitszeit, für die sozialen Leistungen und für sonstige Vergünstigungen, wie Urlaubsdauer oder die betriebliche Altersversorgung. Hierfür sollte es spezielle Richtlinien geben, auf die im Vertrag hinzuweisen ist. Dann ist der Vertrag nicht nur knapp und übersichtlich gehalten, sondern man erspart sich auch bei Veränderung einzelner Tatbestände durch entsprechende Verweise eine Änderungskündigung des gesamten Vertrages oder einzelner Vertragsbestandteile.

Ein besonders wichtiger Punkt, der für die Abgrenzung der leitenden Angestellten nach § 5,3 des BetrVG eine zusätzliche Bedeutung hat, aber grundsätzlich auch zu einer modernen Personalführung mit einem Höchstmaß an Klarheit und Überschaubarkeit gehört, ist die Forderung, detaillierte Angaben über die vorgesehene Tätigkeit dem Mitarbeiter gegenüber zu machen. Aus diesem Grunde sind Stellenbeschreibungen auch hierfür wichtig, die einem Anstellungsschreiben oder einem Einzelvertrag beigefügt werden sollten. Zumindest sollte darauf verwiesen werden oder dem neuen Mitarbeiter sollte außer dem Anstellungsschreibens die Stellenbeschreibung ausgehändigt oder zur Kenntnis gebracht werden.

Es ist nicht zu vertreten, im Vertrag nur globale Tätigkeitsbezeichnungen, wie »beschäftigt als kaufmännischer Angestellter« aufzuführen. Der Mitarbeiter hat ein Recht darauf zu wissen, für welche Tätigkeit im einzelnen er eingestellt wird. Unternehmen, die globale Formulierungen bevorzugen, befürchten meist, daß sie dann später nicht mehr flexibel sind. Aber andere Vertragsinhalte, wie das Versetzungsrecht für eine gleichwertige Tätigkeit, können die notwendige, eventuell später erforderlich werdende Flexibilität herbeiführen. Eine willkürliche Handlungsweise sollte auf jeden Fall ausgeschlossen sein. Immer wieder zeigt sich, daß die Stellenbeschreibung als Anlage zum Anstellungsschreiben oder zum Einzelvertrag Klarheit schafft und spätere Mißverständnisse vermeidet.

Seit dem neuen Betriebsverfassungsgesetz vom 17. 1. 1972, insbesondere durch die dort enthaltenen Rechte für den Betriebsrat, kümmert sich dieser stärker als bisher um diejenigen außertariflichen Mitarbeiter, soweit sie nicht zu den leitenden Angestellten im Sinne des § 5,3 BetrVG zählen. Da ferner zu beobachten ist, daß die Gewerkschaften bei Tarifverhandlungen immer wieder versuchen, den Geltungsbereich der Tarifverträge auszudehnen und ihn auch für Mitarbeiter zur Anwendung zu bringen, die bislang außertarifliche Angestellte sind, wird auch auf diese Weise langfristig die Struktur der Belegschaft verändert. Es muß deshalb davon ausgegangen werden, daß es langfristig nur noch Tarif-Mitarbeiter und leitende Angestellte geben wird. Darauf sollte auch die Personalführung vorbereitet sein und entsprechende Überlegungen anstellen.

Ob es aber empfehlenswert ist, in Anbetracht dieser Entwicklung eine besondere Personalstelle für leitende Angestellte einzurichten, ist weniger eine grundsätzliche als eine praktische Frage, die von Unternehmen zu Unternehmen entschieden werden muß. Auf jeden Fall sollten die Unternehmen aber eine besondere Personalpolitik für die leitenden Angestellten entwickeln, die der besonderen Bedeutung dieser Gruppe im Unternehmen gerecht wird und ihr Selbstwertgefühl stärken hilft. Das wird in der Personalverwaltung vermutlich zu zwei verschiedenen Grundtypen in den Arbeitsbedingungen führen und schließlich auch zu unterschiedlichen Vertragsmustern, Vertragsinhalten und Richtlinien. Das kann letzten Endes auch in eine besondere Personalverwaltung für leitende Angestellte einmünden.

Allerdings muß bei einer derartigen Entwicklung sichergestellt werden, daß eine in den Grundzügen einheitliche Personalpolitik im Unternehmen aufrecht erhalten bleibt. Andernfalls ist eine geschlossene, auf ein gemeinsames Ziel hin orientierte Personalführung im Unternehmen nicht möglich. Diese Aufrechterhaltung der Einhaltung kann durch eine disziplinarische Zuordnung oder durch eine von oben herbeigeführte Abstimmung in den Grundzügen der betrieblichen Personalpolitik erreicht werden.

b) Die Einführung neuer Mitarbeiter

In den Fällen, in denen die neuen Mitarbeiter nicht unmittelbar für die vorgesehene Tätigkeit eingesetzt werden können, muß entweder eine entsprechende fachliche Einführung oder sogar ein Anlernprozeß durchgeführt werden. Diese Maßnahme kann wenige Tage oder sogar einige Monate umfassen. Das hängt ganz davon ab, um welche Tätigkeit es sich handelt und welche Qualifikationen die eingestellten neuen Mitarbeiter mitbringen. Wichtig ist allein, daß diese Frage gesehen wird und entsprechende Maßnahmen vorbereitet sind. Die Einsatzplanung als Teil der Personalplanung hat für eine entsprechende Vorbereitung zu sorgen, während der Personaleinsatz den Ablauf einer Maßnahme steuert und überwacht.

Immer wieder ist in der Praxis festzustellen, daß einzelne, neue Mitarbeiter bereits nach wenigen Tagen oder Wochen scheitern und deshalb das Unternehmen wieder verlassen, weil neben anderen Ursachen, die hierfür maßgeblich gewesen sein können, vielleicht auch die Einführung oder der Anlernprozeß nicht entsprechend vorbereitet worden sind. In dieser Hinsicht müssen bessere und sorgfältigere Methoden als bisher angewandt werden.

Es ist bekannt, daß zur Zeit die Fluktuation eines Mitarbeiters mit einfacher Qualifikation ca. 2000,–– DM an Kosten verursacht und diese mit der Qualifikation bis auf 10 000,–– DM und mehr ansteigen können. Allein schon von dieser Kostenseite wird deutlich, wie wichtig eine gut geplante Einführung oder eine entsprechende Anlernung eines neuen Mitarbeiters ist, und daß es sich lohnt, dafür bestimmte Mittel aufzuwenden. Abgesehen davon, daß eine überhöhte Fluktuation die innerbetriebliche Zusammenarbeit beeinträchtigt und ein negatives Personalbild des Unternehmens außerhalb erzeugt.

Zur Einführung neuer Mitarbeiter haben sich grundsätzlich folgende Methoden bewährt:
- Ein Einführungsheft über das Unternehmen
- Eine mündliche oder mediative Einführung für neue Mitarbeiter
- Der Einsatz von »Paten« für neue Mitarbeiter.

Es ist auffallend, daß die Einführung neuer Mitarbeiter – trotz seit vielen Jahren vorliegender guter Ratschläge auf diesem Gebiet – nach wie vor in der Praxis vielfach den dargelegten Erfordernissen nicht entspricht. Immer wieder wird übersehen, in welcher psychologischen

Situation sich ein neuer Mitarbeiter beim Antritt seiner neuen Stellung befindet und wie wichtig es ist, daß er möglichst schnell und reibungslos in eine Gruppe integriert wird. Häufig wird die Einführung von Paten empfohlen, die diese Aufgabe der Betreuung übernehmen sollen. Bewährt hat sich auch in manchen Firmen das Nachfassen nach einigen Tagen oder Wochen. In diesen Fällen finden nach einer bestimmten Zeitspanne seitens des Personalwesens vorbereitete Gespräche mit den neuen Mitarbeitern statt und werden auch im größeren Rahmen Zusammenkünfte mit den neuen Mitarbeitern durchgeführt, z.B. in Form einer Kaffeetafel, um mit ihnen ihre Probleme zu besprechen.

Selbstverständlich spielt auch bei der Einführung eine entscheidende Rolle, inwieweit über das Unternehmen und nicht nur über die unmittelbare Tätigkeit informiert wird. Hier haben sich die bekannten Einführungshefte außerordentlich bewährt, aber noch wichtiger ist das gesprochene Wort oder die visuelle Anschauung. Aus diesem Grunde haben eine Reihe von Unternehmen für neue Mitarbeiter Einführungskurse entwickelt, die sich oft über mehrere Stunden oder einen ganzen Tag erstrecken und einen guten Überblick über das Unternehmen und die zu erwartenden Probleme geben. Diese Perfektion können sich jedoch viele Unternehmen aus finanziellen und personellen Gründen nicht leisten, aber im Rahmen des Möglichen sollte sich jedes Unternehmen dieser Aufgabe annehmen.

Grundsätzlich sollte aber verstanden werden, daß eine wichtige Funktion der Führungskräfte auch in der Einführung neuer Mitarbeiter und in der Integration in die vorgesehene Gruppe besteht. Die Einschaltung eines Paten kann sie davon entlasten, aber nicht befreien. Die Führungskräfte sollten durch eine entsprechende Schulung auf diese Aufgabe vorbereitet sein und in der Anwendung auch in gewisser Hinsicht einer Art Kontrolle unterliegen. In diesem Zusammenhang darf nicht übersehen werden, daß die Führungskräfte im Unternehmen ebenfalls eine bestimmte Rolle im Rahmen des Betriebsverfassungsgesetzes spielen. Dies gilt vor allem für die sogenannten Individualrechte des Mitarbeiters. Die im Betriebsverfassungsgesetz festgelegten Anhörungsrechte des Mitarbeiters sollten sinnvollerweise durch die Führungskräfte gewährt werden, weil diese am besten die hiervon betroffenen Tatbestände kennen. Es geht hier vor allem um:

- Die Aufgabe und die Verantwortung
- Die Art der Tätigkeit

- Die Einordnung in den Arbeitsablauf des Unternehmens
- Die Unfall- und Gesundheitsfolgen
- Die Maßnahmen und Einrichtungen zur Abwendung dieser Gefahren
- Die Veränderungen im Arbeitsbereich.

Der Inhalt der Unterrichtungspflicht umfaßt somit im einzelnen:

- Den Arbeitsauftrag, die Aufgabe, die Art der Tätigkeit
- Die Belastung, mit der der Arbeitnehmer zu rechnen hat
- Die Bedeutung der Arbeitsleistung im Rahmen der arbeitsteiligen Organisation
- Die Verantwortung, die der Arbeitnehmer trägt, um den Zweck des Unternehmens zu erreichen.

Es liegt auf der Hand, diese Vorschrift des Betriebsverfassungsgesetzes zu nutzen, um die Rolle der Führungskräfte bei der Einführung und beim Einsatz neuer Mitarbeiter mehr als bisher in den Vordergrund zu rücken und entsprechende systematische, formalisierte und organisatorische Maßnahmen zu treffen. Das Personalwesen sollte dafür die Vorbereitung und die Aufbereitung des Materials übernehmen, um die Führungskräfte in die Lage zu versetzen, diese Aufgabe stets optimal und nach dem neuesten Stand der Fakten durchzuführen.

c) Die Anwendung der Arbeitswissenschaft im Personaleinsatz

Auch in anderer Hinsicht wird der Personaleinsatz in Zukunft eine umfassendere und tiefergehende Arbeitsweise als bisher verlangen, die mit der klassischen Verwaltungsarbeit wenig gemein haben wird. So wird sich erweisen, daß durch das stärkere Tempo der Veränderungen im Unternehmen, aber auch durch die stärkere Berücksichtigung der individuellen Erwartungen der Mitarbeiter, Versetzungen, Umsetzungen und langfristig geplante individuelle Laufbahnen stärker als früher eine Rolle spielen werden. Der Personaleinsatz ist in dieser Hinsicht nicht nur unmittelbar mit der Personalplanung verbunden, sondern muß auch eine genaue Kenntnis über die einzelnen Arbeitsplätze und die dortigen Bedingungen und Anforderungen besitzen.

Für die Kenntnis der Arbeitsplätze werden in vielen Fällen die Stellenbeschreibungen genügen, aber es kann auch ebensooft geschehen, daß dort festgehaltene Tatbestände für bestimmte personalführungsmäßige oder soziale Überlegungen nicht ausreichen. Das wird beispielsweise eintreten, wenn eine Umsetzung eines älteren, jetzt minderleistenden Mitarbeiters notwendig wird oder generell bestimmte Arbeitsbedingungen für einzelne Gruppen, wie Frauen, Jugendliche oder Schwerbeschädigte, beachtet werden müssen. Unter diesen Aspekten wird es erforderlich sein, tiefergehende Angaben über die Anforderungen einzelner Arbeitsplätze und deren Umgebung zur Verfügung zu haben. Vermutlich wird es ohnehin in Zukunft eine wichtige Aufgabe sein, die einzelnen Arbeitsplätze im Hinblick auf ihre spezifischen Anforderungen für bestimmte Gruppen zu untersuchen, damit bei der Besetzung von Anfang an darauf geachtet werden kann. Es ist nicht zu verantworten, daß erst dann reagiert wird, wenn ein Sozialfall entsteht und aus rein sozialen Überlegungen eine Abhilfe geschaffen wird, während gleichzeitig die Befriedigung in der Arbeit und das Selbstwertgefühl darunter leiden können, auch wenn materielle Einbußen mit derartigen Lösungen nicht verbunden sind. Die Schaffung von besonderen Abteilungen oder Werkstätten für ältere Mitarbeiter wäre für eine derartige, zu späte Handhabung ein Beispiel.

Natürlich ist mit solchen Vorstellungen auch die Konsequenz verbunden, sich ständig über die Gestaltung und die Umgebung aller Arbeitsplätze ein Bild zu machen und für notwendig gewordene Änderungen zu sorgen. Auch das wird eine wachsende Aufgabe des Personaleinsatzes sein. Gerade in dieser Frage ist das Personalwesen noch oft unvorbereitet und überläßt das Feld Fachleuten oder nimmt in Kauf, daß diesem Problem nicht mit der notwendigen Energie nachgegangen wird. Hier liegt deshalb in der Zukunft noch eine wichtige Aufgabe für das Personalwesen vor. Der Mitarbeiter muß auch in dieser Hinsicht spüren, daß ständig daran gearbeitet wird, ihm die bestmöglichen Arbeitsbedingungen zur Verfügung zu stellen.

Vermutlich wird sich ganz allgemein erweisen, daß der Einfluß des Personalwesens auf die Gestaltung der Arbeitsabläufe und der Arbeitsplätze stärker als bisher sein muß. Nicht im Sinne von Eingreifmöglichkeiten oder sogar von größerer Verantwortung – das wäre absolut abwegig –, aber im Hinblick auf mehr Mitwirkung. Eine derartige Forderung ergibt sich bereits aus der integrierenden und mehr rational betonten Entwicklung des Personalwesens. Sie wird aber auch durch die neue Gesetzgebung, beispielsweise im Hinblick auf die Sicherheitsbeauftragten und die Betriebsstättenverordnung, untermauert.

Unabhängig davon gilt aber, daß jede organisatorisch oder technisch bedingte Veränderung der Arbeitsplätze und der Arbeitsabläufe stets mit personellen Konsequenzen verbunden ist. Umgekehrt hat jeder personelle Ansatz zur Veränderung der Kostenstruktur eines Unternehmens mindestens organisatorische, wenn nicht auch technische Konsequenzen im Unternehmen zur Folge. Hier muß somit von vornherein eine gleichwertige Betrachtung und ein gleichgewichtiger Ansatz zwischen personellen und sachlichen Überlegungen zur Problembewältigung garantiert sein.

Dies wird das Personalwesen zwangsläufig mehr als bisher mit der Frage des optimalen Personaleinsatzes und der Berücksichtigung der gegebenen Personalstruktur konfrontieren. Daraus wird folgen, daß das Personalwesen selbst stärker als bisher die Mitverantwortung für die Personalkostenstruktur übernimmt und gleichzeitig mithilft, gegebenenfalls notwendige Änderungen herbeizuführen. Praktisch bedeutet das, daß das Personalwesen auch für die Rationalität der Unternehmensleitung Mitverantwortung übernimmt. Dies beinhaltet aber auch eine Mitverantwortung des Personalwesens für die Arbeitsabläufe und die Gestaltung der Arbeitsplätze.

Wenn das von Anfang an sinnvoll vorgesehen ist, läuft das Personalwesen auch nicht Gefahr, einseitig für geplante Rationalisierungsmaßnahmen die unangenehmen Konsequenzen übernehmen und durchführen zu müssen. Vielmehr hat es die Chance, durch seine Mitwirkung dafür Sorge zu tragen, daß nicht nur über personelle Probleme diskutiert wird, sondern auch über fachliche, technische oder organisatorische zugleich. Vor allem bei Rationalisierungsmaßnahmen wird sich das auswirken und dem Mitarbeiter zeigen, daß Veränderungen im Unternehmen von Anfang an vielseitig und komplex zugleich betrachtet und behandelt werden.

In diesem Zusammenhang interessieren für eine allgemeine, ständige Betrachtung folgende Fragestellungen:

- Entsprechen die einzelnen Arbeitsplätze den sachlich notwendigen Anforderungen?
- Erfüllen die einzelnen Arbeitsplätze für den sachlichen Zweck gleichzeitig bestimmte arbeitswissenschaftliche Erfordernisse (z.B. im Hinblick auf Licht, Lärm, Staub, physiologische und psychologische Gestaltung)?
- Erlauben die Arbeitsplätze bereits ein maximales Maß an Selbständigkeit, Mitverantwortung und Mitwirkung?

- Entsprechen die einzelnen Arbeitsabläufe den sachlichen Anforderungen?
- Können die einzelnen Arbeitsabläufe rationeller gestaltet werden?
- Können die einzelnen Arbeitsplätze und Arbeitsabläufe humaner gestaltet werden?

In spezieller Hinsicht sind außerdem folgende Fragen von Bedeutung:

- Welche laufenden Personal- und Sachkosten sind mit jedem einzelnen Arbeitsplatz verbunden?
- Welche laufenden Personal- und Sachkosten, ohne Materialkosten, sind mit jedem einzelnen Arbeitsablauf verknüpft?
- Wo werden ähnliche oder gleiche Aufgaben bewältigt?
- Welche Rangfolge in der Wichtigkeit besteht für die einzelnen Tätigkeiten eines Arbeitsplatzes?
- Welcher prozentuale zeitliche Aufwand ist mit den einzelnen Tätigkeiten verbunden?
- Auf welche Tätigkeiten kann unter Umständen verzichtet werden und welche Konsequenzen hat das?

Zweifellos wird heute einem großen Teil dieser Fragen oft entweder von der Organisationsabteilung oder von der Arbeitsvorbereitung nachgegangen. Wichtig ist jedoch, ob diese Prüfung mit der genügenden Komplexität und mit der Klärung der möglichen personellen Konsequenzen vorgenommen wird. Weil in dieser Hinsicht einige Zweifel bestehen, wird es als notwendig angesehen, daß das Personalwesen bei diesen Fragen mehr als bisher mitwirkt.

Auf der gleichen Ebene liegt die Notwendigkeit für das Personalwesen, sich ständig mit dem betrieblichen Lohn- und Gehaltssystem zu befassen, um zu klären, ob es den tariflichen Bestimmungen, den betrieblichen Vorstellungen und den leistungsorientierten Zielsetzungen des Unternehmens gerecht wird. Auch um diese Frage wird sich der Personaleinsatz stärker als bisher kümmern müssen. Alles in allem ergibt sich daraus schließlich ein deutliches Abgehen von der bisher primär verwaltungsmäßigen Betrachtungsweise und eine Hinwendung zu mehr gestaltenden Aufgaben. Es handelt sich hier demnach nicht mehr um eine bloße Personalverwaltungsaufgabe, sondern um eine sehr dynamische und umfassende Tätigkeit des Personalwesens.

d) Die Rationalisierung der Personalverwaltung

Die Personalverwaltung, die so lange Zeit den Kern der eigentlichen Personalarbeit ausgemacht hat, muß mehr als bisher rationalisiert werden, damit die Kräfte im Personalwesen sich den eigentlichen Aufgaben der Personalpolitik und der Personalführung widmen können. Es läßt sich in der Praxis häufig feststellen, daß die in der Personalverwaltung gebräuchlichen Unterlagen, Formblätter und sonstigen Hilfsmittel modernen Anforderungen nicht mehr gerecht werden. Hier hat in vielen Fällen die Rationalisierung noch keinen großen Eingang gefunden. Diese Aussage trifft häufig für die Führung der Personalakte und insbesondere für die Erstellung der Personalstatistiken* zu.

Es kann davon ausgegangen werden, daß mit der weiteren Anwendung der elektronischen Datenverarbeitung auch die Personalverwaltung immer mehr nach modernen Gesichtspunkten vorgenommen wird. Insbesondere ist erkennbar, daß vermutlich in 10 bis 15 Jahren die Personalakte den eigentlichen Sinn verloren hat und nicht mehr die entscheidende Grundlage für die Personaldaten abgeben wird. Hier wird vielmehr die elektronische Datenverarbeitung die notwendigen Daten speichern und stets schnell zur Verfügung stellen.

Die Zahl der Unternehmen wächst, die ein voll ausgebautes System der EDV-Anwendung im Personalwesen haben. Ursprünglich beschränkte sich die Anwendung der elektronischen Datenverarbeitung im Personalwesen im allgemeinen auf die Lohn- und Gehaltsabrechung. Inzwischen sind sogenannte integrierte Personalinformationssysteme entwickelt worden, die weiter gehen und jetzt versuchen, umfangreiche Informationen über die Mitarbeiter zu sammeln, sie zu speichern und auszuarbeiten. Sie sind aber auch dafür vorgesehen, Maßnahmen in der Personalpolitik und Personalführung mit Hilfe eines solchen Systems besser als bisher planen und durchführen zu können. Diese Entwicklung ist im vollen Gange und es wächst auch

* Zur besseren Erstellung der Personalstatistiken ist empfehlenswert:
»Normen für die Personalstatistik«, Heft Nr. 39 der Schriftenreihe der Deutschen Gesellschaft für Personalführung, Düsseldorf, Peter Hanstein Verlag, Köln, 1976

die Literatur, die den Unternehmen in dieser Hinsicht Anregungen vermittelt*. Hier geht es vor allem um:

- Die Erfassung der persönlichen Daten des Mitarbeiters
- Die Fortschreibung der persönlichen Daten des Mitarbeiters
- Die Erfassung und Abrechnung der Löhne und Gehälter
- Die Erfassung und Auswertung der regelmäßigen Beurteilung des Mitarbeiters
- Die Steuerung der Personalplanung
- Die Steuerung der Personalentwicklung.

Umstritten ist in diesem Zusammenhang, ob ein Personalinformationssystem auch sogenannte individuelle Leistungsdaten erfassen soll, wie sie sich beispielsweise aus einer ärztlichen Einstellungsuntersuchung oder aus einer regelmäßigen Beurteilung ergeben. Es wird befürchtet, daß die Erfassung derartiger Daten die Intimsphäre des Mitarbeiters zu deutlich berührt. Es gibt aber auch Unternehmen, in denen das nicht als Problem angesehen wird.

Die Entwicklung zu Personalinformationssystemen überholt teilweise die gesetzlichen Regelungen, wie z.B. über das Recht der Einsichtnahme des Mitarbeiters in die Personalakte, das im Betriebsverfassungsgesetz festgelegt ist. Offensichtlich hat hier der Gesetzgeber zu sehr in Verwaltungs- und Machtkategorien gedacht und übersehen, welche modernen Entwicklungen auf diesem Gebiet möglich sind. Vermutlich wird aber die Einsichtnahme in die Personalakte später gleichzusetzen sein mit dem Abspielen der Personaldatei, soweit die dort erfaßten Daten den einzelnen Mitarbeiter betreffen.

e) Die Arbeitsweise des Personaleinsatzes

Der Personaleinsatz ist ein formaler Vorgang und hat trotz aller Erweiterung in der Aufgabenstellung einen verwaltungsmäßigen Charakter. Insofern kommen hier personalpolitische und personalführungs-

---

* Siehe Schriftenreihe der »Deutsche Gesellschaft für Personalführung«, Düsseldorf:

»Die Anwendung der EDV im Personalwesen« – Band I Lohn- und Gehaltsabrechnung, 1974

»Die Anwendung der EDV im Personalwesen« – Band II
Personalplanung und Personalentwicklung mit Hilfe der EDV

Peter Hanstein Verlag, Köln, 1976

mäßige Überlegungen weniger zum Tragen. In dieser Hinsicht stößt das neue funktionale System am stärksten mit überkommenen Vorstellungen auf diesem Gebiet zusammen. In der Vergangenheit war es üblich, daß der Personalsachbearbeiter alle Vorgänge von der Beschaffung, der Auslese, der Einstellung, der Betreuung, der Verwaltung und der Entlassung wahrnimmt. Dies blieb allerdings oft ein Wunsch, weil selten ein Personalsachbearbeiter in der Lage war, allen diesen Anforderungen zugleich voll zu genügen. Hinzu kam, daß der Personalsachbearbeiter, wenn er diese Aufgaben erfüllen sollte, häufig drei- bis fünfhundert Mitarbeiter in dieser Form zu betreuen hatte. Es liegt auf der Hand, daß unter diesen Voraussetzungen gerade der moderne Gesichtspunkt der Personalführung und der Personalentwicklung, soweit er nicht nur die Führungskräfte, sondern auch das Personalwesen betrifft, oft nicht zur Geltung kommen konnte.

Deshalb ist gerade in diesem Bereich die ursprüngliche Funktion der Personalarbeit besonders herausgestellt und die reine Verwaltung in ihrem Kern konzentriert worden. Vielfach wird diese Auffassung bedauert, weil nach wie vor die Befürworter des alten Systems sagen, daß es wichtig ist, den Mitarbeiter nur mit einer Person zu konfrontieren, die ihm regelmäßig und ständig zur Verfügung steht. Es wird argumentiert, daß gerade dadurch der Mitarbeiter ein besonderes Vertrauensverhältnis zu seinem Personalsachbearbeiter gewinnt und dieser auch am besten befähigt wäre, ihn in jeder Hinsicht richtig zu betreuen und zu beraten. Diese Argumente sind keineswegs von der Hand zu weisen und haben vieles für sich.

Trotzdem darf nicht verkannt werden, daß ein moderner Mitarbeiter sich oft nicht mehr in der klassischen Form betreut sehen möchte, sondern mehr oder weniger ein echter Gesprächspartner sein will, der seine eigenen Chancen entsprechend wahrnehmen und dafür aber jeweils den sachkundigen Fachmann als Gesprächspartner haben möchte, der sich im jeweiligen Detail sehr gut auskennt. Aus diesem Grunde kann nicht mehr immer der Personalsachbearbeiter als Betreuer sein richtiger und bester Gesprächspartner sein, sondern das ist heute meist sein Vorgesetzter oder ein anderer Funktionsinhaber. Das Personalwesen hat unter diesen Aspekten dann nur eine übergeordnete Funktion der Steuerung und der Überwachung der Grundelemente der Personalführung und liefert die verwaltungsmäßigen Grundlagen. Wichtig ist allein, daß das Verhältnis zwischen Mitarbeiter und Vorgesetztem sich voll entfalten kann und hier die entscheidenden Probleme oder Anliegen des Mitarbeiters geklärt und gemeinsam gelöst werden können.

Daneben muß der Mitarbeiter spüren, daß er bei bestimmten Aufgaben eine volle fachliche Betreuung und Förderung erhält, z.B. über die Bildung oder in sozialen Fragen. Hier kommen oft bestimmte fachliche Kenntnisse zur Anwendung, die ein generell eingesetzter Personalsachbearbeiter nicht differenziert genug haben kann. Hinzu kommt, daß durch die unternehmensorientierte und leistungsbezogene Personalarbeit dafür Sorge getragen werden muß, daß jede Überlegung und Maßnahme rationell und fachlich qualifiziert durchgeführt wird. Auch das spricht für eine funktionale Betrachtungsweise. Außerdem ist heute ein Personalsachbearbeiter nicht nur durch die Vielfalt der Anforderungen überfordert, die moderne Betreuungsfunktion voll auszuüben, sondern auch aus Gründen der Arbeitsüberlastung. Man müßte vermutlich die Zahl der Sachbearbeiter dieser klassischen Art drastisch erhöhen, um sie zu befähigen, die geforderte Aufgabe zu erfüllen. Dann bekäme aber die Personalverwaltung eine derartige Betonung, daß auch von der zahlenmäßigen Besetzung des Personalwesens her die anderen wichtigen Personalaufgaben zurücktreten würden.

Aus diesen verschiedenen Gründen wird es für richtiger gehalten, funktional zu denken und von der alten Methode abzugehen, daß ein Personalsachbearbeiter umfassend und ausschließlich für eine bestimmte Zahl von Mitarbeitern oder für einen bestimmten Bereich des Unternehmens zuständig ist. Gerade durch den funktionalen Gedanken wird ein Höchstmaß von Schwerpunktarbeit ermöglicht, so daß alle Personalfunktionen mit ihrem erforderlichen Gewicht gezielt ausgeübt werden.

Im übrigen kommt im Sinne des Betriebsverfassungsgesetzes die Zusammenarbeit zwischen Unternehmensleitung und Personalwesen auf der einen Seite und dem Betriebsrat auf der anderen Seite beim Personaleinsatz am stärksten zum Tragen, denn mit den beim Personaleinsatz zu lösenden Problemen hat das Betriebsverfassungsgesetz dem Betriebsrat seine stärksten personellen und sozialen Rechte eingeräumt. Hier wird am deutlichsten, daß ein kooperatives Verhältnis im Unternehmen bestehen sollte, damit diese Aufgabe sinnvoll ausgeübt werden kann.

5. Die Personalentwicklung

Wenn in Zukunft überwiegend nur noch weitgehend qualifizierte Mitarbeiter vorhanden sein werden, diese obendrein relativ knapp sind, ferner deren Erwartungen für ihre Leistungsbereitschaft den entscheidenden Anstoß geben, ihre ständige Fortentwicklung in fachlicher Hinsicht von großer Bedeutung ist und sie schließlich von demokratisch bestimmten gesellschaftlichen Vorstellungen geleitet werden, dann ist in einem modernen Unternehmen die Personalentwicklung die zentrale und entscheidende Aufgabe des Personalwesens.

Über die Personalentwicklung soll in besonders effektiver Weise der optimale Personaleinsatz des Mitarbeiters möglich werden, nachdem die Personalorganisation und die Personalplanung die notwendigen Grundlagen dafür gelegt haben. Außerdem kommt es darauf an, die mehr objektiven Tatbestände, welche die Personalorganisation und die Personalplanung geschaffen haben und die primär von der Zielsetzung des Unternehmens ausgingen, mit den subjektiven Faktoren des Mitarbeiters, d.h. mit seinen Erwartungen, seinen Erfahrungen und seinen Fähigkeiten in Übereinstimmung zu bringen.

In der Personalentwicklung wird somit versucht, die Anlagen und Fähigkeiten des Mitarbeiters optimal für ihn und für das Unternehmen zur Geltung zu bringen und ständig weiter zu entwickeln. Das hier vorhandene Potential ist vermutlich sehr viel größer als gemeinhin angenommen wird, wie Notsituationen oder gezielte Entwicklungsmaßnahmen immer wieder zeigen. Darüber hinaus muß versucht werden, die Einstellungen und Erwartungen des Mitarbeiters genauso zu berücksichtigen, wie die Vorstellungen des Unternehmens. Hierfür wird es selbstverständlich keine ideale, stets vorhandene Übereinstimmung zwischen den beiderseitigen Interessenlagen geben können. Vielfach wird nur eine Annäherung möglich sein. In der Personalentwicklung findet aber im wesentlichen die Synthese zwischen dem Unternehmensziel und den Erwartungen des Mitarbeiters statt.

Die Personalentwicklung hat somit dafür Sorge zu tragen, daß die Anlagen und Fähigkeiten der Mitarbeiter zur höchstmöglichen Entfaltung kommen und ihre Erwartungen zur bestmöglichen Verwirklichung im Rahmen des Unternehmenszieles gelangen. Je deutlicher die Entwicklung der Organisation des Unternehmens und die Entwicklung der Mitarbeiter als ein gleichzeitiger, dynamischer Prozeß verstanden wird, desto enger wird die Personalpolitik beide Ausgangspunkte stets zugleich im Auge haben und stets dafür die Voraussetzungen schaffen, daß beide Vorstellungen in einem engeren Zusammenhang zur Verwirklichung gelangen.

Das nachstehende Schema macht diese enge Verknüpfung deutlich:

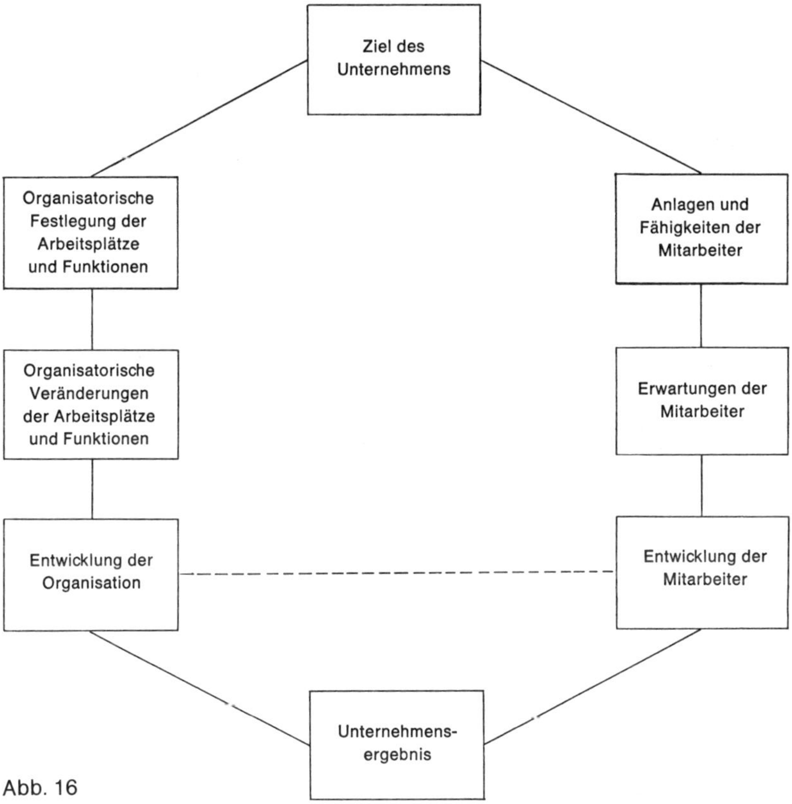

Abb. 16

Es wird davon ausgegangen werden können, daß bislang der Unternehmenszweck bei der Beschaffung, der Auslese und dem Einsatz des Mitarbeiters den Ausschlag gegeben hat. Die Berücksichtigung der Besonderheiten und Vorstellungen des Mitarbeiters wurde zwar von Jahrzehnt zu Jahrzehnt immer augenscheinlicher, aber eine Art Gleichwertigkeit zwischen Unternehmensziel und Mitarbeiter-Erwartungen ist noch nicht erreicht. Ob das überhaupt möglich sein wird, ist bislang offen oder sogar zweifelhaft, aber ohne Frage sind in dieser Hinsicht noch weitere Möglichkeiten gegeben. Dabei wird es immer wieder den Konflikt geben, was in letzter Konsequenz wichtiger ist: das sachliche Erfordernis des Unternehmens oder die individuelle Erwartung des Mitarbeiters. Die Wirtschaftlichkeit des Unternehmens ist hier meist ein unerbittlicher Maßstab.

Andererseits bringt die Entwicklung von leistungsbereiten und leistungsfähigen Mitarbeitern stets auch wirtschaftliche Vorteile für das Unternehmen mit sich, auch wenn das heute nicht mehr so gerne betont, sondern eher der menschliche oder gesellschaftliche Aspekt dieser Aufgabe herausgestellt wird. Man kann ideologisch den einen oder den anderen Aspekt überbetonen, im Prinzip sind sie aber untrennbar und gleichzeitig miteinander verbunden.

Es ist einsichtig, daß eine Personalentwicklung nicht nur von den Grundlagen der Personalorganisation und der Personalplanung auszugehen hat, sondern ferner auch in einer engen Verbindung zur Personalforschung gesehen werden muß. Die Personalforschung beobachtet die gesellschaftliche Entwicklung, erforscht die Meinung des einzelnen Mitarbeiters und versucht, die Vorstellungen der Belegschaft allgemein zu erkennen. Aber in erster Linie bemüht sie sich um die Erwartungen, die Kritik und die Wünsche des einzelnen Mitarbeiters. Die Personalentwicklung nimmt heute den Platz ein, den bei der klassischen Personalarbeit die Sozialarbeit gleichgewichtig neben der Personalverwaltung inne gehabt hat. Die Personalentwicklung in ihrer komplexen Betrachtungsweise hat die klassische Personalbetreuung abgelöst, weil die Betreuung im hergebrachten Sinne überholt ist und andere Maßnahmen die neuen Bedürfnisse des Mitarbeiters befriedigen müssen. Sie ist darüber hinaus primär individuell betont und nicht kollektivistisch. Sie muß deshalb auch jeden Mitarbeiter im Unternehmen erfassen, gleichgültig auf welcher Qualifikationsstufe er sich zur Zeit befindet.

Im einzelnen muß die Personalentwicklung folgende Grundfragen klären, und zwar nach Möglichkeit in systematischer Weise sowie gezielt auf den einzelnen Mitarbeiter bezogen mindestens einmal jährlich:

- Ist der richtige Mitarbeiter am richtigen Arbeitsplatz?
- Ist der richtige Mitarbeiter am richtigen Arbeitsplatz richtig, d.h. entsprechend seiner Leistung bezahlt?
- Ist der richtig bezahlte Mitarbeiter am richtigen Arbeitsplatz für die jetzige und zukünftige Tätigkeit richtig fortgebildet?

- Ist der richtig bezahlte und fortgebildete Mitarbeiter am richtigen Arbeitsplatz darüber hinausgehend entwicklungsfähig?
- Welche besonderen zukünftigen Erwartungen hat der Mitarbeiter?
- Hat der Mitarbeiter die seinen Fähigkeiten und Anlagen entsprechenden Wirkungsmöglichkeiten im Unternehmen?
- Sind die Arbeitsplätze und die Arbeitsabläufe entsprechend diesen Wirkungsmöglichkeiten gestaltet?

Aus diesen Grundelementen ergibt sich die große Spannweite dieser Funktion, denn sie berührt verschiedene, bedeutende Aufgaben der Personalarbeit zugleich. Sie geht von dem optimalen Einsatz über die leistungsgerechte Bezahlung und der Aus- und Fortbildung bis hin zur Frage der Selbstverwirklichung und damit zur breiteren Mitwirkung im Unternehmen sowie der individuellen Förderung, und schließlich auch zur Gestaltung der Arbeitsplätze und der Arbeitsabläufe. Selbst wenn der betriebsbezogene und der menschliche Aspekt dieser Aufgabe nicht so sehr herausgestellt worden wäre, würde sie auch allein durch ihre Komplexität im Rahmen der Personalarbeit eine zentrale Bedeutung im Personalwesen einnehmen müssen.

a) Die Beurteilung als Grundlage der Personalentwicklung

Die Frage, ob der richtige Mitarbeiter am richtigen Arbeitsplatz eingesetzt ist, ist die eigentliche Kernfrage der Personalarbeit. Entweder geben hierbei die Urteile der Vorgesetzten oder das entsprechende Verhalten der Mitarbeiter am Arbeitsplatz den Ausschlag. Meist wird beides miteinander verbunden eine Rolle spielen. Aber es liegt im Interesse des Unternehmens und im Interesse des Mitarbeiters, daß diese Frage stets objektiv geklärt wird. Mit Recht wird immer wieder gefordert, die entsprechenden Unterlagen für eine derartige Aussage zu objektivieren und von hier hat das Beurteilungswesen als erstes seine Bedeutung abgeleitet. Die Beurteilung wird obendrein noch wichtiger, je umfassender eine Personalentwicklung gesehen wird. Wenn eine moderne Personalentwicklung beabsichtigt ist, kommt ein Unternehmen deshalb um die Einführung einer Personalbeurteilung nicht herum. Die Personalbeurteilung ist somit ein unerläßliches Hilfsmittel der modernen Personalführung.

Es muß allerdings gefragt werden, weshalb trotz dieser Feststellung die Personalbeurteilung in den Unternehmen nicht so verbreitet ist, wie es offensichtlich wünschenswert wäre. Hier hat sicherlich oft eine Rolle gespielt, daß einerseits die Widerstände der Mitarbeiter und der Vorgesetzten sehr groß sind, aber auch andererseits der Verwaltungsaufwand als nicht zweckmäßig angesehen wird.

Es fällt allerdings auf, daß gerade für diejenigen Mitarbeiter, für die eine Beurteilung am wichtigsten ist, auch oft in den Unternehmen eine Beurteilung durchgeführt wird. Das sind einerseits die Auszubildenden und andererseits die qualifizierten Nachwuchskräfte. Eine regelmäßige Beurteilung liegt meist nicht bei den Lohnempfängern und weniger häufig auch bei den Tarifangestellten vor. Hier äußern sich noch oft die alten Vorstellungen über die Notwendigkeit einer unterschiedlichen Behandlung einzelner Gruppen der Belegschaft. Sicherlich wird auch die Personalentwicklung in der Intensität des Vorgehens differenzieren und dabei die Qualifikation als das wichtigste Merkmal berücksichtigen müssen. Grundsätzlich muß jedoch die Beurteilung für alle Mitarbeiter angewandt werden und zwar regelmäßig. Vor allem dürfen dabei keine überholten Unterscheidungsmerkmale eine Rolle spielen, sondern höchstens funktionale. Die Gestaltung des Beurteilungsbogens darf sich deshalb durchaus nach den einzelnen Belegschaftsgruppen unterscheiden, wenn dafür sachliche Gründe maßgebend sind. Dies trifft oft für die Führungskräfte und die Führungsnachwuchskräfte zu, deren Beurteilungsbogen nach anderen Kriterien als der der übrigen Mitarbeiter gestaltet wird.

Es gibt aber Anhaltspunkte dafür, daß sich die bisherige Situation zu wandeln beginnt. Ein wesentlicher Impuls ist dabei, daß die weitere Fragestellung der Personalentwicklung, ob der richtige Mitarbeiter am richtigen Platz auch richtig bezahlt ist, entsprechende Antworten erforderlich macht. Diese Frage gibt der regelmäßigen Beurteilung der Mitarbeiter einen neuen Trend, der zur Leistungsbeurteilung hinführt und weniger die Persönlichkeitsbeurteilung im Auge hat, die bis dahin die Zielsetzung der regelmäßigen Beurteilung der Mitarbeiter bestimmte. Die Leistung des Mitarbeiters kann nur anhand von objektiven Tatbeständen gemessen werden, und deshalb ist die Einführung neuer Elemente in die Beurteilung notwendig. Dies bewirkt einen Trend zur Leistungsbeurteilung.

Am interessantesten ist dabei eine Entwicklung, die eine Verbindung von Zielvorgaben mit der Leistungsbeurteilung sucht. Bei einer Verbindung zwischen einem Führungssystem nach Zielvorgaben und einer regelmäßigen Beurteilung entsteht allerdings oft das Problem, daß die Zielvorgaben innerhalb der vorgesehenen Frist korrigiert werden müssen. Aus diesem Grunde wird gelegentlich eine Kombination zwischen diesen beiden Systemen abgelehnt. Da aber bei einer Beurteilung stets nur die zuletzt festgelegten Ziele eine Rolle spielen werden, scheint die Problematik relativ gering zu sein. Der Vorteil, von klar definierten Zielen bei einer Leistungsbeurteilung ausgehen zu können, ist demgegenüber unvergleichlich größer.

Ob dabei bereits von Anfang an beabsichtigt ist, eine solche Leistungsbeurteilung zu einer automatischen Grundlage der Lohn- und Gehaltsfindung zu machen, mag davon unberührt bleiben. Vielfach wird diese Kombination weder von Anfang an beabsichtigt sein, noch später gesucht werden. Praktisch wird sich aber doch in Zukunft stärker eine engere Beziehung als bisher zwischen der Leistungsbeurteilung und der Lohn- und Gehaltsfindung so oder so entwickeln. Es wird auf jeden Fall dazu führen, daß die Leistungsbeurteilung einen stärkeren Einfluß auf die Lohn- und Gehaltsfindung haben wird, als ihn die überkommene Persönlichkeitsbeurteilung ausübte. Letztere hatte eigentlich nur zu klären versucht, ob der richtige Mitarbeiter am richtigen Platz ist und wer als förderungswürdig angesehen werden kann.

Der Wandlungsprozeß in der Zielsetzung und Durchführung der regelmäßigen Beurteilung der Mitarbeiter wird jedoch eine Reihe von Konsequenzen nach sich ziehen. Als erstes wird es nicht mehr so viele verschiedene Beurteilungszwecke wie bisher geben, die im allgemeinen folgendermaßen zu gruppieren sind:

Eine Beurteilung
- nach Ablauf der Probezeit
- zur Erteilung eines Zeugnisses
- vor Versetzung oder Umsetzung
- die ständig und regelmäßig durchgeführt wird.

Vielmehr wird vermutlich die regelmäßige Beurteilung die Grundlage für alle übrigen Zwecke mit abgeben müssen, mit Ausnahme der Beurteilung vor Ablauf der Probezeit. Diese wird oft einen speziellen, nicht sehr differenzierten Beurteilungsbogen verlangen. Im übrigen kann der Beurteilungsbogen der regelmäßigen Beurteilung so gestaltet werden, daß er alle übrigen Zwecke mit abdeckt.

Eine regelmäßige Beurteilung verfolgt die unterschiedlichsten Ziele.

Sie will wissen, ob

- der richtige Mitarbeiter am richtigen Arbeitsplatz ist
- seine Leistungen den Erfordernissen entsprechen
- sein allgemeines Verhalten gegenüber den Kollegen und den Führungskräften keine Beanstandungen ergibt
- seine Anlagen und Fähigkeiten voll zur Geltung kommen
- irgendwelche zusätzlichen Kenntnisse durch Aus- oder Weiterbildung vermittelt werden müssen
- eine weitere Qualifizierung durch eine hierarchische Beförderung oder eine funktionale Verbesserung möglich ist
- eine Ausweitung der Mitwirkungsmöglichkeiten und des Verantwortungsspielraumes durch den Mitarbeiter gewünscht oder aus der Sicht des Unternehmen sinnvoll ist.

Diese sehr umfassende Fragestellung einer regelmäßigen Beurteilung hat es bis noch vor kurzer Zeit nicht gegeben. Erst in jüngster Zeit hat sie sich zu dieser Komplexität entwickelt. Das bedeutet aber auch, daß die Beurteilungskriterien eine entsprechende Ausweitung erfahren müssen. Diese Ausweitung des Beurteilungszieles ist vor allem durch die Wandlung von der reinen Persönlichkeitsbeurteilung zur Leistungsbeurteilung bewirkt worden. Dabei verschwinden die Kriterien, die für eine bloße Persönlichkeitsbeurteilung von Wichtigkeit sind, nicht völlig, sondern sie werden in dem Maße reduziert, wie die Kriterien der Leistungsbeurteilung eine Rolle spielen sollen. Ein gewisser Anteil einer Persönlichkeitsbeurteilung ist auch bei einer Leistungsbeurteilung erforderlich, wenn die umfassende Fragestellung der regelmäßigen Beurteilung geklärt werden soll. Ausschließlich von objektiven Leistungskriterien wird man nicht ausgehen können, weil für eine Gesamtbeurteilung einer Leistung, aber auf jeden Fall für eine systematische Personalentwicklung die Persönlichkeitsstruktur und das Verhalten wichtige Anhaltspunkte darstellen. Es handelt sich somit lediglich um eine Verschiebung in der Relation der Beurteilungskriterien.

In Anbetracht der Komplexität der Beurteilungsziele spielen heute meist folgende Kriterien eine Rolle:

- Das Fachwissen
- Die Fähigkeiten
- Die Arbeitsweise

- Die Arbeitsqualität
- Die Arbeitsquantität
- Der Arbeitseinsatz
- Die Umsicht bzw. Sorgfalt
- Die Einstellung zur Arbeit
- Das Auftreten
- Die Ausdrucksfähigkeit
- Die Initiative
- Das Durchsetzungsvermögen
- Das Arbeitstempo
- Die Belastbarkeit
- Die Fähigkeit zur Zusammenarbeit
- Das individuelle Verhalten
- Die Fähigkeit zur Selbständigkeit
- Die allgemeine Entwicklungsfähigkeit
- Die Leistung insgesamt
- Das Führungsvermögen.

Die Merkmale, die die Persönlichkeitsbeurteilung im Auge haben, dominieren in dieser Aufstellung noch offensichtlich. Im Zuge einer Leistungsbeurteilung konzentrieren sich aber die Beurteilungskriterien immer mehr auf folgende Grundfaktoren:

- Fachwissen
- Fachkönnen
- Arbeitsverhalten
- Zusammenarbeit
- Leistungsverwirklichung
- Leistungsentwicklung.

Vor allem spielen bei einer leistungsbetonten Betrachtungsweise in der Beurteilung oft folgende Überlegungen eine Rolle:

- Die Art der Arbeitsausführung
- Das Ergebnis der Arbeitsausführung
- Die Zuverlässigkeit
- Die Lösung der Arbeitsaufgabe in rationeller Hinsicht
- Die sorgfältige Beachtung der Betriebsmittel
- Die Beachtung der Sicherheitsvorschriften
- Das Interesse und die Initiative.

Häufig gilt hier folgendes Grundschema:

- Können = Art und Weise der Anwendung von Fachkenntnissen
- Wollen = Art und Weise des Arbeitseinsatzes und der Initiative
- Quantität = Menge des erreichten Arbeitsergebnisses
- Qualität = Güte des erreichten Arbeitsergebnisses
- Zusammenarbeit = Art und Weise der Zusammenarbeit mit Kollegen und Vorgesetzten.

Hinzu tritt bei qualifizierten Kräften und bei Führungskräften:

- Dispositionsfähigkeit = Art und Weise der Entscheidungs- und Arbeitsvorbereitung
- Führungsfähigkeit = Art und Weise des Führungsverhaltens.

Dies sind die Merkmale, die gezielt auf eine Leistungsbeurteilung abstellen und häufig für alle Mitarbeiter, mit Ausnahme der mittleren und oberen Führungskräfte Anwendung finden. Wenn es dagegen um eine andere Zielsetzung in der Beurteilung geht, wie es oft bei einer Beurteilung von mittleren und oberen Führungskräften der Fall ist, spielen dementsprechend andere Kriterien eine Rolle. In diesem Zusammenhang ist dann gleichzeitig im allgemeinen der Anteil einer reinen Persönlichkeitsbeurteilung wieder stärker. Hier kommt es vor allem auf folgende Faktoren an:

- Kritisches Denken
- Kreativität
- Ausdrucksfähigkeit
- Kontaktfähigkeit
- Durchsetzungsvermögen
- Einsatzbereitschaft
- Sorgfalt in der Arbeit
- Entscheidungsfreude
- Zukunftsgerichtetheit
- Arbeit im Team
- Sachkenntnis
- Initiative
- Belastbarkeit

- Anpassungsfähigkeit
- Führungsfähigkeit.

In der Skala der Beurteilungsmöglichkeiten für die einzelnen Merkmale wird eine relativ differenzierte Auffächerung bevorzugt. Am häufigsten ist eine Bandbreite von 7 oder 9 verschiedenen Werten. Danach folgt die Bandbreite mit 5 Werten. Grundsätzlich wird eine ungerade Skala befürwortet, um eine entsprechende gleichmäßige Aufteilung der Beurteilungsergebnisse zu erzielen.
In welcher Form ein Beurteilungsbogen zu gestalten ist, hängt von der eigentlichen Zielsetzung und dem Wollen im Unternehmen ab. Nicht von ungefähr hat heute deshalb praktisch jedes Unternehmen ein eigenes Formular für die Beurteilung. Es wird in der betrieblichen Praxis heute nicht mehr oft nach den Mitarbeitergruppen unterschieden, sondern meist ein einheitlicher Bogen angewandt. Die Ausnahme bilden hier lediglich die Führungskräfte und die Führungsnachwuchskräfte.

Im Prinzip muß eine regelmäßige Beurteilung folgende Zwecke erfüllen:

- Ermittlung des Leistungszieles
- Verbesserung des Leistungstandes des Mitarbeiters
- Hilfsmittel für den Personaleinsatz
- Hilfsmittel für die Bildungserfordernisse
- Erfolgskontrolle bereits durchgeführter Bildungsmaßnahmen
- Instrument des Mitarbeiters, Erwartungen und Vorstellungen vorbringen zu können
- Hilfsmittel für die Personalplanung
- Grundlage der Einkommensfindung.

Das sind selbstverständlich sehr umfangreiche Beurteilungsziele, die keineswegs leicht zu erfüllen sein werden. Sie sind jedoch für eine moderne Personalführung unerläßlich.

Immer häufiger wird auch versucht, aus dem Beurteilungsergebnis unmittelbare Faktoren für die Gehaltsfindung im außertariflichen Bereich oder für zusätzlichen Lohn- und Gehaltsbestandteile im tariflichen Bereich abzuleiten. Das geschieht in diesen Fällen durch eine bestimmte Zuordnung des Beurteilungsergebnisses oder durch ein Punktsystem, welches die einzelnen Resultate bewertet. Im Zuge einer modernen Personalführung kann es somit zu einer zweifachen Anwendung einer

Bewertung kommen. Zum erstenmal, wenn es darum geht, die einzelnen Funktionen oder Stellen zu gewichten und dabei ein bestimmtes Bewertungsverfahren angewandt wird. Zum zweitenmal, wenn die Beurteilungsergebnisse gewichtet, d.h. nach einem bestimmten System bewertet werden.

Derartige Überlegungen werden in der Zukunft häufiger angestellt werden. Mit der Zunahme der Mitarbeiter im Angestelltenbereich und des damit verbundenen oder auf andere Weise entstehenden Rückgangs der Zahl der Mitarbeiter, die einem Leistungslohnsystem unterliegen, steigt das Bestreben, auf andere Weise die Leistung objektiv erfassen und bezahlen zu können. Neben speziellen Gehaltssystemen wird somit die regelmäßige Beurteilung als Grundlage eines leistungsbetonten Gehaltssystems an Bedeutung gewinnen.

Das erlegt den Vorgesetzten eine zusätzliche Verantwortung auf und wird stets die grundsätzliche Diskussion über Sinn und Zweck der regelmäßigen Beurteilung der Mitarbeiter wachhalten. Vor allem ist die Frage zu beantworten, ob die Vorgesetzten wirklich alle den gleichen Maßstab bei der Beurteilung anlegen und wie dieses Ziel durch eine entsprechende Schulung sowie eine ständige Überwachung durch übergeordnete Vorgesetzte und durch das Personalwesen erreicht werden kann. Ferner wird die Frage immer wieder auftauchen, ob die Vorgesetzten die erforderliche Verantwortungsbereitschaft besitzen, um zu extrem positiven oder negativen Beurteilungen zu stehen und nicht auf nichtssagende Durchschnittsbeurteilungen auszuweichen.

Durch eine sorgfältige Schulung und regelmäßige Auswertung der Beurteilungsergebnisse an übergeordneter Stelle und im Funktionsbereich »Personalentwicklung« müssen diese Ziele zu verwirklichen sein. Dies bedeutet aber auch, daß die Beurteilungsergebnisse weder bei den Vorgesetzten verbleiben, noch in den Personalakten verschwinden dürfen, sondern sie müssen ein ständiges Instrumentarium der Personalführung sein. Wenn obendrein stets die Beurteilungsergebnisse und die daraus resultierenden Konsequenzen den Mitarbeitern bekannt sind, dürften alle Voraussetzungen für eine wirkungsvolle Handhabung dieses Mittels der modernen Personalführung gegeben sein. Daraus ergibt sich auch, daß die Beurteilung nicht nur dem Mitarbeiter bekannt sein muß, sondern sie muß mit ihm durchgesprochen werden und seine Stellungnahme ist festzuhalten.

Im allgemeinen findet eine Beurteilung von oben nach unten statt, d.h. der Vorgesetzte beurteilt seine Mitarbeiter oder die unterstellten Führungskräfte. Gelegentlich wird auch eine Beurteilung auf umgekehrtem Wege, d.h. von unten nach oben gefordert. In diesem Falle beurteilen die Mitarbeiter ihre Vorgesetzten.

In der betrieblichen Praxis gibt es dafür nur sehr vereinzelt Beispiele. Es wird meist dagegen eingewandt, daß Mitarbeiter ihre Vorgesetzten selten komplex, sondern meist einseitig und obendrein gefühlsbetont sehen und deshalb auch entsprechend beurteilen werden. Gleichzeitig wird befürchtet, daß bei einer Beurteilung von unten nach oben die Führungskräfte ein Gefühl der Abhängigkeit von unten entwickeln und ein entsprechendes Verhalten zeigen. Da die Rolle einer Führungskraft auch unangenehme Situationen und Entscheidungen mit sich bringt, könne deshalb ein solches Verhalten die Zielerreichung des Unternehmens schließlich negativ beeinflussen.

Ob diese Argumente berechtigt sind, kann mangels vorliegender, genügender Erfahrungen nicht geklärt werden. Es kann aber durchaus sein, daß derartige Experimente in der Zukunft zunehmen werden, da ein solches System durchaus mit einem modernen Führungs- und Mitarbeiterverhältnis konform geht.

Nach dem Betriebsverfassungsgesetz bedarf die Aufstellung allgemeiner Beurteilungsgrundsätze der Zustimmung des Betriebsrates. Insofern ist auch in der Frage der Gestaltung des Beurteilungssystems eine Zusammenarbeit mit dem Betriebsrat unerläßlich. Eine Reihe von Unternehmen haben inzwischen entsprechende Betriebsvereinbarungen abgeschlossen, um das Mitbestimmungsrecht des Betriebsrates zu realisieren. Hier geht es meist um folgende Fragen:

1. Wer beurteilt?
2. Wie wird beurteilt?
   - einzeln?
   - mit gleichen Kriterien?
3. Verbleib der Beurteilungsunterlagen
4. Information und Erläuterung des Beurteilungsergebnisses
5. Die Kriterien der Beurteilung
6. Die Bewertung der Beurteilungskriterien
7. Beurteilungsfristen
8. Anlässe der Beurteilung
9. Möglichkeiten der Einwände seitens des Mitarbeiters.

Alle übrigen Fragen, wie die des zeitlichen Rhythmus der regelmäßigen Beurteilung, treten demgegenüber in ihrer Bedeutung zurück.

Für den zeitlichen Ablauf einer Beurteilung und für die zeitliche Planung der Einführung des Beurteilungssystems hat ein großes Unternehmen folgendes Schema entwickelt:

DER BEURTEILUNGSZEITRAUM

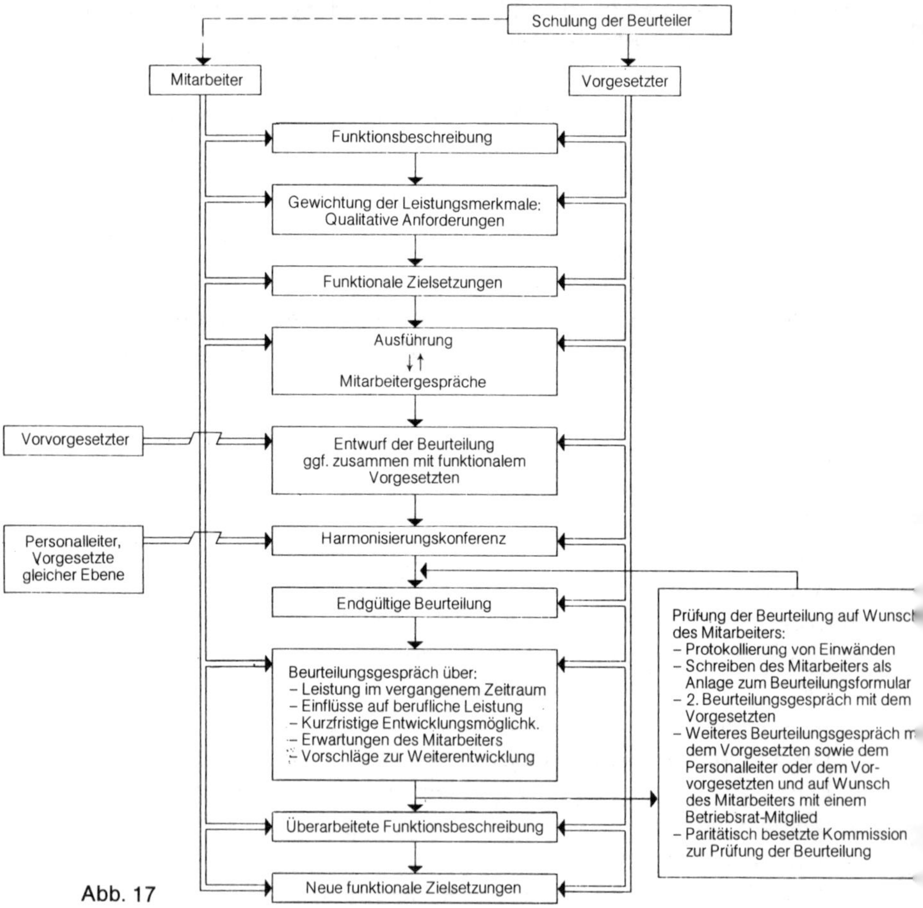

Abb. 17

Die praktischen Erfahrungen zeigen, daß es mit der Planung und sorgfältigen Einführung eines Beurteilungssystems nicht getan ist. Viele Personalführungssysteme bedürfen nach Ablauf einer bestimmten Frist neuer Impulse, um weiterhin wirksam zu bleiben. Dazu gehört auch das Beurteilungssystem. Es wird deshalb empfohlen, ein solches Beurteilungssystem alle 5 Jahre im Hinblick auf die Zielsetzung und die Gestaltung zu überarbeiten.

b) Weitere Fragen der Personalentwicklung

Eine immer größere Rolle wird in Zukunft die Frage spielen, ob der richtige Mitarbeiter für seine gegenwärtige und zukünftige Aufgabe auch richtig fortgebildet ist. Nur auf diese Weise wird ihm die Möglichkeit gegeben, seiner persönlichen Entwicklung, einer eventuellen Versetzung oder Umsetzung oder sonstigen plötzlichen Ereignissen ohne Komplikationen oder größeren Konflikt folgen zu können. Ebenfalls wird auf diese Weise vorgesorgt, daß mit fortschreitendem Alter der Mitarbeiter anpassungsfähig bleibt und nicht plötzlich vor neuen Aufgaben oder neuen arbeitsmäßigen Techniken kapituliert.

Es ist vielleicht die Behauptung erlaubt, daß ein großer Teil der vorzeitigen Pensionierung auf diese fehlende Anpassung in technologischer und psychischer Hinsicht zurückgeführt werden kann, sei es aus Angst oder aus Resignation. Bei der relativen Knappheit auf dem Arbeitsmarkt in der Bundesrepublik Deutschland ist das aber eine volkswirtschaftlich unerwünschte Situation, und die gesellschaftliche negative Bilanz dieser Erscheinung ist genauso offensichtlich.

Wenn einer solchen Betrachtungsweise nicht gern zugestimmt wird, so bleibt aber ein wesentliches Ergebnis eines solchen Tatbestandes, daß in vielen Fällen der vorzeitigen Pensionierung, die auf Anpassungsschwierigkeiten zurückgehen, stets eine Minderung des Selbstwertgefühls eine Folge sein kann, denn das Berufsleben spielt eine wesentliche Rolle für das Selbstwertgefühl des Menschen. Ein zu frühes Ende des Berufslebens bringt deshalb neben der Minderung der materiellen Verhältnisse auch eine Beeinträchtigung des Selbstwertgefühls mit sich. Demgegenüber sieht eine Vorziehung der Altersgrenze für die Pensionierung anders aus, weil eine solche Inanspruchnahme zweiseitig vollzogen wird, die Freiheit der Wahl beläßt und obendrein die Beschäftigung in anderer Form, z.B. in Teilzeitarbeit, ermöglicht.

Die Anpassung an die Technologie durch die Fortbildung oder die Erhöhung der Qualifikation der Mitarbeiter durch die Fortbildung liegt aber auch im Interesse des Unternehmens. Das Tempo des technologischen Wandels und der organisatorischen Strukturveränderungen hat sich derart beschleunigt, daß die Unternehmen einfach gezwungen sind, auch aus Eigeninteresse die ständige Fortbildung der Mitarbeiter zu betreiben.

Allerdings geschieht das heute oft nur von Fall zu Fall oder sporadisch, aber nicht systematisch oder langfristig orientiert. Genau das soll aber durch die Personalentwicklung mit bewirkt werden. Auf diese Weise erhält die individuelle Laufbahn- oder Karriereplanung ihren sachlichen Anstoß, denn in letzter Konsequenz muß eine Personalentwicklung in die individuelle Laufbahn- oder Karriereplanung einmünden, auch wenn dieser Begriff nicht immer sehr wörtlich genommen werden kann.

Aber auf jeden Fall müssen stets Unterlagen oder Anhaltspunkte darüber vorliegen, ob ein Mitarbeiter weiter qualifiziert ist. Diese weitere Qualifikation sollte sich aber nicht, wie es bislang oft gesehen wurde, auf eine Beförderung in der Hierarchie oder eine Ernennung zum Vorgesetzten allein erstrecken. Vielmehr muß man die erweiterte Qualifikation rein funktional sehen und deshalb prüfen, ob auf dieser Grundlage eine entsprechende Verbesserung möglich ist. Eine Verbesserung, die nicht unbedingt in eine Vorgesetztenposition mündet oder von einer solchen zu einer nächsthöheren fortschreiten muß, sondern ganz allgemein eine höhere funktionale Bedeutung im Unternehmen mit sich bringt. Diese wird jedoch für den einzelnen deshalb ein Aufstieg sein, weil die neue Funktion mutmaßlich mehr Verantwortung, mehr Selbständigkeit, mehr Spielraum und mehr Einkommen mit sich bringen wird. Derartige Möglichkeiten der Entwicklung des Mitarbeiters werden in Zukunft eine große Bedeutung haben.

Des weiteren muß stets geprüft werden, welche besonderen, individuellen Erwartungen der Mitarbeiter hat, damit diese entweder unmittelbar berücksichtigt werden oder bei einer langfristigen Planung der Personalführung und der Personalpolitik Beachtung finden. Diese Erwartungen haben auf der einen Seite für die Motivation des Mitarbeiters eine große Bedeutung und auf der anderen Seite sind sie für die leistungsgerechte Zielsetzung des Unternehmens von Wichtigkeit. Sie können ein großes Spektrum umfassen und sind deshalb weder leicht zu ermitteln, noch leicht zu berücksichtigen. Die ganze Skala der berufs-

oder tätigkeitsbezogenen Bedürfnisbefriedigung kann hier eine Rolle spielen. Es müssen auch nicht immer Erwartungen sein, die unmittelbar das Unternehmen angehen oder von ihm erfüllt werden können. Vielmehr werden in wachsendem Maße Erwartungen geäußert werden, die rein individueller Natur sind. Gerade die Erwartungen im Hinblick auf die Bildung werden einen solchen Hintergrund aufzeigen.

Ein Mitarbeitergespräch als ein wesentliches Instrument der Personalentwicklung wird auch nicht immer ausreichen, diese Erwartungen festzustellen. Vielmehr kommt der Personalforschung ebenfalls in dieser Hinsicht eine große Bedeutung zu. Sie liefert diejenigen Erkenntnisse über das Meinungsbild innerhalb der Belegschaft, die nicht unmittelbar individuellen Ursprunges sind, sondern eher generellen Charakter für die gesamte Belegschaft oder für einzelne Mitarbeitergruppen haben.

Eine Personalentwicklung muß außerdem der Frage nachgehen, ob der Mitarbeiter bereits über alle Wirkungsmöglichkeiten verfügt, um seine Anlagen und Fähigkeiten gegenwärtig und zukünftig optimal zur Geltung zu bringen. Die Mitwirkung an der Gestaltung der Arbeitsplätze und der Arbeitsabläufe war deshalb dem Personaleinsatz bereits als weitere Aufgabe übertragen worden. Ohne Zweifel ist jedoch auch eine gewisse Beziehung zwischen der Arbeitsplatzgestaltung im Rahmen des Personaleinsatzes und der Personalentwicklung gegeben, so daß diese Frage umfassender als bisher gesehen werden muß.

Sie geht weniger von einer bloßen Arbeitsgestaltung aus, sondern beinhaltet primär das Problem, ob der Mitarbeiter auch den notwendigen und möglichen Spielraum an Entscheidungsfreiheit, Selbständigkeit und Verantwortung hat. Es geht somit bei dieser Frage um die unmittelbare Chance der Selbstverwirklichung am Arbeitsplatz. Im angelsächsischen Sprachgebiet spielen in diesem Zusammenhang Begriffe, wie »job enlargement« und »job enrichement« eine Rolle, wobei dort auch Möglichkeiten gemeint sind, die in der Bundesrepublik Deutschland bereits im Betriebsverfassungsgesetz geregelt sind, und zwar in den Individualrechten des Mitarbeiters und in bestimmten Rechten des Betriebsrats.

Dieses Problem wird jedoch ganz allgemein an Bedeutung zunehmen und vielleicht zur zentralen Frage der Personalführung werden. Denn es wird in Zukunft darauf ankommen, immer wieder zu prüfen, auf welche Weise der Spielraum für die Entfaltung und Selbstverwirklichung des Mitarbeiters ausgeweitet werden kann. Diese Fragestellung wird beim Mitarbeitergespräch einen breiten Raum einnehmen. Das macht deutlich, wie sich beim Mitarbeitergespräch die Akzente der früher eher einseitig zugrunde gelegten Beurteilung verschieben und jetzt der integrierte Mitarbeiter eine gleichwertige Rolle in der Auswertung der Tatbestände und Eindrücke ausübt.

Alles in allem ist jedoch die Spannweite deutlich geworden, in die eine Personalentwicklung gestellt ist. In letzter Konsequenz geht es aber immer darum, alle Voraussetzungen dafür zu schaffen, damit sich ein Mitarbeiter ständig weiter entwickeln und entfalten kann, auch wenn dies nicht immer dem Unternehmen unmittelbar zugute kommt und vielleicht gelegentlich nur der Persönlichkeitsbildung dient. Das bedeutet letzten Endes auch eine Art Selbstverwirklichung des Mitarbeiters im Unternehmen.

c) Die Durchführung der Personalentwicklung

Um die Elemente der Personalentwicklung berücksichtigen und um die gestellten Aufgaben stets bewältigen zu können, müssen selbstverständlich bestimmte Verfahren eingeleitet werden. Deshalb ist es unerläßlich, daß eine zentrale Stelle sich mit dieser Aufgabe befaßt und sie ständig ausübt. Am zweckmäßigsten wird das erreicht, wenn innerhalb des Personalwesens eine Abteilung sich ausschließlich auf diese Frage konzentriert. Vermutlich werden kleine und mittlere Unternehmen eine solche Heraushebung weder sachlich noch personell verantworten können. Dann ist eine Zusammenlegung mit anderen Bereichen im Personalwesen erforderlich, und hierfür bietet sich am besten eine Kombination mit der Bildungsaufgabe an.

Darüber hinaus ist zu erkennen, daß gerade in der Personalentwicklung drei Seiten ständig zusammenwirken müssen, und zwar

- Das Personalwesen
- Der Vorgesetzte
- Der Mitarbeiter.

Das Mittel eines solchen Zusammenwirkens, um eine optimale Personalentwicklung betreiben zu können, ist das sogenannte regelmäßige Mitarbeitergespräch.

Jeder Vorgesetzte muß verpflichtet werden, jährlich einmal seine Mitarbeiter zu beurteilen, diesen die Beurteilung offenzulegen und ein

Gespräch über das Ergebnis der Beurteilung, die Meinung des Mitarbeiters und seine sonstigen Vorstellungen zu führen. Das regelmäßige Mitarbeitergespräch ist somit die zentrale Methode der Personalführung und insbesondere der Personalentwicklung.

Dieses Mitarbeitergespräch kann am besten durchgeführt werden, wenn ein bestimmtes Beurteilungsergebnis vorliegt, oder ein entsprechender Gesprächsleitfaden entwickelt worden ist. Es liegt an den bisherigen Gepflogenheiten des Unternehmens und an der Art und Weise, wie weit man dieses Verfahren perfektionieren kann, welchen Weg man wählt. Eine bloße Unterhaltung wäre aber auf jeden Fall zu wenig, um das gesteckte Ziel zu erreichen.

Bei diesem Gespräch ist dem Mitarbeiter deutlich zu machen, wie sein Einsatz, sein Verhalten und seine Leistung im Unternehmen innerhalb einer bestimmten Zeitspanne gesehen werden. Jeder Mitarbeiter hat ein Recht darauf zu wissen, woran er ist und wie er beurteilt wird. Gleichzeitig ist dem Mitarbeiter dabei zu sagen, inwieweit seine weiteren Chancen und Entwicklungsmöglichkeiten beurteilt werden. Dabei können selbstverständlich keine umfassenden Versprechungen gemacht oder sogar in exakter Weise die nächsten Jahre karrieremäßig festgelegt werden. Aber auf jeden Fall sollten Aussichten eröffnet werden, an die eine Orientierung möglich ist.

Diese Schwierigkeit ist dem Mitarbeiter nicht immer leicht klar zu machen, weil er aus seiner Sicht heraus relativ langfristig seine Entwicklungsmöglichkeiten überschauen können und festgelegt wissen möchte. Das wiederum kann ein Unternehmen, das ständigen Veränderungen unterliegt, jedoch nur in engen Grenzen verwirklichen. Mit dieser Problematik muß bei der Handhabung der Personalentwicklung gelebt werden.

Die praktischen Erfahrungen zeigen, daß der Ablauf einer Karriere oder einer beruflichen Laufbahn unterschiedlichen Zeiträumen unterliegt. Im Tarifbereich auf der Lohnempfängerebene umfaßt eine solche zeitliche Spanne einer möglichen beruflichen Entwicklung im allgemeinen 20–25 Jahre. Entscheidend sind aber die ersten 10–15 Jahre nach der beruflichen Ausbildung, weil in diesen Lebensjahren der Wille zum Aufstieg am ausgeprägtesten ist. Wenn allerdings hier der Aufstieg vom Facharbeiter über den Vorarbeiter zum Meister vollzogen ist, sind die weiteren Aufstiegsmöglichkeiten oft begrenzt.

Auf der Ebene der Gehaltsempfänger im Tarifbereich sind die Zeitspannen für die berufliche Entwicklung ähnlich; sie umfassen ebenfalls meist 20–25 Jahre. Die Erwartungen für den beruflichen Aufstieg sind auch hier in den ersten 10–15 Jahren nach der beruflichen Ausbildung am ausgeprägtesten vorhanden. Für die Entwicklungsmöglichkeiten sind allerdings die Spielräume für die Gehaltsempfänger im Tarifbereich oft größer als für die Lohnempfänger. Allerdings kommt es hierbei auf die Branche an. So ist beispielsweise ein Aufstieg im Groß- und Einzelhandel sogar von ganz unten bis in die Unternehmensspitze möglich.

Für die Führungskräfte, wenn auch differenziert nach der Branche und nach der Ausbildung, gilt sonst die Erfahrung, daß eine Laufbahnspanne von 15–20 Jahren im durchschnittlichen Bereich liegt. Hier spielt auf der einen Seite das Alter der Führungsnachwuchskräfte bei Beginn ihrer beruflichen Laufbahn eine Rolle, denn sie sind meist älter als die Tarif-Mitarbeiter nach deren Ausbildung. Ferner hat die Tatsache einen Einfluß, daß im allgemeinen im Alter von 45–50 Jahren der Höhepunkt der individuellen Karriere erreicht wird. Das Tempo der Laufbahnentwicklung ist im Marketingbereich gegenüber dem technischen Bereich beispielsweise schneller; dagegen aber auch risikoreicher.

Das Ausmaß der Möglichkeiten für eine systematische Entwicklung der Mitarbeiter hängt von der Struktur der Branche ab. Kapitalintensive Unternehmen mit einer gewissen Zukunftsorientiertheit sind hier günstiger dran als andere. So rechnet beispielsweise die chemische Industrie mit durchschnittlich jährlich 8–10% positiver Entwicklungsmöglichkeiten (Beförderungen, Umstufungen oder strukturelle Verbesserungen).

Stets muß aber der Mitarbeiter beim Mitarbeitergespräch auch die Gelegenheit haben, selbst darzustellen, wie er seine Situation beurteilt und welche Stellungnahme er gegenüber der Beurteilung seitens des Vorgesetzten abgibt. Gleichzeitig muß er sagen können, welche Erwartungen er selbst hat und wie seine Wünsche in dieser Richtung dem Unternehmen gegenüber lauten. Diese Erwartungen sollten schließlich in eine individuelle Entwicklungsplanung einmünden, wobei naturgemäß die Möglichkeiten im Unternehmen und die Zielsetzung des Unternehmens zu berücksichtigen sind. Hier wird es aber um eine Fülle von Möglichkeiten gehen, die von der Gestaltung des Arbeitsplatzes über die Veränderung des Wirkungsfeldes bis hin zur Bildung gehen.

Das Mitarbeitergespräch muß sich somit stets mit folgenden Fragen befassen:

- Wie wird der Mitarbeiter allgemein beurteilt?
- Wie wird die Leistung des Mitarbeiters allgemein beurteilt?
- Wie wurden die Ziele der Abteilung und das Ziel des Mitarbeiters in einer bestimmten Frist erreicht?
- Welche allgemeinen oder speziellen Erwartungen hat der Mitarbeiter?
- Welche allgemeine oder spezielle Kritik übt der Mitarbeiter?

Die auf verschiedene Weise gewonnenen Anhaltspunkte für die Entwicklung jeden einzelnen Mitarbeiters oder bestimmter Mitarbeitergruppen müssen selbstverständlich in die Wirklichkeit umgesetzt werden. Vor allem ist eine enge Zusammenarbeit zwischen dieser Funktion und der Personalplanung, dem Personaleinsatz und der Personalbildung unerläßlich.

Je besser eine moderne Personalführung gehandhabt wird, um so häufiger kann allerdings in diesem Zusammenhang ein bestimmter Konflikt entstehen. Das Betriebsverfassungsgesetz, welches gerade dem Wohl des Mitarbeiters dienen soll und insbesondere die Beachtung seiner Rechte zum Ziel hat, kann sich in diesem Zusammenhang für ihn ungünstig auswirken. Der Betriebsrat hat das Recht, unter bestimmten Voraussetzungen vor der Neubesetzung einer Stelle im Betrieb eine innerbetriebliche Stellenausschreibung zu verlangen. Gleichzeitig hat er die Möglichkeit, die Besetzung einer Stelle anhand eines festgelegten Katalogs zu prüfen. Eine gute Personalentwicklung jedoch, die obendrein mit der Personalplanung eng verbunden ist, sieht die weitere Entwicklung eines Mitarbeiters langfristig vor und bringt damit sozusagen die automatische Besetzung bestimmter Stellen in der Zukunft mit sich. Wenn nun der Betriebsrat seine Rechte voll wahrnehmen möchte und stets vor einer Stellenbesetzung eine Ausschreibung im Betrieb verlangt, ist eine solche langfristige Entwicklungsplanung nicht möglich und obendrein können paradoxerweise die individuellen Erwartungen des Mitarbeiters vom Betriebsrat enttäuscht werden. Dann nämlich, wenn sich durch eine Stellenausschreibung ganz andere Entwicklungen zur geplanten Stellenbesetzung ergeben. Insofern kann sich ein Gesetz, welches primär für den Arbeitnehmer gedacht ist, gegen ihn wenden. Das macht deutlich, wie schwer Gesetze, die perfekt sein wollen, in einer modernen, auf Flexibilität angelegten Welt anzuwenden sind. Aber sicherlich wird im allgemeinen der Betriebsrat in erster Linie den Vorteil der Entwicklungsplanung sehen und positiv mitarbeiten; aber es kann auch anders sein. Auch hier kann eine gute Personalführung mit institutionellen Vorstellungen in Konflikt geraten.

Es wird sich aber grundsätzlich nicht vermeiden lassen, daß nicht allen Erwartungen der Mitarbeiter gefolgt werden kann. Deshalb sollte beim Mitarbeitergespräch klar gesagt werden, wo die Grenzen liegen und welche Möglichkeiten sich nicht erfüllen lassen. Es muß dabei in Kauf genommen werden, daß mancher Mitarbeiter unter diesen Gesichtspunkten das Unternehmen verlassen wird, um woanders seine Erwartungen zu realisieren. Von daher wird die Fluktuation einen bestimmten Anstoß erhalten und die Bemühungen beeinträchtigen, die Mitarbeiter im Unternehmen zu halten. Deshalb scheuen manche Unternehmen vor einer systematischen Personalentwicklung zurück, aber sie ist trotzdem notwendiger Bestandteil einer modernen Personalführung. Eine gewisse Mobilität muß in Kauf genommen werden, wobei andererseits auch der Vorteil nicht übersehen werden darf, der darin liegt, daß sich jetzt mehr Qualifikationen entwickeln und die Mitarbeiter vielleicht stärker als bislang mit voller Leistungsbereitschaft am Unternehmensergebnis mitwirken werden.

6. Die Bildungsaufgabe im Unternehmen

Unter Bildungsaufgabe des Unternehmens werden hier alle Maßnahmen verstanden, die auf die Aus- und Fortbildung der Mitarbeiter gerichtet sind. Insofern ist es keine Funktion im Sinne der klassischen Vorstellung von »Bildung«. Trotzdem ist der weiterfassende Begriff »Bildung« angebracht, weil er zum Ausdruck bringt, daß es nicht nur um eine rein fachliche oder betriebsbezogene Aus- und Fortbildung geht, sondern auch um eine darüber hinausgehende Vermittlung von allgemeinem Wissen und um eine Förderung der Persönlichkeit. Insofern bringt die betriebliche Bildungsaufgabe in besonderer Klarheit zum Ausdruck, daß in der Integrationsphase nicht mehr allein die wirtschaftlich determinierten Vorstellungen der Unternehmen eine Rolle spielen, sondern in gleichem Maße die individuellen Bedürfnisse der Mitarbeiter und die Erfordernisse der Gesellschaft zur Geltung kommen müssen. Allerdings bleibt in einer am Markt orientierten Wirtschaft der wirtschaftliche Maßstab das letzte Regulativ.

Nichtsdestoweniger ist es gerade in dieser Phase eine Aufgabe der betrieblichen Personalpolitik, eine Synthese zwischen diesen verschiedenen Interessenlagen herbeizuführen. Es bleibt die Zielsetzung bestehen, daß in der betrieblichen Bildungspolitik nicht allein die Bedürfnisse des Unternehmens den Ausschlag geben dürfen, wenn ihnen auch nach wie vor ein Vorrang zukommt, sondern auch die speziellen Bildungsbedürfnisse der Mitarbeiter zu erfüllen sind.

Die zentrale Funktion der Bildungsaufgabe im Unternehmen führt gelegentlich dazu, daß manche in diesem Bereich tätigen Personen meinen, daß diese Bedeutung so weit geht, daraus sogar eine Ausgliederung dieser Funktion aus dem Personalwesen ableiten zu können, um ihre Gleichwertigkeit neben der übrigen Personalarbeit zum Ausdruck zu bringen. Eine solche Auffassung ist nicht haltbar, denn die Bildungsarbeit ist ein Teil der Personalarbeit und die Bildungspolitik ein Teil der Personalpolitik, wenn sie auch ohne Zweifel mit einem besonderen Gewicht versehen ist. Soll im Unternehmen eine aufeinander abgestimmte Personalpolitik betrieben werden, so müssen auch alle mit der Personalaufgabe zusammenhängenden Fragen in einem Unternehmensbereich koordiniert behandelt werden.

Richtig ist aber auf jeden Fall der Gedanke, daß die Bildungsaufgabe in den letzten 15 bis 20 Jahren eine wachsende Bedeutung erlangt hat, obwohl dieser Tatbestand keineswegs bereits in allen Unternehmen beachtet wird. Es sind jedoch genügend Anzeichen dafür vorhanden, daß sich dies immer augenscheinlicher ändert. Das Ausmaß der Bedeutung der betrieblichen Bildungsaufgabe hat noch keineswegs sein Endstadium erreicht, sondern befindet sich immer noch in der Ausdehnung.

Selbstverständlich wird sich diese Entwicklung auch in den Kosten für die betriebliche Bildung niederschlagen. Im Augenblick geben die meisten mittleren und großen Firmen in der Bundesrepublik Deutschland rund 2,5% bis 3,5% der Brutto Jahres-Lohn- und Gehaltssumme für die Aus- und Fortbildung aus. In einigen Fällen steigert sich dieser Betrag auf 5 bis 8%. Wenn man sich aber vor Augen führt, daß bereits für die unmittelbare Ausbildung, d.h. in erster Linie für die Ausbildung der Auszubildenden, im allgemeinen bereits ca. 1,8% der Brutto-Jahres-Lohn- und Gehaltssumme aufgewendet werden müssen, wird deutlich, welcher geringe Betrag in vielen Unternehmen für die laufende Fortbildung zur Verfügung steht. Für den Teil der Bildungsarbeit also, der die weitere Qualifizierung der Mitarbeiter garantiert oder für ihre Persönlichkeitsbildung von Bedeutung ist. Aber gerade diese laufende Fortbildung, die sich aus der Anpassung an die Technologie, aus der langfristig orientierten Personalplanung, den Erkenntnissen aus dem Personaleinsatz und aus den Anhaltspunkten der Personalentwicklung ergibt, muß in Zukunft eine entsprechende Ausweitung und Intensivierung erfahren.

Mit dem bislang zur Verfügung stehenden Aufwand ist den zukünftigen Erfordernissen nicht mehr gerecht zu werden. Projiziert man die jetzigen Aufgaben der Aus- und Fortbildung und den bisherigen Wandlungsprozeß in den vergangenen 10 bis 15 Jahren für den gleichen Zeitraum in die Zukunft, kommt man zu dem Ergebnis, daß in spätestens 10 Jahren rund 10 bis 12% der Brutto-Jahres-Lohn- und Gehaltssumme für die gesamte Bildungsaufgabe aufgewendet werden müssen.

Dazu wird der Bildungsurlaub, der bereits in einigen Ländern gesetzlich festgelegt ist, einiges beitragen, aber der eigentliche Anstoß wird sich aus den unmittelbaren Bildungserfordernissen des Unternehmens und des Mitarbeiters ergeben. Schon jetzt zeigt sich in vielen Unternehmen, daß sich jährlich ca. 5 bis 7% der Arbeitsplätze verändern. Dergestalt verändern, daß sie entweder einer neuen Technologie weichen müssen, also gänzlich verschwinden, oder eine wesentlich andersartige Technologie gegenüber vorher mit sich bringen. Das bedeutet aber, daß in einem Zeitraum von 10 Jahren rein rechnerisch mehr als die Hälfte der Belegschaft von einer Freisetzung, Umschulung, Umsetzung oder einem neuen Anlernverfahren betroffen ist. Da von diesem Prozeß manche Arbeitsplätze in dem genannten Zeitraum häufiger als andere betroffen werden, wir in dieser Frist im allgemeinen nicht die Hälfte der Belegschaft erfaßt, sondern nur ein geringerer Prozentsatz, aber die Auswirkung dieser Entwicklung ist trotzdem noch beachtlich. Es kann angenommen werden, daß sich dieser Wandlungsprozeß bei den Arbeitsplätzen eher beschleunigen als verringern wird.

Hinzu kommt, daß der Wissensstand auch für diejenigen Arbeitsplätze ständig veraltet, die nicht einem technologisch bedingten Wandel unterliegen, aber trotzdem mit steigenden Qualifikationsanforderungen zu rechnen haben. Wenn nicht durch ein persönliches Interesse eine laufende Fortentwicklung des erforderlichen Fachwissens erfolgt oder dieses sich nicht sozusagen aus der täglichen Arbeit ergibt, entsteht hier sehr bald eine Qualifikationslücke. Auch das Tempo dieses Prozesses wird sich vermutlich beschleunigen.

Schließlich ergeben sich in der Gegenwart eine Fülle von Veränderungen in der Gesellschaft, die sich auch auf die Einstellungen, Erwartungen und Verhaltensweisen aller Mitarbeiter im Unternehmen auswirken –, gleichgültig in welcher Ebene sie sich befinden.

Vor diesem Hintergrund ergibt sich, daß neue Wege des menschlichen Zusammenwirkens entwickelt werden müssen. Diese werden sich insbesondere mit den Methoden der innerbetrieblichen Kooperation, den menschlichen Verhaltensweisen und mit dem im Unternehmen praktizierten Führungssystem beschäftigen.

Die Führungskräfte müssen sich schließlich mit den Formen der Kommunikation, der Kooperation und des zeitgemäßen menschlichen Grundstrebens befassen. Diese Fragen werden in Zukunft bei der Fortbildung der qualifizierten Mitarbeiter und der Führungskräfte im Unternehmen eine wesentliche Rolle spielen, zusätzlich zu der auch hier erforderlichen ständigen fachlichen Fortbildung. Somit erhält für einen Teil der qualifizierten Belegschaft die gesellschaftlich terminierte Fortbildung eine besondere Bedeutung.

Ebenso wird sich der Mitarbeiter ganz allgemein mit dieser Materie befassen wollen, so daß auch für ihn diese Fragen eine zunehmende Bedeutung erhalten. Auch er hat in der Integrationsphase einen anderen Platz im Unternehmen als früher und muß die Grundthesen und Möglichkeiten des modernen menschlichen Zusammenwirkens verstehen und anwenden können. Von daher bekommt ebenfalls die betriebliche Bildungsarbeit einen zunehmenden gesellschaftlichen Bezug. Dies muß dazu führen, daß die Unternehmen begreifen, wie sehr sie auch in der Bildungsarbeit eine gesellschaftspolitische Aufgabe haben. Sie können dieses Feld nicht nur außerbetrieblichen Einrichtungen überlassen, wenn sie die Realitätsbezogenheit der gesellschaftspolitischen Diskussion gewahrt wissen wollen.

Hinzu kommt, daß die persönlichen Bedürfnisse und Erwartungen des Mitarbeiters ständig steigen, wobei der Bildungssektor in dieser Frage einen großen Raum einnehmen wird. Er wird deshalb auch aus dieser Sicht heraus immer häufiger Wünsche nach fachlicher Aus- und Fortbildung sowie nach allgemeiner Bildung äußern. Verstärkt wird diese Tendenz dadurch, daß die Leistungsanforderungen weiterhin anwachsen und die Grundstruktur der Gesellschaft weiterhin in Richtung auf die Leistungsmerkmale fixieren werden. Dies zusammen bewirkt, daß auch von daher der gesellschaftspolitische Akzent der betrieblichen Bildungsarbeit zunehmen wird.

Ganz allgemein wird jedem Mitarbeiter klarer als bisher bewußt werden, wie sehr die fachliche und allgemeine Fortbildung seine Leistungsbasis verbessert und die Voraussetzungen dafür schafft, daß er einerseits den betrieblichen Anforderungen genügen und andererseits seine individuellen Erwartungen erfüllen kann. Steigerungen des Einkommens, größere persönliche Entfaltung und Selbstverwirklichung in der Funktion sind unmittelbar mit der fachlichen und persönlichen Qualifikation verknüpft. Wer dieses will, muß somit auch seinen eigenen Beitrag dazu leisten. Dieser Zwang zur Eigenleistung wird in der Bildungsarbeit der Leistungsgesellschaft in zunehmendem Maße zutage treten.

Diese Entwicklung wird dazu führen, daß in den 80iger Jahren vermutlich stets 15 bis 20% der Belegschaft von irgendwelchen Bildungsmaßnahmen erfaßt sind. Eine Situation, die bisher lediglich in denjenigen Unternehmen festzustellen ist, die besonders marketingorientiert sind und vor allem durch eine intensive Verkaufsschulung zu derartigen Relationen kommen. In Zukunft wird diese Situation mehr allgemeinen Charakter annehmen.

Wenn andererseits alle Möglichkeiten zur Bildung, die heute innerhalb oder außerhalb des Unternehmens von der Belegschaft in Anspruch genommen werden, addiert werden, so ergeben sich auch jetzt schon vielfach sehr eindrucksvolle Ergebnisse. So gibt es Unternehmen, in denen sich im Winterhalbjahr regelmäßig rund 30% der Mitarbeiter an irgendeiner Bildungsmaßnahme beteiligen. Allerdings findet das meist außerhalb der Arbeitszeit statt und ist häufig nicht auf ein betriebliches Erfordernis bezogen. In dieser Hinsicht wird sich jedoch ein Wandel ergeben, denn die Betriebsbezogenheit wird mutmaßlich weiter als bislang ausgelegt werden müssen.

Selbstverständlich ist diese Feststellung zunächst erschreckend, weil man sich das in vielen Unternehmen zur Zeit noch gar nicht vorstellen kann. Bislang sind die Unternehmen allenfalls gewohnt, daß im Jahresdurchschnitt 13 bis 15% der Belegschaft durch Urlaub und Krankheit nicht am Arbeitsplatz sind. Wenn jetzt noch ein weiterer Ausfall durch die Bildungsaufgabe hinzukommt, dann sind im Jahresdurchschnitt rund 35% der Belegschaft nicht ständig unmittelbar am Arbeitsplatz tätig.

Andererseits machen diese Zahlen deutlich, daß in Zukunft die Bildungsaufgabe anders betrachtet werden muß. Es läßt sich immer wieder feststellen, daß in dieser Hinsicht noch starke traditionelle Vorstellungen vorhanden sind. Sie werden nicht immer sehr offen geäußert. In den jeweiligen Diskussionen findet man zwar im allgemeinen stets dahingehend Zustimmung, daß die Bildungsaufgabe eine notwendige und wichtige Funktion im Unternehmen einnimmt. Trotzdem ist oft spürbar, daß diese Auffassung eigentlich nur für die unmittelbare Ausbildung eingehalten wird, denn diese wird uneingeschränkt bejaht.

Allerdings gilt das heute nicht mehr generell, denn bedingt durch die öffentliche Diskussion über die betriebliche Ausbildung und durch den Wandel in den Ausbildungsbedürfnissen kündigt sich in einigen Fällen eine Bewußtseinsänderung an. Es wird auch bei der allgemeinen Ausbildung immer häufiger gefragt, ob sie in der bisherigen Form und mit dem bisherigen Zeitablauf weiterhin zu vertreten ist. Manche Unternehmen haben aus diesem Grunde und wegen neuerer gesetzlicher Bestimmungen in der Berufsausbildung ihre betriebliche Ausbildung eingestellt. Das sind jedoch Ausnahmen und im allgemeinen sind die Unternehmen nach wie vor der Auffassung, daß die Qualität der zukünftigen Unternehmensleistung von der Qualifikation der Mitarbeiter abhängig ist, die wiederum ihre Basis in einer sorgfältigen Ausbildung hat.

Bei der laufenden Fortbildung sind aber bereits unausgesprochen häufiger Vorbehalte vorhanden. Es wird befürchtet, daß der unmittelbare Nutzen einer Fortbildung relativ gering ist, wenn ihm die Kosten gegenübergestellt werden. In der Tat fehlt es bisher an einer Art Rentabilitätsberechnung des Bildungsaufwandes und ohne Frage muß in dieser Hinsicht noch einiges geleistet werden. Erst in dem Augenblick, wo Aufwand und Ertrag der Bildungsaufgabe exakt analysiert und gemessen werden können, wird sich die Auffassung über die Bildungsaufgabe ändern. Dann wird einsehbar sein, daß der Bildungsaufwand eigentlich eine Investition ist und keineswegs mit irgendwelchen unnötigen Aufwendungen oder einer Art Sozialleistung in Einklang gebracht werden kann. Denn nur, wenn ein Unternehmen die Zukunft durch eine langfristig orientierte Bildung der Mitarbeiter ansteuert, wird es diese auch bewältigen können.

Wie weit viele Unternehmen von dieser Auffassung noch entfernt sind, ist stets dann spürbar, wenn wirtschaftliche Schwankungen zu beobachten sind. Immer wieder ist in dieser Situation feststellbar, daß als erstes der Aufwand für die Fortbildung reduziert wird, wenn es darauf ankommt, im Unternehmen die Kosten unter die Lupe zu nehmen und

Einsparungen durchzuführen. In dieser Lage wird der Investitionscharakter der Fortbildung nicht eingesehen oder es wird angenommen, daß eine zeitliche Verschiebung dieser Aufgabe möglich ist. Die Zukunft wird in dieser Frage die Rechnung unerbittlicher als bisher aufmachen.

Die Forderung nach einer besseren Erfolgskontrolle der betrieblichen Bildungsarbeit hat naturgemäß auch Konsequenzen in personeller Hinsicht. Es wird in Zukunft unerläßlich sein, daß die im Bildungsbereich tätigen Personen nicht nur über eine pädagogisch oder psychologisch orientierte Vorbildung verfügen, sondern gleichzeitig auch ein Verständnis für die wirtschaftliche Aufgabe des Unternehmens haben. Es muß sich auch immer mehr um einen Personenkreis handeln, der nicht das Gefühl hat, daß sich seine gesamte Lebensaufgabe in der Bildungsaufgabe erschöpft, oder erschöpfen muß, weil das Unternehmen ihm sonst keine weiteren Chancen zu bieten hat. Das Personalwesen muß sicherstellen, daß die im Bildungsbereich tätigen Personen in bestimmten Abständen auch in den anderen Bereichen des Personalgebietes oder des Unternehmens eingesetzt werden, und somit auch eine völlig offene Karriere für die Spitzenposition im Personalwesen oder in anderen Unternehmensbereichen erhalten. Erst dann wird der Bildungsbereich des Unternehmens über denjenigen Personenkreis verfügen, der nicht nur die fachlichen Voraussetzungen mitbringt, sondern auch selbst über die notwendige innere Motivation verfügt.

Das entscheidende Problem bei der betrieblichen Bildungsaufgabe wird die Bedarfsermittlung sein. Hier kommen eine Reihe von Faktoren zusammen, die auf einen Nenner gebracht werden müssen.

So ist zunächst der zukünftige Bedarf aus dem Unternehmensziel abzuleiten. Sofern eine langfristige Unternehmensplanung vorliegt – und das ist leider im strengen Sinne erst in wenigen Unternehmen der Fall – können aus der damit verknüpften Personalplanung die notwendigen Anhaltspunkte gewonnen werden. Allerdings liegt bei der Personalplanung das entscheidende Problem nicht auf der quantitativen Seite, sondern auf der qualitativen, und insofern ist der aus der Planung abgeleitete Bildungsbedarf nicht leicht zu analysieren. Des weiteren liefert im Idealfalle die Personalentwicklung wesentliche Anhaltspunkte für den Bildungsbedarf nach Art und Umfang. Personalplanung und Personalentwicklung sind somit die eigentlichen wesentlichen Grundlagen der Bildungsaufgabe.

Daneben muß das innerbetriebliche Bildungspotential bekannt sein, und das ist zwar für den Ist-Zustand zu ermitteln, aber schwer nach der zukünftigen Entwicklung hochzurechnen. Dabei wird es nicht genügen, sich auf die vorhandenen Erwartungen zu verlassen, sondern es kommt auch darauf an, die Lernbereitschaft und die Bildungsfähigkeit der Mitarbeiter anzuregen und zu entwickeln. Auch das ist für das zukünftige Potential der Belegschaft von Wichtigkeit. Es wird bei der Bildungsaufgabe im Unternehmen auch in großem Umfange darauf ankommen, nicht nur Wissen oder Kenntnisse zu vermitteln, sondern auch die Methoden des Lernens zu lehren, damit ganz allgemein der Lernprozeß besser als früher vollzogen werden kann.

Als ideale Grundlagen für die Ermittlung des Bildungsbedarfs kommen folgende drei Quellen infrage:

- Die abstrakte Ermittlung anhand der langfristigen Unternehmensplanung
- Die konkrete Ermittlung über die Fachvorgesetzten
- Die konkrete Ermittlung über den Mitarbeiter.

Für die Methoden der Ermittlung des Bildungsbedarfs im einzelnen bieten sich eine Reihe von Möglichkeiten an; vom Fragebogen bis hin zu Gesprächen. Hier zeigt sich dann wiederum, wie sehr die Personalarbeit in vielen Fällen eine kooperative Aufgabe ist und sich auf andere Bereiche im Unternehmen stützen muß. Hier kommt es vor allem auf die Führungskräfte und die Mitarbeiter an.

Gelegentlich setzen Unternehmen zur Ermittlung des Bildungsbedarfs auch sogenannte Bildungsbeauftragte ein, die für die einzelnen Fachbereiche ernannt werden. Aber auch aus einer regelmäßigen Beurteilung und vor allem anhand eines regelmäßigen Mitarbeitergespräches lassen sich wesentliche Anhaltspunkte für den Bildungsbedarf gewinnen.

Gerade bei der Bildungsaufgabe kann es aber wichtig sein, die Ermittlung des Bedarfs nicht allein der Fachabteilung – der Bildungsabteilung – zu überlassen, sondern einem Arbeitskreis, damit alle Erfordernisse im gesamten Unternehmen voll zur Geltung kommen und von realistischen Vorstellungen ausgegangen wird. Hier werden in erster Linie die Planung, die Organisation und die Entwicklung der Mitarbeiter als die wesentlichsten Funktionen für den Bildungsbedarf Berücksichtigung finden müssen. Zuletzt kommt es auf die Abstimmung des im einzelnen ermittelten Bedarfs mit den Fachbereichen an.

Das Betriebsverfassungsgesetz hat dem Betriebsrat ein Beratungs- und Mitbestimmungsrecht bei der betrieblichen Bildungsaufgabe zugestanden. Die Unternehmen müssen bei ihren institutionellen Maßnahmen zur Bewältigung der Bildungsaufgabe die verschiedenen Rechte des Betriebsrates selbstverständlich berücksichtigen. Es empfiehlt sich, als erstes »Bildung« zu definieren, um den Rahmen der Zusammenarbeit abstecken zu können. Dabei wird eine Rolle spielen müssen, daß unter Bildung im allgemeinen die Ausbildung und die Fortbildung verstanden wird, aber nicht die Weitergabe und die Vermittlung von Informationen sowie die Förderung der Persönlichkeit durch allgemeine Bildung. Unabhängig von der Herausnahme der leitenden Angestellten aus dem Geltungsbereich des Betriebsrates wird unter diesem Aspekt auch ein großer Teil der Schulung der Führungskräfte nicht unter die Mitwirkung des Betriebsrates fallen.

Es wird aber vielleicht notwendig sein, nachdem Klarheit über die Definition der Bildung besteht, Richtlinien über die Aus- und Fortbildung mit dem Betriebsrat zu vereinbaren, um das Zusammenwirken im einzelnen festzulegen. Aus diesem Grunde haben viele Unternehmen einen Bildungsausschuß gegründet, der meist paritätisch besetzt ist, wobei der Vorsitzer in der Regel von der Unternehmensseite kommt. Dieser Ausschuß ermöglicht im allgemeinen einen reibungslosen Ablauf der Bildungsmaßnahmen im Unternehmen. Er ist aber in diesen Fällen nicht identisch mit einem Arbeitskreis über die Ermittlung des Bildungsbedarfs oder mit einem Arbeitskreis zur Planung der Bildung. Seine spezielle Aufgabe ist es, die laufende Bewältigung der Bildungsaufgabe im beiderseitigen Einvernehmen durch eine gute Zusammenarbeit zu ermöglichen.

Manche Unternehmen haben mit dem Betriebsrat eine Betriebsvereinbarung über die betriebliche Bildungsarbeit abgeschlossen. Hier ist dann meist festgelegt:

- Definition der Schulungsmaßnahmen
- Ermittlung des Bildungsbedarfs
- Bildung eines Ausschusses für die Aus- und Fortbildung
- Rechte des Bildungsausschusses
- Zuständigkeit für die Durchführung der Bildungsarbeit.

Das Ziel der Bildungsarbeit der Unternehmen muß jedoch stets auf folgende Aufgaben gerichtet sein:

- Den Mitarbeiter in die Lage zu versetzen, die gegenwärtige Tätigkeit entsprechend den Anforderungen ausüben zu können
- Dem Mitarbeiter zu ermöglichen, die gegenwärtige Tätigkeit mit einem höheren Wirkungsgrad auszuüben
- Den Mitarbeiter darauf vorzubereiten, veränderten Anforderungen entsprechen zu können
- Den Mitarbeiter für eine höhere Funktionsebene zu qualifizieren.
- Die Persönlichkeit des Mitarbeiters weiter zu entwickeln und zu ihrer Entfaltung beizutragen
- Das Verständnis des Mitarbeiters für das Ziel des Unternehmens und die Zusammenhänge der im Unternehmen ausgeübten Tätigkeiten zu erhöhen
- Die Führungsnachwuchskräfte auf die spätere Führungsaufgabe vorzubereiten
- Das Führungsverhalten der Führungskräfte zu verbessern
- Die Führungskräfte mit neuen Führungssystemen vertraut zu machen.

Im einzelnen ist zu planen:

- Die Bedarfsanalyse
- Festlegung der Bildungserfordernisse, die sich nach unterschiedlichen zeitlichen Fristen für bestimmte Mitarbeitergruppen oder einzelne Personen ergeben
- Die Festlegung der Bildungsprioritäten
- Die Bestimmung des Teilnehmerkreises
- Die Festlegung der Bildungsmethoden
- Die Festlegung der Bildungsvermittler
- Die Bestimmung des Bildungszeitraumes
- Die Bestimmung des Bildungsortes
- Die Prüfung, ob innerhalb oder außerhalb der Arbeitszeit aus- oder fortgebildet wird
- Die Erfolgskontrolle.

7. Die Motivation der Mitarbeiter

In der Integrationsperiode, in der die zentrale Position des Menschen im Unternehmen deutlich geworden ist, ist die Kenntnis der Motivation der Mitarbeiter eine ausschlaggebende Grundlage der Personalpolitik und der Personalführung im Unternehmen. McGregor, Herzberg, Maslow u.a.* haben in Untersuchungen festgestellt, daß die Leistungsbereitschaft der Mitarbeiter im Unternehmen nicht mehr mit einer bloßen, oder sogar einer bestimmten Art der Führung, oder mit materiellen Anreizen allein zu erreichen ist. Schon gar nicht, wenn es sich um einen Führungsstil handelt, der im allgemeinen von einem Vorgesetzten- und Untergebenenverhältnis ausgeht. Ein Führungsstil, der – ausgesprochen oder unausgesprochen – unterstellt, daß jemand »geführt« werden muß, weil entweder die Anlagen oder die Antriebe für eine eigene, selbständige Aktivität fehlen. Die Menschen sind aber in ein so einfaches Schema nicht mehr einzuordnen. Abgesehen davon, daß schon der Kern dieser Vorstellung grundsätzlich falsch ist.

Es ist heute hinreichend bekannt, daß eine Vielzahl von Beweggründen den arbeitenden Menschen veranlassen, eine berufliche Tätigkeit so oder so auszuüben. Diese Faktoren müssen bekannt sein. Vor allem diejenigen, die die Leistungsbereitschaft fördern. Hier spielen heute alle Beweggründe eine Rolle, die auf eine Vergrößerung der Selbstverwirklichung hinauslaufen. Es kommt somit darauf an, alle Voraussetzungen in organisatorischer, führungsmäßiger und fachlicher Hinsicht im Unternehmen zu schaffen, damit die Mitarbeiter ihr Bedürfnis nach Selbstverständnis, Selbstbestätigung und Selbstverwirklichung in ihrer beruflichen Tätigkeit befriedigen können. Das liegt letzten Endes auch im Interesse des Unternehmens.

Die Erfüllung derartiger Erwartungen hilft die Eigeninitiative entfalten und steigert somit in letzter Konsequenz auch die Leistung des einzelnen. Motivation heißt demnach, Leistungen durch andere zu erzielen, in dem Möglichkeiten der Selbstverantwortung und der Selbstverwirklichung geschaffen werden und die erforderliche Leistung nicht durch Anweisung und Gehorsam erzielt wird. Motivation heißt somit, die im Menschen schlummernden eigenen Antriebskräfte freizulegen.

Nach der Deckung bestimmter Grundbedürfnisse reichen nach den Motivationstheorien die materiellen Anreize ohnehin nicht aus, um allein von vornherein über materielle Faktoren eine entsprechende Leistung zu erzielen. Es kommt somit bei einer hochentwickelten Industriegesellschaft mit einem entsprechenden Lebensstandard auf eine anders-

---

* D. McGregor: »Der Mensch im Unternehmen«, Econ-Verlag, Düsseldorf, 1970
Herzberg: »The Motivation to Work«, Verlag John Wiley & Sons, New York, 1959
A.H. Maslow: »Motivation and Personality«, Verlag Harper & Vom, New York, 1954

artige und differenzierte Motivation der Arbeitnehmer an. Außerdem wägt in diesem Stadium jeder Mitarbeiter sowieso ab, ob die materielle Vergütung seitens des Unternehmens seiner Leistungseingabe entspricht und reagiert entsprechend mit Mehrforderung, Leistungszurückhaltung oder offensichtlicher Frustration.

Abraham Maslow hat eine Bedürfnishierarchie nach fünf Stufen entwickelt:

Stufe I: Physische Bedürfnisse wie Hunger, Durst, Schlafbedürfnis
Stufe II: Bedürfnis nach Sicherheit, Geborgenheit, nach Schutz vor Gefahr und Bedrohung.
Stufe III: Soziale Bedürfnisse, Bedürfnisse nach Geselligkeit und Freundschaft.
Stufe IV: Ich-Bedürfnisse, Bedürfnisse nach Anerkennung, Selbstachtung.
Stufe V: Bedürfnisse nach Selbstentfaltung und Selbstverwirklichung.

Je nachdem, wie weit die Bedürfnisse der ersten Stufe befriedigt sind, oder je nachdem, auf welcher Qualifikationsstufe ein Mitarbeiter steht, treten die Erwartungen zur Befriedigung der höheren Stufe mehr oder weniger deutlich in Erscheinung. Sicherlich sind latent alle Bedürfnisse stets zugleich vorhanden, aber die äußeren Bedingungen zwingen jeweils die entsprechenden Voraussetzungen auf. Deshalb lassen sich mit der Veränderung der äußeren Bedingungen auch die Bedürfnisstufen variieren. Das zeigt sich immer wieder bei wirtschaftlichen Schwankungen, denn auch in einer hochindustriealisierten Gesellschaft mit einem hohen Lebensstandard verändert sich in einer Rezession die Bedürfnisskala. In dieser Situation überwiegt die Sorge um einen gesicherten Arbeitsplatz, d.h. die Existenzfrage steht im Vordergrund. Dementsprechend gehen die Erwartungen im Sinne der Maslow'schen Bedürfnisskala wieder nach unten, während sie andererseits bei einer guten Wirtschaftslage im breiten Umfange bereits die höherwertigen Bedürfnisniveaus erreichen.

Es darf aber kein Zweifel darüber bestehen, daß es sich hier um eine temporäre Veränderung handelt und nicht um eine grundlegende Verschiebung der Hauptströmungen im Hinblick auf die individuellen Erwartungen des arbeitenden Menschen. Deshalb wäre es auch falsch zu glauben, man könne in einer Integrationsphase bei einer wirtschaftlichen Rezession die Grundzüge einer modernen Personalführung wieder auf ein Stadium zurückdrehen, wie es in einer Verwaltungsphase üblich war. Zwar werden auch in der Personalpolitik einer Rezessionssituation sehr nüchterne Fragen, wie Personalreduzierung, Kostensenkung und Leistungssteigerung im Vordergrund stehen, aber die Grundstruktur des arbeitenden Menschen bleibt gegenüber früher unverändert und bedarf auch in dieser Lage der Ansprache im Sinne einer modernen Personalführung. Das gilt auch dann, wenn der Mitarbeiter bei einer schlechten wirtschaftlichen Situation volles Verständnis für harte, sachlich notwendige Maßnahmen hat.

Abgesehen von dieser speziellen Situation in einer wirtschaftlichen Rezession gilt jedoch die Aussage im Hinblick auf die Veränderung der Erwartungsskala des arbeitenden Menschen. Deshalb kann ab einer bestimmten wirtschaftlichen Grundlage und bei Vorhandensein einer entsprechenden Persönlichkeitsstruktur die Personalführung im wesentlichen nur von der höherwertigen Bedürfnisstufe des arbeitenden Menschen ausgehen.

Diese Situation haben heute viele hochindustrialisierte Länder erreicht, so daß diese Aussage für einen großen Teil der hier tätigen Menschen zutrifft. Somit entspricht die höherwertige Bedürfnisstufe der Integrationsperiode. Deshalb liegt es auf der Hand, daß die betriebliche Personalpolitik von dieser Situation ausgehen und bei dem Zusammenwirken im Unternehmen diese entsprechenden Voraussetzungen für eine Motivation der Mitarbeiter berücksichtigen muß. Das bedingt selbstverständlich auch eine Veränderung des überkommenen Führungssystems.

Allerdings gibt es hier ein bislang ungelöstes Problem: nämlich die Erkenntnisse, die sich aus den Motivationstheorien ergeben, in der Personalpolitik und der Personalführung anzuwenden. Es genügt nicht, den Inhalt der Motivationstheorien zu bejahen, sondern die Schwierigkeiten beginnen bei der praktischen Umsetzung. In erster Linie deshalb, weil die Möglichkeiten der Motivation im Einzelfall und für Mitarbeitergruppen unterschiedlich sind, aber auch aus dem Grunde, weil die Spannweite der Nutzanwendung sehr groß ist und von der Lohn- und Gehaltspolitik über die Arbeitsplatzgestaltung bis hin zum Führungssystem reicht. Insofern muß auf der einen Seite eine Art Skala über alle Faktoren aufgestellt werden, die bei der Motivation eine Rolle spielen. Dabei ist zunächst noch außer acht gelassen, daß es sehr schwierig sein wird, stets alle Faktoren zu erfassen und auf dem Stand der gegenwärtigen Bedeutung zu halten. Hinzu käme das Problem der Zuordnung dieser Skala zum Individuum und zu Mitarbeitergruppen. Andererseits müssen auch die Voraussetzungen gegeben sein, die ermittelten Faktoren je nach der Bedeutung auch unmittelbar anwenden zu können. Mit der Differenziertheit der Motivation steigt auch der Schwierigkeitsgrad der Anwendung.

Außerdem sollten bei der Frage der Motivation nicht nur die individuellen Bedürfnisse und Erwartungen bekannt sein, sondern ebenso die allgemeinen Einflußfaktoren auf das Verhalten der Mitarbeiter. Erst dann, wenn diese gesamten Faktoren bekannt sind, kann der Motivation der Mitarbeiter mit Aussicht auf Erfolg nachgegangen werden.

Trotzdem sind natürlich die individuellen Bedürfnisse bei der Analyse der Motivation von allergrößter Bedeutung. Hier liegt auch die Problematik, denn die wissenschaftlich ermittelte Bedürfnisskala geht letzten Endes von global ermittelten Ergebnissen aus, die für die individuell orientierte Personalführung relativ schwer anzuwenden sind.

Entscheidend ist jedoch, und diese Erkenntnis gilt uneingeschränkt, daß es eine Tendenz in der Abstufung der Bedürfnisse gibt. Ferner läßt sich in der Praxis leicht nachweisen, daß eine größere Befriedigung der materiellen Bedürfnisse mehr Sicherheit erzeugt und somit das Entstehen anderer, höherwertiger Erwartungen auslöst. Allein schon diese Erkenntnis ist für die betriebliche Personalarbeit von größter Wichtigkeit. Allerdings werden paradoxerweise in diesem Stadium auch eher Ungleichheiten wahrgenommen, als beim Verweilen auf einer niedrigeren Bedürfnisstufe. Auch dieses Phänomen muß die betriebliche Personalpolitik in Rechnung stellen.

Gleichzeitig muß begriffen werden, daß die Motivation der Mitarbeiter nicht eine für alle Zeiten feststellbare Größe ist, sondern ständigen Schwankungen unterliegt. Solche Schwankungen ergeben sich, weil sich die Bedürfnisse und Erwartungen des Mitarbeiters ändern, oder weil sich die Einflüsse auf das allgemeine Verhaltensniveau des Mitarbeiters gleichfalls verändert haben.

Als Einflußfaktoren auf das Mitarbeiterverhalten lassen sich im allgemeinen folgende endogene und exogene Größen aufführen und wie folgt anordnen:

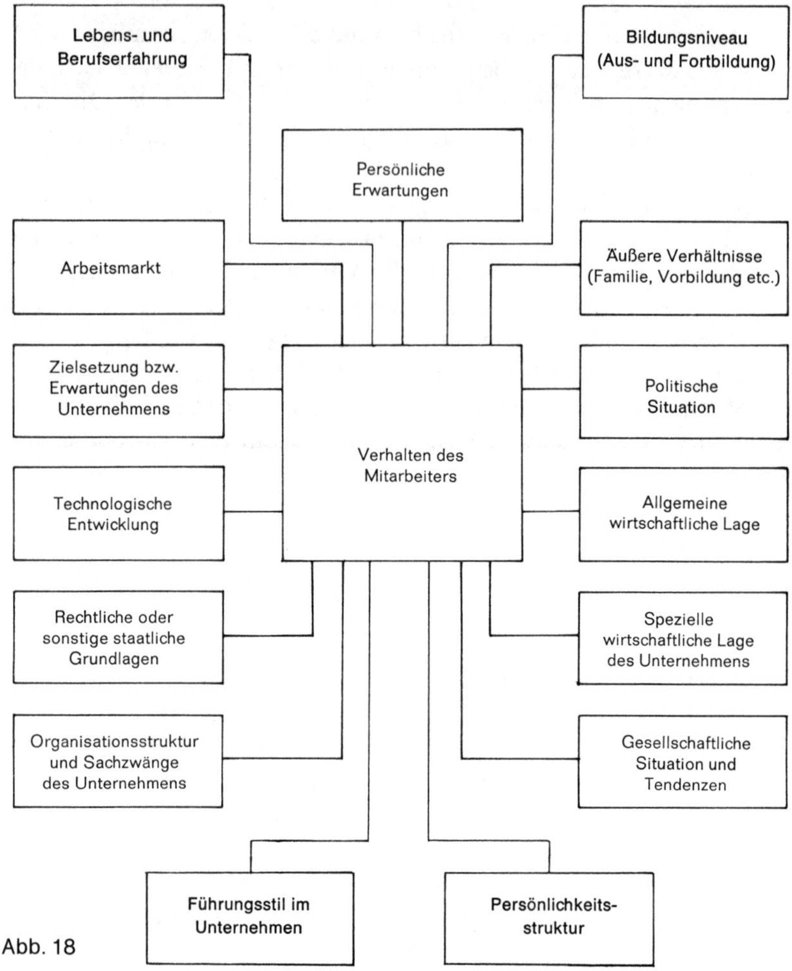

Abb. 18

Diese Abbildung zeigt, daß sehr viele Faktoren das Verhalten des Mitarbeiters beeinflussen. Die äußeren Einflüsse sind dabei zahlreicher als die inneren Beweggründe vertreten, ob sie jedoch insgesamt mehr Gewicht haben, ist schwer zu ermitteln und wird vom Einzelfall abhängen. Es ist aber deutlich geworden, wie schwer es ist, generell genaue Motivationen festzustellen und sie zu berücksichtigen.

Die entscheidende Frage ist nun, wie die Motivation der Mitarbeiter zu einem integrierten Bestandteil der betrieblichen Personalpolitik werden kann. Hier kommt es zunächst auf eine laufende Analyse der

Verhaltensweisen der Mitarbeiter an und dann letztlich auf eine entsprechende Anwendung dieser Erkenntnisse.

Die Anhaltspunkte für die Erwartungen und Einstellungen der Mitarbeiter werden einerseits durch die ständige Personalforschung gewonnen und andererseits durch die gezielten Mitarbeitergespräche. Aufgrund der dabei gewonnenen Unterlagen und Daten kann die Personalpolitik versuchen, als erstes bestimmte grundsätzliche Motivationskategorien für verschiedene Mitarbeitergruppen zu finden. Ein solches Motivationsgitter könnte beispielsweise folgendermaßen aussehen:

	Mitarbeitergruppe	primäre, allgemeine Erwartungen
Lohnempfänger	Weniger qualifizierte Kräfte	Einkommen, Sicherheit des Arbeitsplatzes, soziale Zusatzleistungen, Arbeitsumgebung, Arbeitszeit
	Fachkräfte	Einkommen, Sicherheit des Arbeitsplatzes, Bildung, soziale Leistungen, Arbeitsumgebung, Arbeitszeit, Verantwortung, Weiterkommen, Mitwirkung
Gehaltsempfänger	Kfm. Tarif-Angestellter	Einkommen, Sicherheit des Arbeitsplatzes, Bildung, soziale Leistungen, Status, Arbeitsumgebung, Arbeitszeit, Verantwortung, Weiterkommen, Mitwirkung
	Techn. Tarif-Angestellter	Einkommen, Sicherheit des Arbeitsplatzes, Bildung, soziale Leistungen, Status, Arbeitsumgebung, Arbeitszeit, Verantwortung, Weiterkommen, Mitwirkung
	Hoch- und Fachschulabsolventen	Einkommen, Bildung, Aufstieg, Status, Prestige, Kenntniserweiterung, Verantwortung
	AT-Angestellte	Einkommen, Selbständigkeit, Verantwortung, Entscheidungsspielraum, Status, Prestige, Aufstieg
	Leitende Angestellte	Einkommen, Aufstieg, Selbständigkeit, Verantwortung, Status, Prestige, Unabhängigkeit, Mitentscheiden

Abb. 19

Es handelt sich hier bewußt um eine grobe und einfache Skizzierung, um das Problem deutlich zu machen. Selbstverständlich müssen die einzelnen Gruppen differenzierter untersucht werden. Ferner muß beachtet werden, daß sich mit der Qualifikation der Mitarbeiter die globalen Erwartungskategorien immer mehr einander annähern werden. Das ist für die Integrationsperiode typisch. Damit fallen schließlich die verschiedenen Motivationsgitter weg und übrig bleiben die individuellen Erwartungen.

Dieses Gitter macht jedoch deutlich, daß für die einzelnen Mitarbeitergruppen entsprechend der jeweiligen Bedürfnisstufe unterschiedliche Faktoren im Vordergrund der Erwartungen stehen. Dabei muß jedoch klar bleiben, daß der Lohn oder das Gehalt nach wie vor eine zentrale Rolle bei der Rangskala der einzelnen Faktoren spielt. Es wäre verfehlt anzunehmen, daß das Einkommen mit der Erreichung der höheren Bedürfnisstufen keine Bedeutung mehr hat. Eine solche Annahme wäre völlig praxisfern. Vielmehr darf aus den Motivationstheorien lediglich abgeleitet werden, daß, ganz allgemein festgestellt, mit der Erreichung der höheren Bedürfnisstufen andere Erwartungen neben die rein materiell bedingte Zielsetzung der Mitarbeiter zusätzlich in Erscheinung treten und als Motivationsfaktoren eine Rolle zu spielen beginnen. In dieser Situation sind materielle und immaterielle Erwartungen beim Mitarbeiter zugleich wirksam.

Die entscheidende Rolle des Lohnes oder Gehaltes als Motivationsfaktor bleibt davon unberührt. Es wird auch noch eine lange Zeit dauern, ehe das Einkommen in seiner maßgeblichen Bedeutung als Motivationsfaktor von anderen Faktoren abgelöst ist. Dies wird vermutlich dann der Fall sein, wenn ein sehr hoher Lebensstandard erreicht ist. Gelegentlich kann in der Praxis festgestellt werden, daß es eine bestimmte Einkommenshöhe gibt, bei der manchmal nicht mehr nur auf eine Einkommensverbesserung Wert gelegt wird, sondern andere Erwartungen, wie beispielsweise Statussymbole oder eine Prestigeverbesserung, in den Vordergrund rücken.

Dies ist auf der einen Seite eine Bestätigung der Motivationstheorien, aber auch ein Hinweis für die betriebliche Personalpolitik über die Verschiebungen des Erwartungshorizontes. Allerdings lassen sich derartige Beobachtungen nur im Einzelfall treffen und sind deshalb lediglich für die individuelle Motivationsforschung von Bedeutung

Eine generelle Verschiebung von den materiellen zu den immateriellen Erwartungsfaktoren kann sich für mehrere oder für alle Mitarbeitergruppen jedoch dann ergeben, wenn die Umsetzung des Einkommens zur Befriedigung bestimmter Bedürfnisse nicht mehr ausreicht. Beispielsweise, weil der Einkommenszuwachs von Anfang an oder durch die Steuerpolitik relativ uninteressant ist. Einige skandinavische Länder bieten dafür einen entsprechenden Anschauungsunterricht. Das wachsende Interesse für bestimmte Probleme der Humanisierung der Arbeitswelt wird auch von dieser Situation in der Einkommensentwicklung mit unterstützt.

Noch gilt jedoch die Feststellung, daß ganz allgemein die Verbesserung des Einkommens bei allen Arbeitnehmern ein maßgebliches Ziel ist. Trotzdem muß eine langfristig orientierte Personalführung auch die übrigen Motivationsfaktoren für die einzelnen Mitarbeitergruppen kennen. Gerade mit dem dargestellten Motivationsgitter kann versucht werden, die Personalpolitik entsprechend zu orientieren. Daneben muß angestrebt werden, auch für den einzelnen Mitarbeiter die Ursachen für seine Motivation zu ermitteln. Dies wird sicherlich am leichtesten möglich und vermutlich stets ein Ergebnis des Mitarbeitergespräches sein. Das Problem besteht nur darin, daß diese individuell ermittelten Erkenntnisse kaum verallgemeinert werden und somit nur schwer die Grundstruktur der Personalführung beeinflussen können.

Auf der einen Seite besteht somit das Problem der Erforschung der Motivation des einzelnen Mitarbeiters oder für bestimmte Mitarbeitergruppen. Auf der anderen Seite besteht das Problem der Anwendung dieser Erkenntnisse. Erkenntisse, die wiederum für die Personalplanung, Personalorganisation, den Personaleinsatz und vor allem die Personalentwicklung von immanenter Bedeutung sind, sowie selbstverständlich für die Lohn- und Gehaltspolitik eines Unternehmens.

Es ist aber vorläufig nicht nur ein Problem, exakte, gezielte Angaben über die individuelle Motivation zu erhalten, denn darauf wird es langfristig ankommen, weil es gesicherte globale Aussagen über die allgemeine Motivation inzwischen genügend gibt. Vielmehr ist es auch eine ungelöste Frage, diese Erkenntnisse in die Personalpolitik und die Personalführung einzubringen. Ansätze zu einem Anfang sind jedoch mittlerweile hinreichend gegeben, so daß es in der betrieblichen Praxis darauf ankommt, mehr und mehr die Motivationstheorien in der Personalführung zur Anwendung zu bringen.

8. Die Grundlagen und die Zielsetzung einer modernen Lohn- und Gehaltspolitik

Die betriebliche Lohn- und Gehaltspolitik gehört zu den wesentlichsten Schwerpunkten der betrieblichen Personalpolitik, denn Löhne und Gehälter sind auf der einen Seite Kosten aus der Sicht des Unternehmens und auf der anderen Seite sind sie für die Mitarbeiter die Existenzgrundlage und damit ein wesentlicher Teil ihrer Motivation. Schließlich sind sie noch nach volkswirtschaftlicher Betrachtungsweise Kaufkraft und haben auf diese Weise eine zusätzliche Bedeutung.

Es spielen somit bei der betrieblichen Lohn- und Gehaltspolitik eine Reihe von Faktoren eine Rolle, wobei das Dilemma, eine Kostengröße zu sein und zugleich für den Lebensstandard der Mitarbeiter eine wesentliche Motivation darzustellen, das entscheidende Problem für die Unternehmens- und Personalpolitik ist. Der Kostengesichtspunkt zwingt immer wieder bei den Personalkosten zu einengenden Überlegungen. Der Kostencharakter der personellen Aufwendungen im Unternehmen ist der Grund dafür, daß sich die betriebliche Lohn- und Gehaltsentwicklung stets nur in bestimmten Grenzen bewegen kann. Andererseits ist die Bedeutung des materiellen Anreizes hinreichend bekannt, und von daher besteht auf seiten der Unternehmensleitung stets die Neigung, dieser Bedeutung auch gerecht zu werden. Diese Neigung nimmt in dem Maße zu, wie die Entfaltung der Leistungsfähigkeit und der Leistungsbereitschaft der Mitarbeiter als eine wesentliche Grundlage für die Erreichung des Unternehmenszieles angesehen wird. Insofern hat die betriebliche Lohn- und Gehaltspolitik im Rahmen einer modernen Personalführung ein besonderes Gewicht.

Im Grundsatz besteht die Aufgabe einer betrieblichen Lohn- und Gehaltspolitik darin, die Mitarbeiter entsprechend den tariflichen Bestimmungen und/oder der individuellen Leistung zu bezahlen. Für diejenigen Mitarbeiter, die den Vereinbarungen der Tarifpartner unterliegen, sind somit die Manteltarife und die Lohn- und Gehaltstarife der betreffenden Branche für einen bestimmten regionalen Geltungsbereich maßgebend. Das gleiche trifft zu, wenn zwischen einem Unternehmen und den zuständigen Gewerkschaften unmittelbar derartige Abkommen geschlossen werden. In beiden Fällen unterliegen die Unternehmen als direkte oder indirekte Partner dieser Vereinbarungen den jeweiligen tariflichen Bestimmungen. Gleichzeitig ist der Betriebsrat nach dem Betriebsverfassungsgesetz verpflichtet, auf die Einhaltung der tariflichen Vereinbarungen im Betrieb zu achten.

Für diejenigen Mitarbeiter, die nicht den Tarifabkommen der Tarifparteien unterliegen, werden Einzelverträge abgeschlossen. Diese Vereinbarungen mit den außertariflichen Mitarbeitern sind zwar frei ausgehandelt, unterliegen aber doch auch generellen Einflüssen, wie Marktentwicklung, Tarifentwicklung, gesetzliche Bestimmungen und betriebliche Gegebenheiten.

Insofern ist der Spielraum der Unternehmen für eine eigenständige betriebliche Lohn- und Gehaltspolitik begrenzt. Er ist nur relativ unbegrenzt für die außertariflichen Mitarbeiter vorhanden.

Trotz dieser Einengung des Spielraumes kommt es nicht nur darauf an, die tariflichen Bestimmungen einzuhalten, sondern auch eine eigene betriebliche Lohn- und Gehaltspolitik zu entwickeln. Hierbei müssen die individuelle Leistung und die funktionale Bedeutung des einzelnen die entscheidende Rolle spielen.

Die für die Tarif-Mitarbeiter vereinbarten Lohn- und Gehaltstarife unterscheiden den Zeitlohn, den Akkordlohn und den Prämienlohn. Die beiden letzteren Formen der Entlohnung gehören zu den sogenannten Leistungslohnsystemen, die nach den unterschiedlichsten Gesichtspunkten gestaltet sein können. Am meisten verbreitet sind in der betrieblichen Praxis:

- Der Akkordlohn (Zeitakkord oder Stückakkord, als Einzel- oder Gruppenakkord), meist nach dem sogenannten Refa-Verfahren
- Das Bedaux-System
- Das MTM-Verfahren (Methods-Time-Measurement)
- Das MCD-Verfahren (Master-Clerical-Data).

Der Zeitlohn ist die gebräuchlichste Form der Bezahlung für die Gehaltsempfänger, aber auch für den Lohnbereich findet er immer mehr Anwendung und verdrängt dort die Leistungslohnsysteme. Die Lohn- und Gehaltstarife, die auf einer in einer bestimmten Zeit verrichteten Tätigkeit basieren, berücksichtigen obendrein häufig das Alter, aber auf jeden Fall die Qualifikation, insbesondere auf der Grundlage der Ausbildung. Die Lohn- und Gehaltstarife unterscheiden deshalb einzelne Lohn- und Gehaltsgruppen, wobei jeweils vergleichbare Tätigkeiten in einzelnen Gruppen zusammengefaßt sind. Somit bestimmt die Ausübung einer bestimmten Tätigkeit im Tarifbereich über die Zuordnung zu einer bestimmten Lohn- oder Gehaltsgruppe und damit über den sogenannten Grundlohn oder das sogenannte Grundgehalt der entsprechenden Lohn- oder Gehaltsgruppe. Je nach der Branche und dem Tarifbereich ist die Zahl der Lohn- und Gehaltsabstufungen unterschiedlich; meist unterscheiden die Lohn- und Gehaltstarife 6–12 Stufen, d.h. 6–12 verschiedene Gruppen.

Das Problem der betrieblichen Lohn- und Gehaltspolitik besteht nun darin, trotz des vorgegebenen Rahmens der Tarifvereinbarungen ein Höchstmaß an relativer Gerechtigkeit und ein Höchstmaß an Bezahlung der individuellen Leistung zu erreichen. Dies wird jedoch von Jahr zu Jahr schwieriger, weil die Tarifvereinbarungen immer deutlicher vom Leistungsstandpunkt abrücken. Dies wirkt sich vor allem durch die Berücksichtigung des Alters beim Aufbau der Tarife, hier in erster Linie bei den Angestellten, aus, sondern trifft auch in dem Maße immer augenscheinlicher zu, wie bestimmte Mitarbeitergruppen, wie beispielsweise ältere Arbeitnehmer, durch spezielle Vereinbarungen oder Gesetze geschützt werden. Dieser spezielle Schutz umfaßt in vielen Fällen nicht nur den Kündigungsschutz, sondern beinhaltet oft auch eine Einkommensgarantie. In manchen Unternehmen sind bereits 15–20% der Belegschaft in irgendeiner Weise vor einer Kündigung, und damit vor einer Entlassung, und durch eine Einkommensgarantie geschützt.

Diese und andere Entwicklungen machen es zunehmend schwieriger, geeignete Maßstäbe für das Finden der relativen Lohn- und Gehaltsgerechtigkeit und für die Messung der individuellen Leistung zu erarbeiten. Gerade im Rahmen einer modernen Personalführung, in der Klarheit, Überschaubarkeit und Objektivität ein großes Gewicht haben sollten, erhalten diese Probleme ihre besondere Bedeutung und zwingen deshalb immer häufiger zu einer völlig neuen Ausrichtung des betrieblichen Lohn- und Gehaltssystems.

Vor allem muß der Handhabung der Lohn- und Gehaltspolitik die ständige Überprüfung der Lohn- und Gehaltsfindung vorausgehen. Gerade die Anpassung der Lohn- und Gehaltsfindung wird in Zukunft eine wesentliche Aufgabe der modernen Personalführung sein.

Gelegentlich wird in Frage gestellt, ob grundsätzlich die Bezahlung nach der individuellen Leistung eine wesentliche Aufgabe der Lohn- und Gehaltspolitik sein kann. Von den Befürwortern einer anderen Handhabung wird statt dessen eine Bezahlung nach der Persönlichkeit gefordert. Allerdings kann nicht begründet werden, was eine Persönlichkeit in diesem Sinne ausmacht und welche Maßstäbe sich für eine derartige Bezahlung entwickeln lassen. Es wird meist nur auf den Bildungsstand verwiesen, und das ist sicherlich für ein auf Leistung zwangsläufig angelegtes Unternehmen kein Maßstab für die Lohn- und Gehaltspolitik.

Vielleicht ist eine solche Idee durchaus in ferner Zukunft zu verwirklichen. Im Augenblick geht sie jedoch an der Realität vorbei. Die Wirtschaft ist leistungsorientiert und die Gesellschaft eigentlich auch; lediglich über die Leistungsziele gehen die Meinungen auseinander. Noch ist jedoch der Mitarbeiter leistungsmotiviert, und er bezieht die leistungsgerechte Bezahlung in diese Betrachtung und in seine Erwartungen mit ein.

Es liegt auf der Hand, daß die Grundlagen der betrieblichen Lohn- und Gehaltspolitik nicht nur der allgemeinen Entwicklung in der betrieblichen Personalpolitik und Personalführung entsprechen müssen, sondern so zu gestalten sind, daß sie alle Elemente einer solchen Zielsetzung nachdrücklich unterstützen. Wenn beispielsweise erkennbar ist, daß sich ein Trend zum einheitlichen Mitarbeitertypus anbahnt und sich abzuzeichnen beginnt, daß die Angleichung der Lohnempfänger an die Gehaltsempfänger bald vollzogen sein wird, lassen sich auch unterschiedliche Grundlagen in einer speziellen Lohnpolitik und einer speziellen Gehaltspolitik nicht mehr aufrechterhalten. Insofern wird sich mutmaßlich auf lange Sicht nicht nur eine weitere Annäherung zwischen der Lohnpolitik und der Gehaltspolitik auf dem Tarifsektor vollziehen, sondern auch die betriebliche Lohn- und Gehaltspolitik wird eine derartige Entwicklung in ihre Überlegungen einbeziehen müssen.

a) Die Entwicklung zum festen Monatseinkommen

Der erste Ansatz in dieser Hinsicht war bereits die Einführung der monatlichen Lohnzahlung, die sich vor 15 Jahren durchzusetzen begann. Dabei ging es zunächst nur um den Auszahlungsmodus, wobei rationelle Überlegungen aus betrieblicher Sicht im Vordergrund standen und zeitgemäße Statusgesichtspunkte für die Lohnempfänger eine Rolle spielten. Auf der gleichen Ebene lag auch der Trend zur bargeldlosen Lohn- und Gehaltszahlung. Aber die Berechnungsgrundlage des Lohnes wurde davon noch nicht berührt.

In diese Richtung zielt jedoch jetzt stärker die Entwicklung zum festen

Monatslohn. Eine Entwicklung, die in einzelnen Wirtschaftszweigen bereits sehr weit fortgeschritten ist und in absehbarer Zeit alle Branchen erfaßt haben wird. Es ist augenscheinlich, daß dann eines Tages »Monatsgehalt« statt »Monatslohn« gesagt werden kann und auch in dieser Hinsicht die Angleichung zwischen den beiden Mitarbeitergruppen vollzogen sein wird.

Allerdings kann eine solche Politik der Angleichung zwischen den beiden Mitarbeitergruppen nicht nur über den Berechnungsmodus des Einkommens erfolgen. Die Einführung eines festen Monatslohnes sollte deshalb mit der Angleichung aller übrigen Differenzierungen zwischen Arbeitern und Angestellten gekoppelt sein, soweit dies in der Macht der Unternehmen liegt. Außer in der Frage der Zugehörigkeit zu einer bestimmten Sozialversicherung ist der Spielraum der Unternehmen hier jedoch relativ groß, so daß die Kündigungsfristen, unterschiedliche Sozialleistungen etc. leicht angeglichen werden können. Hierfür sprechen nicht nur grundsätzliche Überlegungen, sondern auch rein praktische. Bei relativ hoher Fluktuation fällt nämlich sonst bei Monatslöhnern mit den alten Kündigungsfristen erhebliche zusätzliche Rechenarbeit in der Personalverwaltung an.

In der betrieblichen Praxis besteht der Monatslohn aus mehreren Bestandteilen, nämlich aus:

- Dem Grundlohn
- Der Lohnsicherung
- Dem Zusatzlohn
- Den sonstigen Zahlungen.

Der Grundlohn ist die Bezahlung für die normale Tätigkeit während der normalen Arbeitszeit von 40 Stunden pro Woche.

Die Lohnsicherung ist eine meist zeitlich bedingte Zahlung, die sich oft beim Übergang vom alten Lohnsystem auf den Monatslohn ergibt. Das gleiche kann sich bei Umsetzungen auf einen niedriger bewerteten Arbeitsplatz oder auf eine Tätigkeit mit einer niedrigeren Lohngruppe ergeben.

Der Zusatzlohn ist die Bezahlung für die Arbeitszeit, die über 40 Stunden in der Woche hinausgeht und für Leistungen unter besonderen Umständen, wozu insbesondere die Zuschläge bei Schicht- und Nachtarbeit gehören.

Sonstige Zahlungen sind einmalige Zahlungen, wie Gratifikationen, Jahresprämien, Fahrgeldzuschüsse etc.

Das entscheidende Problem in der Entwicklung zum Monatslohn liegt in der Leistungsfrage. Früher ging man davon aus, daß der Mensch keineswegs immer einsatzfreudig und verantwortungsbewußt arbeite. Vielmehr müsse diese Bereitschaft erst durch eine entsprechende Führung und durch die Gewährung bestimmter Anreize geschaffen werden. Konsequenterweise wurden überall dort, wo sich eine unmittelbare Beziehung zwischen einer Messung der individuellen Leistung und der daraus resultierenden Bezahlung herstellen ließ, Leistungslohnsysteme entwickelt. Diese Entwicklung fiel nicht rein zufällig mit der Tendenz zu einer weitgehenden Arbeitsteilung in der Industrie zusammen. Die in der Praxis angewandten Leistungslohnsysteme zeichnen sich inzwischen durch ein Höchstmaß an Objektivität und Perfektion aus, wobei es in dieser Frage kaum wesentliche Differenzen zwischen den Tarifpartnern gibt.

Trotzdem war die Zufriedenheit mit derartigen Entlohnungsformen bei den Mitarbeitern nie einhellig. So gab es stets Auseinandersetzungen über die Grundlagen dieser Systeme und außerdem blieb das Phänomen bestehen, daß die betreffenden Mitarbeiter, die nach einem Leistungslohnsystem bezahlt werden, trotz eines höheren Einkommens gegenüber den Zeitlohnempfängern im allgemeinen im Vergleich zu diesen eine größere Lohnunzufriedenheit haben. Dieses Phänomen wurde in über 60 in den vergangenen 20 Jahren von der »Deutschen Gesellschaft für Personalführung« durchgeführten Betriebsbefragungen immer wieder festgestellt. Das muß irgendwie – und wenn es nur psychologisch bedingt ist – mit den Grundsätzen der Leistungslohnsysteme zusammenhängen.

Deshalb waren die Unternehmen auch gerne bereit, von derartigen Systemen wieder abzugehen, wenn die technologische Entwicklung die unmittelbare Beziehung zwischen individueller Leistung und der entsprechenden Entlohnung aufhob. Dies ist in der Regel bei einer Fließbandfertigung der Fall, dann also, wenn der Grad der Arbeitsteilung sehr weit fortgeschritten ist und der Hintergrund der Arbeitsleistung von der Technologie primär diktiert wird und nicht vom Menschen. In diesem Fall ist ein Akkordlohn und auch ein Prämienlohn zumindest fragwürdig geworden.

Eine solche Entwicklung der Technologie ist jedoch in gewisser Hinsicht branchenabhängig. Deshalb wissen viele Firmen nicht, wie die bisherige betriebliche Leistung aufrechterhalten werden soll, wenn vom Leistungslohn abgegangen wird und über den Zeitlohn schließlich ein Monatslohn oder ein Monatsgehalt für alle Mitarbeiter gezahlt wird, gleichgültig, an welcher Stelle sie im Unternehmen tätig sind. Selbst das bisher zu beobachtende Übergangsstadium über Gruppenprämien oder ähnliche an Gruppen oder Abteilungen gewährte zusätzliche Zahlungen sind hier als Ausweg kaum möglich, weil diese Methoden keine Garantie für die Erreichung der erforderlichen Leistung sind.

Trotzdem werden sich auch diese Unternehmen mit dieser Frage weiterhin beschäftigen müssen, nicht nur, weil die Entwicklung in eine solche Richtung weist, sondern auch deshalb, weil die Kritik des einzelnen und der Gesellschaft am individuellen Leistungslohnsystem zunehmen wird. Es wird immer dringlicher gefragt werden, ob ein reines Leistungs-Entlohnungssystem in der Integrationsphase, die vom Typus eines leistungsfähigen, leistungsbereiten und verantwortungsbewußten Mitarbeiters ausgeht, noch vertretbar ist. Ein großes Unternehmen der chemischen Industrie, welches vor einigen Jahren den Akkordlohn abgeschafft hat, hat allerdings danach keinen Leistungsabfall zu verzeichnen gehabt. Allerdings wird die in dieser Branche weit fortgeschrittene Automatisierung dieses Ergebnis beeinflußt haben.

b) Die Problematik der Leistungslohnsysteme

Auch in der gesellschaftlichen Diskussion spielen die Leistungslohnsysteme zunehmend eine große Rolle, und es wird intensiv die Frage gestellt, ob nicht ein Leistungslohnsystem inhuman ist. In dieser Hinsicht wird vermutlich in der Zukunft noch mehr als bisher insistiert werden. Man wird dabei in der Antwort nicht nur auf die ökonomische Seite dieser Problematik ausweichen können. Insofern müssen alle Leistungslohn-Systeme sorgfältig überprüft werden, und es muß in Betracht gezogen werden, daß ein Verzicht auf ihre Anwendung in absehbarer Zeit vor der Tür steht.

Die Tarifpolitik der Gewerkschaften scheint dieses Ziel anzusteuern, wie das letzte Manteltarifabkommen in der Metallindustrie in Baden-Württemberg zeigt. Dort wurde eine Einkommensgarantie für Akkordlöhner mit 120% vereinbart. Bei Steigerung dieses Garantiesatzes ist absehbar, wann in diesem Industriezweig bei solchen Vereinbarungen ein Akkordlohn unwirtschaftlich und damit sinnlos geworden ist.

Es muß jedoch der Beweis erbracht werden, daß der Mitarbeiter auch ohne Leistungslohn-Systeme mindestens die gleiche Leistung wie bisher erbringen kann. Andernfalls ist die Existenzgrundlage des Unternehmens und damit die Leistungsfähigkeit der Volkswirtschaft gefährdet. Vermutlich läßt sich dieses Ziel jedoch über die Anwendung der Motivationstheorien und der Einführung eines neuen Führungsstiles zusammen mit andersartigen, leistungsbezogenen Einkommensbestandteilen und mit Hilfe einer unternehmensbezogenen Ergebnisbeteiligung erreichen. Denn zweifellos wird die materielle Seite bei der Motivation der Mitarbeiter ihre Bedeutung behalten. Deshalb wird auch in der Integrationsperiode der Mitarbeiter nur dann seine volle Leistungsbereitschaft entfalten, wenn nicht nur die funktionsbezogenen und persönlichen Erwartungen weitgehend erfüllt sind, sondern auch das Bewußtsein vorherrscht, die entsprechende materielle Gegenleistung im Unternehmen zu erhalten.

Die Anwendung der Motivationstheorien muß allerdings die Grundlagen dafür schaffen, die Mitarbeiter besser als bisher zu motivieren und zwar auf breiterer Grundlage und nicht mehr primär oder ausschließlich durch materielle Anreize. Der Führungsstil muß davon ausgehen, daß jedem Mitarbeiter ein bestimmter, funktional gegebener Spielraum in seiner Tätigkeit gewährt wird, der aber im Sinne der Unternehmensplanung stets von bestimmten Mindestleistungen ausgehen muß. Wer eine bestimmte Tätigkeit ausübt und dafür eine bestimmte feste Bezahlung erhält, muß auch die damit verbundene Mindestleistung erbringen. Dafür sind der Mitarbeiter selbst und sein Vorgesetzter verantwortlich. Es sollte also nicht eine gewisse Leistung abgewartet und diese später nach einem bestimmten System bezahlt werden, sondern die Erreichung einer bestimmten Leistung sollte von vornherein vorausgesetzt werden. Das Führen durch Zielvorgabe geht von dieser Überlegung aus.

Natürlich setzt diese Methode eine zusätzliche Verantwortung des Vorgesetzten voraus, denn er ist jetzt mehr als bei einem Leistungslohnsystem für die qualitative und quantitative Arbeit seiner Mitarbeiter verantwortlich. Selbstverständlich war das in gewisser Hinsicht schon immer der Fall, aber diese Zuständigkeit wird beim Wegfall des Leistungslohnsystems verstärkt. Das verlangt mehr Verantwortungsbewußtsein auf seiten des Vorgesetzten als es zunächst scheint und als es früher der Fall gewesen ist.

Andererseits ist eine solche Situation sehr viel komplizierter als früher, weil eigentlich beide früheren Führungsmittel, autoritärer Stil und Leistungslohnsystem, wegfallen. Somit liegt die Verantwortung des Vorgesetzten mehr bei der Zielvorgabe, der Koordination und bei der Endkontrolle, aber nicht im ständigen »Dahinterstehen«.

Da die vorgegebene Mindestleistung sicherlich in manchen Fällen unterschritten wird, muß dann nach der Ursache geforscht werden. Falsche Zielprognosen, äußere Umstände oder Gründe, die in der Person liegen, können hierbei maßgebend sein. Sie lassen sich jedoch im allgemeinen ermitteln und damit auch korrigieren oder beseitigen.

Es wird aber auch Mehrleistungen geben. Manche davon werden individuelle Mehrleistungen sein oder sie gehen auf falsche Zielprognosen zurück; einige ergeben sich durch äußere Umstände oder fließen aus dem Grad der innerbetrieblichen Kooperation. Diese Mehrleistungen kommen demnach nur zum Teil aus der unmittelbaren Einzelleistung. Trotzdem sollte dieser Teil soweit wie möglich auch im Bezahlungssystem berücksichtigt werden. Das sollte jedoch nicht auf automatische Weise geschehen und kann auch nicht die tragende Grundlage des Lohn- und Gehaltssystems sein. Es darf sich vielmehr nur um einen zusätzlichen variablen Teil handeln, der nur eine relativ geringe Rolle in der gesamten Bezahlung spielt. Im übrigen sollten derartige Mehrergebnisse auf die einzelnen Mitarbeiter durch bestimmte Gratifikationssysteme zurückgeschlüsselt werden, aber nicht mehr durch eine enge Beziehung zwischen Einzelarbeitsplatz – Einzelleistung – Einzelentlohnung.

Es ist somit notwendig und möglich, andere Grundlagen der Lohn- und Gehaltspolitik als bisher zu schaffen und insbesondere zu einem in seinen Grundzügen einheitlichen System zu kommen. Auf diese Weise wird dem Trend zum einheitlichen Mitarbeiter gefolgt. Es wird eine grundlegende unterschiedliche Gehaltspolitik letzten Endes wohl nur noch zwischen den Tarif-Mitarbeitern und den außertariflichen Mitarbeitern bzw. leitenden Angestellten geben, wobei in beiden Fällen einheitlich von einem festen Monatseinkommen ausgegangen wird.

Bei den Einkommen eines Mitarbeiters sollte:

- Die funktionale Bedeutung seiner Tätigkeit
- Die Qualität und Quantität in der Erreichung der vorgegebenen Ziele
- Das Unternehmensergebnis

den Ausschlag geben. Im Tarifbereich werden jedoch die entsprechenden Tarifvereinbarungen der Tarifpartner die Grundlage für diese Forderung bilden müssen. Für den außertariflichen Bereich können die Unternehmen auf dieser Basis eher ein eigenständiges, betriebliches Gehaltssystem entwickeln.

c) Die Einkommenspolitik für Tarif-Mitarbeiter

Bei dem Tarif-Mitarbeiter sollte sich deshalb das Gehalt oder der Lohn aus folgenden Bestandteilen zusammensetzen:

- Dem Tarifeinkommen
- Dem variablen individuellen Leistungsanteil (tariflich oder betrieblich gewählt)
- Der übertariflichen Zulage (meist marktbedingt)
- Der Gratifikation (meist ergebnisabhängig und somit variabel).

Bei den Tarif-Mitarbeitern sollten demnach nicht nur die tariflich festgelegten Einkommen (Löhne, Gehälter, Urlaubsgeld, 13. Gehalt, etc.) eine Rolle spielen und eventuelle Marktzuschläge, wie sie für knappe Mitarbeitergruppen, beispielsweise für Schreibkräfte notwendig sind, sondern auch noch andere Überlegungen. Insbesondere muß bedacht werden, daß einerseits durch die Tendenz zum Gehaltsempfänger die Zahl derjenigen Mitarbeiter ansteigt, die nicht einem Leistungsbezahlungssystem unterliegen. Andererseits werden auch die Mitarbeiter bei der dargestellten Entwicklung häufiger fragen, ob sie schematisch oder nach Leistung bezahlt werden. Auf jeden Fall wird das für den Mitarbeiter der Integrationsphase gelten.

Deshalb wird es notwendig sein, dem Mitarbeiter weitere Einkommensbestandteile als die tariflich vereinbarten zu gewähren. Diese müssen einerseits auf der individuellen Leistung basieren und von daher eine Zumessung erhalten und andererseits aus dem Gesamtergebnis des Unternehmens fließen. Somit ergeben sich zwei variable Einkommensbestandteile zusätzlich.

Die Basis für die individuelle Leistungsbezahlung stellt meist die regelmäßige Beurteilung dar, die entsprechend zu gestalten ist. Durch die Beurteilung wird die Zielverwirklichung und die individuelle Leistung festgestellt. In der Praxis ergeben sich auf diese Weise meist prozentuale Zuschläge oder bestimmte Festbeträge. Da sie variabel sind, können sie sich erhöhen oder verringern. Hier liegt die größte Problematik in der Handhabung dieses Systems, weil es Mut auf der einen Seite und Verständnis auf der anderen Seite erfordert.

Allerdings wird gegenwärtig der Spielraum für derartige individuelle Leistungsbestandteile beim Einkommen der Tarifmitarbeiter immer geringer. In einigen Tarifabkommen zwischen den Tarifparteien sind sogenannte Leistungsbestandteile auf der Grundlage einer bestimmten Leistungsbeurteilung vereinbart worden. Häufig machen diese tariflichen Leistungsbeurteilungsanteile zwischen 8–15% des Tarifeinkommens aus. Sie gelten für Lohn- und Gehaltsempfänger in gleichem Maße. Praktisch handelt es sich um eine Lohn- oder Gehaltserhöhung. Entsprechend wirken diese Regelungen auch, denn die aufgrund dieser Tarifabkommen in der betrieblichen Praxis entwickelten Beurteilungsverfahren sind oft mehr oder weniger schematisiert oder oft nur sehr grob gestaltet.

Diese Verfahren sind es aber nicht, die hier mit individuellen Leistungsbestandteilen beim Einkommen der Tarif-Mitarbeiter gemeint waren. Die Frage ist deshalb jetzt immer häufiger die, ob sich neben diesen tariflich festgelegten Leistungsanteilen noch weitere finden lassen, die nach einem speziellen Leistungsbeurteilungsverfahren ermittelt werden, oder ob die tariflich vereinbarten Leistungsbeurteilungsverfahren so differenziert gestaltet werden können, daß sie den wirklichen betrieblichen Leistungsanforderungen entsprechen. Es ist aber offensichtlich die Politik der Gewerkschaften, die bisherigen freiwilligen Leistungsbeurteilungsbestandteile im Einkommen der Tarif-Mitarbeiter in die tariflichen Leistungsbeurteilungszahlungen einzufangen.

Grundsätzlich spielen bei Einkommensbestandteilen aufgrund einer regelmäßigen Leistungsbeurteilung im Tarifbereich folgende Faktoren eine Rolle:

- Anwendung der Fachkenntnisse
- Arbeitseinsatz
- Arbeitsquantität
- Arbeitsqualität
- Dispositionsfähigkeit
- Fähigkeit zur Zusammenarbeit.

Nach diesen oder ähnlichen Faktoren wird in der Beurteilung gewichtet und somit ergeben sich schließlich variable Einkommensbestandteile aufgrund der individuellen Leistung.

Am idealsten ist jedoch eine systematische Entwicklung der Lohn- und Gehaltspolitik, die bereits bei der Personalorganisation ansetzt. Über die Stellenbeschreibung wird mit Hilfe der anschließenden Gewichtung praktisch eine Bewertung der Stelle vorgenommen. Daraus ergibt sich schließlich im Tarifbereich die Zuordnung zu einer Lohn- und Gehaltsgruppe und im außertariflichen Bereich zu einer Gehaltsbandbreite.

Mit Hilfe der Beurteilung ergibt sich schließlich die Möglichkeit, im Tarifbereich individuelle Einkommensbestandteile zu finden. Somit ist ein konsequentes Vorgehen vom

- Beschreiben
  über
- Bewerten
  über
- Beurteilen
  bis
- Bezahlen

möglich. Gleichzeitig können die einzelnen Schritte auch mit einem Höchstmaß an Objektivität getan werden. Eine Reihe von in der betrieblichen Praxis bewährten Arbeitsbewertungsverfahren bestätigen das*. Hier geht es meist um folgende Faktoren:

- Geistiges Können
- Körperliches Können
- Verantwortung
- Geistige Belastung
- Körperliche Belastung
- Erschwernisse.

Die Bedeutung dieser einzelnen Faktoren wird je nach dem Arbeitsbewertungsverfahren auf analytische oder summarische Weise gewonnen. Derartige Arbeitsbewertungsverfahren basieren fast ausnahmslos auf dem sogenannten »Genfer Schema«, welches 1950 in Genf vereinbart wurde. Dieses Genfer Schema geht von den zwei Hauptanforderungsarten »Fachkönnen« und »Belastung« aus. Dabei unterteilt es nach

---

* Ernst Zander: »Handbuch der Gehaltsfestsetzung« Sauer-Verlag, Heidelberg, 3. Aufl. 1972

- Geistige Anforderungen
- Körperliche Anforderungen
- Verantwortung
- Arbeitsbedingungen.

Durch die Gewichtung der ermittelten Faktoren ergeben sich Arbeitswertgruppen, die entweder von sich aus Teil eines Lohntarifabkommens oder aber mit den Lohngruppen der Tarifverträge weitgehend identisch sind. Das hängt von dem jeweiligen System und den geltenden Tarifverträgen ab.

Für den Lohnbereich sind derartige Arbeitsbewertungssysteme in der betrieblichen Praxis sehr verbreitet; für den Gehaltsbereich weniger. Allerdings zeichnet sich eine Tendenz ab, derartige Systeme auch stärker als bisher im Gehaltsbereich einzuführen.

Es ist ferner möglich, im Rahmen eines Arbeitsbewertungssystems, welches lediglich von den Anforderungen eines Arbeitsplatzes ausgeht, die individuelle Leistung zu berücksichtigen. Das geschieht in der betrieblichen Praxis in breitem Umfange, weshalb die Arbeitsbewertungsverfahren oft mit einem Leistungsbeurteilungsverfahren gekoppelt sind. Teilweise als ein dazugehöriges System; teilweise als Ergebnis einer Tarifvereinbarung.

Abgesehen davon, müssen sonst eigenständige Leistungsbeurteilungssysteme entwickelt werden. Die daraus resultierenden individuellen Lohn- und Gehaltsbemessungen durch die Leistungsanteile finden natürlich außerhalb der Tariferhöhungen statt, weil letztere an wechselnden Terminen stattfinden können, aber die regelmäßige Beurteilung meist an einem festen Termin vorgenommen wird. Somit kann ein gewisses Element der Unsicherheit in der Einkommensentwicklung entstehen. Dadurch wird eine gewisse Unruhe hervorgerufen werden können. Im Grundsatz zeigt die Praxis jedoch, daß die Fälle der negativen Veränderungen nicht sehr zahlreich sind. Außerdem kann angenommen werden, daß der Mitarbeiter, sofern er an der Gestaltung des Systems mitgewirkt hat, Verständnis für die Handhabung bekommen wird.

Die übertariflichen, marktbedingten Zuschläge ergeben sich einfach aus der Knappheit einzelner Gruppen auf dem Arbeitsmarkt. Mit der funktionalen Bedeutung dieser speziellen Tätigkeiten oder mit einer individuellen Leistung haben sie nichts zu tun. Ihre Problematik liegt nicht nur in der Gewährung, sondern vor allem in der Anpassung.

Das funktioniert in den seltensten Fällen und schafft oft viel Unzufriedenheit. Die Hoffnung, daß bei dieser Frage bald von selbst eine Bereinigung eintritt, ist meist nicht begründet. Vielmehr haben derartige Marktentwicklungen oft einen dauerhaften Charakter. Es ist deshalb wichtig, vor allem in der Gehaltspolitik für Tarif-Mitarbeiter, diesem Problem systematisch nachzugehen, während seine Lösung im außertariflichen Bereich meist leichter ist. Eine ständige Überprüfung und Anpassung auf der Grundlage von überbetrieblichen Einkommensvergleichen ist aber auch im Tarifbereich unerläßlich, wenn Frustrationen und Kündigungen vermieden werden sollen.

Ein großes Unternehmen der Energieversorgung, welches für alle Mitarbeiter eine Arbeitsbewertung als Gehaltssystem hat, verfährt hier folgendermaßen:

Es wurden voneinander unabhängige Arbeitsmarktgruppen gebildet. Dabei handelt es sich um die Zusammenfassung einer Gruppe von Funktionen in einem bestimmten geographischen Bereich, die in ähnlicher Weise von jeder Veränderung im Angebot bzw. in der Nachfrage auf dem Arbeitsmarkt berührt werden. Steigt der Marktwert einer dieser Gruppen, so werden nicht sämtliche Gehälter im Unternehmen erhöht, sondern es werden nur die Arbeitsplätze derjenigen Gruppen besser bezahlt, für die aufgrund der Arbeitsmarktsituation eine Notwendigkeit besteht. Dieser, in das System der Gehaltsfindung eingebaute Anpassungsmechanismus ist nicht nur hinsichtlich einer wirtschaftlichen Gestaltung der Gehaltskosten, sondern auch für die Mitarbeiter selbst von Vorteil. Die laufende Anpassung der Gehälter an die Verhältnisse auf dem Arbeitsmarkt in den jeweils betroffenen Arbeitsmarktgruppen gewährleistet, daß bei Neueinstellungen das bestehende Gehaltsgefüge nicht durchbrochen werden muß, da das einem neuen Mitarbeiter aufgrund der Marktlage zu zahlende Gehalt notwendigerweise nicht höher sein kann als das, das den mit vergleichbaren Tätigkeiten betrauten übrigen Mitarbeitern in der betreffenden Arbeitsmarktgruppe gezahlt wird. Allerdings muß das Problem bewältigt werden, daß bei der Anwendung dieses Systems die gesamtbetriebliche Rangordnung in der Arbeitsbewertung von den am niedrigsten bis zu dem am höchsten bewerteten Arbeitsplatz und die entsprechenden Relationen der Gehälter verlorengehen können. Unabhängig davon hat dieses Unternehmen auch die Zahlung von individuellen Leistungsbestandteilen eingebaut. Es gibt leistungsbedingte Entwicklungsspannen – für jede Gehaltsklasse in Form von Gehaltsbandbreiten, gemessen als Prozentsätze von einem Mindestgehalt. Eine eindeutige Verfahrensrichtlinie regelt die Leistungsbewertung und die Bemessung der Leistungszulagen.

Die Beteiligung am Unternehmensergebnis geschieht durch spezielle Gratifikations- oder Ergebnisbeteiligungssysteme, die es zu entwickeln gilt. Sie müssen aber keineswegs perfektioniert werden. Es gibt hierfür bereits eine Reihe von bewährten Systemen und gute Erfahrungen liegen ebenfalls genügend vor*.

Die vorgeschlagene Entwicklung in der betrieblichen Lohn- und Gehaltspolitik wird ohne Frage eine Fülle von Problemen aufwerfen. Das eine ist die Einsicht der Mitarbeiter in die auf diese Weise zusätzlich entstehende Einkommensdifferenzierung.

Das andere ist die Einbeziehung des Betriebsrates in ein solches System, wozu im Betriebsverfassungsgesetz entsprechende Bestimmungen enthalten sind. Der Betriebsrat hat nicht nur die Pflicht, auf die Einhaltung der in den Tarifverträgen vereinbarten Bestimmungen zu achten, sondern hat auch grundsätzliche Mitbestimmungsrechte für die Gestaltung der einzelnen Entlohnungsformen und die Festlegung der Akkord- und Prämienrichtsätze im Unternehmen. Es ist somit selbstverständlich, in allen Fragen der betrieblichen Lohn- und Gehaltsfindung eng mit dem Betriebsrat zusammenzuarbeiten.

Weiterhin ist die mutmaßliche Tendenz zu beachten, daß Tarif-Einkommen und Effektivverdienste nach diesen Vorschlägen noch weiter als heute schon auseinanderklaffen werden. In den seit 15 Jahren bei der Deutschen Gesellschaft für Personalführung durchgeführten Lohn- und Gehaltsvergleichen wurde festgestellt, daß gegenwärtig die Effektivverdienste der Gehaltsempfänger ca. 8 bis 10% oberhalb der Tarifgehälter liegen und die Effektivlöhne ca. 7 bis 9% oberhalb der Tariflöhne. Zum anderen werden in Zukunft dann noch weniger als bisher Tariferhöhungen mit einer Erhöhung der Effektivverdienste gleichzusetzen sein. Hier liegt zweifellos ein neuer Konfliktstoff vor. Trotzdem sollten die Unternehmen in diese Richtung grundsätzlich neue Überlegungen anstellen.

Einkommenserhöhungen haben dagegen im Tarifbereich keine besondere Problematik. Sie kommen im allgemeinen aus den Tarifer-

* Ernst Zander: »Taschenbuch der Erfolgsbeteiligung« Heidelberger Fachbücher, I.H. Sauer-Verlag, Heidelberg, 1973

höhungen, die zwischen den beiden Tarifparteien vereinbart worden sind. Von hier kommt die wesentlichste Einkommensverbesserung der Tarifmitarbeiter. Die Einkommensverbesserung, die aus einer Leistungsbeurteilung abgeleitet wird, hat demgegenüber eine geringere Bedeutung. Die einmal ausgesprochene Einkommensverbesserung aufgrund der Marktsituation hat selten einen schwankenden Charakter und ist deshalb für die ständige Einkommensverbesserung nicht so interessant. Das trifft wiederum für die Einkommensbestandteile aus einer Ergebnisbeteiligung zu. Hier können die negativen und positiven Schwankungen im Einzelfall recht beträchtlich sein; verdrängen aber nicht die Bedeutung der Tariferhöhung.

d) Das Gehaltssystem für außertarifliche und leitende Mitarbeiter

Bei den außertariflichen und leitenden Mitarbeitern wird die Differenzierung im Gehaltssystem nicht so weit wie im Tarifbereich gehen müssen, weil hier von den Grundlagen her die Leistungsbetrachtung und das Marktgeschehen von Anfang an vorherrschend sind, Tarifvereinbarungen meist gar nicht vorliegen oder sonstige Gehaltsabkommen meist nur einen Rahmen festlegen. Insofern sollte es hier nur folgende Einkommensbestandteile geben:

- Das Grundeinkommen auf der Basis der individuellen Leistung
- Die Gratifikation oder Tantieme (meist ergebnisabhängig und somit variabel).

Bei den leitenden Angestellten sollten in der Gehaltspolitik diese Grundlagen jeglicher Bezahlung besonders deutlich zur Geltung kommen, weil hier der Gehaltsspielraum am größten ist. Hier sollten vor allem folgende Überlegungen zum Zuge kommen:

- Die fachliche Vorbildung
- Der Marktwert
- Die funktionale Bedeutung
- Die individuelle Leistung.

In manchen Unternehmen werden die beiden letzteren Bestandteile oft nicht getrennt behandelt, sondern als gemeinsame Kategorie betrachtet. Diese Handhabung nimmt mit der Bedeutung der Funktion zu, weil dann individuelle Leistung und Beeinflussung des Unternehmensergebnisses über die Funktion immer stärker identisch werden; insofern sind derartige Handhabungen durchaus begründet und sinnvoll.

Es ist deshalb im außertariflichen Bereich leichter, eine moderne Einkommenspolitik zu entwickeln, weil auf den originären Elementen einer solchen Politik aufgebaut werden kann. Damit ist gemeint, daß die fachliche und persönliche Qualifikation, die funktionale Bedeutung der Position und der Wert der Person und Funktion auf dem Arbeitsmarkt noch verhältnismäßig voll zur Geltung kommen.

Trotzdem ist auch bei diesen Mitarbeitern die Unzufriedenheit mit der betrieblichen Gehaltspolitik relativ groß, weil auf der einen Seite die nicht zu bestreitende Nivellierung der Einkommen hier zu besonderen Frustrationen geführt hat und auf der anderen Seite die Überschaubarkeit über das Gehaltssystem häufig nicht gegeben ist. Die Überschaubarkeit des Gehaltssystems, das Erkennen des materiellen Wertes der eigenen Funktion und das Ableiten der weiteren Entwicklung sind aber wesentliche Merkmale der Motivation. Sie gewinnen sogar noch mit der Qualifikation an Gewicht, weshalb eine Unzufriedenheit mit den Einkommen bei den außertariflichen Angestellten sorgfältig beobachtet werden muß.

Es gibt erst sehr wenige Unternehmen, die ein gut entwickeltes Gehaltssystem für den außertariflichen Bereich besitzen, und es gibt noch weniger Unternehmen, die dieses dann auch dem betreffenden Mitarbeiter zur Kenntnis gebracht haben. Häufig kennt jedoch der außertarifliche Mitarbeiter das Gehaltssystem in seinem Unternehmen nicht, sofern es überhaupt ein solches gibt.

Die Unternehmen müssen aber begreifen, daß hier eine sehr wesentliche Lücke zu schließen ist. Die Unternehmen sollten deshalb ein Gehaltssystem schaffen, welches die funktionale Bedeutung des betreffenden außertariflichen Angestellten zum Ausdruck bringt, seiner individuellen Leistung gerecht wird und darüber hinaus seine Aufstiegschancen auch in finanzieller Hinsicht überschaubar macht.

Ein solches System bekommt sogar noch eine erhöhte Bedeutung durch die mögliche Entwicklung zum einheitlichen Tarif-Mitarbeiter auf der einen und dem leitenden Angestellten auf der anderen Seite. Dann ist es erst recht wichtig, daß für jede Gruppe eine besondere Politik zum Ausdruck gebracht wird.

Hinzu kommt, daß nach allgemeiner Erkenntnis der Betriebsrat ein Recht hat, für diejenigen außertariflichen Mitarbeiter, die nicht leitende

Angestellte im Sinne des § 5,3 BetrVG sind, die Einführung eines Gehaltssystems anzuregen. Auch von daher ist es somit geboten, ein entsprechendes Gehaltssystem für die außertariflichen Angestellten im Unternehmen zu entwickeln. Wenn die Unternehmen hier nicht voranschreiten, werden in dieser Frage zunehmend die Betriebsräte die Initiative ergreifen.

Wenn den Anforderungen, die an ein Gehaltssystem für außertarifliche Mitarbeiter gestellt werden, entsprochen werden soll, muß auch hier auf die übliche Art und Weise vorgegangen werden:

- Beschreibung der Funktion
- Bewertung oder Zuordnung der Funktion
- Beurteilung der Leistung
- Bezahlung der Leistung in der Funktion.

Auch hier ist der erste Ansatz somit über die Stellenbeschreibung zu suchen. Mit oder ohne Stellenbeschreibung ist dann eine Bewertung oder eine Zuordnung der Funktion vorzunehmen. Häufig geschieht das durch ein einfaches Gewichten in einem Gewichtungsgremium oder auch, wenn auch in der Praxis nicht sehr oft, durch ein analytisches oder summarisches Bewertungsverfahren. Auf jeden Fall werden auf diese oder andere Weise gleichwertige Funktionsgruppen geschaffen.

Für derartige Funktionsgruppen werden schließlich Gehaltsbandbreiten festgelegt. Bei der Festlegung solcher Gehaltsbandbreiten werden der Marktwert der einzelnen Funktionsgruppen, die Entwicklung im Tarifbereich und die Relation zu anderen Funktionsgruppen als die maßgebenden Faktoren berücksichtigt.

Bei der Überprüfung der Gehälter kommt letztlich die individuelle Leistung zur Geltung. Diese wird im allgemeinen durch ein bloßes Abschätzen, durch eine regelmäßige Beurteilung oder durch einen Soll/Ist-Vergleich im Rahmen eines Führungssystems mit Zielvorgabe ermittelt.

Gerade in den letzten Jahren haben immer mehr Unternehmen entsprechende Gehaltssysteme entwickelt. Häufig handelt es sich nur um die Entwicklung dieses Gehaltsrahmens, der von Gehaltsbandbreiten ausgeht. Diese Gehaltsbandbreiten sollten in idealer Weise den Funktionsebenen entsprechen und darüber hinaus das Leistungsprinzip berücksichtigen.

Es ist von großer Bedeutung für ein Unternehmen, daß gerade im außertariflichen Bereich das Leistungsprinzip erhalten bleibt und sich in der Einkommensfrage ausdrückt. Aus diesem Grunde sollten sich die Gehaltsbandbreiten stets überlappen und darüber hinaus einen ständig wachsenden Spielraum von Stufe zu Stufe bekommen. Bewährt hat sich hier eine Bandbreite in den unteren Funktionsebenen von 35 bis 40%, wobei diese Bandbreite mit den Funktionsebenen nach oben ausgeweitet wird und schließlich 75% erreichen kann.

Es wird in diesem Zusammenhang als unerläßlich erachtet, daß die Abstufung zwischen den einzelnen Funktionsebenen einem bestimmten Rhythmus folgt. Im Durchschnitt sollten sich die einzelnen Funktionsebenen voneinander nicht mehr als mit 20 bis 25% unterscheiden. Bei einem großen Unternehmen der Lebensmittelindustrie beträgt der Abstand zwischen den Durchschnitten der einzelnen Gehaltsbandbreiten sogar nur 12 bis 16%. Wenn ein solcher Rhythmus systematisch nach oben verfolgt wird, dann ergibt sich ein organischer Aufbau einer Einkommenspyramide. Dadurch wird dem heute oft anzutreffenden Vorwand begegnet, daß gerade nach oben der Abstand sehr groß geworden und nach unten die Nivellierung unverkennbar sei.

Ferner muß ein solcher Gehaltsrahmen elastisch gehandhabt und deshalb ständig angepaßt werden. Dafür müssen regelmäßige überbetriebliche Einkommensvergleiche herangezogen werden. Ferner sollte ein festgelegter Abstand zum Tarifbereich vorhanden sein. Dieser Abstand sollte zur Zeit ca. 500,-- DM ausmachen und verhindern, daß bei Tariferhöhungen Mitarbeiter aus dem Tarifbereich nicht auf andere Weise, z.B. durch Überstunden, ein gleichhohes oder sogar höheres Einkommen als außertarifliche Mitarbeiter beziehen.

Ein solcher Gehaltsrahmen könnte folgendermaßen aussehen:

	Funktionsebene	Gehaltsrahmen	
		Führungskräfte	Nicht-Führungskräfte
Außertariflicher Bereich		mehr als 12000,–	
		von 8000,–	bis 12000,–
		von 7200,–	bis 8300,–
		von 5500,–	bis 7500,–
		von 4600,–	bis 5800,–
		von 3900,–	bis 4700,–
		von 3400,–	bis 4200,–
		von 3000,–	bis 3600,–
Tarif-Bereich		oberste Tarif-Gruppe endet bei ca. 2750,– DM	

Abb. 20

Immer öfter sind jedoch die Unternehmen mit der Entwicklung eines bloßen Gehaltsrahmens nicht zufrieden, sondern sie entwickeln ein breiter angelegtes Gehaltssystem für AT-Mitarbeiter. In diesen Fällen wird bereits mit einer analytischen Stellenbeschreibung begonnen. Am bekanntesten wurde hier das Hay-System, das zunächst von einer Beschreibung von exemplarischen Tätigkeiten ausgeht und welches das Wissen, die Denkleistung und die Verantwortung bewertet und von daher die funktionale Zuordnung für den Gehaltsrahmen vornimmt.

Das Wissen setzt sich hier aus Erfahrungen, Kenntnissen und Fähigkeiten zusammen. Die Qualität der Denkleistung ergibt sich aus der Notwendigkeit, Probleme zu lösen, Analysen zu erstellen und die allgemeine Lage zu beurteilen. Der Verantwortungswert fließt aus der Zielorientierung und dem Einfluß auf Entscheidungen. Nach diesen Kriterien werden die einzelnen Tätigkeiten beschrieben, bewertet und zugeordnet. Die individuelle Bezahlung ergibt sich schließlich aus einem speziellen Beurteilungssystem.

Ein anderes Unternehmen hat folgendes, eigenes System für außertarifliche Mitarbeiter:

- Grundeinkommen aufgrund der Bewertung der Position oder Funktion
- Zusatzeinkommen aufgrund einer Persönlichkeitsbeurteilung (bestimmter Prozentsatz des Grundeinkommens)
- Zusatzeinkommen als Ergebnisprämie aufgrund der quantitativ gemessenen Ziele (Führung durch Zielvorgabe).

Wiederum ein anderes Unternehmen geht dagegen bei der Bewertung und der Beurteilung einzelner Funktionen im AT-Bereich von folgenden Faktoren aus, die schließlich für die Bezahlung maßgebend sind:

- Kenntnisse (Art und Umfang der Ausbildung)
- Erfahrung (Umfang der Berufserfahrung)
- Ermessungsspielraum bei der Entscheidungsfindung (Ausprägung des Ermessensspielraumes)
- Positionsgestaltung (Schwierigkeitsgrad der Aufgabenstellung)
- Kontakte (Umfang der Kontaktpflege)
- Führungsverantwortung (Ausprägung der Führungsverantwortung)
- Ergebnisbeeinflussung.

Auch hier werden nach der Zuordnung Gehaltsbandbreiten gebildet. Ferner spielt für die Bezahlung neben der bloßen Beurteilung die Erreichung der vorgegebenen Ziele eine Rolle.

Es ergibt sich somit, daß sich im allgemeinen das Einkommen im AT-Bereich aus folgenden Faktoren ableiten sollte:

- Die funktionale Bedeutung.
  Diese ergibt sich analytisch, summarisch oder auf andere Weise durch die Zuordnung zu einer bestimmten Funktionsgruppe oder Gehaltsbandbreite.
- Die individuelle Leistung.
  Diese ergibt sich aus einer regelmäßigen Beurteilung oder aus einer Endüberprüfung der Zielerreichung. Danach bestimmt sich der Platz innerhalb einer Gehaltsbandbreite, oder es ergibt sich aus der Beurteilung das Ausmaß einer möglichen prozentualen Gehaltserhöhung.
- Die Ergebnisbeteiligung.

Hier kann es sich um eine Tantieme, eine Gratifikation oder sonstige vom Unternehmensergebnis abgeleitete Einkommensbestandteile handeln.

Es liegt auf der Hand, daß ein differenziert aufgebautes Gehaltssystem mit Gehaltsbandbreiten von einem relativ hohen Anteil an festen Einkommensbestandteilen ausgehen muß. Die Möglichkeit, die individuelle Leistung durch einen weiterhin hohen variablen Einkommensbestandteil, z.B. in Form der Tantieme, zu entgelten, ist hier relativ gering, weil dieses System schon von Anfang an von der Leistungsseite ausgeht und anders in sich nicht funktionieren kann. Deshalb sind hier Tantiemen und zusätzliche Gratifikationen nur in einem gewissen Rahmen möglich, der sich ungefähr bis max. 25 bis 30% des gesamten Einkommens auf der obersten Ebene bewegen sollte. In der Tat gehen auch Unternehmen, die mit einem derartigen Gehaltsrahmen arbeiten, auf diese Weise vor.

In den vergangenen zehn Jahren hat sich gezeigt, daß die Unternehmen ganz allgemein immer weniger von einem sehr hohen oder überwiegend individuellen variablen Einkommensbestandteil im Gesamteinkommensrahmen ausgehen. Derartige Überlegungen werden meist nur noch gegenüber den Angehörigen der Unternehmensspitze oder den Angehörigen der darunter befindlichen Ebene aufrecht erhalten, weil hier tatsächlich der Zusammenhang zwischen Unternehmensergebnis und individuellem Einfluß relativ leicht herzustellen ist. Im übrigen ist jedoch seit rund zehn Jahren ein ständiges Abnehmen der individuellen variablen Einkommensbestandteile bei den außertariflichen und leitenden Mitarbeitern festzustellen. Selten gehen heute die variablen Einkommensbestandteile im mittleren und oberen AT-Bereich über 25 bis 30% hinaus.

Die Hintergründe dieser Entwicklung sind einleuchtend. Die Unternehmen sind meist zu der Auffassung gelangt, daß es eigentlich unmöglich ist, alle individuellen Leistungen in einem vielfältig nach innen oder außen verflochtenen Unternehmen objektiv und unmittelbar zu messen. Durch die enge Zusammenarbeit aller Unternehmensbereiche ist der Einfluß anderer auf das Ergebnis eines einzelnen heute sehr viel bedeutender als in der Vergangenheit. Für leitende Angestellte treten als Einflußgrößen die wirtschaftliche Entwicklung des Unternehmens oder der Markt hinzu.

Es überrascht in diesem Zusammenhang auch nicht, daß die in den

Unternehmen für außertarifliche oder leitende Mitarbeiter gebräuchlichen Gratifikations- oder Tantiemensysteme meist keine betriebswirtschaftliche oder andere objektive Bemessungsgrundlage haben. Tantiemeregelungen gibt es im allgemeinen ohnehin nur für die leitenden Angestellten oder für die Unternehmensleitung. Die Gesamtsumme der Tantieme und/oder die Einzeltantieme wird meist relativ frei nach dem Unternehmensergebnis festgelegt. Dabei wird nicht nur das erzielte Ergebnis berücksichtigt, sondern es kommen auch andere Faktoren, wie äußere Umstände oder der Schwierigkeitsgrad der Tätigkeit zur Geltung.

Grundsätzlich gilt jedoch, daß die Gratifikationen und Tantiemen relativ vage, je nach dem Unternehmensergebnis, auf die betreffenden Personen oder Funktionsebenen ausgeschüttet werden. Einmal ist es tatsächlich schwer, in dieser Sache langfristig funktionierende Beziehungsgrößen herauszustellen, und zum anderen ist auch der Glaube an die Berechtigung und an die Wirksamkeit derartiger Regelungen zurückgegangen.

Ferner ist auch das Bestreben der außertariflichen und der leitenden Mitarbeiter unverkennbar, in erster Linie relativ feste Einkommensbestandteile zu erhalten, damit entsprechend disponiert werden kann. Hierbei hat in vielen Fällen auch eine Rolle gespielt, daß häufig die betriebliche Altersversorgung nur von dem festen Einkommen ausgeht.

Grundsätzlich sollte aber auch der außertarifliche oder leitende Mitarbeiter am Unternehmensergebnis beteiligt sein. Hierfür müssen spezielle Gratifikations- oder Ergebnisbeteiligungssysteme Sorge tragen, die für die gesamte Belegschaft in der Integrationsperiode an Bedeutung gewinnen. Für leitende Angestellte sollten ferner die Möglichkeiten mehr als bisher geprüft werden, am Unternehmenskapital beteiligt zu werden, wie dies in den USA seit langem der Fall ist.

Trotzdem darf aber auch bei einem solchen Gehaltssystem für außertarifliche und leitende Mitarbeiter die individuelle Leistung nicht vernachlässigt werden. Sie spielt im Gegenteil für diese Kategorie eine größere Rolle als normalerweise im Tarifbereich. So setzt bereits meist der Leistungsgedanke bei der Zuordnung innerhalb einer Bandbreite ein. Desgleichen werden Gehaltserhöhungen, d.h. positive Veränderungen innerhalb einer Bandbreite oder sogar eine Versetzung in eine höhere, stets nach Leistungsgesichtspunkten vorgenommen.

Häufig bildet dafür eine Beurteilung die Grundlage. In letzter Zeit werden auch hierfür verstärkt Beurteilungssysteme angewandt, die von Zielvorgaben ausgehen. Insofern empfiehlt sich ebenfalls, wie im Tarifbereich, ein Leistungsbeurteilungssystem, wobei es in diesem Fall von noch größerer Bedeutung ist. In der betrieblichen Praxis werden solche Beurteilungen als Unterlage für Gehaltsüberprüfungen benutzt, wobei es auch Systeme gibt, die eine Art Automatik beinhalten. In solchen Fällen sind die Gehaltsbandbreiten nach 4 bis 5 Leistungsabschnitten unterteilt, und das Ergebnis der Beurteilung endet mit einer Kennziffer, die automatisch den Platz im Rahmen einer solchen Bandbreite festlegt.

e) Die Einkommenspolitik für außertarifliche und leitende Mitarbeiter

Es ist offensichtlich, daß bei der Entwicklung eines modernen Gehaltsrahmen ein hohes Maß an Überschaubarkeit und Offenheit erforderlich ist. In diesem Zusammenhang wird die Frage nach der Offenlegung der Gehälter in letzter Zeit immer häufiger gestellt. Dabei gehen die Fragesteller sicherlich nicht immer davon aus, daß sie sämtliche Gehälter kennen wollen, oder daß diese sogar breit publiziert sein müssen. Da aber jeder, gleichgültig auf welcher Ebene er steht, stets seine Vergleichspersonen hat, will er eben gegenüber diesen Personen einen Vergleich anstellen können. Das ist der eigentliche Hintergrund für die wachsende Forderung nach der Offenlegung der Gehälter.

Sie wird aber auch genährt durch das abnehmende Empfinden, das Einkommen gehöre zur persönlichen Intimsphäre. Zwar ist dieses Gefühl gerade im außertariflichen Bereich noch weit verbreitet, aber mit der Zahl der hier Beschäftigten, der Nivellierung in bestimmten Funktionsebenen und der Sorge, seinen persönlichen Wert nicht mehr selbst vertreten zu können, wird schließlich dieses Gefühl zugunsten des Wunsches nach breiterer Information in Gehaltsdingen zurückgehen. Damit müssen die Unternehmen rechnen.

Je mehr noch in Zukunft die individuelle Leistung berücksichtigt werden kann, um so länger wird das frühere Gefühl bestehen bleiben. Aber auch dann wollen diese Mitarbeiter, wenn schon nicht die konkreten Zahlen, so doch wenigstens die Grundlagen und die Möglichkeiten des Gehaltssystems im außertariflichen Bereich kennen. Insofern wird eine größere Offenlegung als bisher unumgänglich sein, aber auch durch die damit verbundene Klarstellung zur Beruhigung beitragen, weil in dieser Sache oft völlig falsche Vorstellungen über die Größenordnung bestehen.

Es bedarf jedoch keiner Frage, daß ein solcher Schritt nicht einfach ist. Er setzt nämlich voraus, daß jeder in der Lage ist, sich im Vergleich zu anderen richtig zu sehen und das hin bis zur materiellen Konsequenz.

Diese Einsicht wird nicht von Anfang an gegeben sein, weshalb stets die Überschaubarkeit und die Offenheit mit einem Höchstmaß an objektiven Daten verbunden sein müssen. Hier tritt wiederum der Zusammenhang zwischen den verschiedenen Maßnahmen in der Personalpolitik und der Personalführung zutage. Erst dann, wenn die organisatorischen Grundlagen objektiv vorliegen, die Beurteilung sachlichen Tatbeständen entspricht und die Handhabung sowie weitere Entwicklung des Gehaltssystems im außertariflichen Bereich auf sachlicher Grundlage erfolgen, kann diese Einsicht entstehen.

Die Unternehmen können deshalb in dieser Frage vermutlich auch nur schrittweise vorgehen. Zunächst wird es zweckmäßig sein, dem außertariflichen und leitenden Mitarbeiter nur seine eigene Bandbreite zu eröffnen, um ihn über den noch bestehenden Spielraum zu informieren. In einem zweiten Schritt wird es sinnvoll sein, die darunter liegende und darüber befindliche Bandbreite zu eröffnen, um die Relationen und die weiteren Aufstiegschancen aufzuzeigen. Erst in einem letzten Schritt wird es vielleicht angezeigt sein, das gesamte System offenzulegen, ohne aber die jeweiligen Positionen der einzelnen Personen bekanntzugeben. Vielmehr kommt es dann darauf an, die Grundlagen des Systems, nämlich die sich hier äußernde Bedeutung der Funktion, ihren Marktwert und die Möglichkeiten der individuellen Leistung zu verdeutlichen.

Es muß aber verständlich sein, daß manche Unternehmen sich vor dem Schritt der Offenlegung noch scheuen. Sie scheuen sich auf der einen Seite, weil tatsächliche Gehaltssysteme eigentlich nicht vorhanden sind und weil sich eine Gehaltsmethode mehr oder weniger zufällig ergeben hat. Das hat dann häufig dazu geführt, daß die Gehälter nicht in vernünftigen Relationen zueinander stehen, weil neue Mitarbeiter aufgrund der Marktverhältnisse mit höheren Bezahlungen eingestellt worden sind als die vergleichbaren vorhandenen Personen. Der in Verträgen häufig noch gebräuchliche Passus, daß das Einkommen streng vertraulich zu behandeln ist, dient dann diesen Unternehmen als Schutz. In der Praxis zeigt sich immer wieder, daß dieser Passus im Anstellungsvertrag nur sehr bedingt einen Schutz darstellt. Irgendwie versuchen dann doch die Vergleichspersonen zu gewissen Anhaltspunkten zu kommen. Dabei wird häufig spekuliert, was für das Klima im Unternehmen sehr viel negativer ist als eine offene Behandlung des Problems. Allerdings wird eine Offenlegung in vielen Fällen eine Angleichung vieler Personen nach sich ziehen. Vor diesen materiellen und psychologischen Konsequenzen scheuen sich viele Unternehmen.

Es wird aber auch argumentiert, und diese Gefahr muß durchaus gesehen werden, daß mit der Offenlegung ein Trend zu durchschnittlichen Gehältern eingeleitet wird. Die Unternehmen werden nicht immer den Mut haben, leistungsbezogene Gehälter im Extremfall zu vertreten, und den betreffenden Mitarbeitern wird es oft an dem objektiven Urteilsvermögen mangeln. Wenn diese Befürchtungen berechtigt sind, wäre das sicherlich für die Leistungsentfaltung bedenklich. Auf jeden Fall besteht aber die Gefahr, daß eine Publizierung des Gehaltssystems oder der Gehaltsbandbreiten eine Nivellierung nach oben bewirken kann. Dies muß bei diesem Problem gesehen werden.

Die Offenlegung der Gehälter oder zumindest die Bekanntgabe des Gehaltssystems hat jedoch auf jeden Fall mehr positive als negative Akzente. Es werden falsche Vorstellungen berichtigt, der Wunsch nach Klarheit und Offenheit erfüllt und die Diskussion um die Gehälter auf ein Mindestmaß beschränkt. In einem großen Unternehmen der Elektroindustrie ist nach Offenlegung des Gehaltssystems im außertariflichen Bereich die Fluktuation obendrein im unteren AT-Bereich deutlich zurückgegangen.

Grundsätzlich sollte man aber wissen, daß jeder Mitarbeiter im Unternehmen das Bedürfnis hat, seine funktionale Bedeutung auch in materieller Hinsicht zu kennen und auch daraus seine weiteren Entwicklungsmöglichkeiten abschätzen zu können. Deshalb ist auf lange Sicht gesehen ein relativ offenes Lohn- und Gehaltssystem unerläßlich.

Darüber hinaus ist es aber wichtig, daß ein Gehaltssystem sachlich gehandhabt wird. Dazu gehört nicht nur seine laufende Anpassung an die inner- und außerbetriebliche Entwicklung, sondern auch seine regelmäßige Anwendung. Deshalb ist es zweckmäßig, für die Anwendung bestimmte Grundsätze der Gehaltspolitik zu entwickeln. Diese Grundsätze sollten zunächst klären, wann überhaupt Gehaltsüberprüfungen und damit Gehaltserhöhungen vorgenommen werden. Diese Frage ist für die außertariflichen und leitenden Mitarbeiter von zentraler Bedeutung. Da hier die Einkommensverbesserungen nicht, wie im Tarifbereich, relativ automatisch erfolgen, sondern eher in der Hand der Unternehmen liegen, ist der Wunsch verständlich, wissen zu wollen, nach welchen Überlegungen und zu welchen Zeitpunkten Gehaltserhöhungen oder sonstige Einkommenssteigerungen stattfinden.

In der Frage des Zeitpunktes bevorzugen die Unternehmen im allgemeinen einen festen Termin, der überwiegend zu Jahresbeginn liegt. Einzelne Unternehmen sprechen von einer permanenten Gehaltsüberprüfung, d.h. sie kennen keine festen Termine, sondern passen die Gehälter je nach den Erfordernissen an. Das hat den Vorteil, daß die Gehälter immer in Ordnung zu sein scheinen, aber auch den Nachteil, daß eine permanente Unruhe besteht und ständig versucht wird, in der Gehaltsfrage vorstellig zu werden. Ein fester Termin sorgt dagegen für eine relative Ruhe in einem bestimmten Zeitraum und macht gleichzeitig durch die Bindung an einen bestimmten Zeitpunkt die Bedeutung einer Gehaltserhöhung in psychologischer Hinsicht plastischer. Das Problem besteht nur darin, daß auch eine flexible Handhabung in Einzelfällen möglich sein muß, jedoch in einer begrenzten Häufigkeit, damit daraus nicht eine permanente Gehaltsüberprüfung entsteht.

Es liegt auf der Hand, daß die Überprüfungstermine im außertariflichen Bereich unabhängig von dem Zeitpunkt der Tariferhöhungen sein müssen, um die Eigenständigkeit der Gehaltspolitik für diese Mitarbeitergruppe zu verdeutlichen. Allerdings muß beachtet werden, daß die Zeiträume der Gehaltsentwicklung zwischen den Tarif-Mitarbeitern und den außertariflichen Mitarbeitern nicht zu weit auseinanderliegen, damit nicht der Eindruck einer Schlechterstellung entsteht. Das hängt aber von der Höhe der Tarifvereinbarungen und der Laufzeit der Tarifverträge ab. Insofern sind die Überprüfungstermine für die außertariflichen Mitarbeiter nicht starr zu handhaben.

Das wesentliche Element in der Handhabung der Gehaltspolitik für außertarifliche oder leitende Mitarbeiter muß jedoch darin gesehen werden, daß sie einerseits zum Ausdruck bringt, inwieweit die individuelle Leistung Berücksichtigung findet und andererseits zeigt, daß eine Nivellierung nicht stattfindet. Das erste ist durch eine Leistungsbeurteilung, die an Zielvorgaben orientiert ist, relativ leicht zu verwirklichen. Das zweite ist schon schwieriger.

Darum sollte zu den Grundsätzen der betrieblichen Gehaltspolitik für außertarifliche oder leitende Mitarbeiter gehören, diesen mindestens dasjenige zu gewähren, was im Tarifbereich zur Geltung gekommen ist. Allerdings sollte das im Einzelfall methodisch meist anders und unter Anwendung des Leistungsprinzip geschehen. Insofern ist es selbstverständlich möglich, daß einzelne Mitarbeiter dieser Gruppe einen geringeren Gehaltszuwachs als im Tarifbereich erhalten. Ein solcher Tatbestand muß dann aber sachlich begründet sein und das kann in der Regel nur durch individuellen Leistungsabfall oder durch Verlust der funktionalen Bedeutung verursacht sein. Dies sind jedoch stets Ausnahmefälle, die selten mehr als 3 bis 5 Prozent der betreffenden Gruppe ausmachen. Der überwiegende Teil der außertariflichen oder leitenden Mitarbeiter würde aber stets bei Anwendung dieses Grundsatzes mindestens den Teil als Einkommenzuwachs erhalten, der im Tarifbereich vereinbart worden ist.

Allerdings ist es umstritten, wie dieser Zuwachs im Tarifbereich zu definieren ist. Manche Unternehmen wählen hier den absoluten Betrag der höchsten Tarifgruppe und nehmen das als Richtschnur für die Anpassung im außertariflichen Bereich. Offensichtlich bestehen hier Bedenken, den im Tarifbereich gewährten Prozentsatz als Maßstab zu nehmen. Es wird befürchtet, daß dies bei höheren Einkommen zu großen Verschiebungen führen kann. Das ist mathematisch auch leicht nachzuweisen, aber trotzdem ist dieser Gedankenführung nicht unbedingt zu folgen. Auch im Tarifbereich gibt es meist große Spannen zwischen der untersten und der obersten Tarifgruppe, und trotzdem ist es heute allgemein üblich, von einem gleichen Prozentsatz auszugehen.

Erst in jüngster Zeit, bei steigenden Inflationsraten, ist das Bestreben der Gewerkschaften zu beobachten, sogenannte Sockelbeträge oder einheitliche Festbeträge statt oder neben prozentualen Lohn- oder Gehaltserhöhungen zu vereinbaren. In diesen Fällen wird argumentiert, daß gerade die unteren Einkommensschichten besonders von der Geldentwertung betroffen sind. Diese Argumentation ist nicht von der Hand zu weisen, aber es besteht auch der Verdacht, daß derartige Begründungen benutzt werden, um in der Einkommensentwicklung den Trend zur Nivellierung zu verstärken. Eine Nivellierung, die besonders letzten Endes die außertariflichen Mitarbeiter trifft. Aus diesem Grunde sollten die Unternehmen auf derartige Entwicklungen sehr sorgfältig achten und ihnen soweit als möglich entgegenwirken. Die Aufrechterhaltung einer Leistungsmotivation bedingt eine sachlich begründete Differenzierung, und dazu gehört auch die Differenzierung bei den Einkommen. Diese Feststellung gilt grundsätzlich, und über das Ausmaß einer solchen Differenzierung der Einkommen entscheiden die sachliche Begründung, die Machtpolitik der Tarifparteien, aber auch die betriebliche Lohn- und Gehaltspolitik.

Aus diesen Überlegungen heraus besteht kein Grund, bei Gehaltserhöhungen vom Prinzip her den außertariflichen Bereich anders zu sehen als den Tarifbereich. Es besteht hier auch zu leicht der Verdacht, daß nicht die Erkenntnis aus der Mathematik, sondern der Wunsch zu sparen, derartige Überlegungen fördert. Schließlich darf nicht übersehen werden, daß die Steuerprogression mit wachsendem Einkommen eine immer größere Rolle spielt und die Differenzierung zwischen Nominal- und Realerhöhung sehr groß sein kann. Vielleicht sollte deshalb in Zukunft die Betrachtung des Realzuwachses eine größere Bedeutung als bisher haben.

Tatsächlich ist bei vielen außertariflichen und leitenden Mitarbeitern die Überzeugung weit verbreitet, daß der Tarifbereich in der Vergangenheit eine bessere Einkommensentwicklung als sie selbst hatte.

Die Auffassung der Unternehmen und auch der Tatbestand sind hier unterschiedlich. Nun wird man gerade in der Einkommensfrage keine allgemeinen und endgültigen Relationen festlegen können. Ein Trend zur Angleichung gehört obendrein zu einer Industriegesellschaft. Die Unternehmen sollten sich jedoch fragen, ob die Grenzen der Nivellierung bei den Einkommen nicht bereits erreicht sind und deshalb eine entsprechende Abkehr von bisherigen Praktiken in der Gehaltspolitik für außertarifliche und leitende Mitarbeiter angebracht ist.

Dies würde auch eine Änderung in der Anpassungspolitik der Gehälter dieser Mitarbeitergruppe bedeuten. In der Vergangenheit zeigte sich als globaler Trend, daß die außertariflichen Mitarbeiter relativ besser wegkamen, wenn die Tariferhöhungen sich um 5% bewegten, dagegen gleiche Erhöhungen bekamen, wenn der Tarifbereich zwischen 6–10% Einkommensverbesserung hatte, aber bei ca. 10% Erhöhung stehen blieben, wenn der Tarifbereich die 10%-Grenze überschritt. Daraus ergibt sich folgende tendenzielle Kurve:

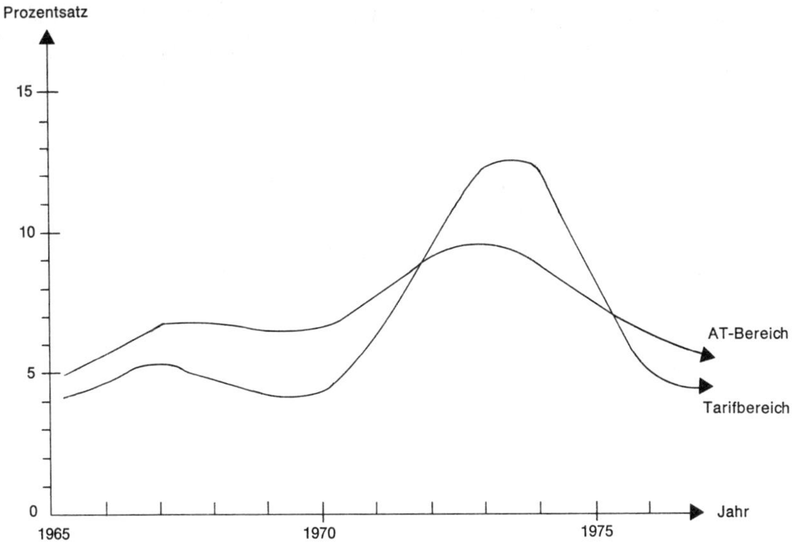

Abb. 21

Bereits hier sollte das Nachdenken beginnen und als erstes verstanden werden, daß der AT-Bereich grundsätzlich nicht schlechter gestellt sein sollte als der Tarifbereich. Dafür gibt es viele Ansätze.

So gilt es grundsätzlich als ersten Schritt zu bejahen, wenn einzelne Unternehmen ihren außertariflichen Mitarbeitern in deren Verträgen zusichern, daß sie bei Gehaltserhöhungen zumindest den absoluten Höchstbetrag der obersten Tarifgruppe erhalten. Erstens handelt es sich hier um Mindestzusagen und zweitens schafft eine solche Zusage auf jeden Fall Vertrauen.

Gelegentlich wird diskutiert, ob nicht im außertariflichen Bereich bei Gehaltserhöhungen nach einem allgemeinen Satz, der sich nach der Erhöhung der Lebenshaltungskosten richten könnte, und nach einem individuellen Leistungssatz unterschieden werden sollte. Eine derartige Handhabung wird jedoch in erster Linie von der Geldwertstabilität abhängen und weniger die Linie einer grundsätzlichen Politik sein. Bei einer relativ hohen Inflationsrate ist aber ein solches Vorgehen unumgänglich und auch tatsächlich in der betrieblichen Praxis weit verbreitet. In diesen Fällen wird bei einer Gehaltserhöhung im außertariflichen Bereich ein bestimmter Prozentsatz an alle betreffenden Mitarbeiter gegeben.

Dieser generelle Satz orientiert sich meist an der Steigerung der Lebenshaltungskosten, muß jedoch nicht mit der Inflationsrate identisch sein (Cost of living adjustment).

Darüber hinaus werden bestimmte Prozentsätze der Brutto-Gehaltssumme des AT-Bereiches für eine individuelle Gehaltserhöhung zur Verfügung gestellt (merit increase). Von diesem Betrag können einzelne weniger als den vorgesehenen durchschnittlichen Prozentsatz erhalten, einzelne mehr und andere den Durchschnittsprozentsatz. Entscheidend ist die individuelle Leistung.

Beispiel:

- Genereller Satz der Gehaltserhöhung für alle AT-Mitarbeiter = 5%.
- Disponibler Satz für individuelle Gehaltserhöhungen im AT-Bereich = 2%.

Dies bedeutet, daß die Gehaltserhöhung im AT-Bereich in diesem Falle 7% beträgt.

Der Vorteil dieser Regelung liegt darin, daß niemals ein AT-Mitarbeiter leer ausgeht; es gibt stets eine Gehaltserhöhung. Der Nachteil liegt darin begründet, daß der Spielraum für individuelle Gehaltserhöhungen relativ gering ist. Trotzdem ist ein solches Vorgehen aus guten Gründen bei Vorliegen einer bestimmten Geldentwertung sehr sinnvoll.

Allerdings zeigt die Erfahrung aber auch, daß bei einer solchen Handhabung die Beziehung zur Einkommensverbesserung im Tarifbereich, sowohl des Zeitpunktes als auch der prozentualen Erhöhung nach, relativ eng ist. Das muß in Kauf genommen werden.

Ein weiteres Problem besteht darin, daß der außertarifliche oder leitende Mitarbeiter, im Gegensatz zum Tarif-Mitarbeiter, seine gesamte Gehaltserhöhung mehr auf die Person und damit auf die Einzelleistung bezogen sieht. Differenzierungen in der Einkommensverbesserung sind ihm somit nicht immer eingängig oder er sieht nur einseitig auf den einen oder den anderen Teil der Gehaltserhöhung. Deshalb sollte auch stets die Gesamterhöhung an einem Stichtag stattfinden und nicht eine Erhöhung dieser beiden Teile zu verschiedenen Zeitpunkten.

Insgesamt gesehen muß Wert darauf gelegt werden, daß der außertarifliche Bereich nicht schlechter wegkommt als der Tarifbereich, allerdings nur als Maßstab für die Überprüfung und nicht als Automatik für alle Betreffenden. Hier kann es durchaus große Unterschiede im

Einzelfall geben. Wichtig ist nur, daß diese Unterschiede sachlich begründet sind und mit dem Betreffenden stets offen besprochen wurden. Nur so kann erreicht werden, daß jeder seine persönliche Entwicklung richtig sieht und begreift, daß jeder irgendwann seine natürlichen Grenzen in der Entwicklung erreicht, was sich auch im Einkommen ausdrücken muß. Für jeden sind ab einem bestimmten Stadium ungewöhnliche Zusatzraten nicht mehr möglich. Da dieses Stadium meist mit einer bestimmten Altersgrenze übereinstimmt, werden dann oft falsche Schlüsse gezogen. Dagegen helfen nur Offenheit und der Beweis, daß zwar kein ungewöhnlicher Zuwachs mehr möglich ist, jedoch der durchschnittliche weiterhin erreicht werden kann. Das ist eine wesentliche Aufgabe für die Anwendung der Grundsätze der Gehaltspolitik im außertariflichen oder leitenden Bereich.

f) Die allgemeine Zielsetzung

Eine betriebliche Lohn- und Gehaltspolitik hat somit verschiedene Zielsetzungen. Auf der einen Seite muß sie versuchen, soweit als möglich die Leistung des einzelnen zu bezahlen. Es ist hinreichend bekannt, wie schwierig es ist, einen absoluten oder relativen Maßstab für eine solche Leistungsbezahlung zu finden. Einen allgemeingültigen Maßstab wird es vermutlich nie geben, sondern es kann stets nur um temporäre Überlegungen und relative Betrachtungen gehen.

Die Tarifpolitik hat hier ohnehin den Spielraum bereits deutlich eingeengt, denn sie geht im wesentlichen von fachlichen Qualifikationen, vom Alter, von Funktionen und deren Erschwernissen aus, aber weniger von der individuellen Leistung. Im außertariflichen Bereich ist diese Entwicklung nicht vorhanden, sondern hier kann die individuelle Leistung noch am stärksten berücksichtigt werden.

Trotzdem bleibt allgemein die Aufgabe bestehen, den individuellen oder funktionellen Beitrag eines jeden Mitarbeiters im Unternehmen entsprechend zu bezahlen. Über die Grundlagen der Lohn- und Gehaltspolitik muß versucht werden, dieser Aufgabe gerecht zu werden.

Eine weitere Zielsetzung ist es, dem Mitarbeiter das Gefühl zu vermitteln, daß er für seinen Leistungsbeitrag eine relativ gerechte Bezahlung erhält. Die Bedeutung dieser relativen Lohn- und Gehaltspolitik nimmt in dem Maße zu, wie die Leistungslohnsysteme zurückgehen, die dieser Vorstellung vom Prinzip her am nächsten waren. Deshalb ist es verständlich, daß derartige Überlegungen für den Angestelltenbereich schon seit einiger Zeit anzutreffen sind und jetzt auch im Lohnbereich eine immer größere Rolle spielen.

Ein Mitarbeiter vergleicht sich im allgemeinen nur mit denjenigen, mit denen seine Tätigkeit wirklich vergleichbar ist, aber weniger mit Personen, deren Funktionen er nicht kennt. Mißtrauen, Verärgerungen und Auseinandersetzungen entstehen somit meist nur bei vergleichbaren Tätigkeiten. In dieser Hinsicht muß ein betriebliches Lohn- und Gehaltssystem soweit überschaubar und in sich geordnet sein, daß es einer Prüfung nach der relativen Gerechtigkeit standhält. Auf diesem Gebiet hat sich die Arbeitsbewertung bereits seit einiger Zeit bewährt, obwohl sie mit der Erfassung der individuellen Leistung als solcher gar nichts zu tun hat. Wegen ihrer Bedeutung für die relative Lohn- und Gehaltsgerechtigkeit im Unternehmen wird sie deshalb auch in Zukunft noch mehr Verbreitung erfahren und immer öfter auch in der Tarifpolitik Berücksichtigung finden.

Seit 20 Jahren bei der »Deutschen Gesellschaft für Personalführung« durchgeführte Betriebsbefragungen haben immer wieder ergeben, daß die relative Lohn- und Gehaltszufriedenheit nicht sehr hoch und nur bei rund 45 bis 50% der Mitarbeiter vorhanden ist. Trotz der in diesem Zeitraum unbestreitbar gestiegenen Realeinkommen ist diese Zufriedenheit in den vergangenen 5 bis 10 Jahren sogar noch zurückgegangen. Daraus ergibt sich ebenfalls, wie sehr die Zufriedenheit mit dem Einkommen auch von der relativen Lohn- und Gehaltsgerechtigkeit abhängt. Deshalb sollte man mehr als bisher die Frage der Arbeitsbewertung prüfen und diese allgemein einführen, denn die Arbeitsbewertung kann dieses Problem am besten lösen, was mit der Tendenz zu größeren Unternehmen und bei dem zu beobachtenden Trend zur Nivellierung noch mehr als bisher in Erscheinung treten wird.

Ein weiteres Problem für die Zielsetzung der betrieblichen Lohn- und Gehaltspolitik wird in Zukunft sein, bei den Tarif-Mitarbeitern zusätzliche Leistungsbestandteile im Gehalts- oder Lohnsystem sichtbar zu machen. Es kann angenommen werden, daß sich ein leistungsfähiger und leistungsbereiter Mitarbeiter, der sich in seiner Funktion voll einsetzt, mit einem bloßen Monatslohn oder Monatsgehalt, auf lange Sicht gesehen, nicht zufrieden geben wird. Seine Motivation ist materiell und immateriell zugleich bestimmt und es ist fraglich, ob ihm das für eine bestimmte Funktionsgruppe gleichmäßig bezahlte Einkommen genügen wird und die volle Leistungsbereitschaft hervorruft.

Allerdings war bereits an anderer Stelle verneint worden, dafür spezielle Leistungslohn- oder Gehaltssysteme zu entwickeln. Somit erhebt sich die Frage, wie dieser Forderung nach mehr individueller Bezahlung entsprochen werden kann. Die vorhandenen Lohn- und Gehaltstarife lassen dafür wenig Spielraum und auch die in einigen Tarifabkommen verankerten Leistungszuschläge haben trotz ihres Namens doch einen relativ automatischen und pauschalen Charakter.

Vermutlich kann dieses Ziel aber über eine Leistungsbeurteilung, die weniger von den Persönlichkeitswerten, sondern mehr von objektiven Grundlagen der Zielsetzungen ausgeht, erreicht werden. Diese Leistungsbeurteilung sollte demnach anders ausgerichtet sein, wie die unter diesem Namen in einigen Tarifabkommen vereinbarte Beurteilung.

Das setzt auf der einen Seite die Entwicklung entsprechender Beurteilungssysteme voraus und bedingt auf der anderen Seite Vorgesetzte, die auch den Mut haben, zu den Konsequenzen einer solchen Beurteilung, die unmittelbar im Einkommen spürbar sind, zu stehen. Außerdem müssen die Tarifsysteme für derartige Überlegungen einen genügenden Spielraum belassen.

Im Grundsatz würde eine in Grenzen auf die individuelle Leistung bezogene Lohn- und Gehaltspolitik ohne die klassischen Leistungsentlohnungssysteme dem modernen Bild des Mitarbeiters entsprechen, zumal er durch das Mitarbeitergespräch praktisch in diese Politik eingeschlossen ist. Dieses Mitarbeitergespräch erlaubt ihm, Einspruch zu erheben und durch die Kenntnis der Zusammenhänge Einfluß zu nehmen, d.h. seine Leistung zu verändern.

Grundsätzlich ergeben sich derartige Einkommensveränderungen, die außerhalb der Tarifvereinbarungen stattfinden, nicht ohne Vorkenntnisse auf seiner Seite. Gelegentlich wird allgemein zur Diskussion gestellt, ob der Mitarbeiter nicht vor geplanten Einkommenserhöhungen gefragt sein sollte, um seine Meinung dazu zu sagen oder Tatbestände zu erwähnen, die sonst nicht bekannt sind. Eine solche Forderung würde sich bei einem Mitarbeitergespräch mit Hilfe der Beurteilung automatisch ergeben, auf sich gestellt wäre sie aber problematisch. Sie würde auf ein Verhandeln hinauslaufen und die Frage nach Kenntnis der anderen, vergleichbaren Einkommenserhöhungen nach sich ziehen. Dabei kann aber letzten Endes ein Teilaspekt der betrieblichen Lohn- und Gehaltspolitik, nämlich auch eine Teilaufgabe der Vorgesetzten zu sein, verlorengehen.

9. Die Bedeutung der Arbeitswissenschaft

Eine betriebliche Personalarbeit ist heute ohne Berücksichtigung wissenschaftlicher Erkenntnisse und ohne die Anwendung spezifischer wissenschaftlicher Methoden nicht mehr denkbar. Es zeichnet sich nicht nur ab, daß die im Personalwesen tätigen leitenden und qualifizierten Mitarbeiter über eine entsprechende wissenschaftliche Qualifikation verfügen, sondern daß auch alle wissenschaftlichen Erkenntnisse, soweit sie den Menschen im Unternehmen betreffen, ständig ausgewertet und für die tägliche Praxis nutzbar gemacht werden müssen.

In dieser Hinsicht kommt der Arbeitswissenschaft eine besondere Bedeutung zu. Zunächst deshalb, weil sie eine Wissenschaft ist, die sich schon seit langem mit Problemen des Menschen und seiner Arbeit beschäftigt. Zum anderen, weil hier in besonderem Maße gesicherte Erkenntnisse vorliegen, denn bei der Arbeitswissenschaft spielt die Anwendung naturwissenschaftlicher Methoden eine große Rolle.

Zwar ist keineswegs eindeutig geklärt, was alles unter »Arbeitswissenschaft« zu verstehen ist, aber im allgemeinen handelt es sich um alle Fragen, die mit der Gestaltung der Arbeitsplätze, der Arbeitsumgebung und den Bedingungen, die mit der Ausübung einer Tätigkeit zusammenhängen, verbunden sind. Es geht in erster Linie jedoch um arbeitspsychologische, arbeitsphysiologische und arbeitsmedizinische Probleme. Außerdem beschäftigt sich die Arbeitswissenschaft auch mit speziellen Fragen der Lohn- und Gehaltsfindung. Vor allem dann, wenn es um eine Lohn- und Gehaltsfindung geht, die auf eine analytische Methode oder auf bestimmte Meß- und Bewertungsverfahren zurückgeht.

Die Arbeitswissenschaft ist somit die Wissenschaft, die sich

- mit allen Erscheinungsformen der menschlichen Arbeit
- mit den Wirkungen und Ergebnissen der Arbeitsmittel
- mit allen Voraussetzungen und Bedingungen der menschlichen Arbeit

beschäftigt. Es geht vor allem um den wechselseitigen Anpassungsprozeß von Mensch und Arbeit. Die hiermit zusammenhängenden Fragen und Lösungsmöglichkeiten werden heute unter der Bezeichnung »Ergonomie« zusammengefaßt. Dabei ist für die Ergonomie stets ein Zielkonflikt zu überwinden. Auf der einen Seite soll sie mithelfen, die Arbeit menschengerecht zu gestalten und auf der anderen Seite soll sie auch die technisch-wirtschaftliche Rationalität der Arbeit sichern helfen. Insofern steht sie sowohl im Dienste der sachlichen Zielsetzung des Unternehmens als auch des humanen Interesses des Menschen.

Die »Gesellschaft für Arbeitswissenschaft« sieht folgende wissenschaftliche Teilgebiete, die an der Arbeitswissenschaft beteiligt sind:

An der Arbeitswissenschaft beteiligte Wissensgebiete

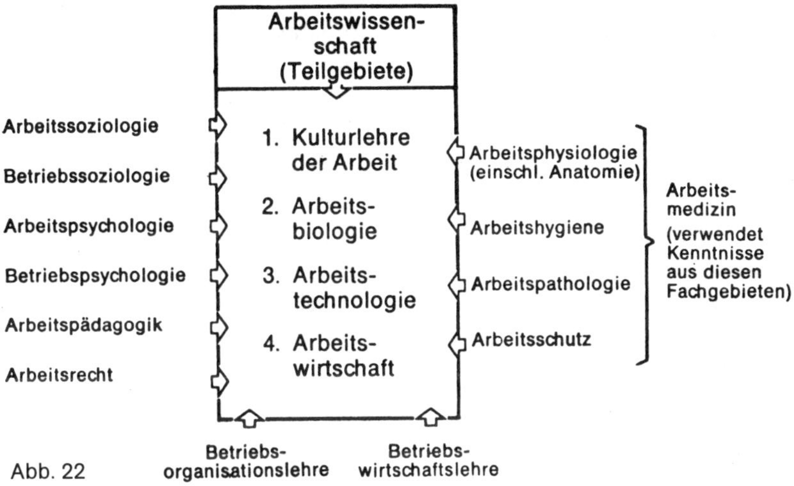

Abb. 22

Es gibt in der Bundesrepublik Deutschland schon seit einiger Zeit an den Universitäten und Hochschulen Lehrstühle für die Arbeitswissenschaft. Demgegenüber muß man feststellen, daß die betriebliche Praxis in verhältnismäßig geringem Maße die hier ermittelten Erkenntnisse in ihrer täglichen Arbeit oder bei langfristigen Planungen berücksichtigt. Selbstverständlich sind diese Untersuchungsergebnisse in den Unternehmen nicht völlig unbekannt, aber sie werden nicht in dem Maße genutzt, wie es zweckmäßig oder sogar erforderlich wäre.

Immer wieder kann beobachtet werden, daß bei der Gestaltung von Arbeitsplätzen und Arbeitsabläufen, sei es anläßlich der Errichtung eines neuen Werkes oder eines Bürogebäudes, oder sei es durch die Installation einer neuen Maschine, arbeitswissenschaftliche Erkenntnisse nicht von Anfang an bzw. nicht in entsprechendem Maße zur

Geltung kommen. Vielmehr spielen die Überlegungen des Architekten, des Technikers oder des Organisators bei solchen Maßnahmen eine größere Rolle; mit dem Ergebnis, daß eine Reihe von Fehlplanungen und Fehlentscheidungen in arbeitswissenschaftlicher Hinsicht möglich ist. Es liegt aber auf der Hand, daß die Leistungsentfaltung des Mitarbeiters eingeengt ist, wenn nicht alle Möglichkeiten der optimalen Gestaltung der Arbeitsplätze und der Arbeitsabläufe genutzt werden.

In der Phase der Integration des Mitarbeiters geht es jedoch außerdem darum, den Handlungsspielraum des arbeitenden Menschen in seiner beruflichen Funktion zu erweitern. Im Prinzip geht es dabei um die Überwindung der Auswüchse des von Taylor entwickelten Arbeitsprinzips.

Selbstverständlich ist die Arbeitsteilung eine wesentliche Voraussetzung für die Massenproduktion und damit auch für ein Masseneinkommen und schließlich für einen Massenkonsum. Der Wohlstand einer Industriegesellschaft geht somit auf diese Grundlage zurück. Insofern wäre es auch falsch, die Entwicklung in der Arbeitsteilung völlig zurückdrehen zu wollen. Sie läßt sich jedoch in neue Bahnen lenken, grundsätzlich korrigieren und vor allem muß stärker der Frage der Humanisierung im Hinblick auf eine menschengerechte Gestaltung der Arbeitsplätze und der Arbeitsabläufe und Humanisierung im Hinblick auf eine größere Selbstverwirklichung durch eine entsprechende Selbstentfaltung nachgegangen werden.

Hier kann nun die Arbeitsstrukturierung besonders gute Dienste leisten. Unter Arbeitsstrukturierung wird in erster Linie eine Änderung der Arbeitsorganisation zugunsten eines größeren Spielraumes für den Mitarbeiter verstanden. Mit dem Ziel, eine Arbeitserweiterung in horizontaler Hinsicht durch Erweiterung des Verantwortungsspielraumes und in vertikaler Hinsicht durch eine breitere Mitwirkung an der Entscheidungsfindung zu erreichen.

Ergonomie und Arbeitsstrukturierung müssen deshalb in Zukunft als gleichgewichtige Aufgaben begriffen werden. Die Tradition auf dem Gebiet der Ergonomie ist in der Bundesrepublik Deutschland größer und deshalb ist hier auch dieses Gedankengut verbreiteter. Die Probleme der Arbeitsstrukturierung werden erst langsam gesehen und angepackt. Hier ist somit noch einiges zu leisten, wenn auch die ersten Erfahrungen bei einigen Unternehmen vorliegen.

Probleme der Humanisierung der Arbeitswelt haben inzwischen auch Eingang in die Tarifpolitik der Tarifparteien gefunden. Hier geht es gegenwärtig primär um die Erweiterung der Pausen bei Fließbandarbeit, um die Absicherung von Akkordverdiensten und um den Schutz älterer Arbeitnehmer. Eine Tendenz, die vermutlich weitergehen wird. Alle genannten Fragen bleiben dabei aktuell; vor allem der noch stärkere Schutz älterer Arbeitnehmer wird ein wichtiges Ziel der Gewerkschaften bleiben.

Darüber hinaus kümmert sich der Gesetzgeber immer häufiger um die mit der Ergonomie zusammenhängenden Fragen. Typisch sind für die Bundesrepublik Deutschland in dieser Hinsicht

- Das Gesetz über Betriebsärzte, Sicherheitsingenieure und andere Fachkräfte für Arbeitssicherheit.
- Die Verordnung über Arbeitsstätten.

In beiden Gesetzen geht es vor allem darum, bestimmte Gesichtspunkte für die menschengerechte Gestaltung der Arbeitsplätze, der Arbeitsbedingungen und der Arbeitsabläufe zur Geltung zu bringen. Dies ist aber nicht ohne gesicherte Erkenntnisse der Arbeitswissenschaft möglich. Im Betriebsverfassungsgesetz ist ebenfalls bewußt vom Gesetzgeber verankert worden, daß der Betriebsrat bei der Planung von Neu-, Um- und Erweiterungsbauten von Fabrikations-, Verwaltungs- und sonstigen betrieblichen Räumen, von technischen Anlagen, von Arbeitsverfahren und Arbeitsabläufen oder der Arbeitsplätze rechtzeitig zu unterrichten ist und die vorgesehenen Maßnahmen, insbesondere im Hinblick auf ihre Auswirkungen auf die Art der Arbeit und die Anforderungen an die Arbeitnehmer mit ihm zu beraten sind. Dabei sollen beide Seiten die gesicherten arbeitswissenschaftlichen Erkenntnisse über die menschengerechte Gestaltung der Arbeit berücksichtigen.

Neben diesen tarifpolitisch oder gesetzgeberisch bedingten Zwängen nehmen die Bemühungen in der Industrie zu, aus grundsätzlichen Erwägungen heraus die Arbeitsabläufe zu verändern, um einen größeren Spielraum in der Verantwortung und in der Arbeitsdisposition zu ermöglichen. Wohl wissend, daß die ergonomischen Ziele nicht so leicht zu verwirklichen sind und auch stets bald an ihre ökonomischen Grenzen stoßen. Hier kann der Fortschritt nur langsam voranschreiten. Hinzu kommt, daß an dem oft zitierten Fließband nur 5% aller Arbeitnehmer in der Bundesrepublik Deutschland beschäftigt sind. Mehr Erfolg und vor allem schnelle Resultate sind deshalb eher auf dem Gebiet der Arbeitsstrukturierung zu erwarten. Hier werden deshalb die Bestrebungen der Unternehmen zunehmen, wobei gesellschafts- oder personalpolitische Überlegungen einen zusätzlichen Anstoß geben werden.

Für die Unternehmen heißt es aber schließlich, daß sie sich ganz allgemein mehr als bisher um alle Fragen der Arbeitswissenschaft bemühen müssen. Sie müssen öfter als bisher Experten von außen auf diesem Gebiet heranziehen oder – bei größeren Unternehmen wird das möglich sein – über eigene Fachkräfte auf diesem Gebiet verfügen. Es ist unerläßlich, daß die Unternehmen

- die gesicherten Erkenntnisse der Arbeitswissenschaft kennen und für die Anwendung in der Praxis auswerten
- wissen, welche Probleme mit dem Stichwort »Humanisierung der Arbeitswelt« verbunden sind und welche Erwartungen die Gesellschaft in dieser Frage hegt und welche Zielvorstellungen in dieser Hinsicht die Gewerkschaften haben
- ständig prüfen, was sie zur Verbesserung der Arbeitsplätze und der Arbeitsabläufe in arbeitspsychologischer, arbeitsphysiologischer, arbeitsmedizinischer Hinsicht sowie zur Verbreiterung des Mitwirkungsspielraumes tun können
- beobachten, welche Erfahrungen mit der Arbeitsstrukturierung gemacht werden und welche Möglichkeiten sich im eigenen Unternehmen ergeben.

10. Die Information der Mitarbeiter

Ein Mitarbeiter, von dem vorausgesetzt wird, daß er das Unternehmensergebnis in besonderem Maße beeinflußt und von dem ein entsprechendes Mitwirken und Mitdenken erwartet wird, muß auch über die jeweils notwendigen Informationen verfügen. Diese Feststellung wird seit langem bejaht, in einer umfangreichen Literatur abgehandelt und mit Empfehlungen versehen. Trotzdem läßt sich immer wieder feststellen, daß eine systematische Information aller Mitarbeiter in den Unternehmen sehr selten oder kaum betrieben wird. Auf diesem Gebiet ist also eine besonders große Diskrepanz von Theorie und Praxis bzw. von Bejahung und Tun vorhanden.

Im allgemeinen findet man in den Unternehmen lediglich die nach dem Betriebsverfassungsgesetz vorgesehene Information gegenüber dem Betriebsrat, dem Wirtschaftsausschuß oder der Betriebsversammlung.

Daneben betreiben die Unternehmen Information durch Anschläge am Schwarzen Brett, durch eine Werkzeitschrift oder durch sonstige Verlautbarungen. Außerdem sind in vielen Unternehmensbereichen bestimmte Institutionen dafür geschaffen worden, damit über Abteilungsbesprechungen die Mitarbeiter bestimmte Informationen erhalten.

Am weitesten verbreitet ist in den Unternehmen die systematische Information der Führungskräfte oder bestimmter Führungsgruppen. Die hierfür angewandten Methoden sind regelmäßige Zusammenkünfte oder nach einem bestimmten System geordnete schriftliche Informationsmittel.

Trotzdem fällt immer wieder auf, daß ein geschlossenes System, welches diese verschiedenen Informationen miteinander abstimmt oder sich nach einer bestimmten Zielvorstellung entwickelt, in den Unternehmen nicht vorhanden ist. Schließlich läßt sich in der betrieblichen Praxis auch immer wieder feststellen, daß die Art und Weise, wie diese Informationen gegeben werden, sowie ihr Umfang, von dem jeweiligen Vorgesetzten sehr deutlich abhängt. Sie sind ihm im allgemeinen zu sehr überlassen.

Es drängt sich auch der Eindruck auf, daß immer noch die Informationsaufgabe mehr oder weniger als eine lästige Sache empfunden wird, aber nicht als ein wichtiges Instrument im Rahmen der Personalführung. Es ist häufig noch nicht hinreichend bekannt, welche wichtige Aufgabe die Information im Rahmen einer modernen Personalführung zu erfüllen hat. Die Unternehmen müssen begreifen, daß hier ein Bedürfnis entstanden ist, welches mit der bislang üblichen Praxis nicht befriedigt werden kann.

Der moderne Mitarbeiter möchte in zunehmendem Maße seine eigene, aktive Rolle spielen und hat wachsende Erwartungen gegenüber seinem persönlichen Entfaltungsraum. Dabei möchte er sich nicht mehr allein auf die gesetzlichen oder betrieblichen Institutionen verlassen, sondern will seine eigene Reflektion erleben. Insofern können ihm beispielsweise die Informationen im Sinne des Betriebsverfassungsgesetzes nicht mehr genügen.

Aus dem gleichen Grunde ist auch fraglich, ob die bisherigen Informationsinhalte und Informationsmethoden der Unternehmen dieser Entwicklung gerecht werden. Die Unternehmen müssen vielmehr erkennen, daß gegenwärtig völlig neuartige Informationsbedürfnisse entstehen.

Es war schon immer bekannt, daß mit der Arbeitsteilung das Informationsbedürfnis seitens des Mitarbeiters wächst, um den Gesamtzusammenhang verstehen und um die eigene Rolle im Unternehmen begreifen zu können. Mit dem Wachstum der Technologie und den komplizierten Organisationssystemen nehmen die Wünsche und die Notwendigkeit nach mehr Information automatisch zu. Vor allem auch mit der Konzentration in der Wirtschaft und der damit verbundenen Tendenz nach größeren Organisationseinheiten wird das Informationsbedürfnis größer.

Außerdem kommt hinzu, daß gerade beim Mitarbeiter in der Integrationsperiode der Wunsch nach mehr Information auf einer sehr hohen Stufe der Bedürfnisskala angesiedelt ist. Gerade von hieraus entstehen die neu- und andersartigen Informationsbedürfnisse, auf die die Unternehmen noch nicht genügend eingestellt sind. Eingesehen wird bislang in erster Linie die sachlich begründete Notwendigkeit aus der Sicht des Unternehmens. Weniger aber wird begriffen, daß Informationswünsche entstehen, die aus der Sicht des Berufes, der funktionalen Tätigkeit und der Gesellschaft kommen. Je mehr die Einsicht in die Zusammenhänge verlorengeht und der Überblick über das Ganze verschwindet, desto öfter entsteht ein Gefühl des Ausgeliefertseins, der Fremdheit und der Angst. Daraus resultieren schließlich Frustration und Aggression. Hier liegt deshalb ebenfalls eine wichtige Aufgabe der Information vor, um einem solchen Trend entgegenzuwirken.

Den Unternehmen muß die Bedeutung der Information bewußter werden, wenn sie das leisten soll, was sie im Rahmen der Personalführung auch leisten kann: nämlich, den Mitarbeiter in die Lage zu versetzen, seine Funktion mit einem Höchstmaß an Einsicht in die Zusammenhänge, an Verständnis um die Probleme und an Wissen für die optimale Leistung erfüllen zu können.

Die Unternehmen müssen erkennen, daß ein Mitarbeiter regelmäßig über ganz bestimmte Informationen verfügen muß. Selbstverständlich ist dieser Bedarf an Informationen je nach den einzelnen Tätigkeiten oder Mitarbeitergruppen unterschiedlich. Deshalb können auch globale oder pauschale Informationen, so zweckmäßig sie in bestimmten Fragen auch ohne Zweifel sind, nicht alle Informationsbedürfnisse befriedigen. Somit kommt es darauf an, die Informationsbedürfnisse jeweils gezielt zu ermitteln, um ihnen auch gezielt entsprechen zu können. Die Informationsbedürfnisse richten sich nach

- Dem Individuum
- Der Funktion
- Den Mitarbeitergruppen
- Den Führungskräften
- Der Belegschaftsvertretung
- Dem Vertrauenskörperkreis
- Der Belegschaft
- Dem Status als neuer Mitarbeiter.

Es kommt somit darauf an, bei der Information als erstes nach Zielgruppen zu unterscheiden und dafür den speziellen Informationsbedarf zu ermitteln sowie zu befriedigen.

Das entscheidende Problem liegt jedoch nicht nur bei der richtigen Wahl der Zielgruppe, sondern auch bei der Abstimmung in dem Informationsinhalt und der Informationsmethode zwischen den einzelnen Zielgruppen. In zunehmendem Maße beklagen sich die Führungskräfte, daß sie im allgemeinen später oder schlechter informiert sind als die Belegschaftsvertretung, also Betriebsrat oder Wirtschaftsausschuß. Eine solche Situation kann in der Praxis leicht entstehen, ist aber trotzdem grundsätzlich nicht zu vertreten. Manche Unternehmen informieren deshalb bewußt vor einer Sitzung mit dem Betriebsrat die betrieblichen Führungskräfte. Allerdings ist das bei der Zahl der gesetzlich vorgeschriebenen Sitzungen zwischen der Unternehmensleitung und dem Personalwesen auf der einen und dem Betriebsrat auf der anderen Seite nicht immer zu realisieren. Es muß aber gesehen werden, daß auf diese Weise der Betriebsrat faktisch von einer Vertretungsinstanz zu einer bedeutsamen Einflußinstanz anwächst.

Ein weiteres Problem ist häufig in diesem Zusammenhang, daß vielleicht die Vorinformation der wichtigsten oberen Führungskräfte noch gelingt, aber nicht mehr die Weitergabe an die mittleren und unteren Führungskräfte oder an die übrigen qualifizierten Kräfte im leitenden Bereich. Das ist meist ein reines Quantitätsproblem, vor allem bei größeren Unternehmen.

Vermutlich wird hier langfristig die Entwicklung einer Informationskette nicht zu vermeiden sein, wie sie der Betriebsrat häufig in dem Vertrauenskörper hat. Es gibt auch einige Unternehmen, in denen ein solcher Vertrauenskörper institutionell besteht und für eine bestimmte Amtsperiode von der Belegschaft gewählt und nicht vom Betriebsrat oder den zuständigen Gewerkschaften bestimmt wird. Häufig ist er in diesen Fällen aber weitgehend mit dem gewerkschaftlich organisierten Vertrauenskörper identisch, muß es aber nicht sein. Es hat sich auch in diesen Fällen gezeigt, daß sowohl der Betriebsrat oder die Gewerkschaften auf der einen Seite als auch das Unternehmen auf der anderen Seite mit diesem Instrument gut arbeiten können. Entscheidend ist allein, daß dieser Vertrauenskörper von qualifizierten und von der Belegschaft anerkannten Mitarbeitern gebildet wird. Es wäre denkbar, daß ein ähnliches System auch für den leitenden Bereich oder den Führungsbereich bzw. die außertariflichen Angestellten entwickelt wird, damit hier eine schnellere und bessere Information als bisher möglich ist. Vielfach üben die Sprecherausschüsse für leitende Angestellte eine solche Funktion bereits aus.

Die zunächst in erster Linie funktions- oder unternehmensbezogene Bedeutung der Information erhält ein zusätzliches Gewicht dadurch, daß auch der gesellschaftliche Aspekt gesehen werden muß. Der moderne Mitarbeiter wird in seinem gesellschaftlichen Bewußtsein in Zukunft weniger von vorgegebenen Einstellungen und Vorstellungen ausgehen, wie es in der Vergangenheit der Fall gewesen ist. Dieser Mitarbeiter wird vielmehr sehr viel häufiger, als es früher der Fall war, zu bestimmten Tatbeständen Stellung beziehen und auch zu entsprechenden Reaktionen neigen. Vor allem kann es zu solchen Reaktionen kommen, wenn sich der Mitarbeiter verloren und ausgeliefert vorkommt und das Geschehen um ihn herum nicht mehr begreift. Derartige Reaktionen werden in Zukunft sehr viel schneller zu beobachten sein, als die Unternehmen das bisher gewohnt gewesen sind. Insofern wird der Typus des modernen Mitarbeiters unbefangener, weniger festgelegt, weniger gebunden, aber auch nüchterner und selbstbewußter als früher reagieren. Allerdings auch spontaner, weil er sensibler, empfindlicher und ängstlicher seine Umwelt reflektiert.

Aus diesem Grunde ist es auf der einen Seite wichtig, daß die Unternehmen die Erwartungen und Einstellungen der Mitarbeiter kennen und eine ständige Personalforschung betreiben. Auf der anderen Seite aber müssen die Unternehmen auch wissen, welche Informationen systematisch und gezielt gegeben werden müssen, um derartigen Reaktionen von Anfang an durch eine bessere Information begegnen zu können. Vielfach entstehen nur deshalb bestimmte Reaktionen, weil Unkenntnis über einen bestimmten Tatbestand vorhanden ist.

Insofern hat die Information in der Zukunft nicht nur einen reinen Sachbezug, sondern auch diesen darüber hinausgreifenden gesellschaftlichen Aspekt. Es ist wichtig, daß die Unternehmen diesen zweiseitigen Aspekt der Information kennen und entsprechend beachten.

Unter diesem Hintergrund ist es somit wichtig, daß die Unternehmen zusätzlich die Information nach den jeweiligen Zielgruppen analysieren und festlegen. Es muß klar herausgearbeitet werden, welche Informationen jeder Unternehmensbereich, jede Abteilung, jede einzelne Mitarbeitergruppe, die Belegschaft insgesamt, der Betriebsrat und der Wirtschaftsausschuß regelmäßig benötigen. Es muß gleichzeitig festgelegt werden, wer diese Informationen zusammenträgt, sie zu bestimmten Zeitpunkten weitergibt und in welcher Form vermittelt.

Es ist außerdem unerläßlich, daß eine bestimmte Stelle im Unternehmen, und dies wird vermutlich am sinnvollsten das Personalwesen sein, für diese Informationsaufgabe zuständig ist. Dann ist auch die Kontrollinstanz vorhanden, die ermittelt, ob sowohl die Analyse als auch die Festlegung der Information sowie ihre Weitergabe richtig gehandhabt werden.

Heute ist eine solche Stelle oft noch Bestandteil der Öffentlichkeitsarbeit. Bei der dargelegten Bedeutung der Information liegt es jedoch auf der Hand, daß in Zukunft die Inhalte und Wege der inner- oder außerbetrieblichen Information sehr verschieden sein werden. Eine Trennung der Zuständigkeiten wird sich deshalb anbieten.

Die innerbetriebliche Informationsstelle muß selbstverständlich eng mit der Personalforschung zusammenarbeiten, um laufend die Zielsetzung der Information zu überprüfen und entsprechend zu korrigieren. Erst dann kann mit der Aufgabe begonnen werden, die verschiedenen Informationsmethoden zu untersuchen und der jeweiligen Zielsetzung der Information entsprechend zu überprüfen und zu korrigieren.

Die Prüfung der Informationsmethoden wird weniger problematisch sein, weil es hier bereits gesicherte Erkenntnisse und lange Erfahrungen gibt. So ist bekannt, daß die mündliche Information die beste ist, gefolgt von der visuellen und erst zuletzt kommt die schriftliche.

Ein großes Problem bei der Methode und dem Inhalt der Information wird sein, daß in zunehmendem Maße Informationen gewünscht werden, die man bald wieder vergißt, aber trotzdem vorher haben wollte. Diese sogenannte Wegwerfinformation wird an Umfang zunehmen. Bei ihr ist es problematisch, daß sie nur von der Bedürfnisseite kommt, aber wenig bewirkt. Diese Art der Information wird vermutlich nicht Einstellungen oder Verhaltensweisen ändern können.

Grundsätzlich muß aber die Einsicht gewonnen werden, daß ein wachsendes Informationsbedürfnis der verschiedensten Art vorhanden ist. Seit mehr als 20 Jahren wird in den von der »Deutschen Gesellschaft für Personalführung« durchgeführten Betriebsbefragungen festgestellt, daß ca. 70 bis 75% der Belegschaft gern mehr und andere Informationen als bisher hätten.

11. Das Führungssystem

Inwieweit es gelingt, den Mitarbeiter in der Integrationsphase voll zur Entfaltung zu bringen und ihn zu einer optimalen Leistungsbereitschaft zu entwickeln, hängt in entscheidendem Maße von dem Führungssystem eines Unternehmens ab. Es muß vor allem den Unternehmen deutlich werden, daß die klassische Führungsform mit ihrer autoritären und hierarchischen Struktur nicht in der Lage ist, der Entfaltung und Entwicklung des heutigen Mitarbeiters gerecht zu werden. Vielmehr gilt es, das Führungssystem eines Unternehmens nach neuen Gesichtspunkten zu strukturieren.

a) Die grundsätzliche Aufgabe eines Führungssystems

Jedes Führungssystem hat als erstes die Aufgabe, den Zweck des Unternehmens optimal erfüllen zu helfen. Daraus ergibt sich, daß das Führungssystem unmittelbar mit dem Unternehmenszweck verknüpft ist. Die Unternehmensorganisation und das in einem Unternehmen praktizierte Führungssystem sind die maßgeblichen Grundlagen zur Erreichung des Unternehmenszieles.

Wird primär ein wirtschaftlich-rationales Ziel für das Unternehmen gesehen, so wird auch das Führungssystem eine entsprechende Ausrichtung haben. Wird dagegen – wie das heute zunehmend der Fall ist – das Unternehmensziel über das Wirtschaftliche hinausgehend auch als ein allgemein und gesellschaftlich verantwortliches betrachtet, muß dieser Aspekt sich ebenfalls im Führungssystem widerspiegeln. Aus dem an anderen Stellen bereits Gesagten ergibt sich darüber hinaus, daß heute ohnehin jedes Führungssystem auch eine gesellschaftliche Komponente in sich tragen muß. Denn das Führungssystem muß neben der Erreichung des wirtschaftlichen Unternehmenszieles auch die Erwartungen und Vorstellungen der im Unternehmen tätigen Menschen mit zu erfüllen suchen, soweit das nicht zur Minderung der wirtschaftlichen Aufgabenstellung des Unternehmens führt.

Bei dieser Betrachtungsweise ist auch einleuchtend, daß ein Führungssystem vor allem dann ohne besondere Problematik ist, wenn sich das Unternehmen in seiner Sozial- und Organisationsstruktur mit der Gesellschaft außerhalb des Unternehmens in den Grundtendenzen in Übereinstimmung befindet. Dies bedeutet, daß ein in erster Linie hierarchisch orientiertes Führungssystem des Unternehmens dann relativ ohne Konflikte sein wird, wenn es in eine hierarchisch geordnete Umwelt eingebettet ist.

Problematisch wird es jedoch immer, wenn die Gesellschaft und damit das Umfeld des Unternehmens Tendenzen folgt, die sich von den Grundlagen der Führungsstruktur des Unternehmens entfernen. Genau das ist die Situation, wie sie sich bereits seit einigen Jahrzehnten in der westlichen Welt darstellt. Die Umwelt außerhalb des Unternehmens wird heute primär von demokratischen Vorstellungen geprägt, die immer häufiger auch in die betriebliche Sphäre als Erwartungen eingebracht werden, wie sich nicht zuletzt an der wachsenden Forderung nach mehr Mitwirkung und Mitbestimmung des einzelnen oder seiner Vertretungsorgane ablesen läßt.

Neben der Möglichkeit des stärkeren Einwirkens durch den einzelnen oder seiner Vertretungsorgane auf das Geschehen im Unternehmen laufen die demokratischen Vorstellungen meist auch auf die Auflösung festgefügter Gruppierungen, d.h. Klassen oder Stände, hinaus und tendieren somit oft zur Angleichung innerhalb einer Gesellschaft, auf jeden Fall aber zur Durchlässigkeit. Demokratische Bestrebungen und die Tendenz zur Angleichung gehen somit oft einher.

Demgegenüber geht das Unternehmen, weil es leistungsbetont ist, von der Differenzierung aus. Es hat einen sachlichen Zweck zu erfüllen, und der Markt entscheidet dabei in letzter Konsequenz darüber, ob und wie das Unternehmensziel erreicht wird. Insofern liegt dem Unternehmenszweck ein Leistungszwang zugrunde, der dazu führt, daß alle Funktionen im Unternehmen nach der jeweiligen Leistung bewertet, beurteilt und bezahlt werden. Das gilt auch für die Fähigkeiten die Anlagen und die Leistung der im Unternehmen tätigen Menschen.

Auf dieser Grundlage ergab sich bereits zu Beginn der Industrialisierung fast automatisch eine Differenzierung der im Unternehmen tätigen Menschen, wobei sich auch das Führungssystem differenzierte, hierarchisch entwickelte, unterstützt durch entsprechende Strukturen außerhalb des Unternehmens.

Dieser Zwang des Unternehmens zur Differenzierung steht der Tendenz der Gesellschaft zur Angleichung entgegen. Es kommt heute deshalb darauf an, auf vielfältige Weise in der Personalpolitik und der Personalführung ein Gleichgewicht zwischen diesen beiden entgegengesetzten Bestrebungen zu erreichen. Das im Unternehmen praktizierte Führungssystem kann dazu einen wesentlichen Beitrag leisten.

Aber nicht nur die gesellschaftlichen Veränderungen außerhalb des Unternehmens, sondern auch die Veränderungen der Funktionen im Unternehmen, die eine ständige Qualifizierung der Belegschaft mit sich brachte und auf diese Weise den Trend zur Abflachung der überkommenen Differenzierung bewirkte, hatten bereits einen Einfluß auf die hierarchisch betonte Führungsstruktur des Unternehmens ausgeübt und dazu geführt, daß sich die Führungsformen zu wandeln begannen.

Dieser Prozeß ist noch in vollem Gange, aber Ideallösungen zeichnen sich noch nicht ab. Vielmehr gibt es eine Reihe von Versuchen, die durch eine Vielzahl von Begriffen gekennzeichnet sind. Es wird von Demokratisierung in der Wirtschaft, vom kooperativen Führungssystem, von Partnerschaft, von Delegation der Verantwortung oder vom Führen im Mitarbeiterverhältnis gesprochen, und auch die zahlreichen »Management by ....« liegen auf dieser Ebene.

Es scheint nur insoweit eine gewisse Übereinstimmung zu bestehen, als eingesehen wird, daß demokratische Vorstellungen auf das wirtschaftliche Unternehmen nicht voll angewandt werden können. Das gilt sowohl für die Möglichkeit, stets alle Entscheidungen von der Zustimmung der Mehrheit der von dieser Entscheidung betroffenen Betriebsangehörigen abhängig zu machen, als auch für die Möglichkeit, die personelle Besetzung der Unternehmensleitung und der wichtigsten Führungspositionen der Zustimmung der Belegschaft oder deren Vertretungen zu unterwerfen.

In beiden Fällen wäre zunächst die Frage zu klären, wie derartige Regelungen mit der im Grundgesetz der Bundesrepublik Deutschland verankerten Garantie der Verfügung über das Eigentum zu vereinbaren sind. Die Antwort wäre vermutlich negativ. Selbst wenn aber eine Änderung der Verfügungsgewalt über das Eigentum möglich ist oder sogar eine Vergesellschaftung des Kapitals stattfindet, ist das trotzdem nicht das hier interessierende Problem.

Die entscheidende Frage ist nämlich nicht diejenige nach den Eigentums- oder Besitzverhältnissen, sondern diejenige nach der Demokratisierung der Entscheidungsprozesse. Es muß grundsätzlich gefragt werden, ob es möglich ist, alle wichtigen Entscheidungen im Unternehmen stets im Einzelfall von der Zustimmung der beteiligten Personen oder deren Vertretern abhängig zu machen. Die bisherigen Antworten sind stets negativ ausgefallen, und entsprechende positive Erfahrungen wurden nicht gemacht.

Man kann durch Mitbestimmungsgesetze die Machtverhältnisse in der Aufsicht und der Kontrolle eines Unternehmens verändern und damit auch Einfluß auf die in der Unternehmensspitze fallenden Entscheidungen nehmen. Man kann durch andere Gesetze den Arbeitnehmern Schutz vor Willkür bieten oder Maßnahmen auf dem personellen und sozialen Sektor in ihrem Ablauf bestimmten Verfahren unterwerfen, wie es das Betriebsverfassungsgesetz vorsieht. Genau das sind auch die Wege, die in der Bundesrepublik Deutschland bisher zur Verwirklichung demokratischer Grundsätze in der Wirtschaft und der Verwaltung beschritten worden sind.

Es ist jedoch nicht möglich, alle Entscheidungsprozesse in einem Unternehmen nach demokratischen Gesichtspunkten im eigentlichen Sinne des Wortes ablaufen zu lassen, ohne daß die Funktionsfähigkeit eines Unternehmens darunter nachdrücklich leidet. Zumindest gilt das solange, wie eine Marktwirtschaft existiert und somit der Markt das letzte Wort über die Leistungsfähigkeit eines Unternehmens fällt. Unter dieser Voraussetzung ist es unerläßlich, daß das Unternehmen in letzter Konsequenz stets rationalen Überlegungen folgt und die Moglichkeit gegeben ist, den Entscheidungsprozeß schnell und sachlich zu vollziehen. Insofern müssen dann auch unmittelbare Entscheidungsbefugnis und vollstreckbare Verantwortung zusammenfallen. Die sachbezogenen Entscheidungen im Unternehmen können nicht einem langwierigen, demokratischen Abstimmungsverfahren unterworfen werden. Der Sachverstand und die Schnelligkeit der Anpassung müssen den Ausschlag geben. Somit beschränkt sich die Anwendung demokratischer

Grundsätze im Unternehmen auf die Kontrolle durch bestimmte Organe, wie beispielsweise paritätischer Aufsichtsrat und durch den Betriebsrat, und auf die Auflockerung der Hierarchie im Unternehmen.

Die entscheidende Frage für das Führungssystem im Unternehmen lautet demnach, inwieweit können hierarchisches und demokratisches Prinzip miteinander vereinbart werden. Die Antwort darauf wird nicht einfach sein, aber die Entwicklung muß zumindest dahin gehen, daß auf der einen Seite jeder Mitarbeiter dort ein Höchstmaß an Selbständigkeit, Verantwortung und Mitwirkung hat, wo dies seiner persönlichen und seiner funktionalen Bedeutung entspricht und sachlich umgesetzt werden kann. Im konkreten Sinne ergibt sich daraus ein weitgehender individueller Entscheidungsspielraum in der unmittelbaren Funktion und eine Mitbeteiligung an der Entscheidungsfindung in vertikaler und horizontaler Hinsicht. Dies wäre im eigentlichen Sinne die unmittelbare Selbstverwirklichung.

Auf der anderen Seite wird es unerläßlich sein, den Entscheidungsspielraum der für die Unternehmensleitung Verantwortlichen aufrecht zu erhalten, aber dennoch eine Art demokratische Kontrolle zu ermöglichen. Das ist in letzter Konsequenz ja auch der Sinn des Betriebsverfassungsgesetzes, und die verschiedenen Mitbestimmungsmodelle gehen ebenfalls von diesen Gedanken aus. Sie konzentrieren sich dabei jedoch weniger auf die unmittelbare Selbstverwirklichung des einzelnen Mitarbeiters, sondern es überwiegt hierbei der institutionelle, kollektive Gedanke.

Es liegt auf der Hand, daß jede demokratische Kontrolle der Entscheidungen der Unternehmensleitung einen mehr oder weniger institutionellen Charakter hat und vor allem die Frage der vollstreckbaren Verantwortung nicht befriedigend lösen kann. Somit bleiben derartige Modelle vom Grundsätzlichen her im institutionellen, wenn nicht sogar anonymen Bereich hängen und bedeuten für die betroffenen Mitarbeiter relativ wenig. Nicht die individuellen Bedürfnisse in dieser Hinsicht werden befriedigt, sondern höchstens die kollektiven. Das bedeutet selbstverständlich sehr viel und ist auch von großer Wichtigkeit.

Trotzdem ist damit die eigentliche Mitwirkungs- und Mitbestimmungsfrage noch nicht gelöst. In letzter Konsequenz ist es nämlich unerläßlich, daß die unmittelbare Mitwirkung und Mitbestimmung der Mitarbeiter zur Geltung kommen. Dies entspricht einerseits den Erwartungen des Mitarbeiters und ist andererseits eine wesentliche gesellschaftliche Aufgabe. Gleichzeitig ist eine solche Entwicklung eine unerläßliche Folge des Trends zur Qualifikation der Mitarbeiter. Diese Auswirkung ist der Integrationsphase adäquat und bildet für die zukünftige Leistungsfähigkeit des Unternehmens die entscheidende Voraussetzung.

b) Die Auflockerung der Betriebshierarchie

Die Erweiterung des Spielraumes für den Mitarbeiter geht selbstverständlich zu Lasten der Führungskräfte, deren Rolle nunmehr anders als früher gesehen werden muß. Es muß sich ganz entscheidend das überkommene Verhältnis zwischen einem »Vor«gesetzten und einem »Unter«gebenen ändern. Die in den beiden Bezeichnungen angedeuteten Beziehungen werden sich automatisch wandeln müssen. Der Vorgesetzte ist nur mehr Anreger, Helfer und Koordinator, aber nicht mehr der Bestimmer aller Einzelvorgänge für den einzelnen. Das mindert zwar nicht den Verantwortungsgrad des Vorgesetzten, erweitert aber trotzdem den Verantwortungsspielraum des »Mit«arbeiters. Es vollzieht sich somit eine deutliche Auflockerung der Betriebshierarchie.

Ein modernes Führungssystem muß in erster Linie die Selbstverwirklichung und die optimale Leistungsentfaltung des Mitarbeiters zum Ziele haben. Dabei kann es geschehen, daß ein solches Führungssystem in Gegensatz zum Betriebsverfassungsgesetz gerät. In dem Maße nämlich, wie der Mitarbeiter selbst mehr Mitwirkung und Mitbestimmung ausübt, können im gleichen Ausmaß die Einflüsse der Institutionen des Betriebsverfassungsgesetzes zurückgehen. Sie gehen einfach dadurch zurück, daß manche Probleme, die einer übergeordneten Klärung bedürfen, gar nicht mehr entstehen, weil die Konfliktsituation nicht gegeben ist, oder weil grundsätzlich die Summierung in der Ausübung der Einzelrechte die Notwendigkeit für Kollektivrechte verringert.

In einigen wenigen Unternehmen, die ein sehr weitgehendes System der Mitwirkung und der Mitbestimmung besitzen, zeigt sich diese Problematik bereits. Da jedoch die Betriebsräte als einzelne Mitarbeiter ebenfalls von einem solchen System erfaßt wären, würden sie in diesen Fällen die veränderte Situation vermutlich positiv beurteilen. Es ist aber keineswegs gesichert, daß dies stets der Fall sein muß. Abgesehen davon, daß eine solche Situation die Grundinteressen der Gewerkschaften berühren wird. Bei einer Entwicklung in diese Richtung sind deshalb Konflikte im Grundsätzlichen nicht auszuschließen.

Untersucht man die vorhandenen Vorschläge für ein modernes Führungssystem, so findet man zunächst eine Fülle von Schlagworten oder Leerformeln. Daneben gibt es eine Vielzahl von Schulungsmethoden, die eine optimale Entfaltung des einzelnen auf psychologischem oder organisatorisch-soziologischem Wege zu erreichen suchen. Es wird hierbei angestrebt, durch die Entfaltung der Persönlichkeit und durch Schaffung bestimmter organisatorisch-soziologischer Voraussetzungen ein Höchstmaß an Mitwirkung des einzelnen an seinem Arbeitsplatz oder in seiner Tätigkeit zu erzielen. Außerdem werden Führungstechniken vorgeschlagen und gelehrt, die entweder rationale Techniken oder psychologisch determinierte Methoden vermitteln, damit die mit einer Führungsaufgabe betrauten Personen diese reibungsloser und erfolgreicher als bisher bewältigen können. Von einer integrierenden Vorstellung gehen auch diese Techniken nicht aus. Es gibt bislang kein Führungssystem, von dem behauptet werden kann, es entspräche bereits den modernen Anforderungen.

Ein solches System muß zunächst sicherstellen, daß der Leistungsauftrag des Unternehmens nicht geschmälert wird, sondern vielleicht sogar eher noch eine Verstärkung erfährt. Gleichzeitig muß es ermöglichen, daß jeder Mitarbeiter im Unternehmen entsprechend seiner Funktion ein Höchstmaß an Selbstverwirklichung, Mitwirkung und Mitbestimmung erhält. Im einzelnen kommt es darauf an, daß abgestuft nach der funktionalen Bedeutung ein mehr oder weniger starker Einfluß auf die Entscheidungsfindung möglich ist. Je stärker die funktionale Bedeutung ansteigt, um so größer muß das Ausmaß des Einflusses sein.

Dabei wird sich vermutlich auch ergeben, daß sich letztlich auch die Funktionen der Führungskräfte von der Dauerhaftigkeit her wandeln werden. Man wird nicht mehr in allen Fällen ein für allemal Vorgesetzte ernennen, die entweder in einer bestimmten Position oder in einer Aufstiegslinie während ihres gesamten Berufslebens Vorgesetzte bleiben. Vielmehr wird es immer häufiger vorkommen, daß für bestimmte, befristete Aufgaben unterschiedliche Personen aus einer funktional und fachlich gleichwertigen Gruppe die Verantwortung als Vorgesetzte übernehmen, aber nach Erreichung des Zieles in die Gruppe der funktional und fachlich gleichwertigen Mitarbeiter zurücktreten.

Auf der unteren Führungsebene werden ebenfalls vermutlich neuartige Probleme entstehen, wenn der Spielraum für den einzelnen Mitarbeiter, sei es durch den Gedanken der Humanisierung der Arbeitswelt oder sei es aus grundsätzlichen Erwägungen aus einem Führungssystem heraus eine Erweiterung erfährt. Dann wird die Frage entstehen, ob der klassische Vorarbeiter und der Meister noch ihre Berechtigung haben oder nicht durch eine obere Führungs-Planungsebene die notwendigen Arbeitsziele gesetzt und kontrolliert werden können. Hier wird zusätzlich das klassische hierarchische Prinzip in Frage gestellt werden und mutmaßlich eine weitere Auflockerung erfahren. Das kann schließlich in manchen Unternehmen zum Verschwinden der bisherigen unteren Führungsebene führen.

Das System des »Projekt-Management« versucht ebenfalls, die Dauerhaftigkeit der Führungspositionen einem Wandel zu unterziehen. Es wird in Unternehmen mit einem hohen Qualifikationsgrad der Belegschaft (Ingenieur- oder Konstruktionsfirmen) sowie in den Forschungs- und Entwicklungsabteilungen einzelner Unternehmen bereits angewandt. Es kann angenommen werden, daß sich derartige Praktiken verbreiten werden.

In diesen Fällen wird es somit ein starres hierarchisches Führungssystem im klassischen Sinne nicht mehr geben. Die hierarchische Struktur ist hier vielmehr lediglich als abstraktes Gebilde vorhanden, aber weder in den funktionalen noch in der persönlichen Verantwortung langfristig eindeutig festgelegt. Die klassischen Wirkungen des hierarchischen Prinzips, die unmittelbare und alleinige Entscheidungsbefugnis und Verantwortung, kommen höchstens noch auf der obersten Funktionsebene, der Unternehmensleitung, zur Geltung, wenn auch mutmaßlich institutionell kontrolliert und weiterhin nur noch unter umgekehrten Vorzeichen auf der jeweils untersten Funktionsebene. Das Ausmaß dieser Wandlungsmöglichkeit auf der untersten Funktionsebene hängt dabei von der Qualifikation der betreffenden Mitarbeiter ab und ist somit nicht generell zu sehen.

Die gewandelte Rolle des Vorgesetzten, der erweiterte Spielraum des Mitarbeiters, die Flexibilität in der Ernennung von Vorgesetzten und das Verschwinden der unteren Führungsebene sind somit die äußeren Kennzeichen der Auflockerung der klassischen Betriebshierarchie und des Eindringens neuartiger Vorstellungen in das Führungssystem eines Unternehmens.

c) Der Inhalt eines modernen Führungssystems

In der betrieblichen Praxis haben von den vorhandenen Vorschlägen für ein modernes Führungssystem in nennenswertem Umfange nur wenige Ideen Eingang gefunden. Für die Bundesrepublik Deutschland gilt das für das System des Führens im Mitarbeiterverhältnis, welches mit der Bezeichnung »Harzburger Modell«* bekannt geworden ist. Dieses Modell versucht die Kompetenzen und den Verantwortungsbereich sowohl des Vorgesetzten als auch des Mitarbeiters im einzelnen festzulegen, um auf diese Weise eine reibungslose Zusammenarbeit zu ermöglichen. Gleichzeitig soll dabei der Verantwortungsbereich des Mitarbeiters eine Erweiterung erfahren.

In der letzten Zeit ist die Kritik gegenüber diesem Modell lauter geworden, wobei im einzelnen bemängelt wird, daß es zu statisch-verwaltungsmäßig aufgebaut ist und weder der Dynamik des Unternehmens noch dem Entwicklungsprozeß des einzelnen gerecht wird. Außerdem würde das Modell neuere Erkenntnisse der Organisationssoziologie und der Verhaltenspsychologie nicht berücksichtigen.

Diese Kritik ist nicht von der Hand zu weisen. Trotzdem hat dieses Modell einen relativ breiten Eingang in die Praxis gefunden, weil es das erste gedanklich in sich geschlossene Modell und obendrein durch seinen Praxisbezug und durch die relative Einfachheit der Gedankengänge dem Praktiker einleuchtend war. Hier liegt das Verdienst dieses Modells, so sehr auch seine zukünftige Bedeutung anzuzweifeln ist.

Mehr Verbreitung, vor allem auch in anderen Ländern, haben die Ideen gefunden, die mit den Begriffen »Management by Objectives«** und »Management by Results« verbunden sind.

Hier wird von der Vorstellung ausgegangen, daß jedes Unternehmen als Gesamtheit für die einzelnen Bereiche oder Abteilungen und für jeden Mitarbeiter Ziele festlegt, die in einem bestimmten Zeitablauf, üblicherweise ein Jahr, zu erzielen sind. Gleichzeitig wird vorgeschlagen, die Zielfindung und Zielsetzung nicht von oben zu verordnen, sondern

---

* Reinhard Höhn: »Die Dienstaufsicht und ihre Technik« – Ein Grundproblem moderner Menschenführung – Verlag für Wissenschaft, Wirtschaft und Technik, Bad Harzburg, 6. Auflage 1971

** John W. Humble: »Mbo-Fibel – Grundsätze des Management by Objectives« Verlag Moderne Industrie, München, 1973

vielmehr zwischen den Beteiligten, beispielsweise zwischen dem Vorgesetzten und seinem Mitarbeiter, gemeinsam zu suchen und zu vereinbaren. Außerdem sollten für die Zielerreichung der Unternehmensbereich, die Abteilung und der Mitarbeiter einen möglichst großen Spielraum an Entscheidungsmöglichkeit, Selbständigkeit und Verantwortung haben.

Regelmäßige Gespräche zwischen Vorgesetzten und Mitarbeiter oder Abteilung und übergeordnetem Bereich verfolgen laufend die Zielerreichung. Die regelmäßige Beurteilung der Mitarbeiter und das regelmäßige Mitarbeitergespräch gehen in diesen Fällen in erster Linie von den objektiven Tatbeständen der Zielvorgabe aus. Das Mitarbeitergespräch ist somit auch ein wichtiges Instrument für die Führung durch Zielvorgabe. Es dient der Zielermittlung, der Zielfestlegung und der Kontrolle über die Zielerreichung.

Die Idee des Führens durch Zielvorgabe hat deshalb ein so starkes Echo gefunden, weil es eine Reihe von Vorteilen bietet. Es kommt der rationalen Vorstellungswelt des Unternehmens entgegen, weil es unmittelbar mit dem wirtschaftlichen Auftrag des Unternehmens verknüpft ist. Es erlaubt eine objektive Kontrolle über den Ablauf und den Erfolg des Systems. Die Beziehung zwischen dem Vorgesetzten und dem Mitarbeiter ist stark versachlicht, weil es primär von der Zielsetzung und Zielerreichung bestimmt ist. Gleichzeitig wird der Spielraum des einzelnen Mitarbeiters erweitert und kommt den Vorstellungen über Selbstverwirklichung und Aufgabenerweiterung gut entgegen. Schließlich verändert es automatisch die Rolle des Vorgesetzten, der nunmehr stärker als Partner, Berater und Koordinator für den einzelnen Mitarbeiter spürbar wird. Es kann angenommen werden, daß die in diesem Führungssystem angelegten Ideen weiter verfolgt und ausgebaut werden. Sie entsprechen am idealsten dem Typus des Mitarbeiters in der Integrationsphase.

Daneben, oder oft auch in Verbindung mit einem Führungssystem durch Zielvorgabe, spielen seit einigen Jahren Ideen eine Rolle, die eine Verhaltensänderung der Führungskräfte und der Mitarbeiter zum Ziele haben. Auf der einen Seite sollen überkommene, autoritär bestimmte Verhaltensstrukturen bei den Vorgesetzten abgebaut werden. Auf der anderen Seite sollen die Mitarbeiter lernen, ihr Verhalten und ihre Einstellung gegenüber Vorgesetzten und Situationen zu analysieren, zu begreifen und gegebenenfalls zu ändern. Immer häufiger wird dabei angestrebt, diesen Änderungsprozeß in einer Gruppe zwischen allen Beteiligten herbeizuführen. Neuere Erkenntnisse der Gruppenpsychologie und der Verhaltenspsychologie stehen hinter diesen Vorstellungen. Manche Vorschläge dieser Art sind nicht immer realistisch und oft zu wissenschaftlich-theoretisch oder sogar mit einem gewissen missionarischen Eifer aufgebaut. Im Grundsatz handelt es sich aber auch bei diesen Vorstellungen um Gedankengänge, die berechtigt sind. Ohne Verhaltenstraining ist ein modernes Führungssystem nicht aufzubauen.

Im einzelnen sollte ein modernes Führungssystem folgendermaßen strukturiert sein:

- Als erstes werden Stellenbeschreibungen durchgeführt, die alle wesentlichen Merkmale nach der organisatorischen Zuordnung, den Aufgaben und den Anforderungen enthalten müssen.
- Aus den in der Stellenbeschreibung festgelegten Aufgaben werden die kurz- und mittelfristigen Ziele für jede Funktion abgeleitet, wobei auf der einen Seite auf diese Weise durch die Addition der Einzelziele das Unternehmensziel in kurz-, mittel- und langfristiger Hinsicht entsteht und auf der anderen Seite zunächst das abstrakt avisierte Unternehmensziel in den Einzelzielen seinen Niederschlag findet. Es handelt sich somit bei der Zielfestlegung im Unternehmen um eine Wechselbeziehung, die stets sozusagen gleichzeitig wirkt.
- Die für den einzelnen, die Unternehmensbereiche und für das Gesamtunternehmen festgelegten befristeten Ziele sollten jedem Mitarbeiter bekannt oder wenigstens zugänglich sein.
- Bei der Zielsetzung für den einzelnen oder schließlich für die Unternehmensbereiche und das Unternehmen selbst ergeben sich laufend Veränderungen für das Funktionsfeld des einzelnen und zusammengefaßt für die Organisationsstruktur des einzelnen. Die Entwicklung der Organisation des Unternehmens und die Entwicklung des einzelnen Mitarbeiters geht somit synchron vor sich.
- Als Gesamtrahmen muß der Spielraum der einzelnen Funktionsebenen und der jeweiligen Funktion bestimmt sein, der den Grad der Entscheidungsbefugnis, der Verantwortung und der Selbständigkeit ausmacht. Dieser Gesamtrahmen grenzt zwar den Entscheidungs- und Verantwortungsspielraum ab, enthält aber in sich genügend Entfaltungsmöglichkeiten für Handlungsvariationen. Dabei kommt es weniger auf Perfektion für jeden Entscheidungsvorgang an, als vielmehr auf einen bestimmten, lockeren Rahmen.

- Schließlich müssen die Form und der Grad der Kontrolle für jede Funktion festgelegt sein. Als Mittel kommt hier in erster Linie die regelmäßige Beurteilung innerhalb eines regelmäßigen Gesprächs in Betracht. Allerdings soll die Kontrolle mehr automatischen Sachcharakter haben und sich aus der langfristigen, aber nicht ständigen Überwachung der Ziele ergeben. Der Vorgesetzte spielt somit bei der Kontrolle eine im Kern passive Rolle und tritt erst bei Abweichungen in Erscheinung.
- Für die Mitwirkung an der Entscheidungsfindung der oberen Funktionsebene oder an der Ermittlung und Kontrolle von übergeordneten Abteilungs-, Bereichs- und Unternehmenszielen wird es erforderlich sein, befristete oder ständige Arbeitsgruppen zu bilden. In der Regel haben diese übergreifenden Charakter, indem sie über mehrere Funktionen, Abteilungen und Bereiche hinweggehen. Es sollte sie aber auch innerhalb der einzelnen Bereiche und Abteilungen geben.

Diese Arbeitskreise stellen die notwendige Klammer dar, um bei der aufgefächerten Selbständigkeit und Selbstverantwortung der einzelnen Funktionen oder ganzer Funktionsbereiche das erforderliche Maß an Koordination und Kooperation wiederherzustellen. Sie gleichen auch die differenzierte Arbeitsteilung aus und verschaffen wieder den Überblick über das Ganze oder das Teilganze. In der Wirkung sind sie mit der verbreitetsten Information gleichzusetzen. Aber durch die Möglichkeit der Teilnahme am größeren Geschehen geht ihre eigentliche Bedeutung weit darüber hinaus und stellt den Kern der Selbstverwirklichung mit dar.

Bewußt sollten diese Arbeitskreise nicht als unterstützende Stäbe im klassischen Sinne verstanden werden, weil ein modernes, ständig in Bewegung sich befindendes Unternehmen eine strenge Trennung nach Stab und Linie nicht mehr gestattet und obendrein den bisherigen Gedankengängen nicht entsprechen würde. Vielmehr sollten in derartigen Arbeitskreisen möglichst viele funktionell verantwortliche Personen vertreten sein, während gleichzeitig die Zahl derjenigen Personen, die eine Tätigkeit ohne unmittelbare Verantwortung, sondern mehr vorbereitender oder planender Natur ausüben, möglichst gering zu halten ist. Das erlaubt, eine relativ umfassende Selbstverwirklichung und ein Höchstmaß an direkter Leistung zugleich zu erreichen. Oft sind diese Arbeitskreise bewußt befristet und erlauben somit stets neue Zusammensetzungen und damit neue Entfaltungsmöglichkeiten sowie neue Einsichten. Die Bedeutung derartiger Arbeitskreise darf auch nicht nur aus Sachzwängen oder den betrieblichen Erfordernissen heraus gesehen werden, sondern im gleichen Maße als wichtiges gruppenbezogenes Arbeitserlebnis.

- Ein ständiges Training der Führungskräfte und der Mitarbeiter muß dafür Sorge tragen, daß das kooperative Ziel eines solchen Führungssystems nicht durch individuelles Verhalten, wie Machttrieb, Ehrgeiz, Prestigedenken, Eitelkeit etc. beeinträchtigt wird. Es kommt somit darauf an, das Verhalten der an einem solchen System beteiligten Personen zu analysieren, zu korrigieren und zu kontrollieren.

  Das Methodenangebot in dieser Hinsicht ist relativ groß. Besonders adäquat ist die sogenannte Grid-Methode*. Die Gefahr bei derartigen, auf gruppenpsychologischen Erkenntnissen beruhenden Methoden liegt allerdings darin, daß sie deutlich von der Dominanz einer Gruppe ausgehen und nicht immer die Einzelinteressen eines Individuums berücksichtigen. Diese Problematik muß gesehen werden, und deshalb ist vor einer zu intensiven Anwendung derartiger Methoden zu warnen. Die Diktatur einer Gruppe kann schlimmer sein als das autoritär-diktatorische Verhalten eines Vorgesetzten. Hier liegen deshalb die Grenzen für alle diejenigen Methoden, die die Verhaltensveränderung durch psychologische Zwänge herbeiführen wollen. Der Zweck derartiger Methoden kann nur darin liegen, Probleme bewußt zu machen und von daher zur Veränderung anzuregen.

Die Anlage und der Aufbau eines solchen Führungssystems wird an dem nachstehenden Schema deutlich:

---

* Blake-Mouton, »Verhaltenspsychologie im Betrieb – Das Verhaltensgitter, eine Methode zur optimalen Führung in Wirtschaft und Verwaltung«
Econ-Verlag, Düsseldorf, 4. Auflage, 1974

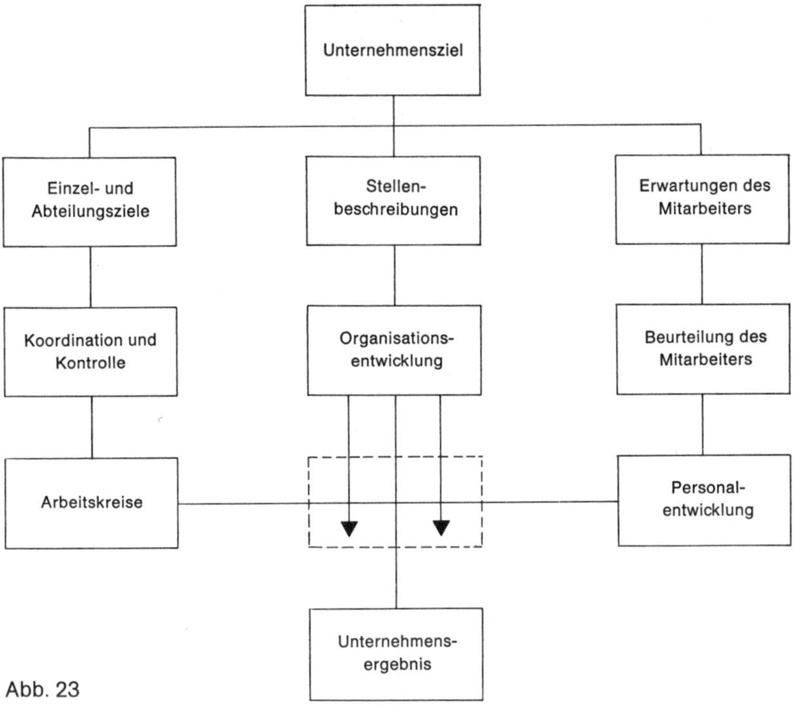

Abb. 23

Es ergibt sich bei einem solchen System, daß sehr viele Mitarbeiter eine unmittelbare Verantwortung und Selbständigkeit erleben und darüber hinaus an einer übergeordneten Entscheidungsfindung und Ergebniskontrolle beteiligt sind. Jetzt wird auch verständlich, weshalb bei der Lohn- und Gehaltspolitik besondere Gratifikations- oder Ergebnisbeteiligungssysteme gefordert wurden, weil bei diesem Grad der Mitwirkung und der Entfaltung auch die Gewährung zusätzlicher Einkommensbestandteile eine logische Folge ist.

Insofern geht ein solches System über das Führen durch Zielvorgabe hinaus, beruht aber ohne Zweifel auf derartigen Vorstellungen. Es versucht lediglich, ein Führungssystem zu verwirklichen, welches noch deutlicher als das bloße Führen durch Zielvorgabe einen in sich geschlossenen Regelkreis herstellen soll, damit nicht nur das System als solches geschlossen ist, sondern auch der Integrationsgedanke soweit wie möglich verwirklicht werden kann.

An dieser Stelle muß auch betont werden, daß für die Änderung von

Verhaltensweisen im allgemeinen ein langer Prozeß erforderlich ist. Ein wesentlicher Ansatz hierzu ergibt sich aber aus der Klarheit der Verantwortung und der Vergrößerung des individuellen Spielraums. Gerade die enge Kooperation und die Einbeziehung in eine solche steigert den Realitätssinn und fördert somit die Einsicht und damit den Prozeß der notwendigen Verhaltensänderung.

Inwieweit bei einem modernen Führungssystem auch eine Art Mitbestimmung bei der Besetzung der Führungspositionen möglich ist, muß die Zukunft zeigen. Bislang herrscht jedoch die Auffassung vor, daß die Wahl eines Vorgesetzten durch die Mitarbeiter sehr problematisch ist. In dem Augenblick, wo die Vorgesetzten von ihren Mitarbeitern abhängig sind, besteht die Gefahr, daß ganz andere als fachlich-qualitative Merkmale bei der Besetzung von Vorgesetzten-Positionen eine Rolle spielen. Außerdem kann eine solche Regelung eine betont opportunistische Einstellung bei den Führungskräften fördern. Das kann in letzter Konsequenz zu einer durchschnittlichen Entwicklung des Vorgesetztenniveaus führen und einen Grad der Abhängigkeit nach sich ziehen, der der Leistung des Unternehmens vermutlich nicht dienlich ist. Solange das Leistungsprinzip des Unternehmens besteht, wird es sich nicht vermeiden lassen, daß gelegentlich auch unangenehme Entscheidungen zu fällen sind. Dazu gehören Mut, Kraft, eine relative Unabhängigkeit und die Möglichkeit, eine solche Entscheidung auch durchzusetzen.

Es wäre allerdings denkbar, daß in Zukunft wenigstens ein gewisser Einfluß der Mitarbeiter auf den Vorgesetzten durch eine Art Vetorecht möglich ist, das aber nur nach streng sachlichen Aspekten gestaltet sein sollte.

Eine solche Möglichkeit kann in einem bestehenden Führungssystem als grundsätzliche Regelung eingebaut werden. Das Problem hierbei wird die Festlegung der objektiven Tatbestände sein, die ein Veto seitens der Untergebenen ermöglichen. Als erstes wird sich eine solche Handhabung vielleicht bei der Vergabe der Verantwortlichkeit für befristete Aufgaben (Projekt-Management) ergeben. Hier ist bereits ein flexibles Element von Anfang an angelegt.

d) Die Bedeutung von Führungsgrundsätzen für den Zusammenhang eines Führungssystems

Ein modernes Führungssystem bedarf nicht nur der Entwicklung eines Ablaufs und der Gestaltung seiner Struktur, sondern es benötigt auch das Einhalten bestimmter Spielregeln durch alle Beteiligten. Die Führungskräfte müssen genau wissen, auf welchem Hintergrund sich ihre Funktion in der Führung abwickelt und welches Rollenverhalten von ihnen erwartet wird. Die Mitarbeiter wiederum müssen wissen, wieweit ihr Spielraum geht, wo und wie die Koordination und die Kooperation sich vollziehen werden und wie sich die Führungskräfte verhalten sollen.

Aus diesem Grunde ist es naheliegend, daß mit der Konkretisierung eines neuen Führungssystems im allgemeinen auch der Gedanke verbunden ist, Grundsätze für eine moderne Führung zu formulieren. Wenn auch im Prinzip das Suchen nach neuen Führungssystemen bejaht wird, entzündet sich trotzdem an dieser Frage immer wieder die Diskussion. Auf der einen Seite wird befürchtet, daß durch die Formulierung von Führungsgrundsätzen bereits eine Art Fixierung stattfindet, die einengend wirkt und das notwendige Maß an Flexibilität vermissen läßt. Auf der anderen Seite wird vorgebracht, daß derartige Grundsätze von Natur aus nur einen mehr oder weniger pauschalen Charakter haben können und somit relativ unverbindlich sind. Vor allem besteht immer wieder die Gefahr, daß das tatsächliche Verhalten von den Grundsätzen abweicht und es wird befürchtet, daß die Glaubwürdigkeit des gesamten Führungssystems in Frage gestellt wird, weil die Diskrepanz offensichtlich ist.

Diese Gesichtspunkte haben vieles für sich, aber trotzdem sind vermutlich die positiven Aspekte bei formulierten und damit auch meist veröffentlichten Führungsgrundsätzen größer als die negativen. Je intensiver ein Führungssystem wirken soll und je stärker er das Unternehmen in seiner Gesamtheit bestimmt, desto wichtiger wird es, die Spielregeln zu kennen und einzuhalten. Das geht nicht ohne Formulierung und Veröffentlichung solcher Spielregeln.

Es ist jedoch zuzugeben, daß es sich nur um mehr oder weniger globale Grundsätze handeln kann, und daß es nicht sinnvoll ist, bis ins einzelne gehende Verfahrensweisen festzulegen. Gerade das hat sich in letzter Zeit bei Versuchen mit neuen Führungssystemen als Nachteil erwiesen. Das würde den individuellen Spielraum, der eigentlich zur Selbstverwirklichung ausgeweitet werden soll, wieder unnötig einengen. Die Besonderheiten einer Person oder der Konstellation einer Gruppe sollten nach wie vor zur Geltung kommen können.

Wichtig scheint ferner zu sein, das Führungssystem nicht nur als spezielle Besonderheit zu sehen, sondern als Teil des Unternehmensganzen. Insofern ist es konsequent, wenn manche Unternehmen nicht von Führungsgrundsätzen sprechen, sondern von Grundsätzen der Unternehmenspolitik und der Unternehmensführung. Im einzelnen befassen sich die in der betrieblichen Praxis veröffentlichten Grundsätze mit folgenden Fragen:

- Art und Weise der Zielvorgabe
- Art und Weise der Zielkontrolle
- Grundsätze der Zusammenarbeit, sowie Führungs- und Arbeitsstil
- Abgrenzung der Verantwortung und der Zuständigkeit
- Rechte und Pflichten der Mitarbeiter
- Rechte und Pflichten der Führungskräfte
- Möglichkeiten der Führungsmittel
- Möglichkeiten der Information
- Organisatorische Grundsätze, wie z.B. in der Stellvertreterfrage.

Es geht nur um Grundsätze und weniger um das Vorgehen im einzelnen. Dies muß dem Führungssystem als solchem vorbehalten sein. Die Grundsätze des Führungssystems sind somit Voraussetzung und Grundlage des Führungssystems selbst.

Gleichzeitig muß das Führungssystem mit dem Unternehmensziel unmittelbar verknüpft sein. Ein mittleres Unternehmen hat hierfür folgendes Schema:

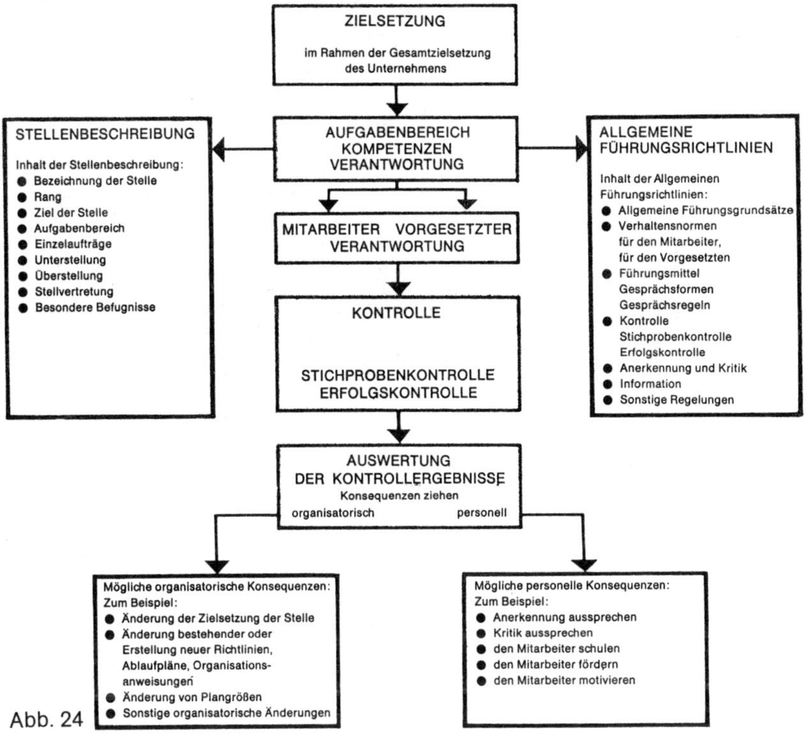

Abb. 24

Ein großes Unternehmen sieht den Gesamtzusammenhang seines Führungssystems folgendermaßen:

Abb. 25

Führungsgrundsätze

- Kooperatives Verhalten zwischen Vorgesetzten und Mitarbeitern fördern
- klare, in sich geschlossene Aufgaben –, Verantwortungs- und Kompetenzbereiche mit entsprechendem Handlungs- und Entscheidungsspielraum für jeden Mitarbeiter schaffen
- Ziele, Budgets, Maßnahmen und Leistungsstandarts zwischen Vorgesetzten und Mitarbeitern vereinbaren
- erreichte Ergebnisse kontrollieren und beurteilen sowie Anpassungsmaßnahmen entwickeln
- gegenseitige Information und Kommunikation, z.B. durch Mitarbeitergespräche fördern
- Teamarbeit unabhängig von Hierarchie und Abteilungsgrenzen ermöglichen
- Mitarbeiterpotential ermitteln und Mitarbeiter durch Fach- und Führungstraining sowie Karriereplanung fördern
- Mitarbeiter stellen- und leistungsgerecht bezahlen
- durch alle genannten Aktivitäten die Mitarbeiter motivieren und auf eine Identifizierung mit dem Unternehmen hinwirken

Führungsinstrumente

Unternehmenszielsetzung und -planung

Strategische Planung
- Unternehmenszweck/Leitbild
- Unternehmensziele
- Strategien
- Prämissen
- Maßnahmen

Operative Planung
- Absatzplan
- Kapazitätsplan
- Personalbedarfsplan
- Investitionsplan
- Planerfolgsrechnung
- Finanzplan
- Planbilanz

Dispositive Planung
- Plan/Ist-Vergleich
- Plan/Soll-Vergleich
- Abweichungsanalyse
- Anpassungsmaßnahmen

Berichtswesen
- Tätigkeitsberichte
- Kennzahlen
- Statistiken

Führungsorganisation

Strukturorganisation
- Plan der Tochter- und Beteiligungsgesellschaften
- Unternehmensorganisationsplan
- Bereichsorganisations- und -stellenpläne
- Aufgabenlisten
- Stellenbeschreibungen
- Organisationsregelungen
- Organisationshandbuch

Ablauforganisation
- Arbeitsrichtlinien
- Arbeitsablaufpläne
- Formularbeschreibungen
- Arbeitshandbücher
- DV-Arbeitssysteme

Personalführung

Personalplanung
- Stellenplan
- Stellenbesetzungsplan
- Stellenanforderungsprofil
- Personalkostenplan

Personalauslese und -beschaffung
- Personalanforderung
- Stellenausschreibung
- Bewerbungsbogen
- Mitarbeitereignungsprofil
- Personaleinstellungsbogen
- Anstellungsvertrag

Personalentwicklung
- Mitarbeiterbeurteilung
- Förderungsprogramm
- Fach- und Führungstraining

Gehaltspolitik
- Stellenbewertung
- Leistungsbewertung
- Arbeitsmarktbewertung
- Zuwendungsregelungen
- Gehaltsrichtlinien

An beiden Fällen wird deutlich, wie sehr Unternehmensziel, Führungsorganisation, Führungssystem und die Personalführung in einem engen Zusammenhang gesehen und gehandhabt werden. Vor allem an dem letzten Beispiel wird die Verbindung zwischen Führungssystem und Personalführung offensichtlich.

Neben den Führungsgrundsätzen oder Führungsrichtlinien haben viele Unternehmen sogenannte Führungshandbücher entwickelt. Diese Führungshandbücher enthalten neben der Konkretisierung der Führungsrichtlinien häufig Informationsmaterial für die tägliche Arbeit. Dieses Informationsmaterial bezieht sich meist auf bestimmte Verfahrensregeln in personeller oder sozialer Hinsicht. Diese Führungshandbücher stellen eine gute Ergänzung zu den Führungsrichtlinien dar, können sie aber natürlich nicht ersetzen.

12. Die soziale Betreuung

In der Verwaltungsphase des Personalwesens hatte die betriebliche Sozialpolitik ein großes Gewicht. Es war unerläßlich, über die Bezahlung hinaus den Mitarbeiter auch sozial ständig zu betreuen. Die öffentliche soziale Sicherheit war nicht sehr ausgebaut, so daß häufig Notfälle entstanden, denen der Mitarbeiter ohne nennenswerte Mittel und ungeschützt gegenüberstand. Deshalb mußten die Unternehmen in sozialer Hinsicht eine entsprechende Hilfe gewähren. Diese Notwendigkeit wurde von den Unternehmen jedoch bewußt erkannt, weil sie auch der patriarchischen Auffassung der damaligen Zeit entsprach.

Die betriebliche Sozialpolitik entstand somit ursprünglich aus mehr oder weniger karitativen Überlegungen. Im Laufe der Zeit wandelte sich dieser Hintergrund und weitere Motive traten hinzu. Es entwickelten sich Überlegungen im Hinblick auf die Bindung an das Unternehmen, die Arbeitskräfteerhaltung und die Arbeitskräftebeschaffung. Selbstverständlich war über die soziale Betreuung der Mitarbeiter, weil sie eine so große Bedeutung hatte, auch eine starke Motivierung möglich.

In dem Maße aber, wie der Hintergrund der betrieblichen Sozialpolitik an Bedeutung abnahm, da zugleich die staatliche Sozialpolitik ausgebaut wurde und die Erwartungen des Mitarbeiters sich veränderten, wurde immer lauter die Frage nach der Berechtigung der betrieblichen Sozialpolitik gestellt. Dieser Denkprozeß ist seit langer Zeit im Gange und hat bereits zu einer relativ nüchternen Betrachtung geführt.

So ergab sich als erstes die Erkenntnis, daß die betrieblichen Sozialleistungen nicht mehr pauschal als freiwillige und soziale Leistungen des Unternehmens im eigentlichen Sinne angesehen werden können, sondern daß eine differenzierte Betrachtung nach der Motivierung seitens der Unternehmen, nach dem Grad der Verpflichtung und dem Ausmaß der betrieblichen Notwendigkeit angebracht ist. Seitdem wird nach gesetzlich oder tariflich festgelegten und nach betriebsbedingten, betriebsnotwendigen und sonstigen sozialen Leistungen des Unternehmens unterschieden. Auf dieser Grundlage wurden bereits vor einiger Zeit Sozialkontenpläne zur Erfassung und Auswertung der betrieblichen Sozialleistungen erstellt.

Gleichzeitig wird seitdem darüber diskutiert, ob nicht auch bei einer gewandelten Auffassung über den Sinn und Zweck der betrieblichen Sozialleistungen ein Abbau oder wenigstens ein Umbau möglich und zweckmäßig ist. Unterstützt wird diese Fragestellung durch den hohen Aufwand, der sich inzwischen in den betrieblichen Sozialleistungen niederschlägt. So haben fast alle Unternehmen je nach der Branchenzugehörigkeit ca. 26 bis 30% der Lohn- und Gehaltssumme als gesetzlich oder tariflich vereinbarte soziale Leistungen aufzubringen. Hinzu kommen ca. 15 bis 35% der Lohn- und Gehaltssumme für sonstige soziale Leistungen, die teils betriebsnotwendig und nur zum geringen Teil wirklich freiwillig sind. Dies bedeutet, daß die Unternehmen zwischen 45 bis 65% der Lohn- und Gehaltssumme an betrieblichem Sozialaufwand zusätzlich gewähren. Somit ist auch aus Kostengründen die Frage nach der zukünftigen Rolle der sozialen Betreuung der Mitarbeiter berechtigt.

Hierzu eine Übersicht des Sozialaufwandes, der sich 1975 bei 39 Unternehmen in der Wirtschaft durchschnittlich ergeben hat:

Sozialleistungen	% der Bruttolohn- und -gehaltssumme
Sozialversicherung (AG-Anteil) Unfallversicherung (BG) Aufw. gem. Schwerbehindertengesetz Aufw. gem. Mutterschutzgesetz Aufw. gem. Betriebsverfassungsgesetz Aufw. gem. Jugendarbeitsschutzgesetz Ausfallzeiten	23,0-26,0 %

Vermögenswirksame Leistungen (meist lt. Tarif)	1,5
Kontoführungsgebühren (meist lt. Tarif)	0,1
Sonderzahlungen (Urlaubsgeld, Weihnachtsgeld,...)	6,7
Zuschüsse im Krankheitsfall (meist lt. Tarif)	0,2
Sonst. tarifliche Zulagen	1,6
– Altersversorgung	7,6
Zuschüsse zu Unterstützungskassen	
Zuschüsse zu Pensionskassen	
Zahlungen aufgrund von Zusagen	
Direktversicherung	
– Gesundheitsfürsorge	0,6
Sachaufwand Sanitätsstation und Verbandsstellen	
Personalaufwand Gesundheitsfürsorge	
Röntgenuntersuchungen, Schutzimpfungen	
Erholungseinrichtungen	
– Unfallfürsorge	0,3
Sachaufwand Arbeitssicherheit	
Personalaufwand Sicherheitswesen	
Unfallversicherung	
– Betriebliche Fürsorge und Familienhilfe	0,6
Unterstützungskasse bei unverschuldeten Notfällen	
Fahrgeldzuschüsse	
Beihilfen, wie Sterbegeld, Krankheitszuschüsse, Hochzeitsbeihilfe, Geburtsbeihilfe	
Ferien- und Erholungsheime für Mütter und Kinder	
Kleiderfürsorge	
Deputate	
– Ernährungsfürsorge	1,5
Essensgeldzuschuß	
Küche, Kantine, Cafeteria (Sach- und Personalaufwand)	
– Wohnungsfürsorge	0,5
Wohnungsbeschaffung	
Mietzuschüsse	
Darlehen für Wohnungsbau	
Werkseigene Wohnungen	
– Kulturelle und sportliche Förderung	0,3
Betriebssportstätten	
Werkszeitung, Werksmitteilungen	
Aufw. für gesellige Veranstaltungen	
Werksbücherei	
– Sonstige	2,3
	46,2

Ein solches Ergebnis variiert je nach der Branche, weil sowohl der tarifliche als auch der zusätzliche Teil des betrieblichen Sozialaufwandes unterschiedlich ist. Auf diese Weise steigt gelegentlich der betriebliche Sozialaufwand insgesamt auf 60–90% der Brutto-Lohn- und Gehaltssumme an.

Die Aufstellung über die Verteilung des betrieblichen Sozialaufwandes macht noch einmal die finanzielle Bedeutung dieser Personal-Nebenkosten deutlich, zeigt aber auch, inwieweit die gesetzlichen und tariflichen Verpflichtungen bereits gehen und wie gering der Spielraum für eine Umwandlung ist. Vor allem das finanzielle Gewicht der veränderbaren Leistungen ist relativ niedrig und bietet deshalb nur einen schwachen Anstoß.

a) Der Wandlungsprozeß

Betrachtet man die soziale Betreuung von der Motivierung der Mitarbeiter her, so läßt sich sehr schnell feststellen, daß sie für die Leistungsbereitschaft keine große Rolle mehr spielt. Eher ist sie noch für die Leistungsfähigkeit entscheidend, falls sie in dieser Hinsicht noch eine echte soziale Funktion erfüllt, wie das beispielsweise beim betrieblichen Gesundheitsdienst der Fall ist. Im übrigen betrachten die Mitarbeiter die sozialen Leistungen eines Unternehmens als eine Selbstverständlichkeit, wenn nicht sogar als automatisch erwartete Bestandteile des Arbeitsvertrages. So zeigen seit mehr als 20 Jahren von der »Deutsche Gesellschaft für Personalführung« durchgeführte Betriebsbefragungen als konstantes Ergebnis, daß Befragte auf eine entsprechende Frage nie mehr als 3 bis 4 betriebliche Sozialleistungen spontan nennen können. Das ist bei einem meist vorhandenen Katalog von rund 25 verschiedenen Sozialleistungen im Unternehmen ein sehr schwacher Bekanntheitsgrad. Außerdem sind im allgemeinen 85% der Befragten nicht in der Lage, auch nur annähernd den gesamten Sozialaufwand des Unternehmens in einer Summe zu schätzen. Dieser ganze Bereich ist im Bewußtsein der Mitarbeiter, auch in Fällen umfassender Information, nur geringfügig verankert.

Vom hohen Aufwand her ist somit der motivierende Gegenwert gering, wenn nicht sogar gleich Null. Auf der anderen Seite ist der größte Teil des betrieblichen Sozialaufwandes gesetzlich oder tariflich festgelegt, so daß der Spielraum für einen Abbau oder einen Umbau verhältnismäßig gering ist. Hinzu kommt, daß bei den sonstigen sozialen Aufwendungen weiterhin ein großer Teil durch seine Zweckbindung festgelegt ist, wie beispielsweise bei der betrieblichen Altersversorgung, oder die Aufwendungen werden gar nicht mehr als freiwilliger, sozialer Aufwand verstanden, wie das meist bei den Gratifikationen der Fall ist. Das verringert demnach den Spielraum für eine neuartige Gestaltung zusätzlich.

Schließlich zeigt sich auch immer wieder, daß zwar die Mitarbeiter durch die soziale Betreuung im Unternehmen nicht mehr motiviert werden, aber trotzdem in dieser Frage ein ausgeprägtes Besitzstandsdenken haben. Bei den zitierten Befragungen der »Deutsche Gesellschaft für Personalführung« wurde auch stets die Frage gestellt, ob nicht eine völlige oder teilweise Umwandlung des betrieblichen Sozialaufwandes in Form von mehr Lohn oder mehr Gehalt gewünscht wird. Diese Frage wird seit mehr als 20 Jahren von einem gleichbleibenden Anteil der Befragten zwischen 75 bis 85% verneint. Offensichtlich äußert sich hier noch ein starkes Sicherheitsstreben oder ein einfaches Besitzstandsempfinden, wobei ein Nachdenken erst entsteht, wenn der gesamte soziale Bereich in Frage gestellt wird. Darauf scheinen sich inzwischen auch die Gewerkschaften eingestellt zu haben, die nicht mehr wie noch vor 10 bis 15 Jahren die Umwandlung der betrieblichen Sozialleistungen in mehr Lohn oder Gehalt fordern, sondern höchstens noch die tarifliche Fixierung dieser Leistungen. Das wiederum ist bei den branchenmäßig und regional, aber nicht an das einzelne Unternehmen orientierten Tarifabkommen schwierig. Im übrigen ändert auch dieses Festhalten seitens der Mitarbeiter nichts an der Beobachtung, daß hierüber eine Motivierung der Mitarbeiter nicht mehr stattfindet.

Es darf auch nicht übersehen werden, daß der Betriebsrat nach dem Betriebsverfassungsgesetz einen Teil seiner Mitwirkungsrechte und -möglichkeiten aus dem Bereich der betrieblichen Sozialleistungen ableitet und auf diesem Gebiet ein gewisses Betätigungsfeld sieht. Deshalb steht auch der Betriebsrat irgendwelchen Überlegungen zum Um- oder Abbau nicht sehr geneigt gegenüber. Insofern muß der Spielraum für irgendwelche Aktionen zur neuen Orientierung von dieser Seite her als sehr gering angesehen werden. Lediglich in wirtschaftlich schwierigen Zeiten oder in den Fällen, in denen die Belegschaft oder der Betriebsrat neue Wünsche für weitere soziale Leistungen vorbringen, ist auf dem Verhandlungswege ein Ab- oder Umbau möglich.

Trotzdem sollten die Unternehmen fortfahren, diesen Bereich der Personalpolitik kritisch zu durchleuchten und immer wieder einen Ab- oder Umbau dort zu versuchen, wo überkommene Leistungen ihre Berechtigung verloren haben. Außerdem sollten sie ihre Sozialpolitik grundsätzlich durchdenken, um unter Umständen neue Grundsätze aufzustellen und damit verbunden, neue Ziele zu setzen. Auf jeden Fall muß aber erkannt werden, daß ein weiterer Ausbau nicht sinnvoll ist und auch der entsprechende Verwaltungsapparat auf ein Mindestmaß reduziert werden sollte. In der Integrationsphase kann dieser Teil der betrieblichen Personalpolitik nur noch eine untergeordnete Rolle haben, auch wenn dem der hohe Aufwand entgegensteht.

In diesem Zusammenhang muß man auch wissen, daß der betriebliche Sozialaufwand in den Ländern der Europäischen Gemeinschaft in der Größenordnung nicht stark voneinander abweicht. Allerdings ist der zusätzliche, und damit noch nicht gesetzlich oder tariflich fixierte Anteil in der Bundesrepublik Deutschland noch relativ am größten. In den meisten Ländern der Europäischen Gemeinschaft haben die Unternehmen kaum noch die Möglichkeit zur Gestaltungsfreiheit.

Bei den grundsätzlichen Überlegungen muß aber erkannt werden, daß mit steigendem Wohlstand keineswegs die Bereitschaft zur Selbstvorsorge oder Selbstverantwortung auf seiten der Mitarbeiter automatisch wächst. Vielmehr zeigt die Erfahrung, daß die Erwartungen im Hinblick auf eine Art Grundsicherung durch den Staat und das Unternehmen relativ konstant bleiben. Insofern müssen die Unternehmen sich fragen, wie weit diese Grundsicherheiten gehen sollen und wo die Ergänzung gegenüber der staatlichen Versorgung liegt. Dies bedeutet aber, daß

- die betriebliche Gesundheitsvorsorge
- die betriebliche Gesundheitsbetreuung
- die Gehaltsfortzahlung im Krankheitsfalle
- und die betriebliche Altersversorgung

eine große Bedeutung in der sozialen Betreuung der Mitarbeiter behalten werden.

Es muß ferner eingesehen werden, daß nicht alles abzuschaffen ist, was die Mehrheit der Belegschaft nicht in Anspruch nimmt und von ihr deshalb mehrheitlich vielleicht nicht mehr gewünscht wird. Vielmehr kommt es darauf an, bestimmte Gruppenbildungen zu fördern oder auch Minderheiten zu unterstützen, sofern diese bestimmte Eigenaktivitäten entfalten möchten. Gerade bei kleinen Gruppen oder bestimmten Minderheiten im Unternehmen kann durch eine entsprechende Unterstützung seitens des Unternehmens eine echte Motivation erwachsen, die der betrieblichen Aufgabenstellung dienlich sein kann. Das trifft beispielsweise bei

- Sportgruppen
- Kulturgruppen

und dergleichen zu. Gerade der gruppenspezifische Aspekt hat in der Integrationsphase ein großes Gewicht, und das gilt nicht nur für die eigentliche Tätigkeit, sondern auch darüber hinaus.

Allerdings sollte gleichzeitig der Grundsatz gelten, daß in erster Linie das gefördert wird, was die Eigenverantwortung und die Eigeninitiative steigert. Insofern sollten Minderheiten oder Gruppen nur dann eine Unterstützung erfahren, wenn sie selbst ein Opfer an Zeit und Geld zu bringen bereit sind. Auf dieser Ebene liegen dann auch alle anderen Maßnahmen, die bei

- der Vermögensbildung
- Versicherungen für die Mitarbeiter

in Betracht kommen. Vom Prinzip her sollte demnach in Zukunft mehr als bisher auch ein Beitrag des Mitarbeiters vorausgesetzt werden. Das ergibt sich aus seiner gleichwertigen Rolle und auch aus seinem Anspruch. Außerdem ist so besser erkennbar, was wirklich erwartet wird und es läßt sich auf diese Weise auch besser ermitteln, was langfristig geschätzt wird.

Deshalb sind in der sozialen Betreuung die individuellen Maßnahmen gegenüber denjenigen mit einem kollektivistischen Charakter mit Vorrang zu sehen. Dies würde auch zur Folge haben, daß die überkommenen automatischen Leistungen abzubauen sind, wie sie in der Geburtsbeihilfe und ähnlichen Maßnahmen zum Ausdruck kommen. Selbstverständlich sollte das Unternehmen weiterhin in Notfällen helfen und hier sogar materiell nachdrücklicher, als es bisher oft möglich war. Dies aber nicht auf automatische Weise, sondern nur in begründeten Notfällen.

Unter diesen Betrachtungen zeichnen sich in der betrieblichen Praxis seit einiger Zeit bestimmte Wandlungstendenzen ab. So spielte noch vor einiger Zeit die Werksfürsorge als eine karitativ betonte Hilfe eine große Rolle, die heute aber nur noch sehr selten anzutreffen ist und vielfach durch die Umbenennung in »Sozialberatung« auch einen anderen Inhalt erhalten hat. Daneben sind eine Fülle von Leistungen umgewandelt oder abgebaut worden, die mehr oder weniger den Gedanken der Betriebsfamilie oder einen betonten Gemeinschaftscharakter in sich trugen. Hierzu gehören z.B. Betriebsausflüge, Betriebsfeste und ähnliche Veranstaltungen.

Demgegenüber wurden oft Maßnahmen zur vorbeugenden Gesundheitspflege ausgebaut. Dasselbe gilt für kollektive Versicherungen, wie für Unfälle oder für Krankheitsfälle. Gleichzeitig haben betriebsnotwendige oder arbeitsmarktbedingte Leistungen an Umfang zugenommen. Hierzu können die Gewährung von Essensgeld, die Errichtung von Kantinen und die Gewährung von Fahrgeldzuschüssen gerechnet werden. Vermutlich wird sich der Trend in Zukunft eher zu derartig begründeten als zu anderen Leistungen entwickeln. Dadurch wird der betriebs- oder arbeitsbedingte Charakter der einzelnen zusätzlichen Leistungen deutlicher.

Gleichzeitig erhalten die Gratifikationen, insbesondere die Weihnachtsgratifikation, durch die Tendenz in der Tarifpolitik einen mehr oder weniger ausgeprägten Anspruchscharakter und treten als soziale Leistungen zurück.

Die bisherige Weihnachtsgratifikation ist in vielen Branchen bereits in einer Größenordnung von 40–50% eines Monatseinkommens tariflich vereinbart. Es ist absehbar, wann die 100%ige Absicherung erreicht sein wird. Dann kann aber von einer bloßen Gratifikation zu Weihnachten nicht mehr gesprochen werden, sondern es handelt sich einfach um ein 13. Monatseinkommen. Das ist im Bewußtsein der Mitarbeiter schon seit einiger Zeit feststellbar.

Ein kostenmäßig gewichtiger Posten war beim betrieblichen Sozialaufwand auch stets die Förderung des Wohnungsbaues oder die Hilfe bei der Wohnraumbeschaffung. Auch hier zeichnet sich ein neuer Trend ab. Die Unternehmen gehen immer mehr vom werkseigenen Wohnungsbau ab und unterstützen höchstens noch fremde Wohnungsbaugesellschaften gegen Einräumung eines befristeten Wohnrechtes oder gewähren nur noch in einzelnen Fällen eine Wohnungshilfe oder geben befristete Wohnungszuschüsse. Ein Teil der Unternehmen hat sogar in jüngster Zeit den Bestand an Werkswohnungen verkauft, weil entweder finanzielle Überlegungen dazu zwangen oder eine Betätigung auf diesem Gebiet nicht mehr als sinnvoll angesehen wird. Natürlich hängt eine solche Entwicklung nicht nur vom Willen zu einer Neuorientierung ab, sondern auch von der Wohnungsmarktlage am Ort und den finanziellen Möglichkeiten des Unternehmens.

Eine Wandlung hat in jüngster Zeit auch die betriebliche Altersversorgung durch das Gesetz über die betriebliche Altersversorgung erfahren. Durch die Mitnahmemöglichkeit der Ansprüche entfällt vor allem die Bindungsmöglichkeit an das Unternehmen. Letzten Endes wird auch diese klassische soziale Leistung des Unternehmens zu einem bloßen Bestandteil der Arbeitsbedingungen. Es kann allerdings auch der Fall eintreten, daß durch die gesetzliche Fixierung der betrieblichen Altersversorgung manche Unternehmen wegen der Verpflichtung die Einführung einer solchen Regelung scheuen und vorhandene Regelungen der betrieblichen Altersversorgung in ihren Leistungen abgebaut werden. Hier ist aber die Entwicklung noch nicht überschaubar.

b) Die zukünftigen Konsequenzen

Ganz allgemein wird sich vermutlich herausschälen, daß in absehbarer Zeit die betriebliche Sozialpolitik nur noch in der Verwaltung bestimmter sozialer Einrichtungen bestehen wird. Der personalpolitische Akzent des Sozialen wird demgegenüber immer mehr zurücktreten. Es ist bereits erkennbar, daß die betriebliche Sozialpolitik nicht nur an Gewicht innerhalb der Personalpolitik verloren hat, sondern daß auch ihre Rolle innerhalb des Personalwesens einer Wandlung unterliegt. Bestimmte soziale Einrichtungen, die primär nur noch verwaltungsmäßig orientiert sind, werden vielleicht eines Tages auch zuordnungsmäßig aus dem Personalwesen ausgegliedert und der allgemeinen Verwaltung des Unternehmens übertragen werden. Lediglich diejenigen Leistungen, die noch einen personalführungs- oder einen arbeitsmarktmäßigen Charakter haben, werden noch gestaltungs- oder verwaltungsmäßig im Personalwesen verbleiben. Dieser Teil ist dann jedoch, gemessen an der Vergangenheit, sowohl der Vielfalt als auch dem Aufwand nach, relativ gering.

Die frühere Gleichgewichtigkeit der Sozialpolitik gegenüber der Personalpolitik im Unternehmen wird auf diese Weise verlassen. Das wird sich selbstverständlich auch in der Organisation des Personalwesens ausdrücken. Schließlich werden auch die Begriffe »Sozialleistung« oder »Sozialaufwand« überprüft und die nüchternen, sachlichen Betrachtungen fortgeführt werden müssen, vielleicht dergestalt, daß sich mehr ihr Charakter als Einkommens-Nebenleistungen oder als Personal-Nebenkosten herausschälen wird. So werden sie schließlich erfaßt, ausgewertet und gehandhabt werden. Die soziale Betreuung der Mitarbeiter wird somit immer mehr zu einer Selbstverständlichkeit und zu einem Teil der Arbeitsbedingungen. Die eigentliche Motivierung der Mitarbeiter kommt nicht mehr aus diesem Bereich, sondern hat inzwischen ihren Bezug in andere Bereiche, die der unmittelbaren Personalführung zuzurechnen sind, verlagert.

13. Die Personalforschung

Die Personalforschung hat die Aufgabe, alle Daten zu erfassen und auszuwerten, die über die Einstellungen, die Erwartungen und die Verhaltensweisen der einzelnen Mitarbeiter, von Mitarbeitergruppen oder der gesamten Belegschaft Erkenntnisse und Hinweise vermitteln. Diese Funktion reicht von der Erfassung und Auswertung bestimmter Personalstatistiken bis hin zur Meinungsforschung. Auf jeden Fall muß sie sicherstellen, daß das Unternehmen auf möglichst objektiver Basis über das allgemeine und spezielle Meinungsbild der Belegschaft informiert ist und vor allem zukünftige Entwicklungen abschätzen kann. Hier wird nach dem Meinungsbild des einzelnen Mitarbeiters, das gänzlich individuellen Einflüssen unterliegt, und nach dem Meinungsbild der Belegschaft unterschieden werden müssen, welches sich nicht nur aus der Summe der Meinungen der einzelnen Mitarbeiter ergibt, sondern sich aus dem Zusammenwirken im Unternehmen und aus den speziellen Gruppeninteressen herauskristallisiert.

a) Die Notwendigkeit der Personalforschung

Es war bereits an anderen Stellen darauf hingewiesen worden, wie wichtig es für die Personalführung ist, die Einstellungen, Erwartungen und Verhaltensweisen der Mitarbeiter zu kennen, damit sie bei der Orientierung der Personalpolitik und bei der Anwendung der Personalführung Berücksichtigung finden können. Dies ist eine unabdingbare Voraussetzung für die Verwirklichung einer möglichst optimalen Motivation der Mitarbeiter. Es wurde auch herausgestellt, daß in Zukunft mit relativ spontanen Reaktionen einzelner Mitarbeiter, einzelner Mitarbeitergruppen oder der Belegschaft gerechnet werden muß, weshalb es unerläßlich werden wird, derartige Ereignisse möglichst vorauszusehen, um sich darauf einstellen zu können. Die Personalpolitik und die Personalführung werden in Zukunft ein hohes Maß an Flexibilität beweisen müssen. Eine Feststellung, die zukünftig aber nicht allein für den Personalbereich des Unternehmens gilt. Sie bekommt nur durch die Verbindung von Personalpolitik und Gesellschaftspolitik eine besondere Bedeutung.

Nicht von ungefähr hat deshalb in den letzten Jahrzehnten das Bedürfnis nach vermehrter Sozialforschung zugenommen. Es ist bekannt, daß inzwischen in der Wirtschaft und in der Politik gezielte Umfragen zur Ergründung von Meinungen, Einstellungen und Verhaltensweisen fast selbstverständlich geworden sind.

Diese Entwicklung ist sicherlich davon beeinflußt worden, daß es in einer modernen Industriegesellschaft sehr kompliziert ist, die Empfindungen und Reaktionen der vorhandenen gesellschaftlichen Strukturen realistisch einzuschätzen. Trotz der vielfach vorhandenen Tendenzen zur Angleichung ist unsere Gesellschaft nach wie vor disparitär. Damit ist gemeint, daß eine Vielzahl von gesellschaftlichen Ordnungsfaktoren gleichzeitig und unterschiedlich auf die vorhandenen verschiedenen Schichten und Gruppen einwirken. Hinzu kommt eine starke Mobilität zwischen den einzelnen Schichten und Gruppen, so daß auch von daher eine soziale Orientierung einzelner und ganzer Gruppen sehr kompliziert ist. Damit ist verbunden, daß die Einsicht in gesellschaftliche Vorgänge und die soziale Transparenz weitgehend verlorengegangen sind und deshalb auch für Außenstehende eine Urteilsfindung außerordentlich kompliziert ist.

Ähnliches gilt auch für das Unternehmen. Jede Entscheidung der Unternehmensleitung, die in irgendeiner Hinsicht Interessen, Belange oder soziale Umstände der Mitarbeiter berühren, setzt selbstverständlich ein Einschätzen der Einstellungen und der Reaktionen der Mitarbeiter voraus, weil daraus unmittelbar ein Einfluß auf die Leistungsbereitschaft der Mitarbeiter abgeleitet werden muß. Deshalb ist es wichtig, daß sich die Unternehmensleitung stets über das sogenannte Meinungsbild der Belegschaft im klaren ist. In der Tat wird es kaum eine Unternehmensleitung geben, die nicht der Auffassung ist, daß sie in großen Zügen das Meinungsbild der Mitarbeiter kennt.

In dem Maße, wie sich die innerbetriebliche Sozialstruktur in Bewegung befindet oder in dem Maße, wie außerhalb des Unternehmens Einflüsse gesellschaftlicher Art in das Unternehmen hineingetragen werden, verändern sich auch die Einstellungen und Erwartungen der Mitarbeiter. Es wird sicherlich kaum ein Zweifel darüber bestehen, daß im Augenblick ein derartiger gesellschaftspolitisch terminierter Einfluß auf die innerbetriebliche Sozialstruktur vorhanden ist. Es kann sogar davon ausgegangen werden, daß sich diese Tendenz in der Zukunft weiter verstärken wird.

Die frühere Betrachtungsweise über das Meinungsbild des Mitarbeiters ging mehr oder weniger von einem passiven Bild aus; denn es wurde häufig vorausgesetzt, daß diese Mitarbeiter nicht agieren, d.h. ihr Meinungsbild subjektiv verändern, sondern auf bestimmte Vorgänge, Maßnahmen oder Einflüsse reagieren. Mit dem veränderten Mitarbeitertypus, der nach Selbstverwirklichung und personaler Anerkennung strebt, wandelt sich aber auch dieses Verhalten. Aus diesem Grunde ist es fraglich, ob man gegenwärtig und zukünftig noch von dieser Grundlage ausgehen kann. Vielleicht trifft dies noch für einzelne Mitarbeitergruppen zu, aber generell wird man davon nicht mehr ausgehen können. Vielmehr sind Anzeichen dafür vorhanden, daß sich mit dem gesellschaftlichen Bewußtsein, dem Bildungsniveau und der Qualifikation die Einstellungen und die Erwartungen von sich aus und ohne bestimmte Reaktionen durch mehr oder weniger selbständige Denkprozesse verändern. Diese Entwicklung wird mutmaßlich in Zukunft an Gewicht gewinnen und auch aus diesem Grunde die Notwendigkeit der Personalforschung im Unternehmen begründen.

b) Die Schwierigkeiten in der Anwendung der empirischen Sozialforschung

Eine Möglichkeit, Personalforschung zu betreiben, besteht darin, sich systematisch erarbeitete Grundlagen mit Hilfe der empirischen Sozialforschung zu beschaffen. Das läuft meist auf eine mehr oder weniger umfassende Meinungsforschung hinaus. Diese Meinungsforschung findet eigentlich im betrieblichen Alltag ständig statt, indem die Unternehmensleitungen versuchen, sich durch Gespräche mit einzelnen Personen, den Führungskräften und dem Betriebsrat sowie durch die Auswertung von Daten ein Bild über die Einstellung der Belegschaft zu machen.

Mit Hilfe der empirischen Sozialforschung wird lediglich diese ständig und unsystematisch stattfindende Meinungsforschung systematisiert. Sie ist auch keineswegs immer angebracht, sondern nur bei besonderen Problemen, oder in den Fällen, in denen ein umfassendes Bild vorliegen soll. Man darf dabei jedoch nicht übersehen, daß jedes Meinungsbild immer nur einer Momentaufnahme entspricht, d.h. einen temporären Charakter hat.

Das Problem setzt sich fort in der Erkenntnis, daß, wenn ein Meinungsbild festgestellt werden soll, nicht nur soziales Verhalten direkt erfaßt wird, sondern vorerst nur menschliches Verbal-Verhalten. Befragungen geben deshalb nicht unmittelbar Aufschluß darüber, wie Menschen wirklich handeln, fühlen oder denken, sondern sie vermitteln sprachliche Informationen über diese Vorgänge. Die auf diesem Wege gewonnenen Informationen sind notwendigerweise subjektiv gefärbt. Es ist deshalb stets eine große Schwierigkeit, diese gewonnenen Informationen in eine allgemeingültige, objektive Aussage umzusetzen.

Schließlich darf nicht übersehen werden, daß auf dem Wege der Befragung stets eine bestimmte Beziehung zwischen dem Befragten und dem Befrager entsteht. Auch diese spezielle Beziehung hat Einfluß auf das Ergebnis einer Befragung. Darüber hinaus wird diese Methode nicht ständig angewandt werden können, da sie sich einerseits sonst von selbst abwerten würde und weil sie andererseits auch relativ kostspielig ist.

Somit verbleiben die unsystematische Meinungsforschung, das Mitarbeiter-Beurteilungs- und Beratungsgespräch und die Auswertung der Personalstatistik als die wesentlichen Mittel der Personalforschung. Die Personalforschung ist somit auf der einen Seite mehr als die bloße Anwendung der empirischen Sozialforschung und ist auf der anderen Seite durch eine Fülle von unorthodoxen und unsystematischen Methoden gekennzeichnet. Ihr ganzes Tätigkeitsgebiet hat sich noch keineswegs vollständig abgezeichnet.

c) Die Mittel der Personalforschung

Das erste und gebräuchlichste Mittel der Personalforschung ist die ständige, unsystematische Meinungsforschung. In jeder Organisation und damit auch im Unternehmen findet immer eine Art Abklärung der Einstellungen, Erwartungen und Empfindungen statt. Im Unternehmen kommen dafür folgende Quellen in erster Linie in Betracht:

- Der Mitarbeiter
- Die Führungskräfte
- Der Betriebsrat
- Der Werksarzt
- Die Werksfürsorgerin oder Sozialberaterin
- Arbeitskreise, Ausschüsse und Gruppengespräche
- Die Belegschaftsversammlung.

Darüber hinaus wird versucht, auch über statistische Auswertungen bestimmte Anhaltspunkte über das Verhalten der Mitarbeiter zu bekommen. Hier spielen folgende Personalstatistiken eine Rolle:

- Fluktuationsstatistik
- Fehlzeitenstatistik
- Einkommensstrukturstatistik
- Belegschaftsstrukturstatistik.

Bei der Auswertung dieser Statistiken kommt es darauf an, stets auch Vergleiche zwischen vergleichbaren Unternehmensbereichen oder Mitarbeitergruppen anzustellen. Es ist wichtig, die Personalstatistik möglichst differenziert auszuwerten, denn nur dann vermittelt sie interessante Anhaltspunkte.

Es liegt aber auf der Hand, daß bei den auf diesen verschiedenen Wegen gewonnenen Informationen eine fehlerhafte Aussage möglich ist. Deshalb ist von Fall zu Fall zu überlegen, ob nicht die wissenschaftlich anerkannten Methoden der Sozialforschung benutzt werden sollen. Die empirische Sozialforschung unterscheidet für die Personalforschung insbesondere folgende Quellen und Methoden:

- Das Dokument
- Die Beobachtung
- Das Experiment
- Die Befragung.

Dokumente in diesem Sinne können alle Unterlagen sein, die für eine Aussage über Verhalten und Einstellungen der Mitarbeiter relevant sind. Für die betriebliche Praxis ist hierfür eine Auswertung der Personalakten ein entsprechendes Beispiel.

Gerade die Beobachtung ist eine besonders vollkommene Methode in der empirischen Sozialforschung. Hier kann das Sozialverhalten von einzelnen Personen und sozialen Gruppen vom Beobachter direkt wahrgenommen werden, ohne daß die subjektiven Einflüsse der Beobachteten besonders relevant werden können. Die in der Sozialforschung verwendeten Beobachtungsmethoden unterscheiden sich dabei grundsätzlich von denen anderer Wissenschaften. Die Beobachtung ist darüber hinaus gleichzeitig das primitivste wie auch das modernste Mittel der empirischen Sozialforschung. Man darf nicht übersehen, daß auf Beobachtungen ein großer Teil unserer eigenen Erfahrungen begründet ist.

Das Experiment ist ebenfalls eine anerkannt wissenschaftliche Methode, die auch in der empirischen Sozialforschung ihre Anwendung findet. Für die betriebliche Personalforschung ist sie jedoch von geringerer Bedeutung. Das Experiment gehört eher in den Bereich der Grundlagenforschung, wohin gegen die betriebliche Personalforschung überwiegend aus angewandter Sozialforschung besteht.

Somit blieben als die geeignetsten Mittel der betrieblichen Personalforschung die Beobachtung und die Befragung übrig. Die Beobachtung hat dabei den Nachteil, daß die auf diese Weise gewonnenen Erkenntnisse nur sehr schwer quantifizierbar sind und somit kaum allgemeingültig ausgewertet werden können. Sie hat jedoch ihre große Bedeutung bei der Erforschung von Verhaltensweisen und Einstellungen in einer Gruppe.

Für quantifizierbare Ergebnisse ist dagegen die Befragung das geeignetste Instrument. Es wurde zwar bereits dargelegt, daß mit den Mitteln der Befragung soziales Verhalten nicht direkt erfaßt werden kann, sondern nur menschliches Verbal-Verhalten. Trotzdem kann man mit dieser Methode bei einer totalen oder repräsentativen Anwendung entsprechende Aussagen gewinnen, die allerdings mit der notwendigen Vorsicht gewertet werden müssen.

Je nachdem, welchen Zweck die Befragung verfolgt, wird man die unterschiedlichsten Methoden zur Anwendung bringen. Zur Klärung eines Problems im Einzelfalle ist sicherlich die nicht-standardisierte Befragung die beste. In dem Augenblick aber, in dem möglichst Aussagen allgemeiner Art oder Aussagen für eine Gruppe oder für eine Belegschaft gewonnen werden sollen, ist eine standardisierte Befragung unerläßlich. Eine solche standardisierte Befragung kann man zur Klärung eines Einzelproblems anwenden, z.B. für die Errichtung einer Kantine, oder zur Klärung eines gesamten Komplexes, z.B. zur Erfassung des

Betriebsklimas. In dem letzteren Falle muß man sich darüber Gedanken machen, welche Probleme einen Mitarbeiter schwerpunktmäßig berühren und damit wesentliche Elemente für seine Einstellungen, Erwartungen und Verhaltensweisen abgeben.

Hier kommt es im wesentlichen auf folgende Bereiche an:

- Arbeitszeit
- Arbeitsmittel
- Arbeitsplatz
- Arbeitsablauf
- Arbeitsumgebung
- Vorgesetzter
- Führungssystem
- Betriebsrat
- Einkommen
- Lohn- oder Gehaltssystem
- Aus- und Fortbildung
- Soziale Leistungen
- Aufstiegschancen
- Lage des Unternehmens
- Branche oder die Art der Fertigung des Unternehmens
- Möglichkeiten der Mitwirkung und der Mitbestimmung
- Kollegen
- Information
- Betriebsverbundenheit
- Generelle Einschätzung des Unternehmens im Vergleich zu anderen.

Es ist jedoch keineswegs notwendig, die Personalforschung stets in der dargelegten Form mehr oder weniger perfekt durchzuführen. Allerdings ist es unerläßlich, daß die Unternehmen erkennen, welche Lücke hier noch vorhanden ist und welche große Bedeutung die Personalforschung für die moderne Personalführung haben wird.

V. Die Organisation des betrieblichen Personalwesens

Es ist deutliche geworden, wie sehr sich die moderne Personalführung von der früheren unterscheidet und wie weit heute ihre Spannweite reicht. Um den vielfältigen modernen Aufgaben der Personalführung aber gerecht zu werden, muß das Personalwesen eine Organisationsform haben, die dies optimal ermöglicht. In erster Linie muß sie die veränderte Betrachtung des Mitarbeiters zum Ausdruck bringen und in allen Bereichen dessen Entfaltung der Leistungsbereitschaft und der Leistungsfähigkeit zum Ziel haben. Es genügt also nicht, die veränderte Funktion des Personalwesens zu begreifen und sich darauf einzustellen, sondern es ist auch notwendig, die damit verbundenen Konsequenzen zu vollziehen. Hierher gehört eine entsprechende personelle Ausstattung des Personalwesens, seine organisatorische Heraushebung in der Unternehmensorganisation und vor allem die Organisation des Personalwesens selbst. Gerade die letzte Forderung ist noch weitgehend unbefriedigend erfüllt.

Vergleicht man nämlich die Organisation des Personalwesens in den verschiedenen Unternehmen, so stellt man auf der einen Seite fest, daß die Organisationsstrukturen für diesen Unternehmensbereich sehr unterschiedlich sind. Vermutlich sind diese organisatorischen Abweichungen des Personalwesens erheblich größer, als das bei den übrigen Unternehmensbereichen der Fall ist*.

Für eine solche große Unterschiedlichkeit gibt es eine Reihe von Gründen. Einerseits hängt das mit der Branche und der Unternehmensgröße zusammen und andererseits sind die traditionelle Entwicklung der einzelnen Unternehmen und damit die auf diese Weise entstandenen Anforderungen gegenüber der betrieblichen Personalarbeit von Bedeutung. Ein besonders großer Einfluß kommt jedoch sicherlich aus der Tatsache, daß das betriebliche Personalwesen erst seit rund 20 Jahren in den Vordergrund der Betrachtung gerückt ist und deshalb der Umwand-

* Siehe »Aufgaben und Organisation des Personalwesens« – 30 Beispiele aus der betrieblichen Praxis – Herausgegeben von der Deutschen Gesellschaft für Personalführung, Schriftenreihe Heft Nr. 20, 2. Auflage 1970, Peter Hanstein Verlag, Köln.

lungsprozeß in der Aufgabenstellung des betrieblichen Personalbereiches sich noch nicht überall in seiner Organisationsstruktur in einer bestimmten einheitlichen Form niedergeschlagen hat.

Auf der anderen Seite fällt auf, daß, abgesehen von der pauschalen Unterschiedlichkeit der Organisationsstruktur des Personalwesens, doch eine bestimmte Grundtendenz vorhanden ist. Eine Grundtendenz, die sowohl die frühere Aufgabenstellung im Hinblick auf die Verwaltungsfunktion zum Ausdruck bringt, als auch gleichzeitig deutlich macht, daß diese Form den modernen Anforderungen in der Personalführung nicht gerecht werden kann.

1. Die klassische Organisationsstruktur

So hat die klassische Grundtendenz des betrieblichen Personalwesens folgende organisatorische Struktur:

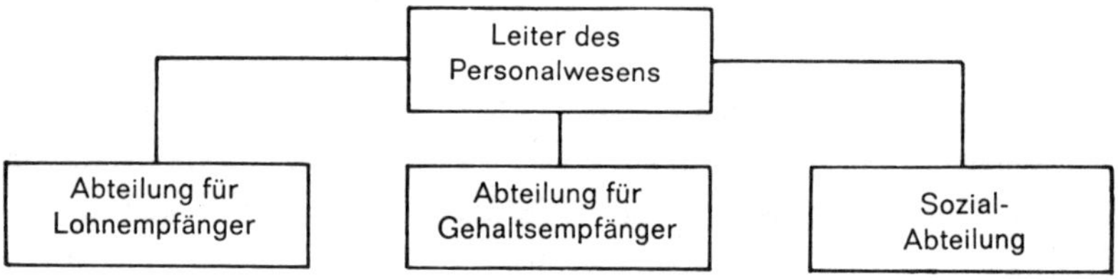

Abb. 26

Diese Struktur zeigt, daß die Personalarbeit mehr oder weniger als Verwaltungsaufgabe aufgefaßt wurde und gleichzeitig eine statusmäßige Orientierung nach Arbeitern und Angestellten dominiert. Die Orientierung der Personalaufgabe nach Belegschaftsgruppen steht somit noch deutlich im Vordergrund, obwohl das inzwischen nicht mehr als Maßstab in Betracht kommen sollte.

Nach wie vor ist eine solche Organisationsstruktur in einer Reihe von Unternehmen anzutreffen. Das trifft vor allem für kleinere und mittlere Unternehmen zu, die auch meist in der Tätigkeit des Personalwesens die für die Verwaltungsperiode typische Aufgabenstellung aufweisen. Deshalb hat die Abteilung für Arbeiter oder Angestellte auch meist nur die Grundfunktionen der Personalarbeit zu erfüllen:

- Beschaffen
- Einstellen
- Verwalten
- Betreuen.

Somit hat auch der zuständige Personalsachbearbeiter eher eine umfassende als eine spezielle Aufgabe zu erledigen. Sie wird aber nur verwaltungsmäßig gesehen. Heute als notwendig angesehene Funktionen, wie

- Organisieren
- Planen
- Informieren
- Beurteilen
- Bewerten
- Entwickeln
- Motivieren

und dergleichen sind – abgesehen von der Bildungstätigkeit – demgegenüber entweder als Auftrag dem Personalwesen noch nicht gestellt oder werden noch nicht gesehen. Sie sollen mehr oder weniger vollkommen von anderen Stellen im Unternehmen oder von den Fachvorgesetzten ausgeübt werden.

Neben der verwaltungsmäßig ausgerichteten Personalarbeit spielt bei dieser Organisationsform noch die soziale Betreuungsfunktion eine große Rolle. Aus diesem Grunde hatte in der Vergangenheit die Sozialabteilung stets ein sehr großes Gewicht und wurde gegenüber der verwaltungsmäßigen Personalarbeit mehr oder weniger als gleichgewichtig gesehen.

Als im Laufe der Zeit die Bildungsaufgabe als neue Funktion im Personalbereich hinzukam, wurde diese organisatorisch als weitere Abteilung im Personalbereich verankert. Da jedoch die reine Personalverwaltung neben der Sozialbetreuung häufig als allein ausschlaggebend angesehen wurde, wollten deshalb oft diese beiden Abteilungen die neue Bildungsaufgabe nicht als Abteilung gleichwertig neben sich sehen. Deshalb ist in manchen Unternehmen die Bildungsaufgabe unterhalb der Personalverwaltung eingeordnet worden. Das führte jedoch oft dazu, daß dieser neue Schwerpunkt nicht mit dem richtigen Gewicht versehen werden konnte. Immerhin ergab sich, daß durch die Hinzufügung der

Bildungsfunktion noch stärker als in der Sozialbetreuung der funktionale Gedanke der Personalarbeit zum Ausdruck gebracht wurde und die klassische Ausrichtung allein nach Belegschaftsgruppen weiter aufgegeben wurde und somit sich eine neue Richtung anzubahnen begann.

Es zeigte sich außerdem sehr bald, daß die übrigen neuen Anforderungen, denen sich das Personalwesen in wachsendem Maße im Laufe der Zeit gegenüber sah, in dieser klassischen Struktur des Personalwesens nicht ohne weiteres unterzubringen sind. Erstens paßten diese neuen Funktionen nicht in das vorhandene organisatorische Konzept und zweitens waren die überwiegend nach der Verwaltungsarbeit ausgerichteten Mitarbeiter im Personalwesen für die Bewältigung der neuen Anforderungen fachlich und typologisch nicht immer geeignet. Aus diesem Grunde kam es häufig dazu, daß der Leiter des Personalwesens selbst die neuen Aufgaben an sich ziehen mußte und diese entweder allein oder mit Hilfe eines Assistenten zu bewältigen suchte. Das Ergebnis war selten befriedigend.

2. Die funktionale Organisationsstruktur

Es wird deshalb vorgeschlagen, die Organisation des Personalwesens zu durchdenken und aufgrund der geänderten Aufgabenstellung neue Schwerpunkte nach den wichtigsten Anforderungen zu bilden.

Als derartige Schwerpunkte können heute gelten:

1. Mit dem Betriebsgeschehen unmittelbar verbunden:
   - Personalorganisation
   - Personalplanung
   - Personalbeschaffung
   - Personalauslese
   - Personaleinsatz
   - Personalentwicklung
   - Personalbildung
   - Soziale Betreuung.

2. Als Grundlagenarbeit:
   - Arbeits-, Sozial-, Tarif- und Betriebsverfassungsrecht
   - Information
   - Arbeitswissenschaft

- Lohn- und Gehaltsfindung
- Personalforschung.

Daraus ergibt sich sozusagen zwangsläufig die ideale funktionale Gliederung des betrieblichen Personalwesens:

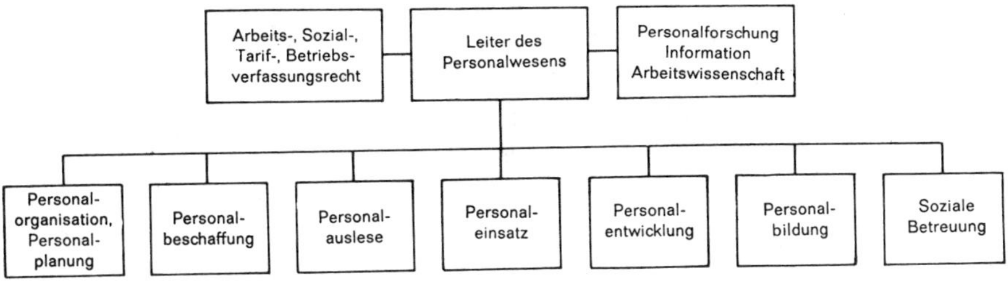

Abb. 27

In diesem Modell sind die wichtigsten Aufgaben als Schwerpunkte entsprechend konzentriert worden. Dadurch soll erreicht werden, daß die jeweilige Funktion mit dem notwendigen Gewicht ausgeübt werden kann. Gleichzeitig sind dabei die reinen Planungs- und Vorbereitungsfunktionen von den entscheidenden Personalführungsaufgaben getrennt worden. Das ist unerläßlich, wenn beide, von unterschiedlichen Voraussetzungen ausgehenden Grundfunktionen optimal ausgefüllt werden sollen. Auf diese Weise kann die Personalpolitik systematischer entwickelt und in der Personalführung besser verwirklicht werden. Vor allem die Personalorganisation und die Personalplanung werden ein wachsendes Gewicht in der zukünftigen Personalarbeit bekommen. Dafür werden neben den allgemeinen sachlichen Überlegungen die zunehmende wirtschaftliche Bedeutung der betrieblichen Personalarbeit Sorge tragen.

Das gleiche gilt für die Personalentwicklung, die vermutlich in Zukunft die wichtigste Aufgabe des Personalwesens sein wird. Aus der Erkenntnis heraus, daß diese Funktion am besten die humane Aufgabe des Personalwesens erfüllen kann.

Gleichzeitig sind die heute notwendig gewordenen Grundaufgaben in wirtschaftlicher und menschlich-gesellschaftlicher Hinsicht in diesem System klar voneinander getrennt und können mit dem jeweiligen Gewicht ausgeübt werden.

Dieses Schema hat aber noch eine Reihe von anderen Vorteilen. So lassen sich die miteinander verknüpften oder sich eng berührenden

Funktionen leicht zusammenlegen oder auseinanderziehen, je nach der Unternehmensgröße und der beabsichtigten Schwerpunktbildung. Insofern hat das funktionale Schema im Gegensatz zu dem klassischen, welches stärker nach strenger Kompetenzabgrenzung orientiert ist, eine größere Flexibilität.

Außerdem geht dieses System unmittelbar vom Mitarbeiter aus, denn die jeweilige Funktion hat stets eine wichtige Teilfunktion von ihm im Auge und nicht generalisierende Aufgaben. Es versucht somit der zentralen Rolle des Mitarbeiters im Unternehmen gerecht zu werden.

Darüber hinaus ist in diesem Konzept der Grundgedanke enthalten, daß eine moderne Personalaufgabe ohne eine enge Kooperation innerhalb des Personalwesens und zwischen dem Personalwesen und den Vorgesetzten gar nicht sinnvoll durchgeführt werden kann. Dieser Zwang zur Kooperation ist in dem neuen Modell verankert, während das klassische Modell die Kompetenzabgrenzung förderte. Gleichzeitig ist das Modell auch so angelegt, daß die ständige Kooperation mit den betrieblichen Vorgesetzten systemimmanent ist.

Allerdings ist es zweckmäßig, diesen Kooperationsgedanken auch institutionell zu verankern. Dies wird sich aber fast von selbst ergeben, denn die einzelnen Funktionen können ohne eine enge Zusammenarbeit kaum wirkungsvoll tätig sein. Das trifft im besonderen Maße für die Personalplanung, den Personaleinsatz, die Personalentwicklung und die Personalbildung zu. Insofern ist es sinnvoll, übergreifende, ständige Arbeitskreise oder regelmäßige Kooperationsbesprechungen einzurichten, um eine solche Zusammenarbeit im Personalwesen und mit den Vorgesetzten optimal zu erreichen. Auf diese Weise werden Ziele effizienter ermittelt, Daten zusammengetragen, Ergebnisse ausgewertet und Maßnahmen entwickelt.

Das sogenannte »Projekt-Management« gehört somit zur Anwendung des funktionalen Organisationsschemas im Personalwesen. Je größer das Unternehmen ist, desto unabdingbarer wird diese Forderung. Es hat obendrein eine doppelte Bedeutung, denn die Bildung bestimmter Ausschüsse für Personal- und Sozialfragen ergibt sich auch aus dem Betriebsverfassungsgesetz, so daß auch von daher ein Anstoß erfolgt. In manchen Fällen können sich die vorgeschriebenen Ausschüsse mit den hier vorgeschlagenen Arbeitskreisen decken; sie müssen es aber nicht zwangsnotwendig. Auf jeden Fall kann aber auch bei völliger Selbständigkeit derartiger Arbeitskreise eine sehr potente Gesprächsinstanz gegenüber dem

Betriebsrat geschaffen werden. Ohne Frage wird sich aber auf diese Weise ein großer Teil der Zusammenarbeit mit dem Betriebsrat abspielen lassen.

Außerdem ist gewährleistet, daß der Leiter des Personalwesens sich nicht mehr um jede Kleinigkeit kümmert, sondern sein Interesse auf die grundlegenden Fragen konzentriert. Er bleibt nach wie vor für die Beschaffung, Einstellung, Entwicklung und Betreuung der leitenden Angestellten oder der gesamten außertariflichen Angestellten zuständig, aber darüber hinaus beschäftigt er sich ausschließlich mit langfristigen und grundlegenden Problemen. Nur auf diese Weise kann das Personalwesen den zukünftigen Anforderungen gerecht werden. Ferner ist er der Gesprächspartner für den Betriebsrat und hält die Verbindungen zu den Verbänden außerhalb des Unternehmens.

Gegen die funktionale Gliederung des Personalwesens wird gelegentlich eingewendet, daß es zu sehr spezialisiert wäre und vor allem dem Wunsch der Mitarbeiter nach einer Betreuung in allen Fragen durch eine Person entgegensteht. Deshalb wird von dieser Seite der allseitig zuständige Personalreferent befürwortet, der entweder nach dem klassischen Modell für bestimmte Mitarbeitergruppen, oder für einen bestimmten Bereich des Unternehmens oder einfach für eine bestimmte Anzahl von Mitarbeitern, die nach der Qualifikation gemischt sein könnten, zuständig sein soll.

Diese Überlegungen haben durchaus einiges für sich. Vor allem für die kleineren Unternehmen können sie von Vorteil sein. Grundsätzlich gehen sie aber zu sehr von dem klassischen Mitarbeitertyp aus, der sich ständig betreut sehen will und deshalb eine besondere Vertrauensperson im Personalwesen benötigt, die er bereits von der Beschaffung und der Einstellung her kennt und an die er sich laufend bei irgendwelchen Problemen, wie Lohnfragen, Darlehensgewährung, Fortbildung und dergleichen, wenden kann. Ferner scheint die Rolle, die dem Personalwesen auf diese Weise zugemessen wird, eher eine beratende, verwaltende und passive zu sein, aber nicht eine aktive und gestaltende. Demgegenüber geht das funktionale System davon aus, daß durch die funktionale Konzentration die einzelnen Personalaufgaben fachlich versierter, intensiver und systematischer ausgeübt werden können. Es ist einfach eine Überforderung zu glauben, daß ein umfassend zuständiger Personalreferent den verschiedenen Anforderungen, die sich aus den Wünschen der Mitarbeiter ergeben und die oft organisatorischer, fachspezifischer, verwaltungsmäßiger oder psychologischer Art sind, stets entsprechen kann.

Es besteht ferner die Gefahr, daß nicht nur allein von der Grundidee her das Referentenprinzip den klassischen Vorstellungen entspricht, sondern diese überkommene Struktur stützt, die eigentlich überwunden werden sollte. Das ist immer dann der Fall, wenn die Referenten, die für die tägliche Personalarbeit verantwortlich sind, auch für die jeweiligen klassische Gruppe zuständig sind: beispielsweise Lohn- oder Gehaltsempfänger getrennt.

Ein weiteres Problem für das reine Referentenprinzip muß darin gesehen werden, daß es dem jeweiligen Personalreferenten eine erhebliche, umfassende Macht einräumt. Abgesehen von der Bewältigung dieser vielfältigen Aufgaben entsteht die Frage, ob die Rolle des Vorgesetzten in einem modernen Führungssystem mit der Allmacht des Personalreferenten vereinbar ist. Zumindest kann hier eine Konfliktsituation entstehen.

Schließlich kann rein rechnerisch die Anwendung des reinen Referentenprinzips relativ teuer sein. Bei diesem System besteht die Gefahr, daß alle Personalreferenten dahin tendieren, möglichst hoch in der Hierarchie eingebaut zu sein. Bei der Vielzahl der benötigten Referenten entsteht dabei ein höheres Gehaltsniveau im Personalwesen als das normalerweise der Fall ist.

Entscheidend ist aber, daß der Mitarbeiter ganz bestimmte Erwartungen erfüllt sehen will und dabei rückt die klassische Betreuung immer mehr in den Hintergrund. Er will bestimmte Voraussetzungen ständig als vorhanden spüren, und das verlangt vom Personalwesen eine starke und aktive Rolle. Außerdem drücken sich die Erwartungen des Mitarbeiters in speziellen Vorstellungen aus und deshalb darf das Personalwesen nicht in der passiven Betreuungsfunktion verbleiben. Vermutlich werden ganz bestimmte Funktionen in der Zukunft eine besondere Bedeutung für den Mitarbeiter haben und die damit korrespondierenden Fachleute im Personalwesen werden hierfür als Spezialisten von großer Wichtigkeit für ihn sein. Dies sind in erster Linie die Personalentwicklung und der Personaleinsatz. Insofern wird sich hier dann ein besonderes Vertrauensverhältnis auf einer ganz anderen Grundlage entwickeln, ein Vertrauensverhältnis, wie es früher generell gegenüber dem Personalsachbearbeiter erwartet wurde, heute jedoch auf einer höheren Ebene nicht mehr als generelle Aufgabe zu verwirklichen ist. Insofern unterstützt das funktionale System sehr deutlich den Trend zur modernen Personalführung.

Auf der anderen Seite darf nicht verkannt werden, daß es in dieser Frage eigentlich gar kein »Entweder-Oder« gibt. In der betrieblichen Praxis handelt es sich auch bei der Einführung eines funktionalen Systems in der Organisation des Personalwesens meist um eine Mischform. Ein rein funktionales System ist vermutlich gar nicht praktikabel, weil es die Funktionsteilung zu weit treibt. Der funktionale Gedanke will lediglich eine Schwerpunktbildung bezwecken, aber verfolgt nicht eine funktionale Arbeitsteilung im Detail. So wird auch bei einem funktionalen System in gewisser Hinsicht das Referentenprinzip gleichzeitig angewandt; beispielsweise bei der Funktion des Personaleinsatzes. Hier ist nach wie vor oft eine Unterteilung nach Mitarbeitergruppen der Qualifikation und der Zahl nach üblich. Dies bedeutet, daß in der täglichen Arbeit auf dieser Ebene ein Personalsachbearbeiter relativ verantwortlich für eine Reihe von Funktionen zuständig ist. Beispielsweise bei der Einstellung, der Versetzung und einer bestimmten Art der Betreuung. Lediglich bestimmte Grundfunktionen sind ihm entzogen.

Insofern liegt in der Frage des funktionalen Systems gegenüber dem Referentenprinzip gar kein scharfer Gegensatz vor. Es handelt sich lediglich um einen unterschiedlichen Ansatz, der allerdings durchaus wesentlich ist. Aber auch das reinste Referentenprinzip wird in letzter Konsequenz bestimmte Aufgaben des Personalwesens funktional lösen müssen; beispielsweise die grundsätzlichen Fragen, wie die Sozialarbeit und das Bildungswesen.

Insofern darf hier kein scharfer Gegensatz gesehen werden, den es in Wirklichkeit auch nicht gibt. In der betrieblichen Praxis überwiegen die Mischsysteme, wenn auch meist mit einem funktionalen Ansatz.

Schließlich gehört allerdings zur Anwendung eines funktionalen Systems noch dazu, daß die qualifizierten Kräfte im Personalwesen durch einen gezielten Funktionswechsel das gesamte Personalwesen kennenlernen und auf diese Weise ihre persönliche Personalentwicklung erfahren. Dadurch werden die Unternehmen eher als bei dem klassischen Schema, das mehr dem strengen Kompetenzdenken folgt, dazu veranlaßt, auch im Personalwesen eine umfassende fachliche Qualifikation zu ermöglichen und das Festhalten in bestimmten Bereichen, wie es heute oft in der Bildungsaufgabe oder in der sozialen Funktion der Fall ist, unterbleibt.

3. Die funktionale Organisation in Modellen

Aufgrund dieser Überlegungen lassen sich sehr leicht bestimmte Modelle für kleine, mittlere, große und Konzernunternehmen entwikkeln. Dabei wird davon ausgegangen, daß für ein kleines Unternehmen bis ca. 500 Beschäftigte lediglich eine Personalstelle erforderlich ist, während bei einem mittleren Unternehmen mit 500 bis 2000 Beschäftigten eine normale Personalabteilung vorhanden sein muß und bei einem großen Unternehmen mit mehr als 2000 Mitarbeitern sich ein solcher Unternehmensbereich zu einer Personaldirektion oder zu einem Vorstandsbereich »Personal« entwickeln wird. Das letztere gilt dann selbstverständlich auch für ein Konzernunternehmen.

Es werden bei dieser Darstellung im folgenden nur die Kernfunktionen berücksichtigt, um das Prinzip deutlich zu machen. Dabei wurde bewußt die reine Lohn- und Gehaltsabrechnung nicht berücksichtigt, weil sie nicht mehr überall als Funktion disziplinar zum Personalwesen gehört. Je nach der Betrachtungsweise und der Anwendung der elektronischen Datenverarbeitung im Unternehmen ist sie oft aus dem Personalwesen ausgegliedert. Selbstverständlich muß auch in diesen Fällen die Lohn- und Gehaltsfindung als wesentliche Funktion im Personalwesen verbleiben. Darauf kann unter keinen Umständen verzichtet werden. Lediglich die Abwicklung des Ausrechnungs- und Auszahlungsvorganges ist in diesen Fällen an einer anderen Stelle im Unternehmen disziplinar untergebracht.

a) Das Modell für ein kleines Unternehmen

Ab einer Belegschaftsstärke von rund 200 bis 300 Beschäftigten sollte jedes Unternehmen eine Personalstelle einrichten. Es gibt bereits Firmen, in denen das schon ab einer Größenordnung von 100 bis 200 Beschäftigten der Fall ist. Hier liegt aber in etwa die Grenze, ab der eine systematische Personalarbeit sinnvoll und rationell ist. Von da an ist es nicht mehr möglich, die Personalfunktion von anderen betrieblichen Stellen bzw. von betrieblichen Vorgesetzten allein erledigen zu lassen, ohne daß eine fachlich versierte Stelle die notwendige Hilfe gibt. Diese Personalstelle sollte grundsätzlich unmittelbar der Geschäftsführung bzw. der Unternehmensleitung unterstellt sein. Hier möglichst so, daß die personellen Überlegungen rechtzeitig bei unternehmenspolitischen

Überlegungen berücksichtigt werden und gleichzeitig mit dem entsprechenden Gewicht zur Auswirkung gelangen.

Es wird grundsätzlich nicht nach Lohnempfängern und Gehaltsempfängern unterschieden. Vielmehr wird von einem einheitlichen Mitarbeitertyp ausgegangen. Lediglich eine Differenzierung zwischen Tarif-Mitarbeitern und außertariflichen Mitarbeitern bzw. leitenden Angestellten könnte sinnvoll sein.

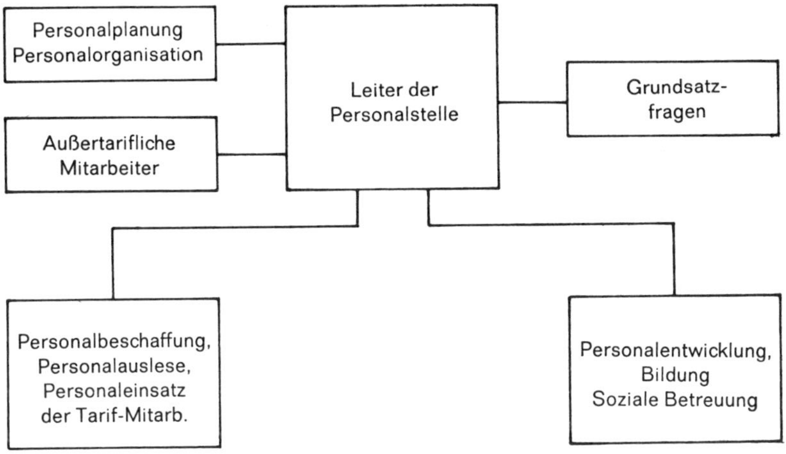

Abb. 28

Dieses Modell zeigt ferner, daß bestimmte Grundfunktionen, die in einem gewissen Zusammenhang stehen, auch zusammengefaßt erledigt werden können. Da das Unternehmen noch sehr gut überschaubar ist, sozusagen die einzelnen Probleme noch in der jeweiligen Person erkannt werden, läßt sich diese Personalarbeit auch relativ undogmatisch und am Einzelfall orientiert lösen. Deshalb liegt der Prozentsatz der für Personalfunktionen in diesen Unternehmen ausschließlich zuständigen Personen im allgemeinen auch nur zwischen 0,5 bis 1% der Belegschaft.

b) Das Modell für ein mittleres Unternehmen

Ab einer Unternehmensgröße von 500 bis 600 Beschäftigten wird es zweckmäßig sein, eine selbständige Personalabteilung einzurichten. Diese Personalabteilung unterscheidet sich von einer Personalstelle dadurch, daß der Leiter dieser Abteilung bereits mit entsprechenden Kompetenzen ausgerüstet ist und damit im allgemeinen selbständiger handelt als eine Personalstelle in einem kleinen Unternehmen. Gleichzeitig ist die Struktur der Mitarbeiter in dieser Personalabteilung erheblich qualifizierter und zahlreicher. Die Erfahrung zeigt, daß bei dieser Unternehmensgröße bereits 1 bis 1,3% der Belegschaft in der Personalarbeit tätig sind. Diese Kennziffer gilt jedoch nur dann, wenn die Mitarbeiter in der Lohn- und Gehaltsabrechnung und eventuell das in der Werksverpflegung und der Kantine vorhandene Personal nicht berücksichtigt sind.

Der Personalleiter in dieser Größenordnung sollte ebenfalls unmittelbar der Unternehmensspitze zugeordnet und möglichst dem ersten Mann in der Unternehmensleitung unterstellt sein. Auch hier gilt, daß nur dann die Personalprobleme mit dem richtigen Gewicht zur Geltung kommen können.

Für die Organisation des Personalwesens in dieser Unternehmensgröße bietet sich folgendes Modell an:

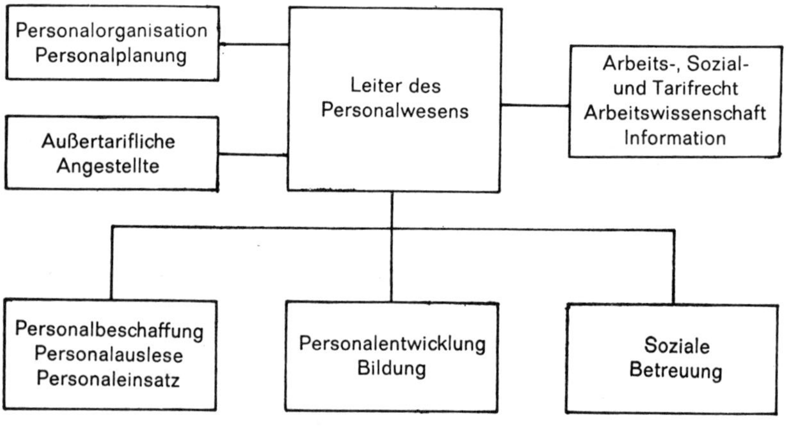

Abb. 29

Auch hier kehren die gleichen Funktionen schwerpunktmäßig wieder, aber sie sind bereits auseinandergezogen, weil sonst die jeweilige Tätigkeit nicht intensiv genug ausgeübt werden kann.

Mit dem Anwachsen der Belegschaft, z.B. auf 2000 bis 3000 Beschäftigte, wird sich dieses Modell dann immer mehr zu einem klaren funktionalen Gliederungsschema entwickeln und folgende Gestalt annehmen:

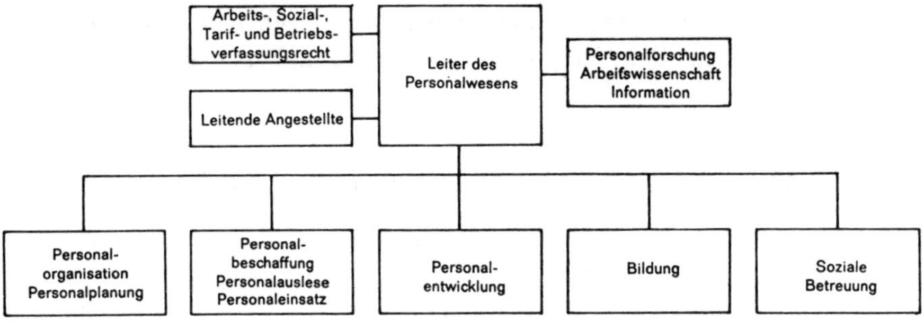

Abb. 30

c) Das Modell für ein großes Unternehmen

Bei einem größeren Unternehmen ab ca. 2000 Beschäftigte wird der Leiter des Personalwesens entweder auf der Direktoren-Ebene oder Mitglied der Unternehmensleitung sein.

Bei diesen größeren Unternehmen kommt das funktionale Schema voll zur Geltung, wie es bereits oben dargestellt worden ist. Es hat nunmehr folgendes Bild:

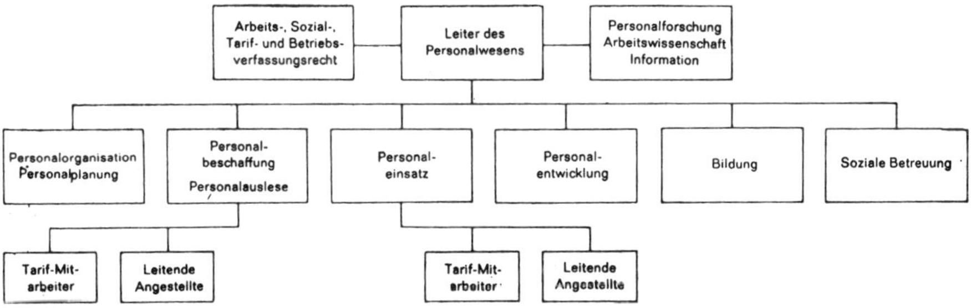

Abb. 31

Die spezielle Bearbeitung in der Personalbeschaffung und dem Personaleinsatz kann sowohl nach bestimmten Mitarbeitergruppen als auch nach der Anzahl gehen. Das Abstellen auf bestimmte Mitarbeitergruppen ohne eine sachliche Begründung würde jedoch nicht einer modernen Personalführung entsprechen.

Die jeweiligen Schwerpunkte können hier entsprechend wirkungsvoll beachtet werden. Außerdem werden sich die Vorteile des funktionalen Systems hier am stärksten auswirken. Das soll aber nicht heißen, daß das bei den vorhergegangenen Modellen nicht möglich ist, denn auch hier sind die Vorteile gegenüber dem klassischen Schema unverkennbar. Gleichzeitig steigt der Anteil der Personen, die im Personalwesen tätig sind, auf 1,5 bis 2% der Belegschaft an.

d) Das Modell für ein Konzern-Unternehmen

Bei einem Konzernunternehmen, welches dezentral gegliedert ist, weil entweder selbständige Werke, Tochtergesellschaften oder eine Spartengliederung vorhanden ist, wird sich das funktionale Modell der Organisation des Personalwesens anders darstellen.

Es wird hier davon ausgegangen, daß der Personalbereich in der Unternehmensspitze selbst vertreten ist. Die verschiedenen Personalfunktionen müssen jetzt danach geprüft werden, welche Aufgaben zentral durchgeführt werden müssen und welche Tätigkeiten dezentral in den Sparten oder in einzelnen Tochtergesellschaften oder Werken zu erledigen sind. Je nachdem, ob es sich um Tochtergesellschaften oder Werke oder um eine Spartenorganisation handelt, kann es dann wieder zwei verschiedene Modelle geben: (siehe Abb. 32, Seite 339).

Bei diesem Modell kann es sein, daß die Personalbereiche der einzelnen Sparten wiederum für verschiedene Werke zuständig sind. Dann werden sich diese Personalbereiche analog zu der Konzernspitze auf bestimmte übergeordnete Grundaufgaben beschränken und die eigentliche Personalfunktion wird sich lediglich auf den außertariflichen Bereich, vermutlich aber nur auf die leitenden Angestellten konzentrieren. Die Personalaufgabe des Tarifbereiches ist dann wiederum den einzelnen Werken übertragen, wie es in dem nachstehenden Modell 2 zum Ausdruck kommt (siehe Abb. 33, Seite 340).

Hier ist also die unmittelbare Verzahnung mit dem zentralen Personalwesen deutlich gegeben und eine Zwischengliederung, wie z.B. bei einer Spartenorganisation nicht vorhanden.

In der Regel sind bei einem Konzernunternehmen die Leiter des Personalwesens für die einzelnen Sparten oder für die Werke und Tochtergesellschaften den jeweiligen Spartenleitern oder Werksleitern unterstellt. Fachlich sind sie an die Richtlinien und Anweisungen des zentralen Personalwesens gebunden. Das ist unerläßlich, wenn eine einheitliche Personalführung und Personalpolitik gewährleistet sein sollen. In beiden Fällen wird darüber hinaus durch die zentrale Personalarbeit für die leitenden Angestellten bzw. für die außertariflichen Angestellten

Abb. 32

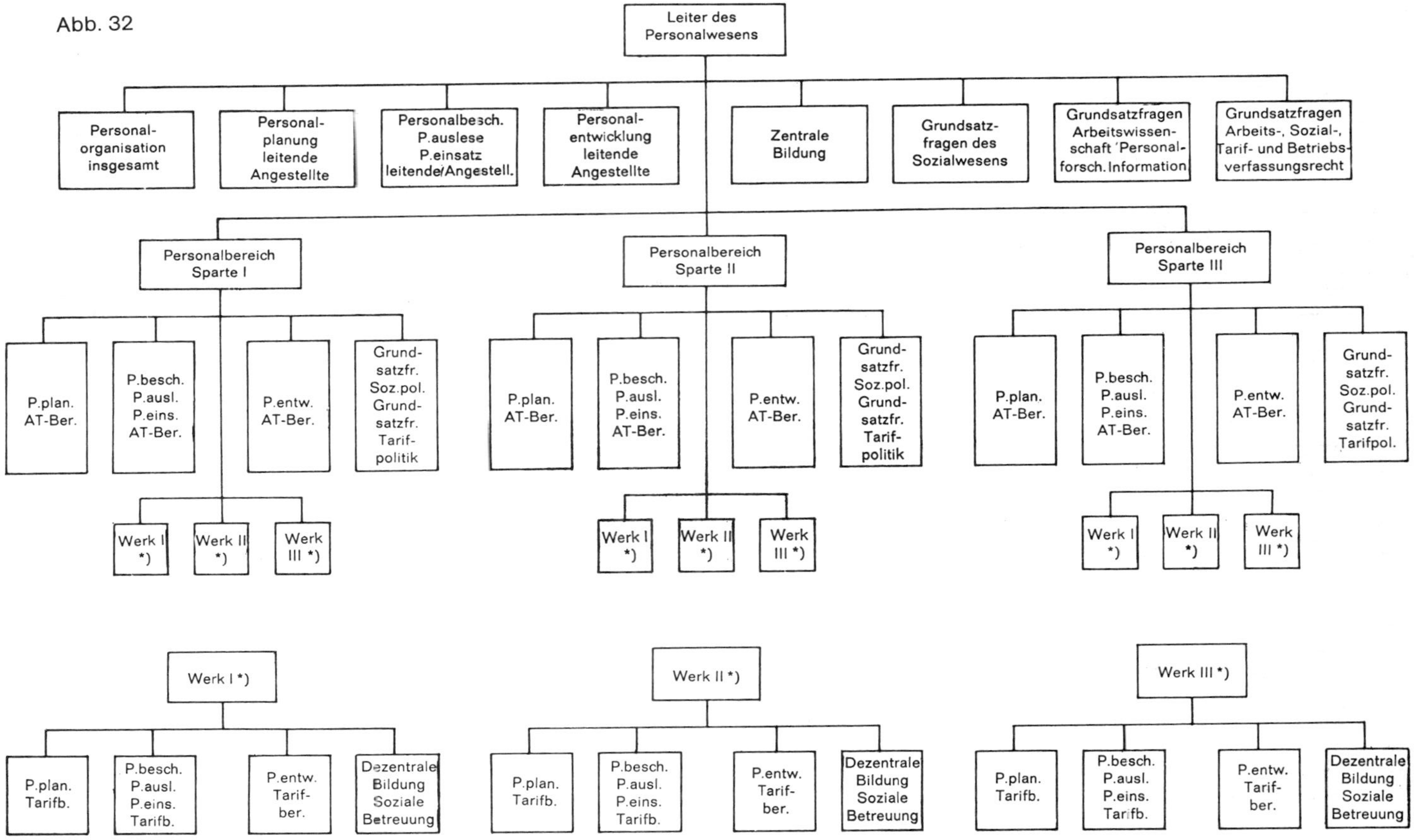

Leiter des Personalwesens
Personal-organisation insgesamt
Personal-planung leitende Angestellte
Personalbesch. P.auslese P.einsatz leitende/Angestell.
Personal-entwicklung leitende Angestellte
Zentrale Bildung
Grundsatz-fragen des Sozialwesens
Grundsatzfragen Arbeitswissen-schaft 'Personal-forsch. Information
Grundsatzfragen Arbeits-, Sozial-, Tarif- und Betriebs-verfassungsrecht
Personalbereich Sparte I
P.plan. AT-Ber.
P.besch. P.ausl. P.eins. AT-Ber.
P.entw. AT-Ber.
Grund-satzfr. Soz.pol. Grund-satzfr. Tarif-politik
Werk I *)
Werk II *)
Werk III *)
Personalbereich Sparte II
P.plan. AT-Ber.
P.besch. P.ausl. P.eins. AT-Ber.
P.entw. AT-Ber.
Grund-satzfr. Soz.pol. Grund-satzfr. Tarif-politik
Werk I *)
Werk II *)
Werk III *)
Personalbereich Sparte III
P.plan. AT-Ber.
P.besch. P.ausl. P.eins. AT-Ber.
P.entw. AT-Ber.
Grund-satzfr. Soz.pol. Grund-satzfr. Tarifpol.
Werk I *)
Werk II *)
Werk III *)
Werk I *)
P.plan. Tarifb.
P.besch. P.ausl. P.eins. Tarifb.
P.entw. Tarif-ber.
Dezentrale Bildung Soziale Betreuung
Werk II *)
P.plan. Tarifb.
P.besch. P.ausl. P.eins. Tarifb.
P.entw. Tarif-ber.
Dezentrale Bildung Soziale Betreuung
Werk III *)
P.plan. Tarifb.
P.besch. P.ausl. P.eins. Tarifb.
P.entw. Tarif-ber.
Dezentrale Bildung Soziale Betreuung

Abb. 33

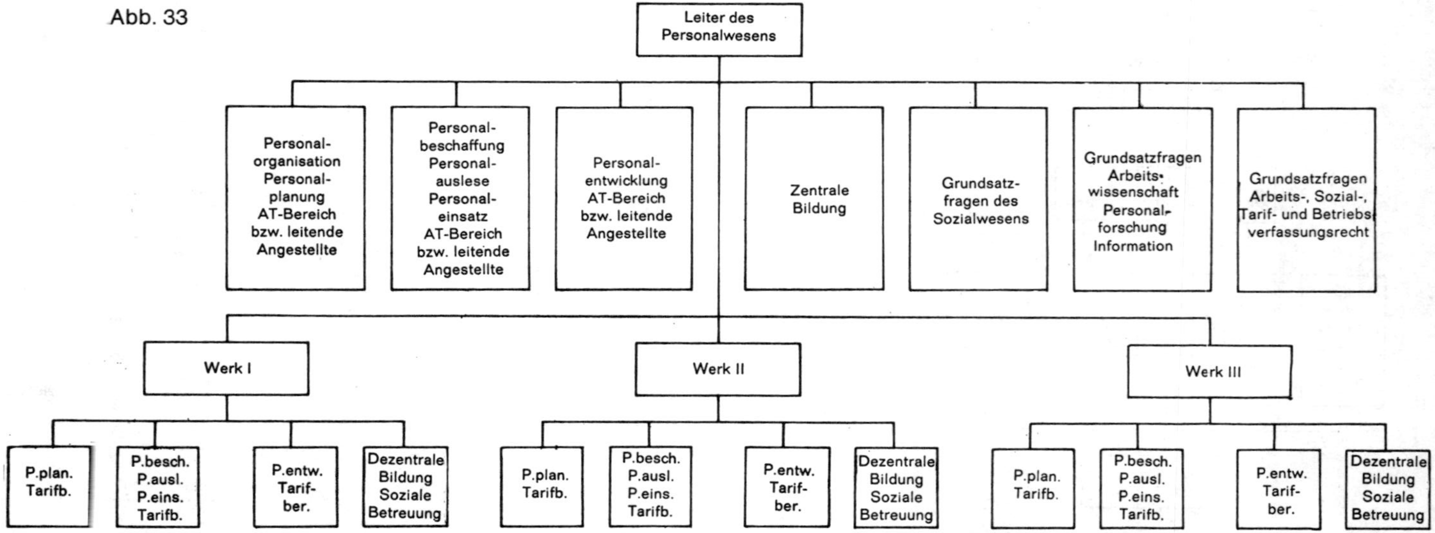
Leiter des Personalwesens
Personal-organisation Personal-planung AT-Bereich bzw. leitende Angestellte
Personal-beschaffung Personal-auslese Personal-einsatz AT-Bereich bzw. leitende Angestellte
Personal-entwicklung AT-Bereich bzw. leitende Angestellte
Zentrale Bildung
Grundsatz-fragen des Sozialwesens
Grundsatzfragen Arbeits-wissenschaft Personal-forschung Information
Grundsatzfragen Arbeits-, Sozial-, Tarif- und Betriebsverfassungsrecht
Werk I
Werk II
Werk III
P.plan. Tarifb.
P.besch. P.ausl. P.eins. Tarifb.
P.entw. Tarif-ber.
Dezentrale Bildung Soziale Betreuung
P.plan. Tarifb.
P.besch. P.ausl. P.eins. Tarifb.
P.entw. Tarif-ber.
Dezentrale Bildung Soziale Betreuung
P.plan. Tarifb.
P.besch. P.ausl. P.eins. Tarifb.
P.entw. Tarif-ber.
Dezentrale Bildung Soziale Betreuung

dafür gesorgt, daß sich eine einheitliche Struktur im gesamten Unternehmen herausbildet. Zudem ermöglichen es die zentralen Funktionen der Personalorganisation und der Entwicklung und Bildung, daß immer eine einheitliche Personalpolitik und Personalführung gesteuert und kontrolliert werden kann.

Gelegentlich wird auch darüber diskutiert, ob bei einer dezentralen Unternehmensorganisation nicht die jeweiligen Leiter des Personalwesens auf der Spartenebene oder der Werksebene dem obersten Leiter des Personalwesens in der Unternehmensspitze disziplinar und nicht nur fachlich unterstellt sein sollten. Es wird von einer solchen Regelung eine besonders geschlossene und einheitliche Personalpolitik und Personalführung erwartet. Diese Vorteile sind nicht von der Hand zu weisen.

Andererseits darf nicht übersehen werden, daß bei einer solchen Regelung die jeweils zugeordneten Leiter des Personalwesens auf den einzelnen Ebenen leicht als Fremdkörper empfunden werden und die Gefahr besteht, daß sowohl die verantwortlichen Spartenleiter oder Werksleiter als auch die betrieblichen Führungskräfte die Personalverantwortlichen nicht als Teil des Führungsteams ansehen. Dann werden Mißtrauen und ein Gegeneinanderarbeiten die Folge sein, was sich gerade bei der Personalfunktion besonders verhängnisvoll auswirken würde.

Gelegentlich wird auch bei der Organisation des Personalwesens in größeren Unternehmen und vor allem bei Konzernunternehmen vorgeschlagen, die gesamte Personalfunktion für die leitenden Angestellten in einer speziellen Abteilung zusammenzufassen und nicht nur funktionell bei der jeweiligen Aufgabe herauszuheben. Dieser Gesichtspunkt kann an Gewicht gewinnen und vieles für sich haben, wenn sich die Bedeutung der leitenden Angestellten und ihr Selbstverständnis immer mehr herausschälen und diese Gruppe sich deutlich vom Tarifbereich abhebt. Sofern sich in dieser Hinsicht auch eindeutig spezielle Personalprobleme ergeben, sich spezielle Institutionen entwickeln und schließlich auch häufiger als bisher besondere Regelungen getroffen werden, kann eine solche Handhabung durchaus zweckmäßig sein. Aber die Geschlossenheit der Personalfunktion im Unternehmen und die Zusammenfassung aller personellen Aufgaben im Unternehmen in einem Bereich »Personalwesen« darf von einer solchen Tendenz nicht aufgehoben werden. Hier liegt die Grenze für derartige Überlegungen.

Wenn durch eine enge Abgrenzung diese Gruppe zahlenmäßig klein bleibt, ist obendrein die Notwendigkeit für eine solche spezielle Abteilung in vielen Fällen nicht gegeben. Das langsame Verschwinden des außertariflichen Bereiches durch das Vordringen des Tarifbereiches wird obendrein keine neuen Notwendigkeiten in dieser Hinsicht schaffen.

4. Die Konsequenzen des funktionalen Gliederungsschemas des Personalwesens.

Das funktionale Organisationsschema des Personalwesens soll ermöglichen, den heutigen Anforderungen an eine moderne Personalführung optimal gerecht zu werden. Dabei geht es aber nicht nur um die Erfüllung der Detailaufgaben, sondern im gleichem Maße um die Ausübung der Grundaufgabe. Diese muß in Zukunft stärker in wirtschaftlicher Hinsicht gesehen werden. Die überkommenen, vorhandenen Organisationsformen und Denkweisen des betrieblichen Personalwesens können dem nicht gerecht werden.

Selbstverständlich verlangt diese neue Aufgabenstellung des Personalwesens auch eine hohe Qualifikation der in diesem Unternehmensbereich tätigen Personen. Sie müssen nicht nur über ein umfangreiches Fachwissen verfügen, sondern auch selbst alle Methoden eines modernen Führungssystems im eigenen Bereich und in Zusammenarbeit mit anderen Stellen im Unternehmen anwenden. Somit wird das Personalwesen mit einem funktionalen Gliederungsschema auch prägend für das gesamte Unternehmen.

Es ist aus diesem Grunde auch unerläßlich, daß das Personalwesen nicht nur die Entwicklung von Grundsätzen der Unternehmenspolitik und der Unternehmensführung stimuliert, sondern auch über damit korrespondierende Grundsätze der Personalpolitik und der Personalführung verfügt. Erst dann wissen die betrieblichen Führungskräfte, was von ihnen im Rahmen einer modernen Personalführung erwartet wird und an welchen langfristigen Zielen der Personalpolitik sie sich orientieren können. Für die Mitarbeiter wird schließlich erst dann deutlich, wie sie im Unternehmen gesehen werden, was von ihnen erwartet wird und wie sie selbst ihre eigenen Vorstellungen verwirklichen können.

VI. Schlußbetrachtung

Die dargestellte moderne Personalführung wird nicht leicht zu verwirklichen sein. Dafür ist die Konfliktsituation, in die sie sich gestellt sehen wird, und das Tempo des überall anzutreffenden Wandlungsprozesses zu groß. Es wird aber die Behauptung gewagt, daß die Unternehmen mit der Konfliktsituation und dem Tempo des Wandlungsprozesses dann am besten fertig werden, wenn sie die Aufgabe und den Inhalt einer modernen Personalführung begreifen.

Auf der einen Seite wächst der Druck im Hinblick auf mehr wirtschaftliche Leistung im Unternehmen. Das wird die Unternehmen dazu veranlassen, nach allen Leistungsreserven Ausschau zu halten – auch nach den menschlichen. Auf der anderen Seite wächst der Wunsch nach mehr menschlicher Rücksichtnahme und mehr menschlicher Entfaltung. Das ist fast ein Widerspruch und wird vermutlich immer augenscheinlicher der Kernkonflikt der betrieblichen Personalpolitik in der Zukunft sein.

Es wird sich aber zeigen, daß die Integration des Mitarbeiters im Unternehmen, die Schaffung von mehr Entwicklungs- und Entfaltungsmöglichkeiten und die Gewährung von mehr funktionalem Spielraum durch verstärkte individuelle Mitwirkung und Mitbestimmung ungeahnte Leistungsreserven erschließen wird und gleichzeitig die Anwendung von mehr Menschlichkeit bei allen unternehmenspolitischen Überlegungen ermöglicht. Das mag zunächst noch paradox klingen, aber die Wirklichkeit wird zeigen, daß das realisiert werden kann. Rationalität und Personalität müssen sich nicht widersprechen.

Die Schwierigkeit wird dabei nicht nur darin liegen, ob die Unternehmen selbst über die notwendige Einsicht verfügen, einen solchen Schritt in eine moderne Personalführung zu tun. Es wird gleichzeitig als Problem zu bewältigen sein, daß die vorhandenen institutionellen Strukturen, wie sie sich durch die Gesetzgebung und durch die Tätigkeit der Arbeitgeberverbände und der Gewerkschaften entwickelt haben, einen solchen Trend nicht selbstverständlich begünstigen. Von dort kommen eher kollektivistische und generalisierende Tendenzen, die durch Zeiterscheinungen begünstigt werden und einer vollen Entfaltung der modernen Personalführung Grenzen setzen.

Es wird ein großes Problem sein, trotzdem die Entwicklung des einzelnen zu betreiben, ohne mit der Macht der Institutionen in Konflikt zu geraten. Es scheint eine gewisse Tendenz in der Machtverschiebung von den Unternehmen zu den Institutionen zu bestehen. Allerdings neigen Institutionen stets zum Beharrungsvermögen und damit zur Statik. Das Tempo des allgemeinen Wandlungsprozesses jedoch tendiert immer wieder zur Flexibilität und Mobilität. Dies wird sicherlich auch der Gestaltung der modernen Personalführung zugute kommen, denn sie setzt Dynamik voraus.

Grundsätzlich muß aber das Personalwesen mehr als bisher das Umfeld des Unternehmens beobachten und die sich dort abzeichnenden Veränderungen sorgfältig beobachten und analysieren. Es muß wissen, welche Wandlungen sich in der Gesellschaft abzeichnen, welche Ziele die Gewerkschaften verfolgen, welche Vorstellungen bei den politischen Parteien vorherrschen und mit welchen gesetzgeberischen Maßnahmen zu rechnen ist. Diese Trends müssen in die langfristige Personalpolitik einbezogen und mit der Entwicklung des Unternehmens in Übereinstimmung gebracht werden.

Das Personalwesen muß auf die veränderte Situation durch eine Vielzahl von Überlegungen und Maßnahmen reagieren. Auf der einen Seite wird es erkennen müssen, daß eine Reihe von Denkvorstellungen nicht mehr angebracht sind. Der neue Denkansatz in Richtung auf den Typus des neuen Mitarbeiters ist somit die wichtigste Aufgabe.

Auf der anderen Seite wird sich erweisen, daß eine typische und bislang auch notwendige Grundhaltung des Personalwesens nur noch schwer aufrecht zu erhalten ist. Nämlich das Bestreben, eine Fülle von Regelungen zu treffen, um die tägliche Personalarbeit zu kanalisieren. Hier wird sich zeigen, daß auch das Personalwesen mehr als bisher altbewährte Bahnen verlassen muß und zu mehr Flexibilität gezwungen sein wird.

Wenn trotzdem eine erfolgreiche Personalarbeit betrieben werden soll, muß das betonte Denken in Regeln aufgegeben und das Entwickeln von Personalführungssystemen praktiziert werden. Nur das Vorhandensein bestimmter Personalführungssysteme erlaubt in der Zukunft den notwendigen Anpassungsprozeß. Die betriebliche Personalarbeit muß auf folgenden Personalführungssystemen basieren:

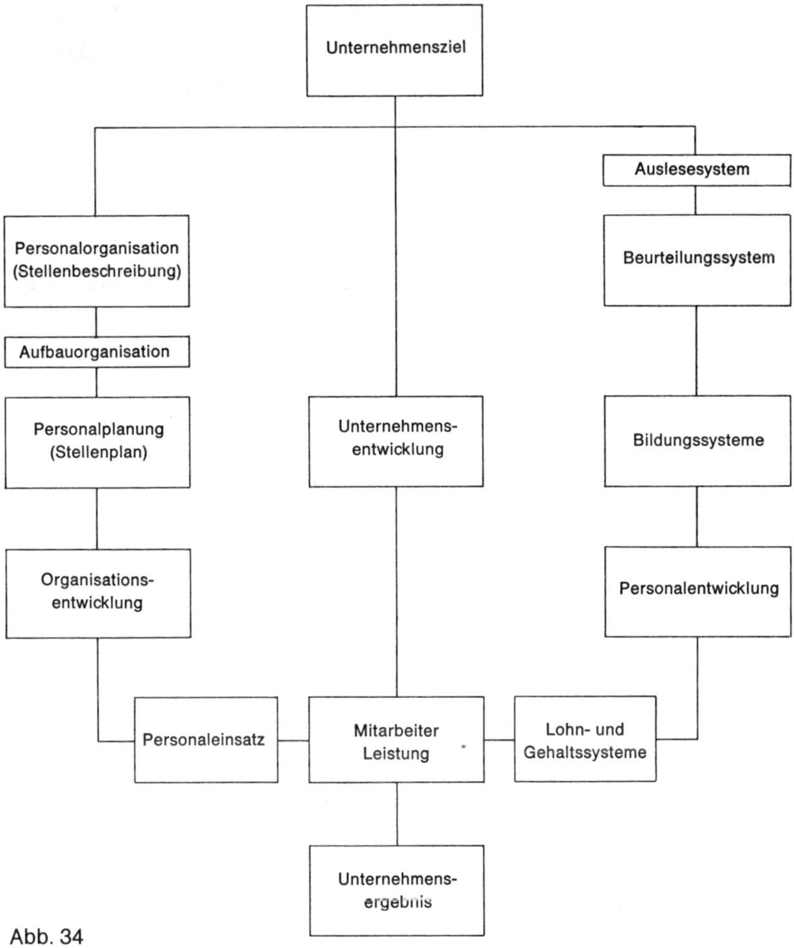

Abb. 34

Diese Personalführungssysteme können aber nur Hilfe und Grundlage der betrieblichen Personalarbeit sein. Ausschlaggebend ist vielmehr, wie die Rolle des arbeitenden Menschen in seiner beruflichen Funktion gesehen wird und er eine ständige Entwicklung im Hinblick auf Ausweitung des Spielraumes erfährt. Selbstverwirklichung des Mitarbeiters und Verbesserung der individuellen Leistung bedingen einander und können nur zugleich bewältigt werden. Eine wesentliche Aufgabe der Personalarbeit liegt dabei in der ständigen Umstrukturierung der Belegschaft und der laufenden, neuen Strukturierung der Arbeit.

Es geht somit darum, daß die laufende Entwicklung des Unternehmens in seiner Organisation, seinen Arbeitsplätzen und seinen Arbeitsabläufen einhergeht mit einer ständigen Entwicklung der Belegschaftsstruktur und des Potentials des einzelnen Mitarbeiters. Unternehmensentwicklung und Mitarbeiterentwicklung sind somit sich einander bedingende notwendige Prozesse. Hierbei hat das Personalwesen eine wesentliche Rolle zu spielen, wobei sich wirtschaftliche und humane Zielsetzungen ergänzen müssen.

Der moderne Mitarbeiter selbst wird sich immer häufiger in der Reflektion mit der Umwelt, sei es das Unternehmen oder sei es die Gesellschaft, betrachten und die sich daraus ergebenden Kontroversen feststellen. Er wird dabei vermutlich den Konflikt mit den Institutionen, soweit er sie als hinderlich ansieht, nicht scheuen. Die Unternehmen haben das bereits gespürt und auch daraus leitet sich nicht zuletzt die Forderung nach einer modernen Personalführung ab. Nur sie ermöglicht es, einen annähernden Ausgleich zwischen Zielsetzungen des Unternehmens und den individuellen Erwartungen der Mitarbeiter herbeizuführen.

Dabei wird davon ausgegangen, daß nicht nur der Mitarbeiter ein anderer Typus als früher ist, sondern auch die Zielsetzung des Unternehmens und die Forderungen der Umwelt neue Denk- und Handlungsweisen nach sich ziehen müssen. Kategorien, die, wenn sie Erfolg haben sollen, auf Dynamik, Flexibilität und Mobilität angelegt sein müssen. Das ist auf der einen Seite der Anhaltspunkt für die moderne Personalführung und ist aber auch zugleich die Grundlage für die allgemeine Entwicklung der Gesellschaft. Insofern bestätigt sich auch hier, wie eng in Zukunft das Unternehmen und die Gesellschaft miteinander verbunden sein werden. Es wird sich erweisen, daß nicht Konfrontation, sondern Integration das bestimmende Element der Zukunft ist.

Stichwortverzeichnis

O

P

Frankfurter Allgemeine
ZEITUNG FÜR DEUTSCHLAND
Die Stimme Deutschlands in der Welt.
Die Frankfurter Allgemeine Zeitung hat von allen deutschen Tages- und Wirtschaftszeitungen die höchste Auslandsauflage.
3